权威·前沿·原创

皮书系列为
"十二五"国家重点图书出版规划项目

中国社会科学院创新工程学术出版资助项目

2015 年世界经济形势 分析与预测

WORLD ECONOMY ANALYSIS AND FORECAST
(2015)

中国社会科学院世界经济与政治研究所
主　编／王洛林　张宇燕
副主编／孙　杰

社会科学文献出版社
SOCIAL SCIENCES ACADEMIC PRESS（CHINA）

图书在版编目（CIP）数据

2015 年世界经济形势分析与预测/王洛林，张宇燕主编.—北京：
社会科学文献出版社，2015.1
（世界经济黄皮书）
ISBN 978 - 7 - 5097 - 6890 - 7

Ⅰ.①2… Ⅱ.①王… ②张… Ⅲ.①世界经济形势 - 分析 - 2014
②世界经济形势 - 经济预测 - 2015 Ⅳ.①F113.4

中国版本图书馆 CIP 数据核字（2014）第 289524 号

世界经济黄皮书
2015 年世界经济形势分析与预测

主　　编／王洛林　张宇燕
副 主 编／孙　杰

出 版 人／谢寿光
项目统筹／邓泳红
责任编辑／周映希　张艳丽

出　　版／社会科学文献出版社·皮书出版分社（010）59367127
　　　　　　地址：北京市北三环中路甲 29 号院华龙大厦　邮编：100029
　　　　　　网址：www.ssap.com.cn
发　　行／市场营销中心（010）59367081　59367090
　　　　　　读者服务中心（010）59367028
印　　装／北京季蜂印刷有限公司

规　　格／开 本：787mm × 1092mm　1/16
　　　　　　印 张：26.25　字 数：437 千字
版　　次／2015 年 1 月第 1 版　2015 年 1 月第 1 次印刷
书　　号／ISBN 978 - 7 - 5097 - 6890 - 7
定　　价／69.00 元

皮书序列号／B - 1999 - 005

世界经济黄皮书编委会

主　编　王洛林　张宇燕

副主编　孙　杰

编审组　王洛林　张宇燕　孙　杰　姚枝仲　宋　泓
　　　　　高海红　张　斌　王　新　李春姬

主要编撰者简介

王洛林 1960 年毕业于北京大学经济系，曾任厦门大学副校长、中国社会科学院常务副院长；现任中国社会科学院特邀顾问，中国社会科学院研究生院教授、博士生导师。研究领域为国际贸易、国际投资、世界经济、宏观经济和金融等。代表性作品有《世界经济形势分析与预测》（主编）、《关于国有外贸企业转换经营机制的几个问题》（1995）、《日元贬值及其对亚洲经济的影响》（1999）、《日本的通货紧缩性经济危机》（2000）、《日本金融考察报告》（2001）、《未来 50 年——中国西部大开发战略》（2002）、《后发地区的发展路径选择》（2002）、《中国西部大开发政策》（2003）等。

张宇燕 经济学博士，中国社会科学院世界经济与政治研究所研究员、所长。中国世界经济学会会长，中国国际关系学会副会长，中华美国学会副会长。曾先后就读于北京大学和中国社会科学院研究生院。主要研究领域包括国际政治经济学、制度经济学等。著有《经济发展与制度选择》（1992）、《国际经济政治学》（2008）、《美国经济论集》（2008）等。

孙　杰 中国社会科学院世界经济与政治研究所研究员。中国世界经济学会常务理事。主要研究领域包括国际金融、公司融资和货币经济学。著有《货币和金融：金融制度的国际比较》（1998）、《汇率与国际收支》（1999）和《资本结构、治理结构和代理成本：理论、经验和启示》（2006）等。

摘　要

2014 年，世界经济维持了上年度的缓慢复苏，同时经济增长格局分化显著。美国经济复苏巩固，欧元区经济低位运行，日本经济与其增长目标相差较远，进而发达经济体货币政策出现分化。巴西和俄罗斯经济出现大幅下滑，中国增速放慢但仍维持较高增长速度，印度经济增速则有所提升。全球劳动力市场总体改善，物价稳中有降，部分经济体开始面临通缩风险。大宗商品价格急剧下滑，贸易进入低速增长通道，对外直接投资增长亦缺乏动力，债务水平仍处于高位。

2015 年，世界经济增长仍受诸多因素影响：美欧日等发达经济体货币政策、欧洲经济走出低迷的可能性、"安倍经济学"的最终效能、主要新兴经济体改革成效、全球金融系统潜在风险、地缘政治经济走势、突发性疾病与自然灾害，等等。预计 2015 年全球经济增速按购买力平价计算的增长率为 3.3%，按市场汇率计算的增长率为 2.8%。

目 录

Ⅰ 总论

Y.1 2014～2015 年世界经济形势分析与展望 ……… 张宇燕　徐秀军 / 001

　　一　概述 ………………………………………………………… / 002

　　二　2014 年世界经济总体形势回顾 …………………………… / 003

　　三　2014 年世界经济运行的特点或变化 ……………………… / 010

　　四　2015 年世界经济形势展望 ………………………………… / 017

Ⅱ 国别与地区

Y.2 美国经济：趋向稳定增长 ……………………………… 孙　杰 / 021

Y.3 欧洲经济：温和复苏 …………………………………… 东　艳 / 048

Y.4 日本经济：增长放缓，风险犹存 ……………………… 冯维江 / 071

Y.5 亚太经济：稳中略降，增长步入"新常态" ………… 杨盼盼 / 092

Y.6 俄罗斯：求解滞涨与制裁的掣肘 …………… 张　琳　高凌云 / 107

Y.7 拉美经济：低位回升，风险依旧 ……………………… 熊爱宗 / 124

Y.8 西亚非洲经济：总体趋好 ……………………………… 田　丰 / 141

Y.9 时代的挑战——中国经济转型综合征 ………………… 张　斌 / 158

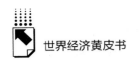

Ⅲ 专题篇

Y.10 国际贸易形势回顾与展望 ························· 马　涛 / 174

Y.11 国际金融形势回顾与展望 ··············· 高海红　刘东民 / 191

Y.12 国际直接投资形势回顾与展望 ················· 王碧珺 / 216

Y.13 全球大宗商品市场的回顾与展望 ············· 王永中 / 236

Ⅳ 热点篇

Y.14 主要发达经济体缓慢复苏下的货币政策效能及挑战 ······ 李远芳 / 256

Y.15 新兴经济体 11 国体检：蝙蝠三国堪忧 ··············· 徐奇渊 / 274

Y.16 多边、诸边和区域贸易协定谈判：新进展与新规则 ······ 李春顶 / 289

Y.17 中美及中欧 BIT 谈判：进展、挑战与应对 ··········· 韩　冰 / 307

Y.18 多边开发银行及其新进展 ··············· 黄　薇　高　蓓 / 328

Y.19 国际经济制裁的现状与进程 ················· 徐秀军 / 346

Ⅴ 世界经济统计与预测

Y.20 2014～2015 年世界经济统计资料 ············· 曹永福 / 367

Abstract ···································· / 394

Contents ···································· / 395

皮书数据库阅读使用指南

Y.1
2014~2015年世界经济形势
分析与展望

张宇燕　徐秀军*

摘　要：　2014年世界经济维持了上年度的缓慢复苏，同时经济增长格局分化显著。发达经济体与发展中经济体双速增长态势依旧，但速差明显收窄。在发达经济体中，美国经济复苏巩固，欧元区经济低位运行，日本经济随着"安倍经济学"的效能减退而与其增长目标仍相差较远，进而发达经济体货币政策出现分化。在新兴市场与发展经济体中，巴西和俄罗斯经济出现大幅下滑，几近零增长，中国虽增速放慢但仍维持较高增长速度，印度经济增速则有所提升。全球劳动力市场总体改善，物价稳中有降，但各经济体表现不尽相同，部分

* 张宇燕，中国社会科学院世界经济与政治研究所研究员、所长；徐秀军，中国社会科学院世界经济与政治研究所国际政治经济学研究室副研究员。作者感谢孙杰研究员和高海红研究员的有益建议。

经济体开始面临通缩风险。政治经济因素联动引致全球大宗商品价格急剧下滑，全球贸易进入低速增长通道，对外直接投资增长亦缺乏动力，债务水平仍处高位。尽管全球治理与区域经济合作步履蹒跚，但仍取得了一些新的进展。展望2015年，主要发达经济体货币政策、主要新兴经济体改革成效、全球金融系统潜在风险、地缘政治经济走势、突发性疾病与自然灾害等诸多问题值得关注。整体而言，预计全球经济增长将会出现小幅上扬。

关键词：　世界经济　货币政策调整　通缩风险　油价波动　地缘政治经济

一　概述

2013年世界经济增长率按购买力平价（PPP）计算为3.3%、按市场汇率计算为2.5%。① 从截至2014年10月的世界经济形势来看，可以推断2014年世界经济将与2013年的增长水平基本持平，全球经济复苏基本得以巩固，劳动力市场持续改善，物价稳中有降，公共债务水平总体稳定。与此同时，各经济体经济增速分化加剧，国际贸易与对外直接投资仍处于低速增长通道，缺乏增长动力。

在上年度报告中，我们预计2014年全球经济按PPP计算的增长率为3.2%，按市场汇率计算的增长率为2.6%。这一判断低于国际货币基金组织（IMF）、世界银行、联合国、经济合作组织（OECD）等国际经济机构在上年度的预测水平。IMF预计，2014年世界经济增长率按PPP计算为3.3%、按市

---

① 如无特别说明，本报告中引用的国际货币基金组织（IMF）、世界贸易组织（WTO）、经合组织（OECD）、联合国贸发会议（UNCTAD）、欧盟统计局等机构的数据均来自截至2014年10月各机构网站数据库。由于数据的获取问题，同一指标不同时间段的数据可能来自不同机构，因而可能会对分析带来一定偏差，但不会对分析结论产生实质上的影响。

场汇率计算为2.6%，比该组织在2013年10月的预测数据分别下调了0.3个百分点和0.4个百分点，而与上年度本报告预测数据相比，前者高0.1个百分点，后者持平。世界银行、联合国和OECD等机构在2013年对2014年世界经济增长率的预测更是高于本报告的预测值。① 在上年度报告中，我们提出的影响2014年世界经济走势的各个因素均不同程度地发挥了作用。例如，美国货币政策的调整、欧元区部分国家的债务问题、一些新兴市场经济体的经济下行问题、大宗商品价格的波动问题以及一些地区安全方面的突发事件等均对2014年全球经济运行产生影响。根据一年来世界经济的发展态势可以看出，我们上年度报告的预测总体符合2014年世界经济运行的实际情况。考虑到乌克兰危机的久拖不决及其引发的西方国家对俄罗斯的经济制裁、西非埃博拉疫情蔓延以及中东地区局势的持续紧张和动荡，特别是一些主要经济体面临不断加大的下行压力和刺激政策存在时滞，不排除2014年世界经济增长率的最终统计结果会低于目前IMF估计值的可能。

此外，在上年度报告中，我们预测2014年原油价格继续维持在2013年的水平，波动范围为95～105美元/桶。② 从截至2014年10月的世界原油市场发展形势来看，2014年原油价格波动基本维持在这一范围。IMF数据显示，2014年前三季度原油价格为103.4美元/桶，鉴于自6月起原油价格持续走低，10月跌至86.1美元/桶，故全年油价有望低于前三季度水平。总体上看，2014年原油价格符合上年度报告的预测，但下半年的变化则大大超出了我们的预期。

二 2014年世界经济总体形势回顾

为了较为全面地反映2014年世界经济总体发展状况，本报告的分析将从经济增长、就业状况、物价水平、贸易与投资以及公共债务等五个方面展开。

---

① 2013年6月，世界银行预测2014年按PPP和市场汇率计算的世界经济增长率分别为3.8%和3.0%；2013年5月，联合国预测2014年按PPP和市场汇率计算的世界经济增长率分别为3.8%和3.1%；2013年5月，OECD预测2014年按PPP计算的世界经济增长率为4.0%。

② 原油价格为英国布伦特轻质原油、迪拜中质原油和西德克萨斯中间基（WTI）重质原油价格的平均值。

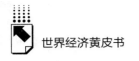

（一）增长：复苏缓慢，增速分化

2014 年的世界经济总体上延续了上一年的缓慢复苏态势，经济增速低于普遍预期，各经济体增速分化加剧。IMF 预测数据显示，2014 年世界经济增速为 3.3%，与 2013 年持平。其中，发达经济体经济增速为 1.8%，较 2013 年提高 0.4 个百分点；新兴市场与发展中经济体经济增速为 4.4%，较 2013 年下降 0.3 个百分点。

发达经济体经济复苏总体持续巩固，增长速度有所提高，但各主要经济体的经济增长水平表现不同。具体来说，美国经济复苏巩固，欧元区扭转了上年度的负增长，日本经济出现下滑。根据 IMF 预测数据，2014 年美国经济增长率为 2.2%，与 2013 年持平；欧元区经济增长率为 0.8%，较 2013 年提高 1.2 个百分点；日本经济增长率为 0.9%，较 2013 年下调了 0.6 个百分点。2014 年 10 月美国经济分析局数据显示，2014 年第一季度 GDP 环比增长 -2.1%。但进入第二季度，迅速增加的家庭消费和商业投资以及更平衡的贸易刺激了美国整体经济的增长，从而使 GDP 环比增长高达 4.6%，第三季度也达到了 3.5% 的较高水平。2014 年 10 月欧盟统计局数据显示，2014 年上半年欧元区 GDP 同比增长 0.7%，其中第一季度和第二季度分别增长 0.9% 和 0.5%；同期欧盟 GDP 同比增长 1.4%，第一季度和第二季度分别增长 1.5% 和 1.4%。2014 年 9 月日本内阁府数据显示，2014 年上半年日本 GDP 同比增长 1.4%，其中第二季度经季节调整后 GDP 实际环比下降 1.8%，折年率下降 7.1%，创 2009 年第一季度以来最大跌幅。受消费税上升影响的消费动力不足以及货物和服务净出口大幅收缩成为掣肘日本经济增长的主要因素。

新兴市场与发展中经济体经济增速进一步放缓，并且各主要经济体经济增速分化加大。根据 IMF 预测数据，2014 年新兴市场与发展中经济体的经济增长率为 4.4%，比 2013 年下降 0.3 个百分点，延续了 2010 年以来的持续下滑。究其原因，内需支撑不力、外需持续低迷成为拖累当前经济增长的主要因素，同时大宗商品价格持续下滑、发达经济体货币政策调整的溢出效应等因素也给经济增长带来负面影响。分地区来看，IMF 预计 2014 年亚洲发展中经济体和撒哈拉以南非洲的经济增长与 2013 年基本持平，分别为 6.5% 和 5.1%；而拉美和加勒比地区、独联体国家①的经济减速较为显著，2014 年 GDP 增长率分别为 1.3% 和 0.8%，均较 2013 年下降 1.4 个百分点。分国别来看，2014 年金砖国家中的巴西和俄罗斯经济下滑幅度较大，而印度的经济表现则有望好于2013 年。IMF 预测数据显示，2014 年巴西和俄罗斯经济增长率分别为 0.3% 和0.2%，较 2013 年分别下降 2.2 个和 1.1 个百分点；中国和南非经济增长率分别为 7.4% 和 1.4%，较 2013 年分别下降 0.3 个和 0.5 个百分点；而印度经济增长率为 5.6%，较 2013 年提高 0.6 个百分点。

（二）就业：总体改善但表现各异

美国劳动力市场在 2014 年改善明显，失业率持续下降。美国劳工部数据显示，2013 年美国失业率为 7.4%，2014 年前三季度经季节调整后的失业率下降至 6.3%，较 2013 年同期下降 1.2 个百分点。其中，9 月季调后非农就业人口增加 24.8 万，创 6 月以来最大增幅，失业率降至 5.9%。10 月，美国失业率进一步降至 5.8%，创 2008 年 8 月以来的最低水平。活跃的劳动力市场既是持续复苏的结果，也成为经济维持更快增长的积极因素。

在欧洲，随着经济的缓慢复苏，劳动力市场总体上略有改进。欧盟统计局数据显示，2013 年欧元区失业率为 12.0%，2014 年前三季度经季节调整后的失业率为 11.6%，较 2013 年同期下降 0.4 个百分点，其中 9 月失业率为11.5%；2013 年欧盟失业率为 10.8%，2014 年前三季度经季节调整后的失业率为 10.3%，其中 9 月失业率为 10.1%。从国别来看，虽然一些重债国失业率有所下降，但仍维持较高水平。欧盟统计局数据显示，2014 年 7 月希腊失业率和 9 月西班牙失业率分别较 1 月下降 0.8 个和 1.5 个百分点，但仍分别高达 26.4% 和 24.0%。9 月失业率维持在较高水平的国家还有葡萄牙、斯洛伐克、意大利和爱尔兰，分别为 13.6%、13.0%、12.6% 和 11.2%，分别较 1月下降了 1.5 个、0.9 个、0.0 个和 0.9 个百分点；同期法国失业率为 10.5%，较 1 月提高了 0.4 个百分点。表现较好的德国前三季度失业率维持在 5.1% 的较低水平。

相比其他主要发达市场，日本就业状况相对较好，失业率进一步下降。日

---

① 在统计上包括格鲁吉亚，下同。

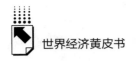

本总务省统计局数据显示，2013 年日本失业率为 4.0%；2014 年前三季度日本失业率进一步下降至 3.7%。其中，9 月失业率为 3.5%，与上月持平，为 1 月以来的最低水平。日本的青年失业率亦有所下降，但总体上尤其是男性青年失业率仍保持较高水平，2013 年日本青年失业率为 6.8%，2014 年 1~9 月青年失业率下降为 6.4%，其中 3 月青年失业率达到 8.0% 的高点，而男性青年失业率高达 9.2%。

新兴市场国家就业形势总体有所改善，但表现不尽相同。中国人社部数据显示，2014 年前三季度城镇新增就业 1082 万人，比 2013 年同期增加 16 万人；城镇登记失业率为 4.1%。巴西国家地理统计局数据显示，2014 年 9 月巴西失业率仅为 4.9%，创 2002 年以来月度最低水平，比 2013 年的 5.4% 下降了 0.5 个百分点。俄罗斯联邦统计局数据显示，2014 年前三季度失业率为 5.1%，较 2013 年下降 0.4 个百分点，其中 8 月失业率降至 4.8%，创 20 年来最低月度水平。南非国家统计局数据显示，2014 年前三季度失业率为 25.4%，较 2013 年上升 0.7 个百分点；同期劳动参与率为 57.2%，较 2013 年亦上升 0.4 个百分点。

（三）物价：总体稳中有降，通缩风险上升

总体来看，2014 年全球通货膨胀水平较 2013 年有所下降。尽管新兴市场与发展中经济体的通胀水平整体上高于发达经济体，但两者之间的差距有所缩小。

发达经济体的物价总体维持在较低水平，相比 2013 年轻幅上涨。根据 OECD 统计数据，2014 年 9 月 OECD 国家的消费者物价指数（CPI）同比上涨 1.7%，比 2013 年末上升 0.1 个百分点，但同期 OECD 的欧洲成员国 CPI 同比上涨 1.1%，较 2013 年末下降 0.4 个百分点，部分欧洲国家甚至出现通货紧缩。分国别来看，2014 年 9 月美国 CPI 同比上涨 1.7%，比 2013 年末上升 0.2 个百分点；9 月德国、英国、法国和意大利 CPI 同比分别上涨 0.8%、1.2%、0.3% 和 -0.2%，分别较 2013 年末下降 0.6 个、0.8 个、0.4 个和 0.9 个百分点。9 月希腊 CPI 同比下降 0.8%，连续 19 个月负增长；9 月葡萄牙 CPI 同比下降 0.4%，连续 8 个月维持负增长。此外，9 月瑞典、波兰和西班牙 CPI 同比下降 0.4%、0.3% 和 0.2%，预示这些国家通货紧缩的风险加大。日本扭转

了长期的物价低迷，2014 年 9 月 CPI 同比上涨达到 3.2%，较 2013 年末上升 1.6 个百分点，预计全年为 2.8%。①

新兴市场与发展中经济体的物价水平总体回落，部分经济体受突发因素影响有所升高。根据 IMF 预测数据，2014 年新兴市场与发展中经济体通胀率为 5.5%，比 2013 年下降 0.3 个百分点。分地区看，2014 年独联体国家通胀率较 2013 年上涨 1.5 个百分点至 7.9%，撒哈拉以南非洲通胀率较 2013 年上涨 0.2 个百分点至 6.7%，前者受乌克兰危机影响，而后者与突发性疫情不无联系。其他地区的物价水平则均呈不同程度的下降趋势，其中中东北非地区下降 1.7 个百分点至 7.5%，亚洲发展中国家下降 0.6 个百分点至 4.1%。分国别看，金砖国家中的中国与印度物价回落显著，而俄罗斯、巴西和南非则出现不同程度的回升。中国统计局数据显示，2014 年 9 月中国 CPI 同比上涨 1.6%，较 2013 年末下降 0.9 个百分点。根据 OECD 数据，2014 年 9 月印度 CPI 同比上涨 6.3%，较 2013 年末下降 2.8 个百分点，同期俄罗斯、巴西和南非 CPI 同比上涨 8.0%、6.7% 和 5.9%，分别较 2013 年末上升 1.5 个、0.8 个和 0.6 个百分点。

（四）贸易与投资：低速增长

2014 年全球贸易较 2013 年有所回升，但增速缓慢。国际贸易组织（WTO）发布的《2014 年世界贸易报告》数据显示，2013 年全球货物贸易（出口）额为 18.8 万亿美元，比 2012 年增加 0.4 万亿美元；2013 年全球货物贸易实际增长率为 2.2%，仅比 2012 年提高 0.1 个百分点，低于近 20 年全球货物贸易年均 5.3% 的增长率和 2008 年金融危机前 20 年 6.0% 的增长率。从国别来看，2013 年全球五大货物出口国为中国、美国、德国、日本和荷兰，其出口总额分别为 2.21 万亿美元、1.58 万亿美元、1.45 万亿美元、0.715 万亿美元和 0.672 万亿美元，占全球出口总额的比例分别为 11.7%、8.4%、7.7%、3.8% 和 3.6%。在服务贸易方面，2013 年出口总额为 4.6 万亿美元，较 2012 年增长 6%。2013 年五大服务贸易出口国为美国、英国、德国、法国和中国，出口额分别为 0.662 万亿美元、0.293 万亿美元、0.286 万亿美元、0.236 万亿美元和 0.205 万亿美元。联合国贸发会议（UNCTAD）数据显示，

---

① *The Economists*, November 8 – 14, 2014, p. 88.

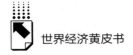

2014 年上半年全球货物贸易同比增长 1.6%，其中第一和第二季度分别为 2.1% 和 1.1%。根据 WTO 预测数据，2014 年全球货物贸易增长有望达到 3.1%。在货物出口方面，发达经济体和发展中经济体的增长率分别为 2.5% 和 4.0%；在货物进口方面，发达经济体和发展中经济体的增长率分别为 3.4% 和 2.6%。在此背景下，主要经济体的贸易收支总体保持平衡。根据 IMF 预测数据，2014 年美国经常项目赤字占 GDP 的比例为 2.5%，较 2013 年上升 0.1 个百分点，但与 2006 年 5.8% 的水平相比，下降了 3.3 个百分点；2014 年中国经常项目顺差占 GDP 的比例为 1.8%，较 2013 年下降 0.1 个百分点，与 2007 年 10.1% 的水平相比，下降了 8.3 个百分点；2014 年日本经常项目顺差占 GDP 的比例为 1.0%，较 2013 年上升 0.3 个百分点，但相比 2007 年 4.9% 的水平，下降了 3.9 个百分点；2014 年欧元区经常项目顺差占 GDP 的比例为 2.0%，较 2013 年下降 0.4 个百分点。

2014 年国际直接投资活动得益于投资者信心的恢复和一些经济体对外经济政策的调整，总体形势较 2013 年有较大改观。2013 年全球外国直接投资（FDI）活动复苏强劲，彻底扭转了 2012 年度的大幅萎缩。根据 UNCTAD 数据，2013 年全球 FDI 流入 1.45 万亿美元，较 2012 年提高 9.1%。当然，这一规模仍未恢复到金融危机前的水平，与 2007 年 2 万亿美元的规模相比，还相差 0.55 万亿美元。分国家类别来看，发达经济体 FDI 流入 5656.26 亿美元，较 2012 年增长 9.5%；发展中经济体 FDI 流入 7783.72 亿美元，较 2012 年增长 6.7%；转轨经济体 FDI 流入 1079.67 亿美元，较 2012 年增长 28.5%。在 FDI 流出方面，发达经济体 FDI 流出 8575.68 亿美元，较 2012 年仅增长 0.6%；发展中经济体 FDI 流出 4540.67 亿美元，较 2012 年增长 3.2%；转轨经济体 FDI 流出 991.75 亿美元，较 2012 年增长 84.3%。2013 年中国 FDI 流出首次突破千亿美元大关，达到 1010 亿美元，较 2012 年增长 15.0%，并且实现了自 2003 年以来年均 45.6% 的持续增长。根据 UNCTAD 预测数据，2014 年全球 FDI 流入 1.618 万亿美元，较 2013 年增长 11.5%。其中发达经济体 FDI 流入 0.763 万亿美元，较 2013 年增长 34.8%；发展中经济体 FDI 流入 0.764 万亿美元，较 2013 年下降 1.8%；转轨经济体 FDI 流入 0.092 万亿美元，较 2013 年下降 15.0%。UNCTAD 秘书长穆希萨·基图伊（Mukhisa Kituyi）指出，为了实现联合国可持续发展目标（SDGs），仅发展中经济体每年的投资需求预计为 3.3 万亿~4.5 万亿美元，目前还存在 2.5 万亿美元的巨大缺口。①

（五）公共债务：保持稳定，总体可控

与经济的持续缓慢复苏一致，2014 年发达经济体的财政状况得到进一步改善，财政赤字占 GDP 的比例延续了 2010 年以来的下降趋势。IMF 数据显示，2013 年发达经济体财政赤字占 GDP 的比例为 4.3%，较 2012 年下降 1.5 个百分点，预计 2014 年发达经济体财政赤字占 GDP 的比例将继续降至 3.9%。其中，2013 年美国财政赤字占 GDP 的比例为 5.8%，较 2012 年下降 2.8 个百分点，预计 2014 年美国财政赤字占 GDP 的比例将降至 5.5%；② 2013 年欧盟与欧元区财政赤字占 GDP 的比例分别为 3.2% 和 3.0%，较 2012 年分别下降 1.0 个和 0.7 个百分点，预计 2014 年欧盟和欧元区财政赤字占 GDP 的比例将小幅收窄，分别降至 3.0% 和 2.9%；2013 年日本财政赤字占 GDP 的比例为 8.2%，较 2012 年下降 0.5 个百分点，预计 2014 年日本财政赤字占 GDP 的比例将下降 1.1 个百分点至 7.1%。

发达经济体财政状况的持续改善遏制了政府债务水平迅速攀升的势头，并使财政收支进入基本稳定的可控状态。IMF 预测数据显示，2014 年发达经济体政府总债务占 GDP 的比例为 105.7%，较 2013 年轻幅提升 0.2 个百分点。美国、欧元区和日本等主要发达经济体政府债务均有小幅上升，政府仍面临较大的偿债压力。根据 IMF 预测数据，2014 年美国政府总债务占 GDP 的比例为 105.6%，较 2013 年上升 1.4 个百分点；欧元区政府总债务占 GDP 的比例预计达到 96.4%，较 2013 年上升 1.2 个百分点，延续了金融危机以来的不断攀升趋势；日本政府总债务占 GDP 的比例继续上升 1.9 个百分点至 245.1%，财政的可持续性经受巨大考验。在发达经济体中，德国的公共债务水平则进一步收窄。2014 年德国政府总债务占 GDP 的比例预计为 75.5%，较 2013 年下降 2.9 个百分点。

---

① Statement by Mr. Mukhisa Kituyi, Secretary-General of UNCTAD on *World Investment Report* 2014, Nairobi, 23 June 2014.

② 根据更为乐观的估计，2014 年美国财政赤字占 GDP 的比例为 2.8%，参见：*The Economists*, November 8 – 14, 2014, p. 88。

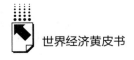

新兴市场与发展中经济体的财政赤字与公共债务水平均略有上升。IMF 预测数据显示，2014 年新兴市场与发展中经济体财政赤字占 GDP 的比例为 2.1%，比 2013 年上升 0.4 个百分点。其中，赤字水平较高的拉美与加勒比地区为 3.9%，而中东北非地区的财政盈余占 GDP 的比例达到 1.7%，显示这一地区总体上良好的财政状况；预计 2014 年巴西、俄罗斯、印度、中国和南非财政赤字占 GDP 的比例分别为 3.9%、0.9%、7.2%、1.0% 和 4.9%。在政府债务方面，2014 年新兴市场与发展中经济体的政府总债务占 GDP 的比例预计为 40.1%，比 2013 年上升 0.8 个百分点。其中，债务水平较高的拉美与加勒比地区这一比例为 50.6%，而表现较好的独联体国家这一比例为 18.9%；2014 年巴西、中国、印度、俄罗斯和南非政府债务占 GDP 的比例预计分别为 65.8%、40.7%、60.5%、15.7% 和 47.9%。尽管新兴市场与发展中经济体的财政状况总体好于发达经济体，但由于一些国家应对债务风险的能力较弱，债务水平的攀升为这些国家未来经济的可持续增长增添了较大的不确定因素。

三 2014年世界经济运行的特点或变化

世界经济在 2014 年呈现出诸多新的特点和变化，归纳起来，主要表现在以下几个方面。

（一）美国货币政策调整并产生了溢出效应

2014 年 10 月 29 日，美国联邦公开市场委员会（FOMC）宣布停止继续购买长期国债和抵押贷款支持证券（MBS），这表明自 2008 年 11 月以来美国推出的非常规量化宽松货币政策（QE）至此结束。自美联储推出资产购买计划以来，美国经济复苏得以逐步巩固，随着就业岗位的增加和失业率的持续降低，劳动力市场明显改善，家庭支出适度增长。这既显示出美国经济的良好发展态势，也为货币政策的调整打下了基础。早在 2013 年 6 月，美联储主席本·伯南克（Ben S. Bernanke）就放风说美国货币政策将进行调整，故市场对当前美国货币政策的调整应该说是早有预期，但这并未消除市场对美国"退出"政策的种种担忧。对美国而言，美联储停止资产购买计划意味着美国国内流动性的减少，这会给美国国债市场和股市带来负面影响。在美联储发表声明当日，美国股市应声下跌。尽管美联储坚称在退出 QE 后会长时期保持低水平的基准利率,但市场对美联储加息的预期不断提升,认为长期贷款利率的上升将不可避免。尽管加息能够在一定程度上纠正因低利率造成的市场扭曲和资源错配,但这将给美国经济带来何种影响还有待观察,毕竟美国经济复苏的基础并不牢固。对其他经济体而言,美国货币政策调整的外溢效应将给其带来巨大压力。一方面,美国逐渐收紧流动性可能造成其他经济体尤其是新兴市场和发展中经济体的资本进一步外逃,货币贬值,并冲击其脆弱的银行体系;另一方面,其他经济体的货币政策不得不进行适应性调整,从而增加了新的不确定性因素。

(二)发达经济体货币政策出现分化

尽管美联储已经开始退出数量宽松,并可能在 2015 年中进入升息通道,但欧元区和日本等发达经济体却继续实施有史以来最大规模的扩张性货币政策。2014 年 6 月 5 日,欧洲央行(ECB)决定将基准利率下调 10 个基点至 0.15%,使之创历史新低;将应急隔夜贷款利率下调 35 个基点至 0.40%;将银行隔夜存款利率首次下调至负数,为 - 0.10%。9 月 4 日,欧洲央行举行例行货币政策会议,并将欧元区所有利率下调至历史新低,其中基准利率下调 10 个基点至 0.05%,隔夜贷款利率下调 10 个基点至 0.30%,银行隔夜存款利率下调 10 个基点至 - 0.20%,以应对当前的低通胀,并为脆弱的欧元区经济复苏提供支持。2014 年 11 月,欧洲央行行长马里奥·德拉吉(Mario Draghi)在月度新闻发布会上声称,欧洲央行计划以 2012 年初的水平为目标来扩大其资产负债表规模,这一规模大约为 3 万亿欧元,并表示欧洲央行将很快开始购买资产支持债券(ABS),购买计划至少持续两年时间。10 月 31 日,日本央行在货币政策会议后宣布,为了进一步地刺激经济,日本央行将进一步扩大此前实施的宽松货币政策,其主要内容包括将基础货币的增加规模从每年的 60 万亿~70 万亿日元扩大到约 80 万亿日元,将国债购买规模从每年的 50 万亿日元扩大到 80 万亿日元,同时将增持国债的最长期限从 7 年延至 10 年。此外,日本央行决定增加购买高风险的股市联动型基金,在未来一年还将购买 3 万亿日元的交易所交易基金(ETF)和 900 亿日元的房地产投资信托基金(REIT)。意味深长的是,欧洲和日本非常规扩张性货币政策与美国货币政策调整方向背道而驰。

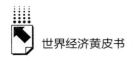

（三）新兴市场与发展中经济体结束高速增长周期

IMF 数据显示，在 1981～1999 年期间，新兴市场与发展中经济体 GDP 年均增长率为 3.6%，同期美国的 GDP 年均增长率为 3.4%；2000～2012 年间，新兴市场与发展中经济体 GDP 年均增长率跃升至 6.2%，而同期美国的 GDP 年均增长率降至 1.9%；2013 年和 2014 年新兴市场与发展中经济体 GDP 增长率开始降至 5% 以下，分别为 4.7% 和 4.4%。美国彼得森国际经济研究所（PIIE）的一份报告显示，新兴市场与发展中经济体经济增长之所以开始放缓，主要在于支撑其增长的一些重要因素已经发生周期性改变。① 具体而言，这些变化包括以下方面：其一，最大规模的信贷已经结束。长期以来的较低利率无法维持，一些新兴经济体的赤字、通胀、经常项目逆差、债务使其经济变得日益脆弱。其二，大宗商品繁荣周期结束。自 20 世纪 80 年代以来，大宗商品经历了 30 余年的繁荣期，如今高价与低增长并存，需求将受到抑制。其三，投资周期或库兹涅茨周期（Kuznets Cycle）已转入下滑期。中国等新兴经济体已出现投资下降以及实际利率上升。其四，可能与康德拉季耶夫周期（Kondratief Cycle）一致的改革周期出现空白。在 1980～2000 年，许多新兴经济体实施了非常深入的改革，但是在 2000～2012 年间，很少出现类似的改革措施，支撑经济增长的政府剩余潜能已遭到削弱。其五，发达经济体的开放周期发生改变。长期以来，新兴经济体从发达经济体的开放中得到多方面的好处，但未实现双方的利益互补，这使得西方国家开始转向有选择的区域贸易协定，而非普遍的贸易自由化。此外，更糟糕的是，许多新兴经济体得出错误结论，认为资本主义和产业政策优于自由市场和个人企业。由此，新兴经济体赶超潜力出现下降，从而结束近 10 余年的高速增长，下一个 10 年经济增速将下降至 4%，全球经济的收敛进程也随之放缓甚至停止。

（四）国际贸易进入低速增长通道

导致全球贸易增速表现平庸的原因，除了全球经济增速缓慢外，还与全球多边、诸边贸易投资自由化谈判进展不大有关。原计划 2014 年底前完成的跨太平洋

---

① Anders Aslund, "Why Growth in Emerging Economies Is Likely to Fall", Peterson Institute for International Economics Working Paper, No. 13 – 10, November 2013.

伙伴关系协定（TPP）几乎不可能结束谈判，服务贸易协定（TISA）亦因印度的坚持而未能签订便是两个例子。当然，更基础的原因还来自国际贸易分工格局的基本定型。第二次世界大战后全球贸易增长最为迅速的时期出现在1989~2006年之间，其间的贸易增速是经济增速的2~3倍，主因在于冷战结束特别是生产链碎片化的开始，标志是1994年北美自贸区的创立。随后，一场真正的国际贸易革命降临了，无论是汽车还是手机，一国不再制造整件产品，人类进入"世界制造"时代。2001年中国加入WTO亦大大推动了国际贸易的炫目式增长。2007年以来，随着全球价值链的确立，世界进入了一个贸易和产出同水平增长的时段。

（五）多重因素引致原油价格暴跌

截至2014年11月上旬，油价从6月的年度高点下滑近30%，其中伦敦布伦特原油价格跌至82美元/桶，纽约西德克萨斯油价降至77美元/桶。导致原油价格下跌的直接原因是能源需求的疲软和供给的增加。从需求方面看，能源主要进口方欧洲和中国等增速放缓，美国亦因油气产量持续上升而减少原油进口，从而造成国际市场上能源需求减少。从供给方面看，美国油气增产是过去三年多时间里能源领域中的重大事件。2014年10月美国能源信息署（EIA）预估数据显示，2014年9月美国原油日均产量为870万桶，创1986年7月以来的最高水平。与此同时，产油大国俄罗斯和沙特近期均增加了产量。石油供求及价格变化背后还有三个政治经济学原因。其一是美国和沙特及石油输出国组织（OPEC）之间的油气博弈，具体说是沙特有意用"增产－压价"策略来阻止美国页岩油气创造的"石油新秩序"。其二是西方国家借打压油价来减少俄罗斯石油收入。尽管没有确实证据，但至少从时间和结果看，油价快速下跌与西方对俄罗斯实施制裁同步，并且对俄罗斯经济特别是财政产生了较大负面影响。严重依赖油气出口的俄罗斯，其财政预算是按照每桶原油95美元制订的。其三是美元币值通常和油价呈反向变动，而美元指数自美联储逐步实施退出数量宽松政策以来一直波动上涨，从而对油价下跌起到推波助澜的作用。油价大幅波动影响深远。据估算，每桶油价下跌10美元意味着全球GDP的0.5%从石油输出国转移给石油进口国。[①] 换言之，油价下跌30多美元等价于

①　*The Economists*, October 18－24, 2014, pp. 67－68.

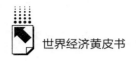
世界 GDP 的 1.5%——约 1 万亿美元——的财富转移。除原油外，2014 年铁矿石等大宗商品价格也大幅下跌。截至 11 月 5 日，澳大利亚铁矿石现货基准价格年内已下降了 40%，降至 76 美元/吨，为 2009 年 6 月以来最低点。预计2015 年原油价格将远低于 2014 年水平，并将保持在 70 ~ 80 美元/桶。

（六）全球债务持续上升并对复苏的巩固产生威胁

近年来，尽管人们热衷于讨论缓解债务负担的"去杠杆化"问题，但事实却是全球私人和公共部门债务的不断攀升。日内瓦世界经济报告显示，2001 年涵盖私人部门和公共部门的全球总负债占国民收入的比例为 160%；在金融危机爆发后的 2009 年，这一比例约为 200%；2013 年，这一比例再度升至215%。[1] 对于富裕的发达国家而言，公共部门债务居高不下已侵蚀了财政政策的实施空间，并掣肘了经济的可持续增长。对于一些新兴市场国家而言，私人部门的债务仍在继续快速增长，若不加以遏制，势必成为威胁经济健康稳定发展的巨大隐患。从历史经验来看，所有的"经济奇迹"都会在债台高筑之后宣告结束。20 世纪意大利、日本、亚洲四小虎[2]、爱尔兰、西班牙等经济体的高速增长都随债务攀升而落幕。债务水平高企必然要求维持较低水平的利率，因为更高的利率水平意味着债务人面临更大的还债压力。而全球利率水平总体低落，借款成本降低，从而又加速债务累积。低利率和资产价格上升并存，使资产负债表看上去不那么捉襟见肘。然而，一旦出现全球杠杆危机——资产价格下跌迫使信贷紧缩——或流动性危机，资产价格就将进一步下跌，并形成恶性循环。一些经济体目前已经出现低通胀、低增长和高负债这一"有毒组合"不断积累的趋势，去杠杆化既迫在眉睫，又任重道远。

（七）西方制裁俄罗斯导致国际经济关系发生微妙变化

2014 年 3 月 16 日，乌克兰的克里米亚和塞瓦斯托波尔地区就"脱乌入俄"问题举行全民公投。17 日，克里米亚议会根据公投结果宣布脱离乌克兰独立，

---

① Luigi Buttiglione, Philip R. Lane, Lucrezia Reichlin and Vincent Reinhart (2014), *Deleveraging? What Deleveraging? Geneva Report on the World Economy* 16, Geneva: International Center for Monetary and Banking Studies, September.

② "亚洲四小虎"指的是泰国、马来西亚、印度尼西亚和菲律宾四国。

并申请加入俄罗斯联邦，18 日，俄罗斯联邦与克里米亚共和国和塞瓦斯托波尔市签署入俄条约。由此，以美欧为代表的西方经济体开始对俄罗斯展开多轮经济制裁，其内容涵盖禁止特定人员入境、冻结实体和个人资产、中止融资合作、特定商品禁运和限制技术转让等。西方国家的经济制裁对俄罗斯经济增长迅速产生不利影响，比如增速放缓、资本外逃、卢布贬值和贸易减少等。万得（Wind）资讯数据显示，2014 年前 8 个月俄罗斯 GDP 同比增长率为 0.7%，创 2008 年金融危机以来的新低。IMF 预测数据显示，2014 年俄罗斯经济增长率为 0.2%，比 1 年前的预测值下调了 2.8 个百分点。① 俄罗斯央行数据显示，2014 年上半年俄罗斯资产流出规模达到 746 亿美元，为上年同期的 2.2 倍，比上年全年总规模高出 136 亿美元；截至 2014 年 10 月底，卢布兑美元年内累计已贬值 20%。为了应对西方国家的制裁，俄罗斯采取了一系列反制裁措施，特别是直接反击参与制裁俄罗斯的西方国家，并加强了与其他国家的经贸联系。受西方国家与俄罗斯的相互制裁的影响，俄罗斯与欧美国家的贸易联系有所下降。美国商务部数据显示，2014 年 1~7 月美国从俄罗斯进口商品额为 148.80 亿美元，同比下降 8.3%，而同期美国进口同比增长 3.3%；尤其是 4 月以来，美国每月从俄罗斯进口商品额同比均为负增长，其中 5 月同比降幅高达 23.3%。欧盟统计局数据显示，2014 年上半年欧盟向俄罗斯出口商品额为 709.99 亿美元，同比增长 - 8.7%，而同期欧盟向世界出口同比增长 - 0.4%；与此同时，欧盟从俄罗斯进口商品额为 1223.58 亿美元，同比增长 - 2.3%，而同期欧盟进口同比增长 3.5%。为了突破西方国家的出口封锁，俄罗斯不断加强同中国、印度和巴西等新兴大国之间的经贸联系以寻求替代市场。目前来看，西方对俄罗斯的制裁行动已对国际贸易流向以及国家间的亲疏产生影响。如果制裁持续并不断强化，则很可能会引起全球地缘政治经济的深刻变化。

（八）全球治理与区域合作可圈可点

2014 年以来，全球治理与区域合作领域呈现一些新的亮点。在二十国集团（G20）框架下，自从 2013 年 9 月第八次峰会推动全球税收体制改革以来，

---

① Wind 资讯数据库，2014 年 10 月。

G20 领导人委托 OECD 推进的税基侵蚀和利润转移（BEPS）项目取得了一系列成果。① 2014 年 9 月 16 日，OECD 发布 BEPS 项目的 15 项行动计划中的 7 项产出成果和 1 份针对这些成果的解释性声明，标志着国际社会在解决税基侵蚀和利润转移问题上已取得实质性进展。② 2014 年 7 月金砖国家领导人在巴西举行的首脑会议上，决定启动金砖开发银行筹建计划，确定由五国均摊 500 亿美元的初始资本，总部定在上海。2016 年正式开始运营的金砖开发银行标志着金砖国家合作进入了机制化建设的实质性阶段。2014 年 10 月 24 日，21 国在北京签署筹建亚洲基础设施投资银行（以下简称亚投行）备忘录，明确亚投行的法定资本为 1000 亿美元，初始认缴资本目标为 500 亿美元左右，实缴资本为认缴资本的 20%。这标志着亚投行筹建工作进入新阶段。2014 年 11 月，中国国家主席习近平在 2014 年亚太经合组织（APEC）工商领导人峰会上宣称，中国将出资 400 亿美元成立丝路基金，为"一带一路"沿线国基础设施建设、资源开发、产业合作等有关项目提供投融资支持；21 个亚太经合组织（APEC）成员齐聚北京，围绕"共建面向未来的亚太伙伴关系"这一主题，探讨了"推动区域经济一体化"，"促进经济创新发展、改革与增长"和"加强全方位互联互通和基础设施建设"等重要议题。在此次会议上，长期停留在设想阶段的亚太自由贸易区（FTAAP）建设取得了新的进展。此外，TPP、TISA、信息技术协定（ITA）扩大产品范围、区域全面经济伙伴关系协定（RCEP）、跨大西洋贸易与投资协定（TTIP）以及中美投资协定（BIT）等大型经贸谈判也在推进之中。

（九）收入不均日益威胁世界经济的长期增长

收入和财富不均到今天已成为无法回避的问题。2014 年 10 月，IMF 总裁克里斯蒂娜·拉加德（Christine Lagarde）在该组织的一次会议上声称，世界

① "税基侵蚀和利润转移"是指跨国企业利用国际税收规则存在的不足以及各国税制差异和征管漏洞，最大限度地减少其全球总体税负，甚至达到双重不征税的效果，造成对各国税基的侵蚀。
② 7 项产出成果包括《关于数字经济面临的税收挑战的报告》《开发用于修订双边协定的多边工具》和《考虑透明度和实质性因素，有效打击有害税收实践》3 份报告和《消除混合错配安排的影响》《防止税收协定优惠的不当授予》《无形资产转让定价指引》和《转让定价同期资料和分国信息披露指引》4 份国际税收规则草案。

上最富有的85人与世界最贫困的35亿人拥有同样的财富，并慨叹在激励和再分配之间找到平衡点不容易。[1] 另据一项分析显示，个人财富（金融与非金融资产减去负债）超过100万美元的人数占世界成年人口总数的比例为0.7%，其拥有的财富占世界的份额为44%；个人财富在10万～100万美元之间的人口占世界成年人口总数的比例为7.9%，其拥有的财富占世界的份额为41.3%。这表明世界最富的8.6%的成年人口拥有世界85.3%的财富。而个人财富在1000美元以下的成年人口占世界人口总数的比例为69.8%，其拥有的财富占世界的份额为2.9%。[2] 收入分配成为焦点的一个助推器是托马斯·皮凯蒂（Thomas Piketty）的新著《21世纪资本论》的出版。[3] 皮凯蒂的核心观点是，私人资本收益率大于产出增长率，意味着财富积累比产出和工资增长要快，这不可避免地使企业家渐渐变为食利者，并使他们越来越强势地支配那些除了劳动能力以外一无所有的人；正当的解决办法不是向资本征收足够的税，而是征收年度累进资本税，以便保护新型原始积累的激励。

四　2015年世界经济形势展望

2014年10月IMF预测数据显示，2015年按PPP计算的世界经济增长率为3.8%。这其中，发达经济体整体增长2.3%，美国3.1%，欧元区1.3%，日本0.8%；新兴市场和发展中经济体整体增长5.0%，中国7.1%，印度6.4%，巴西1.4%，俄罗斯0.5%，南非2.3%。按市场汇率计算，2015年世界经济增长3.2%。2013年6月，世界银行预测2015年按PPP和市场汇率计算的世界经济增长率分别为4.0%和3.4%。2013年5月，联合国预测2015年按PPP和市场汇率计算的世界经济增长率分别为3.8%和3.2%。2013年5月，OECD预测2015年按PPP计算的世界经济增长率为3.9%。

展望2015年的世界经济走势，有以下几个方面的问题值得关注。

第一，美国与欧日等其他重要经济体货币政策背道而驰的程度与后果的严

---

① "Panel Debates Moves to Spur Growth, Create Jobs", *IMF Survey*, October 2014.

② "Credit Suisse, 2014", *The Economists*, October 18–24, 2014, p. 85.

③ 〔法〕托马斯·皮凯蒂：《21世纪资本论》，巴曙松等译，中信出版社，2014。

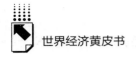

重性。随着美国退出数量宽松政策，是否加息就成为美国货币政策走向的关注点。一旦通胀抬头，美联储在 2015 年上半年加息的概率便会加大。在美国银根收紧的同时，欧日却在继续加大刺激力度，这种反向的宏观政策将产生多种效应，其中最显性的是汇率波动。美元升值对欧日出口复苏有利，但同时会引起资本向美国汇聚，从而抵消欧日央行的宽松货币政策效果。美元汇率如果出现大幅振荡，还将引起全球资产价格和资本大规模异动。

第二，欧洲经济走出低迷的可能性。2014 年 11 月初，欧洲央行理事会终于一致同意注资 1 万亿欧元（约 1.24 万亿美元）用于购买担保债券和资产支持债券，以避免欧元区经济陷入通缩泥潭。欧洲央行的资产负债表规模随之从 2 万亿欧元扩大到 3 万亿欧元的峰值。如果欧元区继续面临日本式通缩威胁，此举也为将来出台大规模购买国债举措铺平道路。欧洲央行理事会还决定将再融资利率保持在 0.05% 的超低水平。如此大规模且长时间的宽松货币政策，在防止经济进一步恶化的同时也为经济的长期增长埋下了隐患。如果缺乏实体经济相应的且有力的投资与增长支撑，欧洲经济再次陷入衰退的可能则很难完全排除。

第三，"安倍经济学"的最终效能。2013 年，"安倍经济学"的前两枝箭射出后，取得了一定成效，日本经济实现了 1.5% 的增长率。但自 2014 年以来，市场对"安倍经济学"的政策预期开始减退，日本经济停滞的征兆亦随之出现。究其原因，则主要在于"安倍经济学"的第三枝箭迟迟没有射出，即已有的政策尚未全面深入触及结构改革，比如僵化的劳动力市场、过高企业税等。同时，超高水平的国债、人口老龄化、生产率增长下降、农业改革进展缓慢以及 2015 年第二轮消费税由 8% 提高到 10%，均会不同程度地影响"安倍经济学"目标的实现。

第四，主要新兴经济体新一轮改革的范围、力度和成效。为了贯彻落实中共十八大关于全面深化改革的战略部署，2013 年 11 月中共十八届三中全会通过《中共中央关于全面深化改革若干重大问题的决定》，内容涵盖 15 个领域、60 项具体任务，目前一些改革措施已经得到落实。2014 年 5 月，印度新总理纳伦德拉·莫迪上台后随即启动了以"经济增长"为目标的大规模经济改革计划，内容包括加大投资、推动工业增长、改善营商环境和严控财政赤字等。中印两国的改革所释放出来的"红利"多少，将直接决定它们能否继续保持目前的中高速可持续增长局面。同时，巴西、俄罗斯经济颓势能否得到遏制，亦会对整个新兴市场和发展中国家的经济表现带来重要影响。

第五，全球尤其是发达国家金融系统的潜在风险。据《经济学家》杂志分析，下一次危机将来自资产管理产业。2013 年，全球资产管理公司管理的资产高达 87 万亿美元，为银行业资产的 3/4，其中黑岩资产管理公司（Black Rock）资产达 4.4 万亿美元，规模大于任何一家银行。然而这些庞大的资产管理公司却不属于系统重要性金融机构（SIFIS），因而不受金融监管部门的监管。为了满足保守的会计要求，它们的营利模式已开始成为不稳定的放大器，其中增长最迅速的是活跃于短期债券市场的交易所交易基金。2014 年 1 月金融稳定局（FSB）已提出是否将资产管理公司列入 SIFIS 的问题，英格兰银行也对其活动的潜在危害提出过警告。受到较少监管的资产管理公司一旦出问题，其连锁反应势必迅速扩散。[1]

第六，地缘政治经济的走势。西方国家对俄罗斯实施制裁的范围、强度和持续时间，不仅会影响到俄罗斯以及与其经济关系密切国家的经济，而且会波及相关国家的地缘政治关系。2014 年 11 月美国中期选举后形成的共和党控制参众两院从而使民主党总统过早成为"跛鸭"的局面，亦为敏感微妙的大国博弈添加了变数。作为世界能源重镇的中东，其稳定与否与"伊斯兰国"势力的消长密切相关。一旦重大恐怖主义袭击在世界其他国家得手，首当其冲受其影响的便是石油供应及价格，世界经济复苏的进一步巩固亦会受到威胁。

第七，大范围疫情与自然灾害亦可能对全球经济造成损害。2014 年西非国家埃博拉（Ebola）疫情的爆发和蔓延，对一些国家的经济社会稳定造成的负面影响已经显现，如得不到有效控制并扩散到主要经济体，则会殃及全球经济增长。同时，突发性的严重自然灾害也会给相关国家经济带来冲击。

鉴于目前世界经济的基本状况以及发展趋势上所呈现的种种迹象，并基于2014 年世界经济整体运行的描述与分析，本报告认为，2015 年全球经济复苏大幅回暖的概率较小，相比 2014 年，经济增速基本持平或小幅上扬的可能性较大，即按 PPP 计算的增长率为 3.3%，按市场汇率计算的增长率为 2.8%。

---

① *The Economists*, August 2 – 8, 2014, pp. 54 – 56.

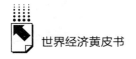

在美、欧、中、日四大经济体中，中国仍极可能延续过去多年的惯性，并成为对全球经济增长贡献最大的国家。

参考文献

Åslund, Anders (2013), "Why Growth in Emerging Economies Is Likely to Fall", Peterson Institute for International Economics Working Paper, No. 13 – 10, November 2013.

Buttiglione, Luigi, et al. (2014), *Deleveraging? What Deleveraging? Geneva Report on the World Economy* 16, Geneva: International Center for Monetary and Banking Studies, September 2014.

IMF (2014a), *World Economic Outlook: Recovery Strengthens, Remains Uneven*, April 2014.

IMF (2014b), *World Economic Outlook: Legacies, Clouds, Uncertainties*, October 2014.

OECD (2014), *OECD Economic Outlook*, May 2014.

UNCTAD (2014a), *World Investment Report* 2013: *Investing in the SDGs: An Action Plan*, June 2014.

UNCTAD (2014b), *Trade and Development Report* 2014: *Global Governance and Policy Space for Development*, September 2013.

United Nations (2014), *World Economic Situation and Prospects* 2014: *Update as of Mid –* 2014, May 2014.

World Bank (2014), Global Economic Prospects: Shifting Priorities, Building for the Future, Washington, DC.: World Bank, June 2014.

WTO (2014), *World Trade Report* 2014: *Trade and Development: Recent Trends and the Role of the WTO*, 2014.

〔法〕托马斯·皮凯蒂：《21 世纪资本论》，巴曙松等译，中信出版社，2014。

国别与地区

Country/Region Study

Y.2

美国经济：趋向稳定增长

孙 杰*

摘　要：　尽管美国经济在 2014 年初出现较大波动，但是主要基本面指标持续好转。企业和个人信心不断上升，就业增加，房价回升，个人可支配收入和家庭财富也都出现了较大幅度的上升，政府开支对经济增长造成的拖累在下降，经济增长的自主性在增强。因此，2015 年的美国经济总体是趋向乐观的。在物价基本稳定，就业持续改善的情况下，消费依然是推动美国经济增长的主要因素，投资的总趋势逐渐向好，净出口和政府开支拖累经济增长的幅度可能非常有限。对美国经济增长的主要威胁主要有全球经济增长放缓；初级产品价格出现上涨；债务危机造成金融市场的大幅度波动。

关键词：　退出政策　前瞻性指引　债务负担　老龄化

---

　*　孙杰，研究员，中国社会科学院世界经济与政治研究所，主要研究领域：金融学。

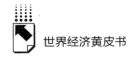

2013 年美国经济的实际增长率为 2.2%，比我们在 2013 年 9 月提出的预测区间下限低了 0.1 个百分点，主要是因为美国经济研究局在 2014 年对 2013 年各季度数据的初值做了较大幅度的调整。由于在过去的一年中美国经济增长出现了比较大的波动，如果扣除波动期数据对平均值的影响，经济增长还是相当强劲的。从总体上看，国内消费依然是支持增长的主要动力，投资和净出口则是波动来源，政府开支对经济增长造成的拖累在下降。从经济基本面的主要指标来看，国内经济仍然在持续好转，企业和个人信心不断上升，就业增加，房价回升，个人可支配收入和家庭财富也都出现了较大幅度的上升。因此，美联储在 2014 年 10 月底已经决定终止量化宽松政策，而 2015 年进行加息也已经成为比较一致的市场预期。预计 2014 年全年的经济增长可能会提高到 2.1% ~ 2.4% 的区间内，2015 年美国的经济增长进一步回升到 2.6% 左右。

一　波动中的稳定增长趋势

从 2013 年第三季度到 2014 年第二季度，美国经济总体呈现可观的增长态势，四个季度经过季节调整后的年化环比季度增长率分别为 4.5% 、3.5% 、−2.1% 和 4%。在 2014 年初出现的比较明显的波动可能反映了持续增长后正常的短暂调整过程，不会对此后的经济形势产生持久的影响。事实上，如果从更常用的同比经济增长率来看，这四个季度的波动也没有那么明显，分别为 2.3% 、3.1% 、1.9% 和 2.4%。

1. 季度环比增长尽管出现明显波动，但是经济增长动力比较强劲

在 2013 年第三季度，美国经过季节调整后的年化环比季度增长率高达 4.5%，创下了近 7 年来的第二个高点，仅次于 2011 年第四季度的指标。那一次由于前一个季度环比增长率仅为 0.8%，基数效应比较明显，而这一次则是在前一个季度环比增长 1.8% 的基础上实现的。相比之下，美国经济增长持续向好的趋势明显。

造成这个季度经济增长提速的主要因素是私人投资以及净出口的增长，而对经济增长影响最大的个人消费对经济增长的百分比贡献变动不大，仅从 1.23 个百分点上升到 1.39 个百分点，政府支出对于经济增长的百分比贡献则保持 0.04 个百分点不变。就私人投资的增长来说，又主要体现为存货投资的增长。私人投资对当季经济增长的贡献是 2.5 个百分点，从百分比上看则超过了 50%，

毫无疑问是最主要的影响因素。另外，净出口的贡献也不可忽视，从 2013 年第二季度拖累经济 0.54 个百分点转变为拉动经济 0.59 个百分点，环比贡献的百分点变化达到了 1.13 个百分点。这其中又主要是以进口的变化为主，进口对经济增长的拖累在 2013 年第二季度高达 1.36 个百分点，而在第三季度则大幅下降到 0.09 个百分点。出口对经济增长的推动则变化不大。在 2013 年第三季度环比增长的 4.5 个百分点中，私人投资和净出口的贡献总共达到了 3.09 个百分点，具有举足轻重的地位。值得注意的是，由于美国私人投资和净出口的变动从来都是不稳定的，因此，福兮祸所伏，这样的高环比增长率是很难维持的。

果然，在 2013 年第四季度美国的环比经济增长率下降到了 3.5%。虽然相比上个季度下降的幅度不是很大，但是不稳定因素已经开始显现。其中，最大的变化就发生在私人国内投资对经济增长的影响上。私人国内投资对经济增长贡献从上个季度 2.5 个百分点骤降到 0.62 个百分点，其中存货投资对经济增长贡献从拉动 1.49 个百分点变为拖累 0.34 个百分点，几乎等于国内私人投资项下对经济增长贡献百分点下降的全部，成为拖累经济增长的最主要因素，显示出前一段时间主要依赖增加库存来推动经济增长的不可持续性。与此同时，由于刚刚进入一个新的财政年度，在国会强烈的减赤压力下，政府花钱难免有些缩手缩脚，结果使得政府消费与投资对经济增长的贡献从拉动 0.04 个百分点变成拖累 0.71 个百分点。如果不是由于出口的上升使得净出口对经济增长的贡献从 0.59 个百分点提高到 1.08 个百分点，2013 年第四季度的美国经济增长指标会更糟糕。消费则起到了稳定经济增长的作用，特别是服务消费的上升，推动个人消费支出对经济增长的贡献从 1.39 个百分点大幅度提高到了 2.51 个百分点，才最终使得经济增长的下滑没有那么明显。但是，我们也必须看到，自 2010 年美国经济走出金融危机的冲击以来，消费对经济增长的贡献从来没有连续两个季度超过 2 个百分点，而且净出口对经济增长的影响也持续处于波动中，因此我们没有理由相信美国经济的增长将保持稳定。

到了 2014 年第一季度，美国的经济增长出现了令人瞠目的下滑，年化环比季度增长率仅为 -2.1%，创下了金融危机以后单季最差的成绩。如果剔除金融危机时期，更是创下了 1990 年第四季度以来的最差纪录。但是，这个空前的下滑实际是多种因素周期波动集中共振负向叠加的体现，并不代表美国经济基本面出现了逆转。第一，消费作为美国经济增长最大的影响因素，在经历

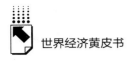

了上一个季度的爆发以后，出现了比较明显的下滑，对经济增长的拉动从2.51个百分点直落为0.83个百分点。这个回落幅度在金融危机以后是最大的，而且与上一个季度服务消费引领消费增长爆发的情况相对应，这次个人消费支出下降主要源自服务消费的下滑。与此同时，货物消费也出现了比较明显的下滑。第二，在2013年第三季度私人国内投资对经济增长的拉动达到2.5个百分点的高点以后出现了连续两个季度的下滑。这种情况同样是在金融危机以后，甚至是21世纪初新经济泡沫崩溃以来没有出现过的情况。而且更让人大跌眼镜的是，在经历了一个季度的大幅度下跌以后，在2014年第一季度私人国内投资对经济增长的贡献竟然由正转负，拖累了1.13个百分点，其中仍以存货变动为甚，从拖累0.34个百分点加剧成拖累1.16个百分点，同时固定投资对经济增长的拉动也从0.95个百分点下降到微不足道的0.03个百分点。第三，在净出口对经济增长的影响方面也出现了逆转，净出口对经济增长的影响从上一个季度的1.08个百分点的拉动急转直下变成1.66个百分点的拖累。其中，由于出口市场不景气，造成出口对经济增长的影响从拉动1.3个百分点变成了拖累1.3个百分点，成为净出口变动的主因。第四，在消费对经济增长的贡献出现了大幅度的下降，而投资和净出口则变成了直接拖累的同时，只有政府支出的影响略为好转，从拖累0.71个百分点减轻为拖累0.15个百分点，但是却依然表现为拖累。总之，在2014年第一季度，由于所有影响因素的同时恶化，经济出现了大幅度的负增长。

不过，正是由于2014年第一季度出现大幅度负增长的原因在于所有影响因素同时出现恶化①，经济基本面却并没有出现根本性的变化，所以在2014年第二季度，美国经济再次出现了强劲的反弹，季度经济增长率达到了4%。私人国内投资对经济增长的影响再次呈现大幅度的逆转，从拖累经济增长1.13个百分点变成了拉动经济增长2.57个百分点。在影响投资的因素中，存货变动对经济增长的影响最为显著。在经历了连续两个季度的库存调整以后，库存对经济

---

① 一般来说，在不少年份的冬季由于气候恶化引起经济活动减少和燃料支出的上升会拖累美国经济增长数据。但是此次消费、投资和净出口同时出现下降既有消费和投资同比增长率因前期基数较高造成的翘尾效应（carryover effects），也正好赶上了海外市场需求下降的意外影响。特别值得注意的是，自2010年美国经济复苏以来，消费增长对经济增长的百分比贡献出现如此大幅度的下降更是相当罕见的。

增长的影响从拖累 1.16 个百分点变成拉动 1.66 个百分点，固定投资对经济增长的拉动也从 0.03 个百分点提高到 0.91 个百分点。个人消费支出对经济增长的影响也从拉动 0.83 个百分点提高到 1.69 个百分点，回到了金融危机以后的正常水平。在个人消费中，货物消费特别是耐用品消费的拉动作用最为显著，体现出消费者对未来经济形势的持续看好。在政府开支方面，由于年度预算执行进入第三季度，接近尾声，不确定因素下降，政府开支的约束有所缓解，特别是国防开支又出现了突击花钱的倾向，使得政府开支对经济增长的影响从拖累 0.15 个百分点转变为拉动 0.3 个百分点。而在净出口方面，随着出口市场的回暖，出口对经济增长的影响从拖累 1.3 个百分点变成拉动 1.23 个百分点，最终使得净出口对经济增长的影响从拖累 1.66 个百分点减弱为拖累 0.61 个百分点。

表1　总需求各部分对 GDP 增长率的贡献

季　度	2013 年第一季度	2013 年第二季度	2013 年第三季度	2013 年第四季度	2014 年第一季度	2014 年第二季度
GDP 增长率	2.7	1.8	4.5	3.5	−2.1	4
个人消费支出	2.45	1.23	1.39	2.51	0.83	1.69
货物	1.35	0.3	0.8	0.83	0.23	1.38
耐用品	0.61	0.33	0.36	0.42	0.23	0.99
非耐用品	0.74	−0.03	0.43	0.41	0	0.39
服务	1.11	0.93	0.59	1.69	0.6	0.31
私人国内投资	1.12	1.03	2.5	0.62	−1.13	2.57
固定投资	0.42	0.74	1.01	0.95	0.03	0.91
非住宅	0.2	0.21	0.67	1.23	0.2	0.68
住宅	0.22	0.53	0.34	−0.28	−0.17	0.23
存货变化	0.7	0.3	1.49	−0.34	−1.16	1.66
净出口	−0.08	−0.54	0.59	1.08	−1.66	−0.61
出口	−0.12	0.82	0.67	1.3	−1.3	1.23
进口	0.04	−1.36	−0.09	−0.22	−0.36	−1.85
政府消费和投资	−0.75	0.04	0.04	−0.71	−0.15	0.3
联邦政府	−0.79	−0.26	−0.08	−0.79	−0.01	−0.05
国防	−0.55	−0.09	0.03	−0.55	−0.18	0.05
非国防	−0.24	−0.17	−0.11	−0.24	0.17	−0.1
州和地方政府	0.04	0.31	0.13	0.07	−0.14	0.35

注：经过季节调整的年化环比季度数据。

资料来源：美国经济分析局 2014 年 8 月 28 日公布的 NIPA 表 1.1.2。

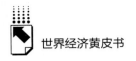

2. 对美国经济增长基本面因素的分析

在 2013 年第三季度到 2014 年第二季度期间，欧洲债务危机恶化的可能性正在逐渐消除，美国自身的债务问题也在平稳渡过"财政悬崖"后出现了好转倾向。由于美国净出口对经济增长的贡献不显著，因此相对暗淡的新兴经济体增长预期没有给美国经济增长带来明显的负面影响。在这种情况下，金融市场上投资者的情绪比较稳定，风险偏好上升，资产价格再度上扬。道琼斯股指再创新高，从 15000 点上涨到 17000 点，标准普尔 500 波动率指数不断下降，短期国债收益率继续维持在零附近，而长期国债收益率和企业债券收益率在短暂上升以后也呈现出持续下降的走势，美元指数保持稳定。整体的经济环境有利于美国经济基本面的持续改善。

从影响美国经济增长最主要的国内私人消费来看，危机以后其对经济增长率贡献的百分点在 2010 年以来的 18 个季度中平均达到了 1.55。尽管在 2014 年第一季度出现了明显的下滑，但是在 2013 年第三季度到 2014 年第二季度期间国内私人消费对经济增长率贡献百分点的平均水平还是上升到了 1.61。毫无疑问，国内私人消费的强力拉动意味着美国经济增长的自主性在不断上升。造成这种变化的原因是多方面的：①尽管劳动参与率在持续下降，从 2009 年 10 月的 65% 下降到 2014 年 7 月的 62.9%，但是失业率下降得更快，同期已经从 10% 下降到 6.2%；②非农员工的周工作时间从 2012 年底就一直稳定在危机前的水平上，平均时薪则从危机时的 22 美元上升到 24.45 美元；③在上述两个因素的作用下，个人可支配收入已经摆脱了 2013 年初"财政悬崖"带来的冲击，在 2014 年第一季度重新达到 2012 年底的水平，2014 年第二季度则创新高，而且值得注意的是，个人支出并没有受到"财政悬崖"的冲击，维持了持续增长的局面；④在"财政悬崖"的预期冲击下，居民储蓄率在 2012 年底达到了 8.6% 的高点，但是此后就迅速下降并一直维持在 5% 左右的水平上；⑤资产价格的上升推动了家庭和非营利机构净资产的持续上升，目前已经远远超过了危机前的水平，而家庭净资产对可支配收入的比例也接近了危机前的水平；⑥消费者信心指数在 2014 年 7 月已经达到 90.9，远远高于危机中 25.3 的最低水平，距离 2007 年 7 月在危机前 111.9 的最高水平已经不远。从上述诸多支持消费增长的有利因素看，消费作为拉动美国经济增长的主要动力在短期内不会出现根本性的逆转。尽管出现了 2014 年第一季度那样的较大波动，但是美国经济的内生增长是可以持续的。

从影响美国经济增长的国内私人投资来看，其一直是造成经济增长的不稳定因素。存货投资调整所造成的波动性比较容易理解，而就固定投资来看，在金融危机以后，由于美国改变后的税法允许提取高额折旧，一度刺激了固定投资，但是这个政策很快终止，而那时刺激的投资将在此后很长一段时间内造成固定投资的低迷。不过值得我们注意的是，从美国商业调查的结果看，不论是CEO经济展望指数，还是未来半年公司销售以及公司资本支出的调查指数，其都显示自2012年底之后出现了一个向上的反转趋势，并且带动了采购经理人指数的上升。事实上，与金融危机以后一度陷入低迷的消费者信心指数形成鲜明对照的是，采购经理人指数在2009年走出V字形反弹以后一直在高位徘徊①。而从美国的产能利用率来看，随着设备复杂程度的提高，自1978年以来最高的产能利用率一直在缓慢下降，从85%下降到20世纪90年代的82%，到这次危机以前则是79%左右，目前美国的产能利用率已经再次达到了这个水平。这意味着随着经济的繁荣和需求的上升，启用闲置产能的余地已经越来越小，有必要增加投资。值得注意的是，随着新能源革命的到来，美国钻井和采矿行业的设备投资水平相对历史标准来看已经相当高了。在建筑行业，住房空置率在下降，新房销售的平均价格已经超过了危机前的水平，新房开工数量随之上升。另外，企业融资状况也在好转，公司借款在上升。所有这些都意味着尽管固定投资和存货投资还可能继续维持波动，但是将在波动中保持上升的趋势。

净出口对美国经济增长的影响与投资类似，也是处于不断的波动之中。在2013年第三季度到2014年第二季度期间，对美国净出口影响最大的挑战是全球贸易的萎缩。这种情况在2014年初表现尤其明显。在进口方面，由于在此期间世界初级产品价格变化不大，因此美国进口给经济增长带来的拖累还不明显，不过在2014年第二季度当美国经济出现强劲反弹以后，进口拖累的表现就十分明显。好在与此同时，美国的出口市场出现好转，使得净出口对经济增长的影响大体维持在正常水平。与危机以来的情况相类似，在这一段时期内，净出口对美国经济影响的总体趋势和基准水平变化不大。

在2014财年经历了"财政悬崖"以后，不论是联邦政府还是州和地方政府

---

① 值得注意的是，采购经理人指数与消费者信心指数之间这种背离的走势在美国的几次衰退中都有所反映。

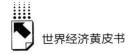

的财政状况都出现了好转的势头，但是受制于巨额的政府债务和国会强大的"减赤"压力，联邦政府的财政支出仍将保持从紧的状态，这将会一直成为经济增长的拖累，但是拖累的程度可能会有所缓解。紧急失业救济的到期可能会挤压消费，不过与此同时，国会可能通过的平价医疗法案（Affordable Care Act）则有可能刺激医疗消费。在州和地方政府层次，为了增强经济活力，预算支出可能会略有上升。

3. 对2014年美国经济增长的预测和对2015年美国经济增长的展望

我们认为，尽管美国经济在 2014 年初呈现了比较大的波动，但是美国经济的各项基本面指标没有发生明显的恶化，甚至在持续好转，经济增长的自主性在增强，因此 2014 年和 2015 年的美国经济总体是趋向乐观的。在正常情况下，投资和净出口的波动即使叠加在一起也不会改变经济增长的趋势。在短期内，对美国经济增长的威胁可能主要有三个：全球经济增长放缓，特别是美国的主要贸易伙伴国经济增长放缓；初级产品价格出现上涨；美国债务出现问题并造成金融市场的大幅度波动。

如果不出现意外，预计 2014 年美国的经济增长可能比 2013 年略高，维持在 2.1% ~ 2.4% 的区间内。2015 年可能会进一步上升到 2.6% 左右。

二 货币政策按照预期步伐调整

虽然市场早有预期，但是直到2013 年 12 月 18 日美联储的议息会才最终宣布了削减量化宽松幅度的决定。不管是出于审慎还是由于美联储主席换届的原因，这个决定似乎有些姗姗来迟。所以，当接下来几个月的失业数据迅速下降并接近伊文斯规则的临界值，就使得美联储陷入了一个略显尴尬的境地。但是，从美联储官员随后发布的一系列讲话看，一套新的货币政策规则正在逐渐明晰起来。

1. 美国经济形势的变化与货币政策的调整：从泰勒规则到伊文斯规则

在 2012 年和 2013 年，美国经济增长分别达到了 2.3% 和 2.2%，逐渐稳定并接近危机后的潜在增长率水平①。尽管在此期间也曾出现一定的波动，但

---

① 马丁·费尔德斯坦 2010 年在其发表的 NBER 工作论文中断定，从 2010 年到 2019 年期间美国的潜在经济增长率在 2.6% 左右，而 2012 年的美国总统经济报告也认为在 2011 ~ 2022 年间美国经济的潜在增长率为 2.5% 左右。

是从季度数据来看，支撑美国经济增长最重要的私人消费则一直大体保持稳定，波动主要来自投资。在经济基本面的主要指标方面，失业率持续好转，通货膨胀总体维持在低水平上波动，长期利率水平也在持续下降。因此，市场早就出现了退出量化宽松政策的预期。

从以核心 PCE 代表的通货膨胀指标来看，自 2012 年初达到 2% 以后就一路下行，并于 2014 年第一季度下探到 1.2% 附近，虽然此后出现了微弱的上扬，但是也大体稳定在 1.5% 的水平上，不仅远远低于 2.5% 的警戒线，而且汤森路透与密西根大学的消费者调查指数显示，市场对未来 5~10 年内的通货膨胀预期非常稳定，而以 5 年期和 10 年期美国国债与同期限 TIPS 名义收益率之差表示的通货膨胀补偿指标也显示市场对未来美国的通货膨胀预期始终保持稳定。美国通货膨胀历史数据的回溯也大体支持这些远期指标。事实上，从 1994 年以后，美国的核心 PCE 就一直没有超过 2.5%，而且在绝大部分的时间内低于 2% 的水平。值得注意的是，尽管美国的超常规量化宽松政策已经实施了 6 年之久，全球也有不少经济体或迟或早的跟进，但是包括 CPI 在内的几个价格指标在美国都没有出现相应的上涨，而整个经济基本面却出现了持续的改观。在这种情况下，再单纯依靠包括通货膨胀钉住和泰勒规则在内的传统理论框架来制定货币政策显然已经面临尴尬的境地，必须进行调整。

美联储从 1993 年开始以利率取代货币供给量作为货币政策的中介目标，并且尝试采用基于规则的利率决策取代相机抉择。很多研究显示，直到此次金融危机以前，泰勒规则可以在很大程度上解释和预测美联储的货币政策决策。尽管从 2009 年开始，美联储对泰勒规则进行了修订，将产出缺口系数从 0.5 提高到了 1.0，将中立实际利率从 2% 下调为 0，还以 2.5% 的短期通货膨胀上限取代了此前的 2%，使得货币政策决策更明显地倚重经济增长和就业，为量化宽松提供了理论依据①。但是到了 2011~2012 年间，美国的通货膨胀水平上升，一度接近 2%，经济增长率则回到 2%。此时，按照修订后的泰勒规则，联邦基金利率目标就应该在 1.5% 左右，也就是说那时就应该退出量化宽松并加息了。但是，以伯南克为代表的鸽派面对依然较高的失业率水平仍然决定维持零利率水平，甚至认为在经济深度衰退以后相当长的复苏阶段中也应该维持

---

① 参见陆晓明《从泰勒规则到伊文思规则》，《国际金融研究》2013 年第 4 期。

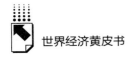

超低利率。这样，货币政策决策实际上从泰勒规则又退回到了相机抉择。

在这种情况下，伊文斯规则出台了。在2014年的世界经济黄皮书中我们已经对伊文斯规则进行了介绍。在此我们需要进一步指出的是，伊文斯规则实际是一个过渡性规则，因为它只是针对零利率退出的规则，而且只是规定了一个临界值，是上调利率的必要条件而不是充分条件，更不是上调利率的触发点。它并不是说达到临界值以后立即上调，而只是规定了在到达临界值以前肯定不上调利率。因此，在2014年第二季度美国失业率跌破6.5%以后，美联储仍然可以按照既定的步伐缩减量宽的幅度而不用立即上调利率。

尽管伊文斯规则与泰勒规则一样，在本质上都是一个短期利率的决定函数，而且都是基于货币政策的双重目标：通货膨胀和实体经济状态；但是伊文斯规则将泰勒规则中的GDP缺口用失业率差距来代替，并依据奥肯法则中关于失业率和GDP之间的关系将失业率系数修改为2，所以等于向市场传递了美联储更加关注就业的信号，甚至为了就业还将通货膨胀从2%的长期目标改变为2.5%的近期上限值。做出这样的改变是因为美联储相信通货膨胀与利率，进而货币供给的关系变得越来越不确定，而利率与实体经济，实体经济与失业率的关系却越来越稳定。当然，伊文斯规则的前提是失业率不应该是结构性的而是周期性的。伊文斯规则面临的另一个挑战是对自然失业率的判断可能比对潜在增长率[①]的判断更困难。

2. 货币政策沟通与前瞻性指引：货币政策新规则

金融危机以后，当联邦基金利率目标触及零利率底线以后，美联储除了循着传统货币政策思路实行量化宽松之外，也开始试图通过加强货币政策的前瞻性引导和沟通来达到经济刺激的目的。

所谓前瞻性指引是央行就未来的货币政策行动与公众进行沟通，传统办法就是发布对目标变量（如通货膨胀和GDP增长率）预测，使市场形成对未来货币政策的预期。从理论上说，虽然前瞻性指引不是零利率时才采取的一种货币政策，但是毫无疑问，零利率增加了采取前瞻性指引的必要性，有助于央行走出利率工具的困境，影响公众对未来政策路径的预期，从而维持货币政策的

[①] 美联储在泰勒规则中使用的潜在增长率是以CBO的预测为标准的，而对潜在失业率的判断则以FOMC成员的判断为基础。

效力（Woodford，2012；Plosser，2013）。而在具体操作上，可以分为央行对未来货币政策的路径提供定性指示，揭示改变未来货币政策的原则性条件的开放式指引；明确指示未来货币政策将可能在何时发生变化的时间指引以及明晰可能引发政策变化条件门槛的状态指引（Carney，2013）。

在过去相当长的一段时间内，美联储一直是使用开放式指引。由于那时利率工具空间比较大，因此并不被人们重视。2008 年 12 月进入零利率以后，FOMC 在货币政策公告的显著位置称"经济疲弱可能需要联邦利率在一段时间内维持较低水平"。这就属于货币政策时间指引。到 2009 年 3 月又出现了微妙变化，开始使用"在较长的时间（an Extended Period）维持较低水平"这种比较含混的表述方式并一直延续到 2011 年 6 月。此后，为了更清晰地引导市场预期，美联储采用的时间指引明确低利率将至少持续到 2013 年中期，在 2012 年 1 月和 9 月又两度延长到 2014 年底和 2015 年中期。而到了 2012 年 12 月，美联储明确提出了维持零利率的状态指引，即著名的"伊文斯规则"："只要失业率仍在 6.5% 以上，未来 1~2 年的预测通货膨胀不超过公开市场委员会认定的 2% 的长期通货膨胀稳定目标以上 0.5 个百分点（即不超过2.5%），长期通货膨胀预期仍在锚定范围内，将继续维持当前的超低利率水平"。[1] 而在 2013 年 7 月的美联储货币政策公告中，第一次没有了自 2010 年 8 月以来一直使用的类似"为了支持更强劲的复苏"等表述，暗示着逐渐退出量化宽松货币政策的局面即将到来，并且在半年后真的成为现实[2]。这应该是美联储货币政策沟通和前瞻性指引的一个最新例证。而在此后的每次货币政策公告中，每次减少 100 亿美元资产购买规模也可以看成是一种沟通，即明确告诉市场退出的步幅。这种沟通策略在格林斯潘时代实际上就已经表现为渐进、小幅、多次和平滑的利率调整规则了。

在前面我们已经指出，伊文斯规则其实是退出量化宽松的一个必要条件而

---

[1] 参见 2012 年 12 月 12 日美联储货币政策会议公告。

[2] 早在 2010 年，美国经济分析局就宣布危机已经过去。而按照惯常的思路，当衰退已经过去，经济进入复苏阶段时，宽松的货币政策也就应该面临退出了。所以，追求更强劲的复苏这样的提法本身就已经与常规的货币政策有了很大的差异。而在 2013 年 9 月 18 日美联储的货币政策公告中甚至出现了"支持迈向最大就业和价格稳定进程"的提法。在 2014 年 10 月 29 日宣布终止量化宽松的货币政策公告中继续沿用了"支持迈向最大就业和价格稳定进程"的提法。

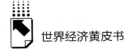

不是充分条件，只是在开始普遍被市场当作退出的门槛。而在 2014 年初，当美国的失业率水平跌破这个门槛以后，人们才注意到这个问题。其实，在泰勒规则中，不论是通货膨胀还是实际经济增长率使用的都是过去 4 个季度的平均值。而在伊文斯规则中，已经转而采取未来 1～2 年的通货膨胀预期数据，以避免价格波动对货币政策决策的影响，从而与货币政策决策的前瞻性要求相适应。其实，早在 2013 年 7 月美联储的货币政策报告中，就在开始部分增加了一页有关"货币政策战略和长期目标的声明"作为货币政策沟通和状态指引，并且声明 FOMC 一直致力于向公众尽可能清楚地解释货币政策的决策。应该引起我们注意的是这份声明特别指出，"由于货币政策对经济活动和价格水平的影响具有时滞，因此货币政策决策依据的是公开市场委员会的中期展望、长期目标以及对风险的评估"。按照这样的思路，对于通货膨胀来说，货币政策要稳定的不是通货膨胀本身，而是通货膨胀预期。只有将长期通货膨胀目标稳定住了，通货膨胀预期才能稳定，经济也才能稳定住。对于失业率也一样，关键是要确定一个长期的正常失业率水平。这个长期的正常失业率由 FOMC 在货币政策报告中的经济展望部分给出。与长期通货膨胀近年来一直稳定在 PCE 价格指数 2% 不同，长期正常失业率是一个范围，且时有变动。在 2013 年 7 月长期正常失业率中心趋势的区间是 5.2%～6%，而在 2014 年 7 月则是 5.2%～5.8%。也就是说，判断美国货币政策走势，仅仅看当前的通货膨胀率和失业率可能是不够的，甚至是错误的，应该关注的是通货膨胀和失业率的长期目标或中心趋势，更具体地说就是要看美联储认为的合意值。

3. 美国货币政策展望

美联储在 2014 年 7 月 30 日的货币政策会议公告中表达了这样的意思：尽管经济增长反弹、劳动市场改善、失业率持续下降、家庭开支上升、企业投资在增长、通货膨胀水平接近 FOMC 的长期目标、长期通货膨胀预期稳定，但是劳动市场的一系列数据显示依然有大量的劳动资源没有得到利用，同时房地产复苏缓慢；虽然财政状况有所好转，但是依然是经济增长的拖累。据此，FOMC 认为经济增长风险和劳动市场的风险近乎平衡，而通货膨胀持续在 2% 以下运行的概率正在下降，所以，为了实现最大就业和价格稳定，美联储将继续减少资产购买。

从 2013 年 12 月美联储开始缩减量化宽松的幅度以来，在 2014 年 1 月、3

月、4 月、6 月和 7 月连续 6 次的议息会上，一直是按照每次减少 100 亿美元资产购买的速度（每次减少 50 亿美元 MBS 和 50 亿美元长期国债）缩减量化宽松的幅度，总共已经减少了 600 亿美元，每月的资产购买量已经下降到 250 亿美元。按照这样的速度，美联储未出意外地在 2014 年 10 月的议息会上做出了完全终止量化宽松政策的决定。说这个决定终止了量化宽松，一是因为美联储决定终止资产购买计划，二是因为美联储还将维持现有的政策，将来自所持机构债和机构抵押贷款支持债券的到期本息再投资到机构抵押贷款支持债券中去，并对即将到期的美国国债进行展期交易。这样，虽然不再注入新的货币，但是也不会减少市场上现存的流动性，因此也就合乎逻辑地得到维持零利率的结论。

所以，退出"量宽"以后接下来要关注的问题就是零利率水平能够维持多久了。美联储在 2014 年 10 月 29 日和此前几次的货币政策会议公告中一直强调，FOMC 将同时评估实际和预期的指标，包括反映劳动市场状况、通货膨胀压力和通货膨胀预期以及金融市场状况的一些指标，以实现最大就业（按照 FOMC 在 2014 年 7 月的评估，美国的自然失业率是 5.2%～5.8%），并将通货膨胀预期控制在 2% 以下。因此，在 2014 年 10 月 29 日的货币政策会议公告中，FOMC 预计在量化宽松终止以后相当长的一段时间内（Considerable Time）还将维持零利率的水平。

这里值得注意的是，从 2014 年 3 月的货币政策会议公告开始，面临失业率持续下降，尽管伊文斯规则本身就是一个长期预期水平，但是美联储还是在刻意淡化 6.5% 失业率的门槛，而用一系列含糊的指标代替对劳动市场状况的判断。这样，"相当长的一段时间"究竟有多长，事实上就成了美联储的相机抉择。不过有意思的是，在耶伦刚刚上任美联储主席后，在 2014 年 3 月 19 日的第一次新闻发布会上她曾暗示，在量化宽松结束后半年可能加息①。这个说法实际上也与此前美联储对加息预测的最终提法不谋而合，即可能在 2015 年中加息。

---

① 耶伦在新闻发布会上的原文是：So, the language that we use in the statement is "considerable" period. So, I—you know, this is the kind of term—it's hard to define. But, you know, it probably means something on the order of around six months or that type of thing. But, you know, it depends. What the statement is saying is, it depends what conditions are like. 对于耶伦披露的这个信息，后来一些媒体认为是耶伦在应对媒体提问的时候还不够老练。

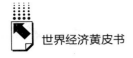

美联储在 10 月 29 日货币政策会议公告中指出："FOMC 根据目前的评估认为，在本月终结资产购买计划以后的相当长时间里，特别是在预期通胀率将持续低于 2% 的长期目标，并且长期通胀预期仍很稳定的情况下，继续将联邦基金利率维持在 0～0.25% 目标区间很可能仍将是恰当的。但是，如果未来有信息表明，就业和通胀目标向长期目标的靠拢速度快于目前 FOMC 的预期，则上调联邦基金利率目标区间的时间就可能早于当前的预期。相反的，如果这种靠拢速度慢于预期，则上调目标区间的时间就可能晚于当前的预期。"这段表白逻辑严密，但是却没有对当前预期的利率上调时间给出一个明确的答案。也许耶伦年初的那段无奈的解释依然有效。

三　财政政策

2014 财年的美国财政状况持续改善，并且带动金融市场的稳定和融资成本的下降。这种情况是多方面因素造成的：经济增长、就业改善、政府节支等都功不可没。同时我们还应该看到，不论是政府部门还是非政府部门，美国的整体债务负担依然沉重。

1. 2014 财年的财政收支状况

与 2013 年相比，2014 财年美国财政收入的年度增长幅度有所下降，从 11.7% 回落到 7.5%，但是财政收入总额第一次超过了 3 万亿美元，而在 5 年前，财政收入也仅仅 2.1 万亿美元。其实，在 2000 年新经济最高涨的时候，美国的财政收入就超过了 2 万亿美元，但是新经济之后的衰退使财政收入在 2003 财年达到 1.78 万亿美元的低点，2007 年又逐渐回升到 2.57 万亿美元，之后就是次贷危机，又在 2009 年跌回到 2.1 万亿美元的低点。最近 15 年美国财政收入起起伏伏也折射出美国经济的反复波动。按照白宫预算管理办公室的预测，在 5 年内，财政收入将再增长 1 万亿美元。从 2 万亿到 3 万亿美元，再从 3 万亿到 4 万亿美元，美国的财政收入大体是 5 年上一个台阶。而从 1 万亿上升到 2 万亿美元则用了 11 年的时间。由此可以看出在最近十多年中，尽管经济增长波动性增强，但是美国经济和财政收入的增长在加速。

2014 财年美国财政收入的上升主要受益于经济增长。2013 财年美国的减税政策到期后，个人所得税从 1.13 万亿美元增长到 1.32 万亿美元，增幅达到

14%，而在 2014 财年，美国的个人所得税仅增长到 1.39 万亿美元，增幅下降到 5%。相比之下，在 2013 财年美国的公司税收入从 2423 亿美元上升到 2735 亿美元，增幅为 11.4%，而在 2014 财年，公司税收入猛增到 3327 亿美元，增幅高达 17.8%。如果考虑到在过去一年中得益于经济增长，失业率大幅度下降的影响，在个人所得税的增长中来自经济增长的贡献也不可忽略（以上数据来自 OMB 统计表 1.1）。

在国会强大的减赤压力下，白宫在 2014 财年的财政支出增长非常有限，从 3.46 万亿增长到 3.56 万亿美元，年度增幅仅为 2.9%，远远低于财政收入 7.5% 的增长。值得注意的是，从财政支出的分类看，自主项目（discretionary）支出维持 1.15 万亿美元不变，但是内部科目也有所调整，防卫支出从 6260 亿美元下降到 6040 亿美元，而非防卫开支则从 5220 亿美元上升到 5430 亿美元。刚性项目（mandatory）支出则普遍出现上涨，社保、医疗保险（medicare）和医疗补助（medicaid）分别从 2013 年的 8080 亿、4920 亿和 2650 亿美元上升到 8460 亿、5080 亿和 3090 亿美元。也就是说，美国财政支出的增长几乎全部来自这些与社会福利有关的刚性项目（政府债务的净利息支出仅从 2210 亿美元增长到 2240 亿美元，以上数据来自 OMB 的中期财政评估表 S-4）。

在 2014 财年，正是由于财政收入的增长速度明显高于财政支出的增长速度，才使得财政赤字从 2013 财年的 6790 亿美元下降到 6488 亿美元，财政赤字对 GDP 的比例进一步从 4.1% 下降到 3.7%[①]。而且更值得注意的是，基本财政赤字则从 4590 亿美元下降到 3410 亿美元，成效明显。

2. 美国财政与金融稳定：现金流量表分析

在复苏、增税和减赤的多重作用下，美国的财政状况在最近两年内出现了明显的好转。根据白宫的最新数据，财政赤字对 GDP 的比例也从 2009 财年的 9.8% 一路下降到 2012 年"财政悬崖"以前的 6.8%，而在 2014 财年仅剩 3.4% 了。这个水平已经与未来 5 年白宫和国会预测的平均值[②]相距不远，暗

---

①　3.7% 是年初预测数，而在 2014 年 7 月的中期报告中进一步下降到 3.4%。

②　未来 5 年（2015~2019 年）白宫对财政赤字预测的算术平均值为 2.48%，而国会在 2014 财年中期评估报告中对财政赤字预测的算术平均值为 2.54%。有意思的是，从过去的经验看，白宫对当期财政赤字的估计总是比国会高，而对未来财政预测的估计总是比国会低，表现出白宫在与国会的讨价还价中为当下支出据理力争而对未来支出画饼充饥的策略。

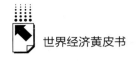

示着美国财政调整已经基本到位。

然而，值得引起我们注意的是，从未来 5 年的预测数据看，美国财政赤字对 GDP 比例的下降并没有延续危机后势头，一举实现财政盈余，而是止于 2.5% 左右的水平。这意味着美国公共债务的总体负担依然会上升，只是上升速度会有所减缓。如果不出现意外情况，美国公共债务对 GDP 的比例持续超过 100% 可能成为常态。

总体债务负担持续上升是伴随美国经济 20 世纪 90 年代以来经济转型和增长的一个显著特征。在 1990 年第一季度，美国总债务对 GDP 的比例为 224%，但是直到 2000 年第一季度新经济泡沫最严重的时候其增长却也不明显，仅为 258%。值得注意的是，在这个经济大膨胀的过程中，美国家庭部门负债对 GDP 水平的增长也非常有限，仅从 58% 上升到 65%，公司部门的负债水平竟然一直维持在 63% 附近，而伴随着经济繁荣，政府总债务甚至出现了下降，对 GDP 的比重从 55% 下降到 48%。在这段时间，真正带动美国总体债务负担上升的因素是金融部门的债务，其对 GDP 的比例从 42% 大幅度上升到 75%！

在新经济泡沫崩溃以后直到 2009 年第一季度，情况出现了根本性的变化，房地产市场的繁荣使得家庭部门负债水平从 65% 大幅度上升到 96%，与此同时，公司部门、政府部门和金融部门的负债程度也出现了全面的上升，其中，公司部门从 63% 上升到 81%、政府部门从 48% 上升到 67%，而金融部门更是从 75% 一举上升到 119%，超过家庭部门债务水平的增长。结果导致总体债务水平从 258% 大幅度上升到 374% 的历史最高水平。

不出所料，在金融危机发生以后，剧烈的去杠杆化过程使得美国的总体负债水平出现下降趋势，但是到 2014 年第一季度其也仅从 2009 年第一季度的 374% 下降到 345%。其中，居民部分的负债水平从 2009 年第一季度的 96% 下降到 2014 年第一季度的 77%，而公司部门的负债水平在从 2009 年第一季度的 81% 小幅下降到 2011 年的 75% 之后，随着经济复苏又逐渐反弹到 2014 年第一季度的 81%，基本恢复到了危机前的水平。相比之下，金融部门的去杠杆化过程最明显，负债水平从 2009 年第一季度的 119% 一路下降到 2014 年第一季度的 81%。毫无疑问，剧烈的去杠杆化过程造成经济大幅度衰退。正是在这个背景下，美国政府承担起维持经济稳定和刺激经济复苏的责任，相应的导致政府负债水平从

2009 年第一季度的 67% 大幅度上升到 2014 年第一季度的 91%①。

事实上，从第二次世界大战后美国政府债务负担的变化情况看，一直大体符合这个规律，即当民间债务下降，经济衰退时，政府债务就会上升，反之则下降，表现出比较明显的逆周期特征。从这次危机以后的情况看，居民部门和金融机构的去杠杆化过程虽然比较明显，但是从趋势上看已经接近尾声，而随着经济形势的好转，企业部门从 2011 年开始就已经重燃融资热情。在这种情况下，政府债务的增长也开始趋缓。这意味着从周期波动的角度来看，美国年度财政赤字的压力虽然在短时期内还不会消除，但是会逐渐减缓。

不过值得注意的是，从公共债务余额来看，在 2013 年初"财政悬崖"以后，尽管公共债务余额对 GDP 比例的增长速度开始放缓，2013 年秋天由于白宫和国会之间在预算减赤问题上争执不下，甚至造成政府关门，一度使公共债务余额停止了增长，但是此后却又出现了报复性增长。因此，美国的公共债务余额如何变化还有待观察。

3. 对美国财政的不乐观展望及其影响

我们在前面的分析已经表明，只要美国经济保持持续增长的态势，只要不再出现新的外部冲击需要政府出手救助，那么美国的财政状况就可能不断得到改善。但是，这仅仅是问题的一个方面。尽管当前美国的财政状况在好转，但是展望未来，却依然将成为拖累、制约甚至引发美国经济危机的因素，所以美国公共债务的前景可能非常严峻。

美国国会预算办公室预测，在未来 10 年内，如果当前的税法和财政支出法案保持不变，那么财政赤字对 GDP 的比例就可能维持在 2.5% ~ 3%。但是此后将出现比较明显的上升。而造成美国财政恶化的根本原因就是人口的老龄化，以及伴随而来不断上涨的医疗成本以及联邦政府对健康保险的补贴。按照美国的平价医疗法案（Affordable Care Act），包括医疗保险、医疗补助、健康保险以及政府对医疗机构补贴在内的财政开支对 GDP 的比例到 2039 年可能上升到 14%，比过去 40 年提高一倍。另外，在未来几年利率水平的上涨也将提

---

① 以上数据全部来自美联储的现金流量表，以前是 Flow of Fund，现在称为 Financial Account of United States。由此计算的数据与根据美国财政部国债数据计算的结果略有差异。我们这里的公共债务是指美国州和地方政府债务存量与联邦政府债务存量之和。

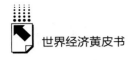
高财政支出中债务利息支出的比例。美国国会预算办公室预测，到 2018 年，10 年期美国国债收益率将从目前的 2.4% 上升到 5%，3 个月国库券的收益率将从目前的 0.2% 上升到 3.7%，这样，国债利息支出对 GDP 的比例将从过去 40 年平均 2% 的水平上升到 4.5%。与此相对应，其他支出占 GDP 的比例将从过去 40 年平均 11% 的水平下降到 7%。

应该承认，如果仅从债务负担的角度看，美国当前的政府债务已经达到了爆发债务危机的临界点。尽管目前主要评级机构还给予美债足够高的评级，但是如果美国公共债务的负担持续下去甚至进一步恶化，谁也无法预测何时市场信心会崩溃。值得我们注意的是，做出这种判断的不是别人，正是美国国会预算管理办公室！一旦投资者开始怀疑美国政府还款的能力或意愿，必然要求美国政府在进行国债再融资时支付更高的风险补偿和利息成本，最终使得美国政府不堪重负，那时政府财政和公共债务的危机就会到来！

如果仅从这个角度看，避免财政危机还取决于美国政府的信心管理的话，那么真正的挑战则在于即使没有爆发危机，沉重的政府债务负担将对美国经济产生深远的负面影响。

首先，金融市场上政府债务存量的不断增长意味着占用了大量的居民储蓄，而这将挤出私人部门的投资，导致资本存量、产出和收入的下降；其次，政府债务利息支出的上升将挤占其他本该用于政府提供公共服务的资源，不利于政府发挥应有的作用；① 最后，沉重的政府债务负担将限制政府在未来应对意外冲击的能力。

考虑到上述问题，美国国会认为，白宫越快实现“减赤”，政府债务累积就会越少，为应对沉重债务负担带来负面影响而需要做出的不利政策调整（主要是增税）的可能性也就越小。而且，由于在人口老龄化和利率上升阴影下沉重的债务负担对未来经济增长影响的负面效果会逐渐显现，所以越早加快政府减支或增税，对经济造成的负面影响也就越小；或者说趁当前美国经济尚未受到沉重债务负担的影响，还有一定的承受能力，所以越早加快政府减支或增税越好。

---

① 我们可以注意到，在过去两年间，尽管美国政府面临来自国会的“减赤”压力巨大，但是白宫也仅仅是控制资助项目的增长，而对于以社保支出为主要内容的刚性项目支出却不减反增。这种增长即使以老龄化为背景，也显示出政府力图维持原有转移支付水平的愿望。

四　微观经济形势在好转

微观经济形势是宏观经济走势的基础，这一点在过去的一年中表现得非常明显。从 2013 年第三季度到 2014 年第二季度，美国经济出现了一定程度的波动，除了存货波动的影响外，国内个人消费支出在 2014 年第一季度也比较罕见地出现了明显震荡。这种情况使得美国公司的盈利状况也出现了相应的波动，并且在非耐用品部门表现得尤为明显。

1. 公司部门的业绩好转

在最近两年中，尽管美国经济增长出现一定的波动，但是失业率持续下降，国内个人消费作为推动经济增长的支柱作用也大体保持了相对稳定，表明市场对未来经济前景开始充满信心。消费者信心指数从 2009 年 2 月 25.3 的最低点一路上扬，到 2014 年 7 月的 90.9，接近 2007 年初危机前的 110，有力地支持了市场需求和销售。

从公司实际经营的业绩指标看，不论是制造业销售、出货量、存货量、未完成订单还是利润水平，在 2011 年中完成反弹并恢复到危机前的水平后继续维持着缓慢的增长。截至 2014 年中，还在不断创出新高。其中值得注意的是，美国全部制造业的出货量和存货量增长大体同步，两者之间的差距维持不变，但是从未完成订单与存货和出货之间的差距看则呈现出逐渐拉大的趋势，这意味着美国的制造业产能可能已经跟不上市场需求。无论从制造业销售、出货量、存货量、未完成订单还是利润的同比增长来看，从 2010 年初反弹完成以后直到 2011 年下半年，增长速度一直维持在 10% 左右，但是进入 2012 年以后就出现了增速放缓的趋势，到 2012 年年中，制造业出货量和存货量的同比增长速度已经下降到 3% 以下，并且一直持续到 2014 年初。值得注意的是，未完成订单的同比增长速度则在 2013 年初一度短暂下降到 2% 以后随即出现了回升，一直维持在 6% 上下，并且直到 2014 年中才开始带动出货量和存货量的同比增长速度出现微弱的上扬趋势。

经过金融危机的冲击以后，伴随着实体经济，特别是制造业销售业绩的提升，金融部门和非金融部门经过存货价值和资本消费调整后的利润水平都出现了明显的回升。从金融部门的情况看，在政府救助和经济刺激政策的推动下，

仅仅用了一年时间，到2009年第三季度就完成了反弹，达到了危机前在2006年第四季度的水平（金融危机对金融部门的冲击早在雷曼危机前的2007年初就反映出来了），充分体现了金融部门的弹性。不过在此以后的增长却非常缓慢，其间也经历了比较大的波动，直到2012年才勉强稳定地站在危机前的盈利水平以上，体现了金融部门要彻底走出金融危机的冲击，完成去杠杆化过程的艰难。非金融部门的盈利情况也类似，也是在2006年下半年达到了危机前的最高水平，不过在金融危机以后的恢复过程却相对缓慢，直到2012年初才恢复到危机前的盈利水平，比金融部门晚了两年多。但是在此后，随着美国实体经济的增长，非金融部门的盈利状况持续改善，到2014年中已经明显超出了危机前的最高水平。

从房地产部门的情况看，尽管美联储在货币政策报告中对房地产形势的判断依然非常谨慎，但是从各个渠道公布的数据来看，自2012年以来房地产市场的回暖趋势基本可以得到确认，各种房地产价格指数也出现了明显而持续的反弹，新房开工数量在逐渐上升，租房的空置率在持续下降，美国人口普查局公布的新房销售平均价格已经接近甚至超过了危机前的水平。

2. 产能、投资和企业融资

从美国制造业出货量与未完成订单同比增长的对比中我们可以看出，两者之间的差距意味着现有产能不足以满足市场需求。

从1967年美国有比较完整的产能利用率统计开始以来，随着技术进步和设备复杂程度的提高以及劳动制度的变化，美国产能利用率的顶点水平在不断下降。在20世纪60年代末曾经高达90%，70年代中期以前在85%以上，从80年代开始直到21世纪初稳定在85%左右，而经过新经济的冲击，在本次金融危机以前稳定在80%左右，目前又再次接近80%。考虑到美国产能利用率不断下降的趋势，我们大致可以认为目前的产能利用率已经接近顶点。这种判断可能有助于解释当前美国制造业出货量与未完成订单之间同比增长的差距。

值得注意的是与此同时，采购经理人指数在2008年12月下降到33.1的最低点以后，在2009年8月就迅速恢复到54.5，并且在此后一直维持在50以上，与危机前大体持平，意味着企业对未来市场持续看好。与此相对应，CEO经济前景展望指数、对未来半年内公司销售增长、资本支出增长以及就业增长的展望指数也在2010年中以后恢复到危机前的水平并一直徘徊到2014年中。

从逻辑上看，一方面是产能紧张，另一方面是企业对未来经济走势的看好，那么由此可以得到的一个结论就是美国投资的增长。但是，正如我们在第一部分所指出的那样，国内私人投资是导致最近几年美国经济波动的主要原因。不过，如果我们将投资项目进行细分，还是可以发现一些预期中的变化。首先，在金融危机以后，美国的投资结构出现了明显的变化，非住宅类投资所占比重一直远远超过住宅类投资，成为美国国内私人固定投资的支柱。在2005年第四季度美国房地产泡沫的顶峰，美国国内私人投资中的房地产类投资大约相当于非房地类投资的2/3，而到了2014年第二季度，仅相当于后者的1/4；其次，在非房地产类投资中，设备投资又成了主要支柱，占比大约为50%，但设备投资也是美国国内私人投资波动的主要原因，知识产权产品的投资不仅成为仅次于设备投资的第二支柱，占比大约为25%，并且始终保持相当稳定而缓慢的增长态势。这种情况说明在金融危机以后，特别是自2011年美国经济开始呈现比较稳定的同比增长态势以来，美国的投资增长以设备投资为主，而知识产权投资缓慢而稳定的增长则暗示着美国经济的转型和升级。

从美国企业的投资来源和环境看，商业银行的工商贷款同比增长率在2013年初达到危机后反弹的最高点，其后随着美国经济的波动出现了逐渐下滑的趋势，但是这种情况在2014年以来出现了转机，同比增速从6.5%重回10%，对投资的增长起到了有力的支撑作用。股票市场的大幅度攀升，特别是道琼斯工业平均指数的快速攀升也为企业市场融资提供了良好的环境。而在债券市场上，穆迪Aaa和Baa企业债收益率也在2014年初结束了自2012年第四季度以来的小幅攀升，重新呈现下行趋势，这有利于降低美国企业的投资和融资成本。

只要美国经济能够维持相对稳定的增长态势，只要消费者和投资者的信心能够稳定，美国的国内需求就可能进一步上升，从而带动企业投资。其间尽管依然可能由于种种原因出现波动，但是总的趋势还应该是逐渐向上的，从而成为支持美国经济增长的因素之一。

3. 家庭财富与收入比及就业支撑国内私人消费

推动美国经济实现内生性增长的原因是国内需求，国内需求的核心是居民消费，而居民消费又主要取决于收入和家庭财富水平。

从个人可支配收入看，其同比增长速度在2013年初"财政悬崖"期间由

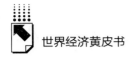
于个人所得税的增加出现了比较明显的下降，但是在 2014 年又恢复到了危机以后的正常水平。而从美国家庭和非营利组织的净财富来看，随着美国实体经济的增长和金融市场的繁荣，到 2013 年中就已经恢复到了危机前的水平，此后保持了持续增长的态势，到 2014 年第一季度，已经比危机前的最高水平高出了 15% 以上。而从对消费支出影响更大的家庭净财富对可支配收入之比来看，由于伴随居民储蓄率的下降，尽管美国家庭净财富对可支配收入之比还没有超过危机前的水平，但是距离那个水平已经相当近了。

当然，对居民收入影响的另一个不可忽视的因素是美国的就业状况，而就业的状况同时也是企业经营状况的准确反映。我们在前面已经指出，各种指标反映的美国劳动市场状况的确已经出现了显著的好转。首先，同比季调失业率在持续下降，2014 年更出现了加速下滑的趋势，在 8 个月当中就减少了 1 个百分点，到 2014 年 7 月为 6.2%，达到 5.5% 的自然失业率水平已经指日可待；而美国失业率从 8% 下降到 7% 则用了 15 个月之多。其次，平均失业时间从 2012 年 10 月的 40.3 周下降到 2014 年 7 月的 32.4 周，半年以上的长期失业在总失业中所占比重从 2010 年 4 月的 45% 下降到 2014 年 7 月的 32%，而一个月左右的短期失业比重有所上升，体现出失业状况出现流动性和周期性的特征。最后，从非农就业总人数来看，到 2014 年 8 月也已经达到了危机前的水平。但是，伴随失业率下降的一个不可忽视的现象依然是美国劳动参与率的下降。在 2009 年下半年美国同比季调失业率达到最高点时，劳动参与率还保持在自 2003 年底以来 66% 的水平上。但是此后随着失业率的下降，劳动参与率也一路走低，到 2014 年 7 月已经下降了 3 个多百分点，达到 62.8%，已经低于 20 世纪 70 年代末和 80 年代初美国货币主义实验最艰难的时刻。劳动参与率的下降意味着失业统计中自愿失业的比例上升，失业率计算的分母被低估，失业率统计也就难免出现失真。当然，随着美国劳动市场的不断好转，相信劳动参与率又会逐渐上升，从而阻止失业率的进一步下降。

五　美国对外经济往来

尽管在 2013 年第三季度到 2014 年第二季度中，美国经济经历了一定的波动，但是总的来说，波动的原因主要来自国内，包括经常项目和金融项目下的对外经济往来则对经济增长的影响不大，但其中的一些趋势则值得我们关注。

1. 对外贸易增长放缓

从 2010 年开始，美国的对外贸易出现了爆发性增长，不仅进口随着国内经济的复苏出现了高速增长，而且在全球经济反弹的大背景下，出口也出现了高速增长。但是，从 2011 年下半年开始，这个报复性的反弹出现乏力的迹象。从 2012 年第三季度到 2013 年第三季度，受到全球经济增长减速的影响，美国的出口增长率出现了显著的下降，结束了危机以后的强劲反弹。从季调同比月度增长率的数据来看，大体维持在 0 ~ 5% 的增长区间，且波动较大。总体来看，对外贸易对经济增长的贡献开始转向中性。与此相对应，美国的进出口贸易额在此期间大体保持稳定，没有显著的方向性变化。不过，进入 2014 年 3 月以来，不论是进口还是出口的增长速度都呈现出稳定的趋势，大体维持在 3% ~4% 的水平上。

从美国出口的地区和国别分布来看，2014 年 4 月与 2013 年 6 月相比，在美国的主要贸易伙伴中，对加拿大、德国和墨西哥的出口都有所上升，而对日本和中国的出口有所下降。从地区角度看，对发达国家的出口有所下降，对新兴市场的出口有所上升。其中特别值得注意的是，随着欧元区形势的好转，对欧元区的出口有所恢复，对 APEC 国家的出口也有微弱增长。在出口产品的种类方面，机械和运输设备的出口依然占有绝对优势，达到 40% 以上，但是这个比例在过去 20 年中呈现缓慢下降的趋势；化工产品则呈现缓慢上升的趋势，目前占比已经超过 13%。尽管按照一般的印象，美国经济转型后的优势主要体现在服务业上，但是从过去 15 年的情况看，服务业在美国的出口中所占比重并没有显著上升，只是波动程度小于货物出口的波动程度。美国经济的转型实际上体现在服务业出口的结构上，即以运输和旅游为代表的传统服务业在美国服务业出口中所占的比重在下降，而以金融服务为代表的现代服务业所占比重上升很明显，知识产权、计算机信息和商业服务的比重虽然变化不大，但始终非常稳定，且占有非常重要的地位，反映出美国经济的转型。在 2014 年 7 月，金融、知识产权、计算机信息和商业服务出口在美国服务总出口中所占比重之和已经达到 53%。运输和旅游这两项传统服务业所占比重为 40%，而这两项传统服务业所占比重在 1999 年则高达 50%，四项现代服务业在当时所占比重则是 44%。这 15 年中的变化不可谓不大。

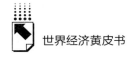

2. 资本流动与国际收支

从美国对外贸易结构的变化趋势中我们可以看到，尽管经历了金融危机的冲击，但是通过贸易结构变化反映出来的美国经济转型却越来越明显。在过去一年中没有明显外部冲击的情况下，美国在金融项目下的资本流动虽然也出现了常见的小幅度波动，但是也表现出与贸易结构变化类似的趋势。

从美国的对外直接投资看，2006年以来直到危机以前一直处于缓慢增长中。在2008年底和2009年初急剧下降以后，到2011年初又恢复到了危机前的水平，达到5.8万亿美元。从2013年第三季度开始出现了比较明显的加速增长，到2014年第一季度已经达到了7.1万亿美元的水平。在美国的对外直接投资中，股权投资（Equity）大约是债权投资（Debt Instruments）的6倍之多，显示出美国企业在全球市场的垄断优势越来越明显。在美国的外国直接投资变动情况也类似。在危机前的2007年底达到最高峰，约为4.2万亿美元，之后在危机中下降到2.8万亿美元，到2011年初又恢复到危机前的最高水平，到2014年初进一步上升到5.8万亿美元，显示出外国投资者对美国经济的认同。

美国在海外的组合投资变动趋势也和直接投资类似，危机前持续增长到7.2万亿美元的水平，危机中下降到4万亿美元，之后在2011年初恢复到危机前的水平。由于美国在海外的组合投资中投资基金股权（Investment Share Fund）是债权证券（Debt Securities）投资的两倍多，因此受到欧债危机的影响一度有所下降，但是在2013年第三季度增长进一步加速，到2014年第一季度已经达到了9.4万亿美元的水平，大约是2006年初的1.8倍。相比之下，在美国的海外组合投资在危机前增长很快，而且非常有意思的是在危机中下降并不显著，而危机后又一路上升，到2014年初已经达到了16万亿美元之多，约为2006年初的两倍！这同样显示出外国投资者对美国经济的信心。当然，在美国的海外债权证券投资中，对美国国债的投资占了一半以上，且在危机以后增长很快。

美国在海外的衍生产品投资与其在海外的直接投资和组合投资显示出相反的变动趋势。从2006年初危机前的1.2万亿美元一路上升到危机中的6.1万亿美元，之后又不断下降，到2014年第一季度仅为2.4万亿美元。包括贷款和存款的其他投资变动不大。外国在美国的衍生产品投资变动也类似，从

2006 年初的 1.1 万亿美元上升到危机中的 5.9 万亿美元，而到 2014 年第一季度又下降到 2.3 万亿美元的水平。外国投资者在美国的其他投资变动幅度也不大。

总之，从金融项目反映出的资本流动状况看，随着美国实体经济的好转，不论是美国的对外直接投资和组合投资还是在美国的外国直接投资和组合投资（特别是对美国国债的投资）都延续了以往的增长势头，而在金融危机以后，随着全球范围内金融监管的强化和去杠杆化过程，不论是美国的对外衍生产品投资还是在美国的外国衍生产品投资都出现了明显的下降。

3. 对出口倍增战略的评估

按照美国经济研究局的数据，截至 2014 年 7 月，美国的出口为 1980 亿美元，相比 2010 年 1 月的 1440 亿美元仅增长了 37.5%，与奥巴马当年提出的出口倍增战略目标距离甚远。对此，美国彼得森国际经济研究所的高级研究员 Freund 专门撰文进行了分析。

Freund 认为要实现出口倍增需要在包括汇率水平的决定、对国际贸易体系的领导以及改善供应链的商业环境方面做出系统性的努力，而且促进出口的核心不仅在于推动中小企业的出口，更要促进大企业的出口，因为美国 1% 的大企业贡献了 80% 的出口额。他指出不论对于大企业还是中小企业，受到汇率影响的相对价格都是一个重要因素。在 20 世纪 80 年代中期，美元的实际贬值就促进了美国出口的增长。而在 2007~2011 年间，由于各国大量购买美元资产，使得美元被高估，造成了美国出口增长乏力。在 WTO 多哈回合处于僵局的情况下，美国应该通过双边和多边贸易协定，特别是 TPP 和 TTIP 来发挥美国在服务贸易方面的比较优势。美国的服务业占 GDP 的 80%，占就业的 70%，在近年的出口中增长很快且持续顺差，但是却仅占出口额的 30%。同时还应该在 WTO 框架下扩大美国在政府采购中的份额。而改善供应链的商业环境方面则包括促进投资、鼓励创新、降低贸易成本和提高劳动者的技能、吸引大型外国企业以及推动新能源革命①。

---

① Moran 和 Oldenski 在另一篇政策研究报告中也指出美国为了应对生产率下降应该采取的类似措施。

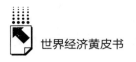

六　结论与展望

尽管美国经济在 2014 年初呈现了比较大的波动，但是美国经济的各项基本面指标表现没有发生明显的恶化，甚至在持续好转。国内消费依然是支持增长的主要动力，投资和净出口则是波动来源，企业和个人信心不断上升，就业增加，房价回升，个人可支配收入和家庭财富也都出现了较大幅度的上升，政府开支对经济增长造成的拖累在下降，经济增长的自主性在增强。因此，美联储在 2014 年 10 月底做出了终止量化宽松政策的决定，而在未来一年内加息也已经成为比较一致的市场预期。

2015 年的美国经济总体是趋向乐观的。在物价基本稳定，就业持续改善的情况下，消费依然是推动美国经济增长的主要因素。这种经济基本面的稳定使得投资和净出口的波动即使叠加在一起也不会改变经济增长的趋势①。而且我们认为，投资虽然还会出现波动，但是总趋势应该逐渐向好。随着国内需求的上升，净出口会拖累经济增长，但是幅度可能非常有限。由于美国的财政赤字会进一步改善，政府消费和投资对经济增长的影响不会出现逆转。美国经济结构的转型虽然缓慢但是进程会保持稳定，有利于美国经济未来的增长。可能对美国经济增长产生威胁的因素主要有三个：全球经济增长放缓，特别是美国的主要贸易伙伴国经济增长放缓；初级产品价格出现上涨；美国债务出现问题并造成金融市场的大幅度波动。如果不出现意外冲击，预计 2014 年美国的经济增长可能比 2013 年略高，维持在 2.1% ~ 2.4% 的区间内。2015 年可能会进一步上升到 2.6% 左右。

参考文献

Feldstein, Martin, "U. S. Growth in the Decade Ahead", NBER Working Paper, No. 15685, 2010.

---

① 由于美国国内私人消费对 GDP 增长具有决定性的影响，政府消费又相对稳定，两者在 GDP 中所占比重将近 90%，所以，只要美国国内消费不出现明显的趋势性下滑，即使在 2015 年美国的投资和净出口同时出现波动，也不会对经济增长形势产生决定性的影响。

The White House, "2012 Economic Report of the President".

Carney, M. (2013), "Monetary Policy After the Fall", Eric J. Hanson Memorial Lecture, University of Alberta.

J. L. Yellen (2013), "Communication in Monetary Policy", Remarks at the Society of American Business Editors and Writers 50th Anniversary Conference, Washington, D. C. April 4.

Bernanke, B., Reinhart, V. and Sack, B. (2004), "Monetary Policy Alternatives at the Zero Bound: An Empirical Assessment". Brookings Papers on Economic Activity, Economic Studies Program, The Brookings Institution.

Board of Governors of the Federal Reserve System (2014), "Monetary Policy Report to the Congress", July 15, 2014.

Congressional Budget Office (2014), "Updated Budget Projections: Fiscal Years 2014 to 2024".

Office of Management and Budget (2014), "Mid-Session Review: Budget of the U. S. Government, Fiscal Year 2015".

Congressional Budget Office (2014), "The 2014 Long-Term Budget Outlook".

U. S. Census Bureau (2014), "Full Report on Manufacturers' Shipments, Inventories and Orders", June 2014.

Theodore H. Moran and Lindsay Oldenski (2014), "The US Manufacturing Base: Four Signs of Strength", Peterson Institute for International Economics, Policy Brief 14 – 18, June 2014.

Carline Freund (2014), "Rethinking the National Export Initiative", Peterson Institute for International Economics, Policy Brief 14 – 7, February 2014.

陆晓明:《从泰勒规则到伊文思规则》,《国际金融研究》2013 年第 4 期。

Y.3

欧洲经济：温和复苏

东　艳*

摘　要：　2013 年下半年以来，欧洲经济处于温和复苏期，低通货膨胀率、低增长率和高失业率并存。私人贷款低迷、财政负担等问题需要较长时间来消化。2014 年欧元区经济增长将由负转正。预计欧元区将进一步实施更宽松的货币政策，而财政政策将由紧缩向中性政策转变，此外在美国经济稳定增长带动外部需求恢复等因素的推动下，预计 2015 年欧洲经济将逐渐好转。

关键词：　欧洲经济　货币政策　经济前景

2013 年下半年以来，欧洲经济处于缓慢复苏期。2013 年欧盟经济增长率由负转正，为 0.1%，而欧元区经济依旧处于负增长状态，为 - 0.4%。2014 年欧洲和欧元区经济低速增长，预计欧洲经济全年增长率为 1.3%，而欧元区的增长率则为 0.9%。我们在 2013 ~ 2014 年度黄皮书的报告中认为："2014年，欧洲经济将逐渐调整，并恢复正增长，但经济复苏将较为缓慢"。欧洲经济复苏的总体趋势与我们的预期相符。预计 2015 年，欧洲经济将稳定复苏，欧洲经济增长率为 1.7% ~ 1.9%，欧元区的增长率为 1.4% ~ 1.6%。

一　2013 ~2014 年总体经济状况

（一）欧洲经济增长状况

2013 年第二季度以来，欧洲经济总体上呈现复苏态势。各国及欧盟的宏

---

* 东艳，经济学博士，中国社会科学院世界经济与政治研究所副研究员，主要研究领域为国际贸易。

观经济政策逐渐显示出成效，商业和消费者信心增强，宏观经济中的不确定性逐渐降低，财政金融状况好转。但危机后的高失业率、信贷紧缩、财政负担等问题仍需要较长时间来消化，乌克兰危机所引发的欧盟与俄罗斯的制裁与反制裁将给欧洲经济带来影响将逐渐显现。2013 年欧盟 GDP 增长率为 0.1%，欧元区为 -0.4%。欧洲经济的总体表现要明显好于欧元区。从季度数据看，欧洲经济从 2013 年第二季度开始出现正增长。从 2013 年第三季度至 2014 年第二季度，欧盟按年率计算的实际 GDP 环比增长率分别为 0.3%、0.4%、0.3% 和 0.2%。欧元区经济在 2013 年第二季度开始，结束了自 2011 年第四季度以来连续六个季度的环比负增长，从 2013 年第三季度至 2014 年第二季度，欧元区按年率计算的实际 GDP 环比增长率分别为 0.1%、0.3%、0.2% 和 0.0%。

2013 年第三季度至 2014 年第二季度，欧洲各国经济形势继续呈现较易明显的差异（见表 1）。

表 1　欧洲国家 GDP 环比增长速度

单位：%

国别和地区	2012 年		2013 年				2014 年	
	第三季度	第四季度	第一季度	第二季度	第三季度	第四季度	第一季度	第一季度
比利时	0.0	-0.1	0.0	0.2	0.3	0.3	0.4	0.1
德国	0.2	-0.5	0.0	0.7	0.3	0.4	0.8	-0.2
爱沙尼亚	0.6	0.9	1.5	-1.4	0.9	0.6	0.3	1.0
爱尔兰	0.4	2.8	-3.5	0.7	1.8	-0.1	2.7	—
希腊*	4.2	-7.6	-9.0	9.4	5.2	-6.8	-7.9	10.3
西班牙	-0.4	-0.8	-0.3	-0.1	0.1	0.2	0.4	0.6
法国	0.3	-0.3	0.0	0.7	-0.1	0.2	0.0	0.0
意大利	-0.4	-0.9	-0.6	-0.3	-0.1	0.1	-0.1	-0.2
塞浦路斯	-1.1	-1.5	-1.7	-1.8	-0.9	-0.7	-0.6	-0.3
拉脱维亚	1.5	1.1	1.9	-0.1	1.1	0.7	0.6	1.0
卢森堡	-0.3	0.8	0.0	1.5	0.5	1.0	0.8	—
马耳他	0.7	0.7	0.1	2.4	-0.5	0.8	1.1	1.3
荷兰	-1.0	-0.7	-0.2	0.0	0.1	1.0	-1.4	—
奥地利	0.0	0.0	0.0	0.0	0.3	0.4	0.1	0.2
葡萄牙	-1.0	-1.6	-0.4	1.1	0.3	0.5	-0.5	0.3
斯洛文尼亚	-0.5	-1.5	0.1	0.2	0.4	1.2	-0.3	—
斯洛伐克	0.2	-0.1	0.1	0.4	0.5	0.6	0.7	0.6

国别和地区	2012 年		2013 年				2014 年	
	第三季度	第四季度	第一季度	第二季度	第三季度	第四季度	第一季度	第一季度
芬兰	-0.4	-0.8	-0.1	0.0	0.0	-0.2	-0.4	—
欧元区（18 国）**	-0.2	-0.5	-0.2	0.3	0.1	0.3	0.2	0.0
保加利亚	-0.1	0.0	0.3	0.1	0.5	0.3	0.3	0.5
捷克共和国	-0.3	-0.6	-1.0	0.2	0.4	1.5	0.8	0.0
丹麦	0.2	-0.3	0.0	1.0	0.0	-0.3	0.6	-0.3
克罗地亚	-0.3	-0.1	0.0	-0.2	-0.1	-0.3	0.0	—
立陶宛	2.0	0.2	1.0	0.8	0.4	1.2	0.7	0.8
匈牙利	-0.2	-0.4	0.7	0.4	1.1	0.7	1.1	0.8
波兰	0.2	0.2	0.1	0.8	0.8	0.7	1.1	0.6
罗马尼亚	-1.0	0.4	1.1	1.2	1.5	1.1	-0.2	-1.0
瑞典	0.7	-0.8	1.0	0.1	0.3	1.6	-0.1	0.2
英国	0.8	-0.2	0.5	0.7	0.8	0.7	0.8	0.8
欧盟（28 国）	0.0	-0.5	0.0	0.4	0.3	0.4	0.3	0.2
冰岛	4.0	0.2	5.1	-6.7	5.8	0.3	-0.7	—
挪威	-1.1	0.6	-0.3	0.9	0.8	-0.2	0.2	0.9
瑞士	0.7	0.4	0.6	0.6	0.5	0.1	0.5	0.0
塞尔维亚	-0.9	-0.1	2.1	0.1	1.4	—	—	—
土耳其	0.2	0.3	1.9	1.7	0.3	0.9	1.8	-0.5

注：按年率计算的环比季度数据，经过季节调整。

*希腊的数据为未经季节调整的 GDP 季度环比数据。

**从环比数据看，欧元区 2013 年第二季度后经济持续复苏，但从同比数据看，2013 年四个季度按年率计算的季度增长率分别为 -1.2%、-0.6%、-0.3%、0.5%，前三个季度出现同比负增长，特别是 2013 年第一季度比 2012 年同时期出现较大幅度的下降，引发 2013 年欧元区全年经济增长率为 -0.4%。

资料来源：Eurostat，OECD. StatExtracts.

1. 大部分陷入欧洲债务危机的国家走出衰退，进入经济复苏期

2013 年，塞浦路斯、希腊、葡萄牙、西班牙、意大利、爱尔兰等陷入欧洲债务危机的国家经济增长率为负，而 2014 年，预计这些国家中，除塞浦路斯和意大利外，其他国家经济增长率将由负转正。

爱尔兰和葡萄牙的经济调整取得明显成效，欧盟和国际货币基金组织分别于 2013 年 12 月和 2014 年 5 月停止了对爱尔兰和葡萄牙的救助。

爱尔兰的经济调整措施成效明显，其经济复苏稳健，预计 2014 年爱尔兰增长率将达到 2.5%。葡萄牙经济呈现复苏态势，2014 年第一季度环比增长率

为 - 0.5%，但实现了同比增长 1.2%，第二季度环比增长率为 0.3%。

西班牙 2014 年前二个季度 GDP 环比增长率分别为 0.4% 和 0.6%，失业率有所减缓，但仍高于 20%，青年失业率高于 50%。公共债务占 GDP 之比仍处于高位。希腊的财政紧缩和各项改革措施取得成效，在 2014 年第二季度开始出现恢复性增长。希腊对欧洲央行的流动性依赖下降，财政情况良好，通货紧缩放缓，失业率下降。

只有意大利和塞浦路斯将继续处于负增长状态。意大利工业继续下滑，服务业零增长，公共支出仍疲软、通货膨胀率低，使其经济表现低于普遍的预期，2014 年，意大利经济陷入衰退，前两个季度 GDP 环比增长率为 - 0.1% 和 - 0.2%。塞浦路斯继续处于从 2011 年第二季度起的连续衰退状态，预计 2014 年 GDP 增长率为 - 4.2% 左右，财政困境、银行业亏损依旧较为严重，制造业、建筑业、银行业、运输和其他服务业持续负增长。

2. 欧元区其他国家经济多处于低速增长状态

德国 2013 年经济增长率为 0.4%，2014 年第一季度，GDP 季度环比增速为 0.8%，个人消费和政府支出的增加是促进德国经济增长的主要动力。但在 2014 年第二季度，德国经济出现明显下滑，环比增速为 - 0.2%，地缘政治危机，全球经济低速增长所引致的需求不足等影响了德国经济增长的前景。马耳他、斯洛伐克、拉脱维亚等国经济增长速度较快。比利时、爱沙尼亚经济平稳增长。法国经济复苏步履艰难，2013 年经济增长率为 0.3%，而 2014 年前两个季度，GDP 环比增长率均为零，工业生产下滑、居民消费增长缓慢，失业率创历史新高，低通货膨胀率、高财政赤字的局面将持续，经济增长前景暗淡。斯洛文尼亚、荷兰逐渐走出经济低谷，2014 年第二季度 GDP 环比增长率由负转正，但复苏动力不足，不确定性较大。芬兰经济前景将持续恶化，2013 年经济增长率为 - 1.4%，预计 2014 年经济继续增长率仍处于负值。

3. 欧盟中非欧元区国家的经济表现继续领先于欧元区国家

英国经济增长强劲复苏，2013 年经济增长率为 1.8%，2014 年前两个季度，GDP 环比增长率均为 0.8%。英国持续的低利率政策对经济增长发挥了刺激作用。英国的服务业增长强劲，但制造业增长则较为缓慢。立陶宛经济状况良好，经济增长速度较快，被获准将于 2015 年 1 月加入欧元区，其平均通胀率、政府财政赤字占国内生产总值的比重、公共债务占 GDP 比重等均低远低于欧元区所需要的参考值。匈牙利、波兰和保加利亚经济平稳增长。但是，捷克共和国的复苏不稳定，瑞典和罗马尼亚的经济增速放缓。只有克罗地亚经济仍处于衰退中，在其2013年7月加入欧盟后的这一年间，经济无明显起色。

4. 非欧盟国家经济增长表现不一，但基本处于正增长状态

冰岛、土耳其在2014年的经济增长率将达到3%，挪威经济稳步增长，大陆经济（非油气部门）的增长较快。瑞士的经济增长低于预期，在2014年第一季度GDP环比增长率为0.5%，而在第二季度则为零，工业、大宗商品贸易和金融服务等国民经济的主要部门表现不佳。塞尔维亚经济增长缓慢，预计2014年经济增长率为1%，较高的失业率、财政赤字率及通货膨胀率等影响塞尔维亚的经济健康发展。

（二）欧元区经济增长因素分解

欧元区GDP占欧盟GDP的73.48%（2013年数据），欧元区的经济复苏状况及其经济走势对整个欧洲经济表现起主导作用。下面我们将重点对欧元区经济增长因素进行分解。

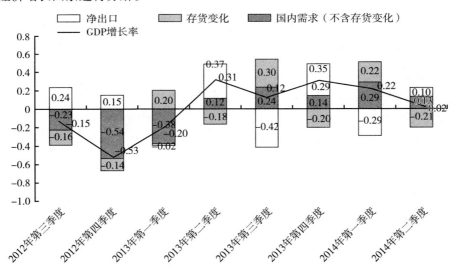

图1　欧元区总需求各部分对GDP的贡献度

注：按年率计算的环比季度数据，经过季节调整。

资料来源：根据Eurostat，ECB Statistical Data Warehouse相关数据绘制。

随着欧洲债务危机影响的减弱，国内需求对经济增长的贡献增强。从支出构成上看，居民消费占欧元区 GDP 的比重为 57.24%（2013 年数据），居民消费的变动是影响欧元区经济走势重要因素。环比指标显示，自 2013 年第二季度以来，居民消费支出结束下降趋势，开始增长，从 2013 年第二季度至 2014 年第二季度，环比增长率分别为 0.2%、0.2%、0.1%、0.2% 和 0.3%，对季度经济增长贡献度持续增加。实际可支配收入的增加，劳动力就业状况的好转，财政压力的减缓，低通货膨胀率及油价下降等因素，促使欧元区居民消费逐渐提高。

政府消费占欧元区 GDP 的比重为 21.55%（2013 年数据）。随着财政紧缩政策的退出，欧元区国家政府消费逐步对 GDP 增长产生贡献。欧元区政府消费支出增长率存在波动性，2013 年第三季度增长率为 0.3%，而第四季度下降为 -0.3%，2014 年第一季度增长率增加为 0.7%，第二季度为 0.2%。其中，占政府消费支出一半的政府雇员工薪支出缓慢增长，社会转移支付支出平稳，政府购买支出的波动性较大。

资本形成占欧元区 GDP 的比重为 17.76%（2013 年数据）。欧元区的固定资本形成总额环比变动率呈现波动状态，从 2013 年第三季度至 2014 年第二季度，固定资本形成总额的环比变动率分别为 2.2%、-0.2%、1.4% 和 -1.5%。随着需求增强，企业利润水平提高，居民收入好转，以及融资条件的改善，预计欧元区投资需求将逐渐增强。

欧洲债务危机后，欧元区的对外贸易曾经在促进欧元区经济复苏中发挥了重要作用，而 2013 年以来，受外部需求波动影响，欧元区净出口对经济增长的贡献波动较大。从 2013 年第三季度至 2014 年第二季度，净出口对经济增长的贡献分别为 -0.42、0.35、-0.29 和 0.10 个百分点。欧元区进口稳步增长，而出口则增长较慢。

从增加值角度分析，欧元区各部门的经济表现各异。工业部门（不包括建筑业）增加值在 2013 年第三季度至 2014 年第二季度环比增长率分别为 0.1%、0.7%、-0.3%、0.2%。预计 2014 年工业部门的增长较为平缓。欧元区建筑业在 2014 年第二季度出现明显下滑，季度环比增长率为 -1.8%。欧元区的服务业逐步回升，其中贸易服务、运输业、餐饮业等部门增长较快，教育、公共管理、医疗、社会服务等公共行业实现稳步增长。

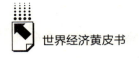

（三）物价水平分析

欧洲通货膨胀率继续保持了自 2011 年第三季度以来的下降趋势，欧洲和欧元区 2013 年 HICP 通货膨胀率分别为 1.51% 和 1.33%。2014 年欧洲的物价水平进一步下降，欧洲和欧元区前 8 个月 HICP 通货膨胀率平均值分别为 0.68% 和 0.56%，能源及非加工食品价格下降幅度较大，欧洲和欧元区前 8 个月平均值分别为 −0.98% 和 −1.18%，带动 HICP 的下降。剔除能源和非加工食品的核心通货膨胀率的波动幅度较小，欧洲和欧元区前 8 个月平均值分别为 1.05% 和 0.93%。2014 年 9 月，欧元区 HICP 通货膨胀率同比增长率进一步下降为 0.3%，这是 2009 年 10 月以来的最低值。

欧洲的低通货膨胀率是报告期内欧洲宏观经济形式的显著特点，欧洲的反通货膨胀（Disinflation）是否会转化为通货紧缩（Deflation），是当前欧洲经济中人们关注的热点问题。从消费价格的分解看，低通货膨胀率主要是由能源价格下降及食品价格下降所带动的。在能源中，天然气价格跌幅较大，这主要源于经济低迷所引起的需求不足，以及暖冬引发的需求下降的影响，食品价格波动源于需求下降。总体看欧洲物价水平下降的主要原因包括：全球大宗商品价格的下降、总需求低迷、欧元升值、劳动力市场的低迷。欧洲低通货膨胀率将提高私人和公共债务的实际价值，实际利率提高，不利于经济复苏。从需求和失业率等数据综合来看，欧洲正在处在低通货膨胀率、需求下降、失业率高的恶性循环中。为了应对低通货膨胀率和低增长率的局面，欧洲央行在 2014 年采取了降息等宽松货币政策工具进行调节，但这些政策的效果尚不明显，欧洲央行实行量化宽松政策的压力增大。预计随着需求的逐步回暖，及宽松政策的推进，欧洲的通货膨胀率在 2015 年将逐渐提高。

欧洲各国的通货膨胀率表现存在差异。在 2014 年前 8 个月，希腊、塞浦路斯、葡萄牙、西班牙等陷入欧债危机的国家仍处于通货紧缩状态。欧元区主要国家，德国、法国、意大利的通货膨胀率分别为 0.93%、0.74% 和 0.28%。英国的通货膨胀度处于五年来的低点，2014 年前 8 个月平均值为 1.69%，食品和非酒精饮料的价格下降影响较大。与其他国家不同，土耳其的通货膨胀率大幅度提高到 8.94%，造成这一现象的原因包括里拉汇率波动、商品税率提高等。

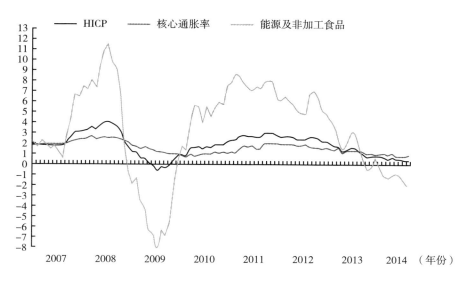

图2 欧洲消费价格指数及其主要组成部分

注：数据为年变动率，月度数据，期限为2007年1月至2014年8月。

资料来源：根据 Eurostat 相关数据绘制。

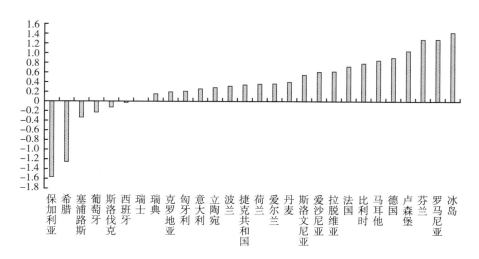

图3 欧洲主要国家消费价格指数（2014年前8个月平均值）

注：数据为年变动率，月度数据，期限为2014年1~8月。

资料来源：根据 Eurostat 相关数据绘制。

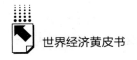

（四）就业状况分析

欧洲国家的失业率有所降低，但整体仍处于较高水平，从月度数据来看，欧盟和欧元区的失业率分别从 2013 年 9 月的 10.8% 和 12.0% 下降到 2014 年 8 月的 10.1% 和 11.5%。25 岁以下的青年失业率约为整体失业率的两倍。希腊和西班牙这两个失业问题最为严重的国家在 2014 年的失业率有所下降，分别从 2013 年 9 月的 28.0% 和 26.1% 下降到 2014 年 8 月的 26.4% 和 24.5%，两国的青年失业率均超过 50%。就业形势的低迷降低了居民可支配收入，影响了居民消费，同时也加重了社会福利负担和财政补贴压力，影响了社会的稳定性。高失业率与低通货膨胀率并行，使欧洲经济前景不容乐观。随着经济的逐渐复苏，预计欧洲国家的失业率将缓慢回落。

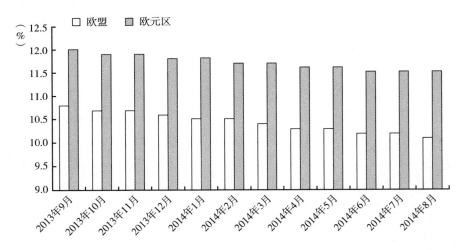

图 4　欧盟和欧元区失业率

资料来源：Eurostats。

二　货币与金融状况

1. 欧洲中央银行继续实施适应性的宽松货币政策

在欧洲经济复苏缓慢、通货膨胀率处于较低的水平，失业率仍居高不下，以及美国和日本等其他主要经济体继续实施适应性的宽松货币政策等因素影响下，欧洲中央银行在2014年继续实施了适应性的宽松货币政策。这些政策包括进一步下调利率，开启新的定向长期再融资操作（TLTRO）等。

2013年第三季度以来，欧洲中央银行继续采取降息政策，于2013年11月、2014年6月及2014年9月三次下调了利率水平，主导利率分别下调25、10和10个基点，隔夜贷款利率分别下调25、35和10个基点，隔夜存款利率分别下调了0、10和10个基点。经过三次下调后，主导利率、隔夜贷款利率和隔夜存款利率水平分别为0.05%、0.30%和－0.20%。欧元区这三次利率调整的特点在于：首次出现负利率；三种利率水平的下调幅度不再同步；欧元隔夜平均利率指数（EONIA）和其他短期市场利率略低于欧元区主导利率，但差距缩小。

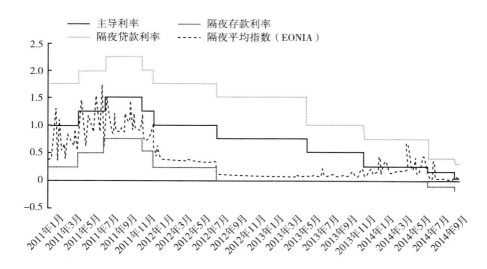

图5　欧元区央行利率及隔夜平均指数

资料来源：根据 ECB 及 Euribor－EBF 数据绘制。

2. 货币供给量增加，对私人部门贷款依旧处于萎缩状态

欧元区货币供应量（M3）持续增加。M3增长率经历了较长时间的下滑后，于2014年5月以来开始出现缓慢增加趋势，货币供给量的增加，有助于经济复苏。从具体项目看，流动性较高的M1的增长率较快，特别是流通中的

货币增速在 2014 年明显加快，隔夜存款的年增长率略有下降，但仍保持较快的增长率。M3 中非流动性高的资产的需求下降，两年期以下定期存款以及可交易的供给呈现下降趋势。货币供给量各组成部分的增长速度差异，反映了在低利率条件下人们更偏好持有流动性高的资产。

欧元区货币供给量在增长，但对私人部门的贷款下滑的趋势在 2014 年并没有扭转。从 2013 年第三季度至 2014 年第二季度，欧元区对私人部门贷款同比增长率分别为 -1.9%、-2.2%、-2.3% 和 -1.9%，说明货币政策的传导机制仍然不畅通。欧洲央行宽松的货币政策没有在市场中得到应有的反映。私人部门贷款的下降影响了私人部门投资的恢复以及经济复苏的前景。2014 年 9 月 18 日，欧洲中央银行启动定向长期再融资操作（Targeted - LTRO），为欧洲银行业提供长达四年期的低利率贷款，希望以此政策来刺激银行业向私人部门的贷款，以刺激欧元区的经济复苏。

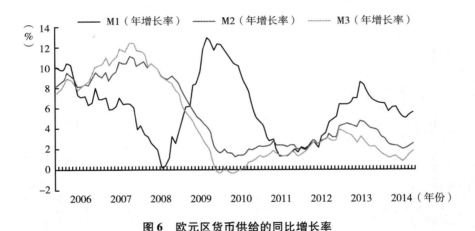

图 6　欧元区货币供给的同比增长率

资料来源：根据 Eurostatr 的月度数据绘制，经工作日和季节调整后的数据。

3. 欧洲银行业受到的监管日益严格

欧洲金融行业"单一监管机制"（Single Supervisory Mechanism，SSM）的建设取得实质性进展，在 2012 年 10 月中旬的欧盟峰会上，欧元区就银行业单一监管机制达成一致，该机制确定将赋予欧洲央行监管欧元区所有银行的权力。经过两年的发展，到 2014 年 11 月，SSM 将正式承担欧元区银行业的监管职责。2013 年 4 月，欧洲中央银行发布了"单一监管机制"的监管框架，明确

表2 欧元区的货币供给

	占 M3 比重 *	2013 年		2014 年			
		Q3	Q4	Q1	Q2	6 月	7 月
M1	55.9	6.9	6.4	6.0	5.2	5.4	5.6
流通中的货币	9.3	2.6	4.1	6.0	5.6	5.5	5.6
隔夜存款	46.5	7.8	6.9	6.0	5.2	5.3	5.6
M2 – M1（其他短期存款）	38.0	0.3	– 1.2	– 2.4	– 2.1	– 1.8	– 1.8
两年期以下定期存款	16.7	– 5.0	– 6.3	– 6.8	– 5.4	– 4.5	– 4.2
3 个月期可赎回通知存款	21.3	5.0	3.3	1.4	0.7	0.5	0.2
M2	93.9	4.0	3.1	2.4	2.1	2.3	2.5
M3 – M2（可交易有价证券）	6.1	– 17.2	– 17.1	– 13.1	– 12.5	– 8.8	– 6.8
M3	100.0	2.2	1.5	1.2	1.1	1.6	1.8
对欧元区的信贷		– 0.5	– 1.2	– 1.9	– 2.2	– 2.3	– 1.9
对政府部门信贷		2.0	0.1	– 0.2	– 1.3	– 2.6	– 1.8
对私人部门信贷		– 1.9	– 2.2	– 2.3	– 1.9	– 1.8	– 1.6
长期金融负债（不包括资本和储备）		– 4.2	– 3.6	– 3.4	– 3.4	– 3.6	– 3.4

注：①表中季度数据为平均值，经过季度调整。② * 为 2014 年 7 月底数据。

资料来源：ECB Monthly Bulletin, September 2014。

了 SSM 的主要规则，确定联合监管小组的组成及动作方式。基本确定了监管模型。"单一监管机制"是基于欧洲视角的监管机制，除欧元区国家自动加入 SSM 外，欧盟国家可以选择是否加入。在监管内容上，"单一监管机制"规定欧洲中央银行的监管政策应促进"欧盟以及欧盟成员国内部的金融体系的稳定"。2014 年欧洲中央银行启动了银行业资产质量审查（Asset Quality Review, AQR）以及压力测试，分析欧洲银行业存在的问题，测试银行业在面临经济冲击时的承受能力，为 11 月正式接管银行业监管权做准备。

"单一监管机制"的建设，标志欧盟银行业监管模式正在从"母国控制原则"（Home Country Control Principle）到'审慎监管原则'（Prudential Supervision）"转变。"单一监管机制"将金融监管由国家层面提升到欧洲层面，扩大了欧洲中央银行在监管中的中心地位及管辖范围，但欧洲中央银行的货币政策制定和金融监管将相互独立。该机制的三个主要目标是：确保欧洲银行体系的安全性和稳健性、增加金融一体化和稳定性以及实施持续的监管。SSM 致力于减少信贷市场的分割，监管方式不统一，风险处置机制执行不利，以及货币政策的传导机制不畅等问题。同时，解决欧洲各国融资利率的分化，边缘国家的家庭和企业贷款利息更高，资产质量恶化问题，缓解边缘国家的中小企业融资困难问题。2014 年欧元区银行业的资产质量审查和压力测试揭示了欧元区银行业存在的问题，有助于提升各界对欧元区银行体系的信心，缓解市场对欧元区银行的担忧，有助于跨境资本流动，为欧元区银行联盟的构建打下了基础。

4. 欧元区股市先升后降，债券收益率在2014年持续下降

全球主要经济体股票价格走势反映了各经济体宏观经济形势。2013 年 10 月至 2014 年 8 月，道琼斯 EURO STOXX 价格指数、日经 225 指数和美国标准普尔 500 指数的涨幅分别为 15.86%、52.58% 和 83.72%。其中欧元区股市在 2013 年下半年至 2014 年 5 月处于上行的通道，此后出现下滑。地缘政治紧张、低通货膨胀率和经济增长率等数据传递出经济复苏乏力的信号等因素影响了欧洲股市的表现。

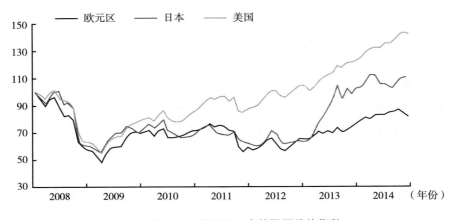

图7　欧元区、美国和日本的股票价格指数

注：月度数据，数据期限为 2008 年 1 月至 2014 年 8 月，2008 年 1 月 = 100。

欧元区数据为道琼斯 EURO STOXX 价格指数，美国数据为标准普尔 500 指数，日本数据为日经 225 指数。

资料来源：根据 ECB 相关数据绘制。

欧元区 AAA 级政府债券收益在 2013 ~ 2014 年也经历了先上升后再下降的过程。2014 年，政府债券收益率从年初的 3.0% 一直下降，至 8 月降至 2.0%。政府债券的收益率受欧元区经济形势、利率水平以及美国的国债购买和收益率等因素的影响。在经济的复苏进程较慢、欧洲中央银行的三次降息决定以及市场上对欧洲中央银行购买资产的预期等因素影响下，欧元区政府债券的收益率下降。

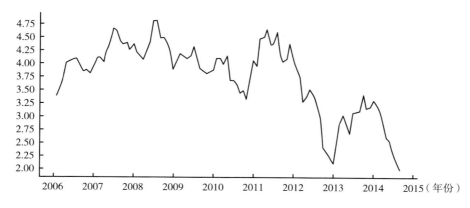

图 8　欧元区 AAA 级政府长期债券收益

资料来源：根据 ECB 相关数据汇制。

三　财政状况

1. 财政赤字率继续下降而政府债务负担率仍处于高位

财政巩固措施的实施使欧盟和欧元区的财政状况得以改善，财政赤字率保持了自 2010 年中期以来的下降趋势（见图 9）。2013 年欧盟的财政赤字率为 3.3%，欧元区为 3.0%，分别比上一年下降了 0.6 和 0.7 个百分点。其中欧盟和欧元区的财政收入占 GDP 的比重上升，财政支出占 GDP 的比重下降。从欧盟总体看，其财政赤字的变动中，财政收入和财政支出的贡献相当，2013 年欧盟财政收入比上一年增加 0.3 个百分点，财政支出下降了 0.3 个百分点。欧元区的情况与欧盟略有不同，欧元区财政赤字的变动主要源于财政收入的增加，2013 年欧元区财政收入占 GDP 的比重为 46.8%，比上一年提高了 0.6 个百分点，财政支出占 GDP 的比重为 49.8%，比上一年下降了 0.1 个百分点。预计欧盟和欧元区的财政赤字在 2014 年后将进一步下降至 2% 以下。尽管欧盟和欧元区的财政赤字水平呈现下降趋势，但从具体国家看，在欧盟国家中，

2013 年有 10 个国家的财政赤字率位于 3% 的警戒线之上，其中斯洛文尼亚、希腊两国财政赤字率增加源于银行业的资本重组，2013 年分别为 14.7% 和 12.7%。

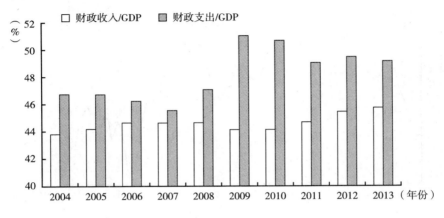

图 9　2004~2013 年欧盟财政收支情况

资料来源：根据 Eurostat 相关数据绘制。

　　欧盟和欧元区政府债务余额占 GDP 的比重继续增加，并处于较高的水平（见图 10）。欧盟和欧元区国债余额占 GDP 的比重由 2012 年的 82.5% 和 87.1% 分别攀升至 2013 年的 90.7% 和 92.6%。利息增长是影响政府债务余额的主要因素。有 14 个国家的债务负担率位于 60% 的警戒线水平之上。希腊、意大利、葡萄牙、爱尔兰、塞浦路斯、比利时的债务负担率和赤字率均处于较高的水平。

　　欧元区的主要国家法国和意大利的财政状况一般。法国的财政赤字率 2013 年为 4.3%，2014 年前两个季度，法国经济增长停滞、通货膨胀处于低位，财政收入下降，预计 2014 年财政赤字率将上升。意大利的财政赤字在 2012 年和 2013 年已经保持在 3% 的水平，但政府债务余额占 GDP 的比重仍高达 130%，2014 年前两个季度，意大利的经济增长出现环比负增长，通货膨胀处于低位，意大利政府债务呈现明显上涨的趋势，公共管理需求和流通性需求的增加是主要推动因素。德国 2013 年实现了财政收支平衡，2014 年上半年财政实现盈余，预计政府债务占 GDP 的比重逐渐下降。德、法、意三国的财政状况和经济形势的差异，使三国在欧盟财政政策问题上产生分歧。

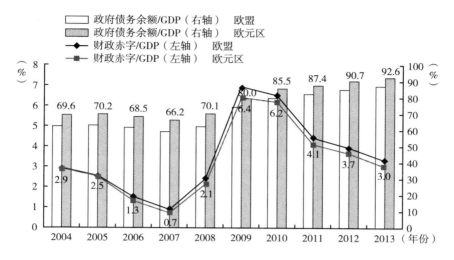

图例：
- 政府债务余额/GDP（右轴）　欧盟
- 政府债务余额/GDP（右轴）　欧元区
- 财政赤字/GDP（左轴）　欧盟
- 财政赤字/GDP（左轴）　欧元区

图 10　2004～2013 年欧盟及欧元区财政赤字与政府债务余额情况

资料来源：根据 Eurostat 相关数据绘制。

表 3　欧洲国家财政状况

国家和地区	财政赤字/GDP							债务余额/GDP					
	2007年	2008年	2009年	2010年	2011年	2012年	2013年	2008年	2009年	2010年	2011年	2012年	2013年
欧盟	-0.9	-2.4	-6.9	-6.5	-4.4	-3.9	-3.3	62.0	74.4	79.9	82.4	85.2	87.1
欧元区	-0.7	-2.1	-6.4	-6.2	-4.1	-3.7	-3.0	70.1	80.0	85.5	87.4	90.7	92.6
斯洛文尼亚	0.0	-1.9	-6.3	-5.9	-6.4	-4.0	-14.7	22.0	35.2	38.7	47.1	54.4	71.7
希腊	-6.5	-9.8	-15.7	-10.9	-9.6	-8.9	-12.7	112.9	129.7	148.3	170.3	157.2	175.1
爱尔兰	0.2	-7.4	-13.7	-30.6	-13.1	-8.2	-7.2	44.2	64.4	91.2	104.1	117.4	123.7
西班牙	2.0	-4.5	-11.1	-9.6	-9.6	-10.6	-7.1	40.2	54.0	61.7	70.5	86.0	93.9
英国	-2.8	-5.0	-11.4	-10.0	-7.6	-6.1	-5.8	51.9	67.1	78.4	84.3	89.1	90.6
塞浦路斯	3.5	0.9	-6.1	-5.3	-6.3	-6.4	-5.4	48.9	58.5	61.3	71.5	86.6	111.7
克罗地亚	-1.9	-1.9	-5.4	-6.4	-7.8	-5.0	-4.9	30.0	36.6	45.0	52.0	55.9	67.1
葡萄牙	-3.1	-3.6	-10.2	-9.8	-4.3	-6.4	-4.9	71.7	83.7	94.0	108.2	124.1	129.0
法国	-2.7	-3.3	-7.5	-7.0	-5.2	-4.9	-4.3	68.2	79.2	82.7	86.2	90.6	93.5
波兰	-1.9	-3.7	-7.5	-7.8	-5.1	-3.9	-4.3	47.1	50.9	54.9	56.2	55.6	57.0
意大利	-1.6	-2.7	-5.5	-4.5	-3.7	-3.0	-3.0	106.1	116.4	119.3	120.7	127.0	132.6
马耳他	-2.3	-4.6	-3.7	-3.5	-2.7	-3.3	-2.8	60.9	66.5	66.0	68.8	70.8	73.0
斯洛伐克	-1.8	-2.1	-8.0	-7.5	-4.8	-4.5	-2.8	27.9	35.6	41.0	43.6	52.7	55.4
比利时	-0.1	-1.0	-5.6	-3.8	-3.8	-4.1	-2.6	89.2	96.6	96.6	99.2	101.1	101.5
荷兰	0.2	0.5	-5.6	-5.1	-4.3	-4.1	-2.5	58.5	60.8	63.4	65.7	71.3	73.5

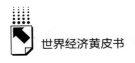

续表

国家和地区	财政赤字/GDP							债务余额/GDP					
	2007年	2008年	2009年	2010年	2011年	2012年	2013年	2008年	2009年	2010年	2011年	2012年	2013年
罗马尼亚	-2.9	-5.7	-9.0	-6.8	-5.5	-3.0	-2.3	13.4	23.6	30.5	34.7	38.0	38.4
立陶宛	-1.0	-3.3	-9.4	-7.2	-5.5	-3.2	-2.2	15.5	29.3	37.8	38.3	40.5	39.4
匈牙利	-5.1	-3.7	-4.6	-4.3	4.3	-2.1	-2.2	73.0	79.8	82.2	82.1	79.8	79.2
芬兰	5.3	4.4	-2.5	-2.5	-0.7	-1.8	-2.1	33.9	43.5	48.8	49.3	53.6	57.0
保加利亚	1.2	1.7	-4.3	-3.1	-2.0	-0.8	-1.5	13.7	14.6	16.2	16.3	18.4	18.9
捷克共和国	-0.7	-2.2	-5.8	-4.7	-3.2	-4.2	-1.5	28.7	34.6	38.4	41.4	46.2	46.0
奥地利	-0.9	-0.9	-4.1	-4.5	-2.5	-2.6	-1.5	63.8	69.2	72.5	73.1	74.4	74.5
瑞典	3.6	2.2	-0.7	0.3	0.2	-0.6	-1.1	38.8	42.6	39.4	38.6	38.3	40.6
拉脱维亚	-0.7	-4.4	-9.2	-8.2	-3.5	-1.3	-1.0	19.8	36.9	44.5	42.0	40.8	38.1
丹麦	4.8	3.2	-2.7	-2.5	-1.9	-3.8	-0.8	33.4	40.7	42.8	46.4	45.4	44.5
爱沙尼亚	2.4	-3.0	-2.0	0.2	1.1	-0.2	-0.2	4.5	7.1	6.7	6.1	9.8	10.0
德国	0.2	-0.1	-3.1	-4.2	-0.8	0.1	0.0	66.8	74.6	82.5	80.0	81.0	78.4
卢森堡	3.7	3.2	-0.7	-0.8	0.2	0.0	0.1	14.4	15.5	19.5	18.7	21.7	23.1
挪威	17.5	18.8	10.5	11.1	13.6	13.9	11.1	48.2	42.8	42.5	27.8	29.1	29.5

资料来源：根据 Eurostat 相关数据整理。

2. 财政政策转向兼顾刺激经济增长和巩固财政纪律双重目标

尽管欧洲的财政不平衡、政府债务占 GDP 比重持续增加等问题依旧突出，但面对欧洲的经济的复苏缓慢，高失业率、低通货膨胀率的形势，德国所坚持的通过财政紧缩、严格的财政纪律来完善经济，促进经济增长的观点日益受到挑战。越来越多的呼声要求欧洲发挥财政政策对经济增长的刺激作用，这些呼声来自欧洲内部和外部，既包括美国等外部国家，也包括欧元区的法国和意大利等主要国家，以及仍处于经济紧缩的希腊等国，还有来自欧洲央行的呼声。美国等国家认为欧洲经济的低迷影响了全球经济的增长，要求德国放松对欧元区的财政紧缩，同时要求德国自身通过增加支出和减税来刺激本国经济。欧洲央行数次降息等货币政策所取得的效果不明显，欧洲央行主席德拉基（Mario Draghi）建议通过减税等方式，利用财政政策与货币政策配合来刺激经济复苏[1]。欧元区的主要国家，特别是法国和意大利由于自身经济低迷，希望财政在刺激经济中发挥作用。

---

① http://www.ecb.europa.eu/press/key/date/2014/html/sp140822.en.html.

一些国家在2014年提出了减税计划。2014年3月，意大利总理马泰奥·伦齐宣布一揽子减税计划，从2014年5月起针对中低收入者减免征收个人所得税。2014年8月，奥朗德提出在2015年法国将开始实施对低收入家庭和中产阶层的减税政策。希腊总理萨马拉斯在2014年9月6日提出降低燃油税等一系列减税措施。在经历了四年的财政紧缩后，希腊希望通过减轻普通民众和企业负担以重振经济。

欧洲各国下一阶段的财政政策需要兼顾刺激经济增长和巩固财政纪律双重目标。维持宏观经济稳定是财政政策的短期政策目标，而促进财政可持续发展，将债务负担率控制在合理的水平，是财政政策的长期政策目标，协调两个目标是欧洲各国政策面临的难点。可以考虑的财政政策包括：在财政支出结构调整中，减少政府公共支出部分，而增加生产性支出，提高公共服务的效率；在财政收入中，减税循序渐进；发挥财政政策的自动稳定器作用；财政政策应与结构改革结合，增加经济增长的潜力，推动财政的可持续发展；财政政策与货币政策配合，共同推动就业，促进增长。

四 汇率、贸易与国际收支

1. 国际收支情况

2013年，欧盟28国的经常项目顺差为1425.7亿欧元，占GDP的比重为1.2%。其中货物贸易、服务贸易和收入余额为正，占GDP的比重分别为0.2%、1.3%和0.3%，经常转移为负。在欧盟28个成员国中，有18个成员国在2013年出现经常项目顺差，另外10个成员国为经常项目逆差，英国和塞浦路斯经常项目逆差占GDP比重分别为-4.4%和-1.9%，这一比重比2012年有明显的下降。2013年，荷兰、德国和丹麦的经常项目顺差较大，占GDP的比重分别为10.4%、7.5%和7.3%。

2013年第四季度以来，欧盟和欧元区的经常项目顺差整体出现下滑趋势，欧盟的下降趋势明显。2014年前两个季度，欧盟经常项目顺差分别为252.2亿欧元和119.8亿欧元，占GDP的比重为0.76%和0.36%。从具体项目来看，货物贸易余额变动带动了欧盟经常项目的下滑，在2014年第二季度，欧盟出现货物贸易逆差，经常项目余额占GDP的比重下降为0.36%。欧盟和欧元区的服务贸易余额较为稳定。

表4 欧盟及欧元区经常项目余额

单位：十亿欧元

	2012 年				2013 年				2014 年	
	一季度	二季度	三季度	四季度	一季度	二季度	三季度	四季度	一季度	二季度
欧盟										
经常项目余额	2.71	12.24	35.80	21.70	32.82	47.50	29.53	32.72	25.22	11.98
货物贸易	-29.24	-18.36	-5.04	-8.37	3.63	10.18	0.27	7.65	1.61	-1.49
服务贸易	39.21	37.52	40.89	40.01	42.65	40.83	44.12	43.54	46.06	47.64
收入	10.96	11.35	19.11	7.87	5.66	15.52	4.45	2.00	-1.68	-11.86
经常转移	-18.21	-18.28	-19.16	-17.81	-19.12	-19.03	-19.31	-20.48	-20.76	-22.31
经常项目余额/GDP(%)	0.08	0.38	1.10	0.67	1.01	1.46	0.90	0.99	0.76	0.36
欧元区										
经常项目余额	21.29	32.80	43.08	41.31	52.25	61.75	49.87	66.70	55.60	54.50
货物贸易	15.70	19.94	28.29	29.26	38.84	45.46	37.63	46.35	46.85	40.31
服务贸易	23.20	24.25	23.16	24.38	24.95	27.12	29.46	31.19	25.86	31.57
收入	9.69	15.67	17.46	13.76	18.71	20.41	13.40	16.63	13.50	12.52
经常转移	-27.30	-27.07	-25.83	-26.09	-30.25	-31.23	-30.62	-27.48	-30.61	-29.91
经常项目余额/GDP(%)	0.90	1.38	1.81	1.74	2.19	2.57	2.07	2.76	2.29	2.24

注：经季节和工作日调整后的数据。

资料来源：Eurostat。

表5 欧元区资本项目和金融项目余额

单位：十亿欧元

	2012 年				2013 年				2014 年	
	一季度	二季度	三季度	四季度	一季度	二季度	三季度	四季度	一季度	二季度
资本项目余额	-6.76	1.23	3.72	8.28	2.11	5.55	4.55	9.28	5.53	3.75
金融项目余额	14.45	-25.49	-48.54	-105.46	-23.23	-72.19	-55.86	-101.57	-31.78	-64.37
直接投资	-19.93	13.93	-5.29	-60.26	-25.17	21.97	-12.65	-16.31	-24.38	-0.11
欧元区对外投资	-99.14	-100.57	-113.94	-96.48	-52.26	-69.67	-50.36	-188.43	2.69	-32.32
外国对欧投资	79.21	114.49	108.64	36.21	27.09	91.64	37.71	172.13	-27.06	32.21
证券投资	-64.80	80.40	0.83	79.02	2.39	43.97	4.92	58.99	63.75	-20.52
资产	-129.90	56.08	-40.50	-88.95	-106.30	-24.39	-69.14	-50.68	-74.53	-151.73
负债	56.10	24.32	41.33	167.96	108.69	68.36	74.06	109.67	138.28	131.21
金融衍生品	-7.10	-12.09	-2.95	27.43	8.22	-1.88	7.59	3.40	0.69	6.02
其他投资	108.53	-98.52	-40.63	-148.64	-8.61	-135.06	-52.86	-147.35	-69.29	-49.45
储备资产	-2.25	-9.20	-0.50	-3.00	-0.05	-1.19	-2.86	-0.31	-2.56	-0.31

注：未经季节和工作日调整的数据。

资料来源：Eurostat。

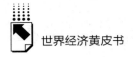

欧盟的出口增长速度放缓，主要影响因素包括：2014年3月以来，乌克兰危机背景下，欧盟与俄罗斯贸易制裁与反制裁为双边贸易带来了不确定性。欧洲的主要出口国对俄罗斯出口出现明显下滑。根据德国国家统计局数据，德国对俄罗斯出口在2014年上半年下滑15.5%；外部需求的下降，特别是新兴经济体增长速度放缓影响了欧元区对该地区的出口；此外，欧元对美元、日元等主要货币的升值，影响了欧洲产品的价格竞争力。

从金融项目看，2013年，在欧盟28个国家中，有20个国家处于资金净流出态势。2013年欧盟资本净流出2300亿欧元。从欧元区来看，欧元区经常项目顺差对应着金融项目的逆差，欧元区继续呈现资金净流出的态势。金融项目包括直接投资、证券投资、其他投资、金融衍生品和储备资产，其中直接投资和其他投资存在资金净流出，证券投资在2014年第二季度由资金净流入转为净流出。欧洲债务危机带来的经济波动对直接投资有明显的影响。2011年以来，欧盟的对外投资和外资流入逐渐增加，但在2013年，欧盟对外直接投资比2007年高峰水平低39.5%，吸引外资比2007年的高峰水平低26.1%。2014年欧元区对外投资和外国对欧投资出现下降。在证券投资方面，2013年，欧元区证券投资净流入为1102.7亿欧元，欧元区债券和股票的海外需求达到2007年以来的最高水平。但在2014年第二季度，受欧洲经济增长前景影响，欧元区证券投资由净流入转向净流出，欧元区居民净购入外国证券增多。

2. 汇率变动

自2013年第三季度以来，欧元汇率呈现了先升后贬的两个发展阶段。欧元对20个最主要贸易伙伴货币的名义有效汇率（EER-20）从2013年10月到2014年3月上升了2.62%。之后，逐渐贬值，到2014年8底，EER-20下降了2.61%。

欧元从2012年8月到2014年3月处于上升期，这一阶段，欧元名义有效汇率累计升值了9.9%，实际有效汇率升值了8.9%。欧元升值为欧洲经济复苏带来了一定的下行压力，欧元区出口增速下降，并给物价稳定带来了压力，促使欧洲央行采取降息及扩大流动性等政策举措来减少欧元升值的不利影响。欧元区宽松的货币政策、欧洲经济的缓慢复苏等因素引发了2014年第二季度以来欧元的贬值。欧元贬值有利于欧洲的出口，提升通货膨胀率，以及促进经济复苏。

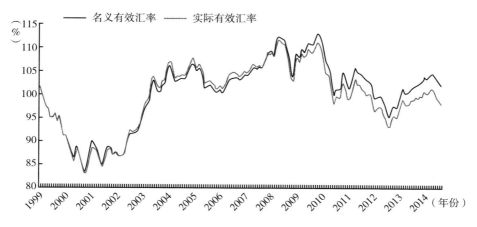

图 11   欧元名义有效汇率（EER－20）和实际有效汇率

注：月度平均数据，1999 年第一季度为 100。

EER－20 为欧元对欧元区外与欧元区的最主要的 20 个贸易伙伴的名义有效汇率。

资料来源：Eurostat。

从双边汇率来看，自 2013 年第三季度以来，欧元对美元、日元和人民币等主要货币总体上看均处于先升后降状态，欧元对英镑则一直处于贬值状态。欧元与全球主要经济体宏观经济形势的差异，以及利率差异等影响了欧元汇率。

五   对欧洲经济增长的展望

欧洲的各项经济指标显示，欧洲经济复苏较为缓慢，经济增长速度低于普遍的预期，失业率仍处于较高水平。通货膨胀率持续处于低位，货币供给量增加，但私人部门贷款依旧处于萎缩状态，单纯的货币政策对经济调控作用有限。欧洲的财政赤字状况逐渐好转，财政政策开始转向兼顾刺激经济增长与巩固财政纪律的双重目标。整体上看，2014 年欧盟和欧元区经济出现正增长。预计在 2015 年，欧洲经济将稳步复苏，欧洲经济全年增长率为 1.7% ~1.9%，而欧元区的增长率则为 1.4% ~1.6%。

展望 2015 年，欧洲经济将逐渐恢复活力。欧洲经济增长的有利因素包括：2014 年欧洲央行推出的适应性宽松货币政策将促进欧元区国内需求的增加，低物价水平将促进实际收入水平的提高，扩大居民消费和企业投资；美国经济

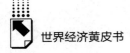
的稳定增长将拉动欧洲外部需求，财政政策逐渐向中性调整，减税等政策有利于提高居民的可支配收入水平。欧元汇率贬值，有利于出口。同时，2015 年欧洲经济存在诸多风险因素，全球贸易低迷，乌克兰危机所引发的欧盟与俄罗斯的制裁与反制裁给欧洲经济带来的影响将逐渐显现。新兴经济体增长乏力，影响了欧洲的外部需求。危机后的高失业率、私人贷款需求不足、政府债务负担较高等问题仍需要较长时间来消化。

2015 年欧洲仍需要继续进行结构调整和改革，以促进经济的稳定发展。货币政策应保持宽松，同时，在财政巩固约束框架下，探寻财政政策宽松的空间。劳动力市场和商品市场的结构改革需同步进行，以促进竞争、就业和增长。

参考文献

刘仕国：《CEEM 全球宏观经济季度报告（2014 年一、二季度）》2014。

ECB（2014），*Monthly Bulletin*, September 2014.

EU（2014），*European Economic Forecase Spring* 2014, March 2014.

IMF（2014），*World Economic Outlook*：*Recovery Strengthens, Remains Uneven.* April 2014.

OECD（2014），*Interim Economic Assessment*, April 2014.

World Bank（2014），*Global Economic Prospects*, June 2014.

日本经济：增长放缓，风险犹存

冯维江 *

摘　要：　2014 年日本经济增长的显著特征是波动较大。上半年骤起骤落，下半年复苏缓慢、反弹乏力。从国内来看，这主要是提升消费税率造成的冲击和日本政府为应对冲击而采取的刺激政策所致。从外部看，日元贬值的效果转向负面，对主要贸易伙伴出口放缓是日本经济复苏比预期更加疲软的重要原因。日本政府虽然修订了"日本复兴战略"，但要真正落实并产生效果还为时尚早，结构性改革不足将弱化刺激政策的效果。消费税率提升的冲击超出了日本政府的预期，安倍晋三宣布推迟原定的 2015 年再度提升消费税税率的计划，民众对"安倍经济学"特别是结构性改革的信心受到影响。预计 2014 年日本实际 GDP 增长约为 0.3%，2015 年预计增长 0.8% 左右"。

关键词：　安倍经济学　日本复兴战略　消费税

一　2013~2014年总体经济情况

在 2014 年 1 月出版的世界经济黄皮书中，我们预计"2013 年日本实际

---

*　冯维江，中国社会科学院世界经济与政治研究所副研究员。

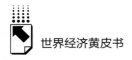

GDP 增长约为 1.7%"。① 不过，实际情况比当时我们（以及其他多数机构②）预计的更加悲观。日本内阁府在 2014 年 5 月发布的一季度 GDP 第一次速报中，2013 年实际 GDP 增长率为 1.6%。在 6 月份发布的第二次速报中又下调至 1.5%。整体来看，2013 年日本经济呈持续放缓的趋势，1 ~ 4 季度实际 GDP 季调环比折年率分别为 5.1%、3.4%、1.8% 和 - 0.5%。这主要是两个方面的因素造成的：一是 2014 年 4 月上调消费税率的提前消费效应在 2013 年下半年有所显现但力度不够大；③ 二是 2013 年下半年出口乏力而进口增长太快，对外部门拖累了经济增长。④

影响 2014 年经济全局的日本国内因素有两个：一是消费税率提升，二是政府新的经济复苏或刺激政策。重要的外部影响因素则是主要经贸伙伴（中国、美国、欧洲和东盟等）的经济状况及其与这些经贸伙伴之间的经济关系变化，以及地缘风险影响下的大宗商品特别是原油价格的波动。其他影响因素还包括公共债务规模的可持续性、美联储刺激性货币政策退出预期和夏季的灾害性天气等等。⑤

受这些因素的影响，2014 年的日本经济增长显著的特征就是波动较大，上半年骤起骤落，下半年复苏缓慢、反弹乏力。自 2014 年 4 月 1 日起，日本消费税率由 5% 上升至 8%。为了规避税收带来的价格上涨，许多消费项目特别是私人部门的消费被提前到 2014 年第一季度进行，成为推动当季经济增长的主要因素。一季度 GDP 季调环比增长折年率为 6.0%，较前值 - 0.5% 有明显的提升。分项来看，家庭消费和私人部门设备投资对 GDP 贡献尤其明显，分别贡献了 5.1 和 4.3 个百分点。出口虽然贡献了 4.2 个百分点，但进口也大

---

① 冯维江：《日本经济：缓慢复苏，风险上升》，《2014 年世界经济形势分析与预测》，社会科学文献出版社，2014。
② 当时国际货币基金组织（IMF）、瑞士信贷及丰业银行的预测都是 2%，经济学人信息部（EIU）的预测是 1.7%，经合组织（OECD）的预测是 1.6%，只有世界银行的预测比日本内阁府第二次速报值更低，为 1.4%。
③ 2013 年第三、四季度实际私人消费环比增长折年率分别为 0.8% 和 1.5%，比照日本上次提升消费税率前的情况，1996 年第三、四季度实际私人消费环比增长折年率分别为 1.3% 和 4.3%。
④ 2013 年第三季度，实际出口环比增长折年率 - 2.8%，进口环比增长折年率为 7.3%；第四季度出口增长 1.1%，进口增长了 15.7%。
⑤ 这些因素要么是长期存在的，要么是非全局性的。

幅增加，对 GDP 的贡献为 –5 个百分点，净出口对 GDP 的贡献仍旧为负。

第二季度，提前消费效应的后遗症显现，当季 GDP 季调环比增长折年率骤降 7.1%，不仅比上次提升消费税后下降 3.5% 要严重得多，而且也大大超出了市场预期。① 对第二季度出乎意料的回落影响分析可以发现，家庭消费的大幅下跌是造成实际 GDP 下滑的主要原因。在 7.1 个百分点的增长下滑中，家庭消费贡献了 12.6 个百分点的下滑。私人部门住宅及非住宅投资分别贡献了 –1.4 和 –2.9 个百分点。公共部门的贡献为 0，其中政府消费和公共投资分别贡献了 0.1 和 –0.1 个百分点。私人存货投资变化及净出口的正贡献显著，分别为 5.5 和 4.3 个百分点。对外部门的正贡献主要不是出口部门的功劳，而是进口下降所致，具体来说，出口贡献了 –0.3 个百分点，进口贡献了 4.7 个百分点。

2014 年下半年，日本经济在遭受"提升消费税冲击"之后的恢复并不十分理想。除此之外，夏季受到恶劣天气的影响（8 月西日本遭遇 1946 年以来最大规模的降水，比正常年份同期高出两倍多，日照时数则创 1946 年以来最低值，只有正常年份的 54%②）也是经济增长不尽如人意的原因之一。③ 预计 2014 年全年实际 GDP 增长 1.0%。④

日本国内工业生产的回落和出口乏力是我们判断日本经济在第一、二季度经历消费税率提升冲击的骤起骤落之后，无法在后半年快速反弹的重要依据。日本工业生产指数自 2014 年 1 月达到高点后，整体呈下行趋势，进入第三季度之后，这一趋势并未缓解。季调工业生产指数 1～8 月分别为 103.9、101.5、102.2、99.3、100、96.6、97 和 95.5，到 8 月降至年初以来的最低点，共下跌了 8.4 点。最终需求品工业生产指数更是一路下行，1～8 月分别为 107.3、103.7、104.4、101.5、101.1、98.9、98.2 和 95.1，年初到 8 月跌去了 12.2 点。生产资料工业生产指数 4～8 月分别为 97.4、98、94.6、95.4 和 96 点。

---

① 日本三菱东京日联银行、EIU 及彭博的预测值分别为 –5.4%、–3.2% 和 –4.35%。

② Jun Saito, Current Economic Situation: An Assessment, October 7, 2014, http://www.jcer.or.jp/eng/research/column.html

③ 上述四家机构的预测值分别为 3.6%、2.26%、1.7% 和 3.2%。

④ 日本三菱东京日联银行、日本经济研究中心、彭博和 EIU 的预测值分别为 1.24%、0.34%、1.1% 和 1.1%。日本政府的预期是 1.2%。

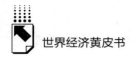

总的来看，工业生产放缓的趋势比较明显，第三季度几乎已经跌至上年同期的水平，但生产资料工业生产指数近期略有反弹的迹象。

表1　实际 GDP 增长率及其各组成部分贡献率

单位：%

指标	2013Q1	2013Q2	2013Q3	2013Q4	2014Q1	2014Q2
GDP 增长率	5.1	3.4	1.8	− 0.5	6.0	− 7.1
私人消费	2.6	1.8	0.5	0.9	5.1	− 12.6
私人住宅投资	0.1	0.3	0.6	0.3	0.3	− 1.4
私人企业设备投资	− 1.1	0.9	0.3	0.5	4.3	− 2.9
私人存货变化	0.4	− 1.5	0.6	− 0.3	− 2.1	5.5
政府消费	0.7	0.5	0.1	0.2	− 0.1	0.1
公共投资	0.8	1.1	1.4	0.3	− 0.5	− 0.1
公共存货变化	− 0.1	0.2	0	0	0	0
净出口	1.7	0.2	− 1.6	− 2.4	− 0.8	4.3
出口	2.4	1.8	− 0.4	0.2	4.2	− 0.3
进口	− 0.8	− 1.5	− 1.2	− 2.5	− 5	4.7

注：表中为季调环比增长折年率。
资料来源：日本内阁府网站统计资料。

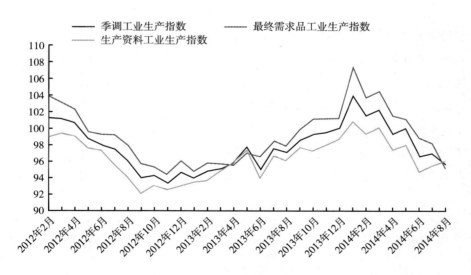

图1　日本工业生产指数冲高回落

资料来源：日本经济产业省。

　　此外，出口依旧乏力。2014 年第二季度，日本出口同比增长由上季度的 6.6% 下降至 0.09%。只是由于进口下降更快，同期进口同比增长由上季度的 17.6% 回落至 2.65%，才使得贸易逆差由上季度的同比扩大 82.8% 收缩至扩大 24.6%，但仍维持逆差格局。进入第三季度，日本的出口有所回升但乏力状况尚未得到根本改变。7 月，日本出口同比增长 3.92%，进口同比增长 2.37%，净出口同比增长率为 -6.55%。8 月，进口与出口双双同比下降，其中出口同比增长率为 -1.31%，进口同比增长率为 -1.44%，净出口同比增长率 -2.24%。9 月出口同比大幅上升 6.9%，增速创七个月最快，初步显示外需开始升温。受此影响，整个第三季度出口同比增长回升至 3.22%；不过进口同比增长仍呈回落趋势，增长了 2.40%；最终，贸易逆差同比缩小 2.52%。

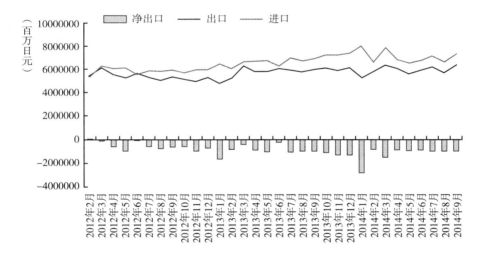

图 2　日本进出口维持逆差格局

资料来源：WIND 数据库，世界经济预测与政策模拟实验室。

　　分地区来看，中国、美国、欧盟以及除中国之外的亚洲其他国家和地区是日本出口的主要目的地。以上四个国家或地区 2013 年分别占日本出口比重的 18.1%、18.5%、10.0% 和 36.2%，合计占日本对外出口八成以上。中日关系恶化以来，日本对中国的出口逐渐被日本对美国的出口所替代，直到 2013 年第四季度，日本对中国出口的同比增速才重新超过美国。实际上，进入 2014 年以来，日本对上述主要贸易伙伴的出口都有明显的放缓，第二、三季度延续这一趋势。具体来说,第一季度日本对中国、美国、欧盟及除了中国之外的其他亚洲国家的出口同比增长率分别为 14.0%、9.5%、14.6% 和 2.67%。第二季度对上述各经济体的出口同比均出现明显放缓,分别为 3.7%、-1.1%、10.8% 和 -3.7%,其中对美国和亚洲其他国家还出现同比下降。第三季度,对亚洲其他国家出口增长有明显回升,同比增长了 3.59%;对美国出口也有微弱回升,同比增长 0.76%。对中国出口同比增长率继续下滑,但下滑的趋势放缓,同比增长 3.59%;对欧盟出口同比虽然仍有增长,但增长率由上季度的两位数"腰斩式"下降至一位数,仅为 5.3%。总之,日本出口乏力的状态尚无根本性改善。

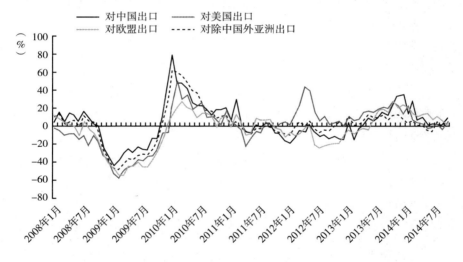

图3 日本对主要贸易伙伴出口增长均呈放缓趋势

资料来源:WIND 数据库。

从日本政府对进入 2014 年以来各月经济形势的定性判断来看,日本官方一直坚持经济维持缓慢复苏的基调,但其措辞的变化仍反映出经济出现波动并趋于疲弱的轨迹。日本内阁府每月公布的经济报告对 1~9 月经济形势的总看法①分别是:1 月,"经济正在缓慢复苏";2 月维持了上月的判断;3 月是"经济正在缓慢复苏。此外,受消费税率将提升影响,需求增强";4 月,

———————————

① 参见 http://www5.cao.go.jp/keizai3/getsurei/getsurei-index.html。

"经济仍在继续缓慢复苏基调之中，应对消费税率提升的短期消费需求随着税率正式上调而结束，造成经济小幅波动"；第 5、6 两月的判断与 4 月一致；7 月的措辞修改为"经济维持缓慢复苏的基调，消费税调整对需求的冲击趋于缓和"；8 月维持上月的判断；但到 9 月形势为之一变，"近期观察到经济局部疲软现象，但缓慢复苏的基调仍在继续"；10 月对形势的判断更加严峻，"近期观察到经济疲软现象，但缓慢复苏的基调仍在继续"，这也是日本政府自 2012 年以来首次连续两个月下调对该国经济的基本评估。

二 货币政策

2014 年，日本央行继续其质量并举的宽松货币政策。自 2013 年 4 月起，日本央行将其货币市场操作方针（Guideline for Money Market Operations）由"鼓励无担保隔夜拆借利率维持在 0~0.1% 之间"调整为"通过货币市场操作使基础货币年增长保持在 60 万亿~70 万亿日元水平"，实现了由"调节利率为核心"的传统货币政策向以基础货币作为金融市场调节操作目标的非常规货币政策的转变。

2014 年 1~10 月，日本质量并举的宽松货币政策的具体资产购买方向均遵循以下指引：第一，每年购买 50 万亿日元的日本政府债券，维持所购政府债券平均剩余期限约为 7 年；第二，购买交易型开放式指数基金至每年增加 1 万亿日元的规模，购买日本房地产投资信托基金至每年增加 300 亿日元的规模。第三，维持商业票据和公司债余额分别稳定在 2.2 万亿日元和 3.2 万亿日元的规模。实施上述政策的目的是要实现日本央行在 2013 年 1 月提出的消费物价指数年增长率 2% 的"价格稳定目标"。

日本银行资产负债表规模在其宣布实行质量并举的宽松货币政策以来扩张速度明显加快。如图 4 所示，在宣布实施该政策的 2013 年 4 月，日本银行资产负债表规模仅为 162.8 万亿日元，到 2014 年 1 月上升至 225.0 万亿日元，到 2014 年 10 月规模进一步扩大至 279.5 万亿日元。从 2013 年 4 月到 2014 年 10 月的 18 个月间，日本银行资产负债表规模扩大了 71.7%；而在此之前的 18 个月中，日本银行资产负债表只扩大了 23.8%。

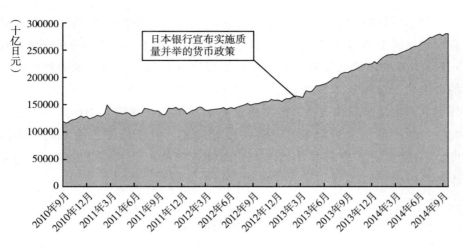

图4 日本银行资产负债表规模迅速扩张

资料来源：WIND 数据库。

在质化宽松或央行资产负债表的结构调整方面，日本银行也采取了行动。

2014 年以来，日本银行资产负债表在资产结构方面的变化主要表现为：第一，政府债券的买入大大增加。年初购买的日本政府债券只有 182.8 万亿日元，到 10 月上升至 232.9 万亿日元，增长了 27.4%，已经实现了"购买 50 万亿日元的日本政府债券"的货币政策指引目标。购买政府债券也是日本银行从资产方扩大释放流动性规模借以压低利率的主要方式。第二，日本银行的贷款规模也有所扩大，2014 年 10 月较之 1 月增加了近 3.5 万亿日元。日本银行希望通过扩大和放松贷款能够促进商业银行给企业的贷款，帮助推动经济增长。第三，通过财产信托购买交易型开放式指数基金和购买房地产投资信托基金的规模也有所上升，10 月与上年年末相比，上述两项目分别增长了 8092 亿和 238 亿日元，较全年 1 万亿和 300 亿日元的目标还有一定差距。

日本银行资产负债表负债结构的主要表现是：第一，活期存款账户总额大幅增加，由 2014 年 1 月的 106.3 万亿日元，增加到 10 月的 165.2 万亿日元，增加了近 59 万亿日元。日本银行中的活期存款主要是民间金融机构在央行的超额准备金。[①] 活期存款的快速增长主要源自超额准备金的增长。从 2014 年 1~9

---

① 武石桥：《日本信贷宽松货币政策及其有效性》，《外国问题研究》2014 年第 2 期，第 57~63 页。

表 2　日本银行资产负债表变化情况

单位：十亿日元

时间	2014/01/20	2014/02/20	2014/03/20	2014/04/20	2014/05/20	2014/06/20	2014/07/20	2014/08/20	2014/09/20	2014/10/20
黄金	441.25	441.25	441.25	441.25	441.25	441.25	441.25	441.25	441.25	441.25
现金	244.99	276.79	289.99	280.55	272.78	283.89	285.34	272.68	266.59	260.98
日本政府债券	182818.55	196316.37	198110.52	203146.42	208225.84	210640.66	219869.60	228298.97	232697.74	232906.61
商业票据	2144.98	2563.02	2467.64	1908.65	2041.40	2616.85	2101.66	2154.53	2197.18	2022.60
公司债券	3204.24	3271.53	3227.54	3295.14	3361.82	3198.74	3247.53	3264.65	3230.89	3161.35
财产信托 a	1360.33	1360.33	1355.63	1351.51	1351.51	1351.51	1351.49	1351.49	1351.49	1351.49
财产信托 b	2620.56	2716.29	2820.44	2910.72	2956.60	2988.15	3078.12	3183.05	3220.84	3306.54
财产信托 c	141.44	143.41	146.70	148.63	149.56	150.28	151.98	154.47	157.34	163.90
贷款 d	26146.41	25412.71	27537.83	24887.73	24853.13	28982.85	28290.65	27658.25	29813.57	29627.37
外币资产	5332.51	5343.94	5381.86	5387.54	5442.36	5460.81	5485.18	5522.13	5586.45	5642.14
代理商存款	44.79	26.66	41.24	149.63	7.58	20.22	137.45	53.30	72.79	77.03
其他	486.59	520.20	530.01	540.47	547.56	537.09	527.63	539.64	545.16	544.57
资产总额	224986.64	238392.50	242350.65	244448.24	249651.40	256672.28	264967.88	272894.42	279581.28	279505.83
货币	85930.89	85353.08	86215.84	85740.01	85384.99	85649.09	86268.76	86270.44	86113.87	86336.74
活期存款	106288.77	113260.17	123577.84	132518.71	128891.91	151384.40	153010.96	151117.91	153042.01	165201.19
其他存款	418.85	139.99	170.55	453.56	199.31	245.59	182.05	512.35	924.30	1608.34
政府存款	1174.58	1477.58	1234.26	1215.49	1656.89	1572.22	1434.33	1026.14	1092.20	1097.40
回购协议应收款项	24385.68	31376.40	23985.32	17763.21	26735.15	11484.65	17710.14	27547.13	31923.42	18322.65
其他	507.06	504.46	886.03	476.43	502.32	-398.46	-373.15	-314.34	-249.30	204.72
备抵金	3539.28	3539.28	3539.28	3539.28	3539.28	3848.40	3848.40	3848.40	3848.40	3848.40
资本	0.10	0.10	0.10	0.10	0.10	0.10	0.10	0.10	0.10	0.10
法定准备金及特别准备金	2741.44	2741.44	2741.44	2741.44	2741.44	2886.29	2886.29	2886.29	2886.29	2886.29
负债与净资产总额	224986.64	238392.50	242350.65	244448.24	249651.40	256672.28	264967.88	272894.42	279581.28	279505.83

注：a 是作为信托财产持有的股票；b 是作为信托财产持有的交易型开放式指数基金；c 是作为信托财产持有的日本房地产投资信托基金；d 对存款保险公司的贷款除外。

资料来源：日本银行。

月，超额准备金增加了近49万亿日元，占到同期日本银行活期存款增加额的104%左右。这可能从金融的角度反映出日本私人部门投资不够活跃。第二，政府存款自年中以来呈明显下降趋势。2014年5月政府存款约有1.66万亿日元，到10月下降至1.10万亿日元左右。这反映了在消费税提升的紧缩效应显现之后，政府急于刺激经济，不得不减少在央行的存款用作财政支出。

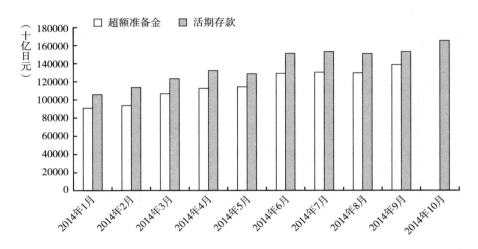

图5　日本银行的活期存款与金融机构超额准备金

资料来源：日本银行，Wind 数据库。

纵观日本银行全年的货币政策，有两个节点的政策变化值得关注。一个是日本银行在2月的货币政策声明中，延长了"刺激银行借贷工具"（Stimulating Bank Lending Facility）和"支持增长融资工具"（Growth-Supporting Funding Facility）两个项目的期限并扩大了刺激和支持的力度。前一个项目是给予那些贷款余额增加的银行以奖励，允许它们把从央行得到的低息资金用于贷款再融资。日本央行将该项目的期限延长一年，并表示将提供两倍于银行贷款余额净增量的资金。后一个项目旨在把资金引向日本央行官员认为有较高增长潜力的行业。日本央行将该项目期限延长一年，并将规模扩大一倍至7万亿日元（约合680亿美元）。日本银行希望这些措施能够促进金融机构的信贷活动，刺激企业和家庭部门的贷款需求，巩固增长的基础。这些措施有助于企业及家庭部门在4月份的消费税率提升之前安排投资与消费，扩大"提前消费效应"。

另一个政策变化节点更加重要。2014 年 10 月 31 日，日本银行推出了质量并举宽松货币政策的"加强版"。新政策将每年基础货币投放增量由原来的 60 万亿~70 万亿日元扩大到 80 万亿日元。将每年政府债券购买规模由 50 万亿日元扩大到 80 万亿日元规模，并将所购政府债券平均剩余期限由原来维持在 7 年左右调整为 7~10 年。还将每年增加购买交易型开放式指数基金和日本房地产投资信托基金的规模由 1 万亿日元和 300 亿日元提高 2 倍至 3 万亿日元和 900 亿日元。日本央行推出这一政策，与日本经济增长在第一次提升消费税后的紧缩效应超出预期，消费者价格涨幅仅达到目标水平的一半有关。在第一次提升消费税率之后，对经济紧缩的效果超出预期，第二季度增长大降 7.1%。这一下跌，让民众对安倍政府"稳增长"的信心丧失，甚至动摇了一些人士如期第二次提高消费税率的信念。受上调消费税率影响，日本核心 CPI 在 4 月有明显上涨，但其后涨幅放缓，9 月核心 CPI 同比增长 3.0%，创六个月最低值。包括日本籍国际货币基金组织副主席筱原尚之等经济官员认为，日本央行应尽快修改并延长两年期限的时间框架，将达成 2% 通胀目标的时间设在 2017 年或 2018 年。在此背景下日本央行升级质量并举的宽松货币政策，为经济刺激加码，也是在为安倍经济学作政策背书。但对扩大宽

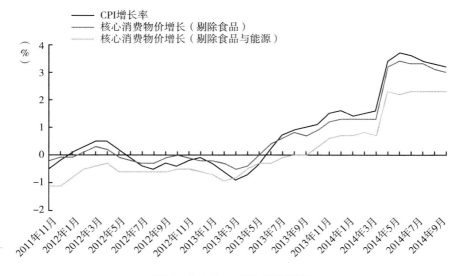

图 6　日本核心 CPI 升势受阻

资料来源：日本总务省统计局。

松货币政策效果的质疑也在增加，此次"加强版"政策就仅以货币政策委员会5票对4票的微弱优势通过。这是自2013年4月黑田东彦执掌央行帅印以来遇到的首次针对他政策框架分歧的投票。反对票除了来自一直对黑田东彦通胀目标持怀疑态度的两位经济学家之外，还有两位商界的委员，这与商界担心宽松货币政策导致的日元贬值可能会推高进口商品价格从而不利于国内生产及消费有关。

尽管日本希望宽松货币政策能助推日元贬值以促进出口，但日元贬值的负面影响开始显现。两年前1美元兑换80日元，到2014年10月，1美元兑换107.7日元，后者贬值了1/4强。近来，"安倍经济学"以日元贬值促进出口的做法越来越受到质疑，因为日元贬值可能对出口企业有利，但会令为数众多的中小企业增加进口成本。鉴于日本企业已经把更多生产搬到海外，弱势日元现在难以像以往那样提振进口，① 却会推高能源和食品进口成本。日本东京商工研究机构（Tokyo Shoko Research Ltd）提供的数据显示，被疲软日元拖累而倒闭的企业数量正迅速增加。2014年前9个月，这类破产企业为214家，而上

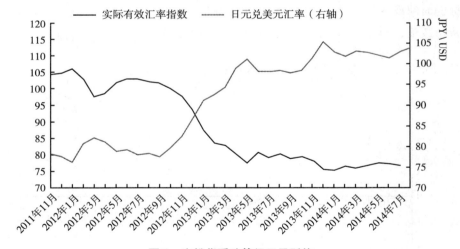

图7　宽松货币政策促日元贬值

资料来源：CEIC，世界经济预测与政策模拟实验室。

---

① 三菱日联调查咨询公司：《日元汇率动向以及日元贬值对日本经济的影响》，《日本经济观察》2014年第39期。

年同期仅为 89 家。① 除企业之外，日本家庭消费也受到日元贬值的不利影响，海外购买成本上升对国内消费也构成了挤压。

三 财政政策

2014 年 4 月日本将消费税率由 5% 提升至 8%。为了应对提升税率带来的紧缩效应，日本政府在财政政策方面未雨绸缪，通过补充或追加预算来扩大公共支出，拉动经济增长。2013 年 12 月 5 日，日本政府召开临时内阁会议，通过了在 2014 年 4 月消费税增税时配合实施总额为 5.5 万亿日元（约合人民币 3280 亿元）的经济刺激计划。经济刺激计划将重点投入立竿见影的公共工程项目，也包括向低收入者发放现金等家庭补贴政策。预计消费税增税后，在 2014 财年中央与地方政府税收可增加约 5.1 万亿日元，但经济刺激计划则超出了这一规模。2014 年 2 月 6 日，日本国会通过了实施上述刺激计划的 2013 年度补充预算案。

2013 年 12 月 24 日，日本政府内阁会议通过了 2014 年度预算案，一般预算总额刷新上年以 92.6 万亿日元规模所创的历史最高纪录，达到 95.8823 万亿日元（约合人民币 5.56 万亿元）。其中，社会保障支出预计 30.52 万亿日元，公共事业费将达 5.96 万亿日元，防卫费将达 4.88 万亿日元，文化教育科学技术相关费用将达 5.44 万亿日元，均比上年度有所增加。2014 年 3 月 20 日，日本国会审议通过了上述年度预算案。

2014 年 7 月 1 日，日本政府确定设立预算特别项目，用于推动安倍经济学的第三支柱增长战略。该特别项目预计将超过 3 万亿日元，为了筹措该特别项目所需的财政经费，日本政府将要求削减相当于 2014 年度预算中各中央部门 10% 的裁量性经费②。2014 年度日本政府的一般会计预算政策经费为 72.6 万亿日元，其中裁量性经费为 14.7 万亿日元。在此基础上，日本政府考虑允

---

① 「円安」関連倒産：《前年同期より 2.4 倍に急増》，http：//www.tsr－net.co.jp/news/analysis/20141008_6.html。

② 所谓裁量性经费，指的是各省厅在使用上政策性自由度较高的经费。在财政困难的背景下，日本政府将敦促各省厅采取措施控制财政支出，促使预算投向重点领域。通常会成为调剂对象的是，在日本政府一般会计预算的政策经费中扣除养老金、医疗、地方交付税交付金以及人工费等之后的裁量性经费。

许各中央部门以裁量性经费削减 10% 之后的金额为标准，以相当于削减后金额的 30% 来申请特别项目。也就是说，2014 年度日本各中央部门的裁量性经费为 14.7 万亿日元，削减 10% 后为约 13 万亿日元。13 万亿日元的 30% 接近 4 万亿日元，这有可能成为各中央部门可以申请的特别项目的总额。①

2014 年 8 月，日本政府在讨论 2015 年年度预算时考虑列入 1 万亿日元的经济对策预备费，以应对消费税提升给经济增长造成的负面影响。日本政府可将这部分费用自由使用于大规模公共事业和中小企业补贴等经济刺激政策，具有根据经济情况灵活推出的优点。此前由于受 2008 年雷曼危机的影响，当时的麻生太郎政府在 2009 年度的最初预算中列入了 1 万亿日元的经济对策预备费。2013 年度和 2014 年度均没有列入经济对策预备费。由于 2015 年度原计划在 10 月将消费税率由 8% 提高至 10%，为了避免消费下滑导致的经济恶化，日本政府决定时隔 3 年再次列入上述费用。2014 年 11 月 3 日，日本财政大臣甘利明表示，如果 11 月公布的日本第三季度 GDP 数据疲软的话，日本还应该出台新一轮财政刺激措施来促进私人消费，以实现提振经济的目的。2014 年 11 月 18 日，安倍晋三正式宣布将第二步增税计划推迟 18 个月执行。

表 3　日本政府 2013 年末以来的财政刺激措施与计划

时间	资金规模	用途	来源
2013 年 12 月 5 日内阁会议通过，2014 年 2 月 6 日国会批准	5.5 万亿日元	投入公共工程项目，也包括向低收入者发放现金等家庭补贴政策	2013 年度补充预算案，利用 2013 年度税收增收部分等，不再追加发行国债
2013 年 12 月 24 日内阁会议通过，2014 年 3 月 20 日国会批准	95.88 万亿日元	社会保障支出 30.5 万亿日元，公共事务支出 5.96 万亿日元等	2014 年度预算案
2014 年 7 月 1 日公布	超过 3 万亿日元	设立预算特别项目，推动安倍增长战略	压缩各中央政府部门裁量性经费，控制社会保障费和地方交付税交付金
2014 年 8 月 21 日	1 万亿日元	可用于公共事业及中小企业补贴，应对消费税提升对经济的消极影响	在 2015 年预算中列入 1 万亿日元的经济对策预备费
2014 年 11 月 3 日	—	促进私人消费，特别是低收入群体的消费	—

资料来源：日本内阁府、财务省公报及有关报道。

---

① 《日本将设立预算特别项目推动安倍增长战略》，日经中文网，2014 年 7 月 1 日，http://cn. nikkei. com/politicsaeconomy/economic – policy/9940 – 20140701. html。

2014 年日本的财政政策主要是围绕应对提升消费税而展开的。在上一年度的黄皮书中我们指出，"刺激措施与增税并行，是希望将增税抑制增长的负面影响限制到最小，同时为未来经济的可持续发展奠定基础。要实现这样的政策效果，必须满足的条件是刺激措施带来的经济增长，能够弥补增税造成的资金由私人部门向公共部门转移带来的效率损失。否则，短期内税率提升可能带来政府收入上升，但长期来看，可能因为增长乏力、税源萎缩反倒降低收入。"有研究表明，如果按 2014 年 3%，2015 年 2% 的增税速度，2014～2016 年的经济增长将分别下降 1%、0.6% 和 0.3%。① 现在看来，增税抑制增长的效应可能已经超出了日本政府的预计，所以不得不依靠层层加码的刺激政策来推动增长。问题在于，这些刺激政策如果得不到合适的结构性改革的支持，不仅无法持续提升私人部门活力，反倒会加剧进一步的资源错配，加重政府债务负担。

四　企业与就业

2014 年 6 月 24 日，日本内阁通过了"日本复兴战略（修改版）"，就上年 6 月发布的"日本复兴战略"提出政策措施的实施情况进行确认，并进一步明确了今后的方针。此次修订的内容主要包括：确定从 2015 年开始降低企业税；在就业方面推动建立新的劳动时间制度，侧重从成果而非工作时间上进行绩效考核；农业方面放宽企业获得农地的条件；医疗方面增加患者选择药品与治疗方法的自由度；推动地方城市发展，避免向东京高度集中，等等。

不难看出，这次修订基本还是按照原先的增长框架展开的，虽然提出了更详细的措施，但距离落实并产生效果仍有不短的距离。例如，虽然提出从 2015 年开始下调企业实际税率，但并未给出具体的降幅。预计在政府找到可靠的替代性财源之前，这方面的进展不会太大。而且即便是找到了替代性财源，如果这些财源仍来自企业，那么其实际负担可能无法减轻。"复兴战略"要真正惠及微观经济主体，还有较长的路要走。

---

① 倪月菊：《日本提高消费税原因及实施效果评析》，《国际金融》2014 年第 8 期。

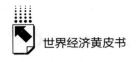

表4　日本修订后的"复兴战略"措施

领域	措施
恢复日本的生产能力	强化企业治理; 下调企业税实际税率; 促进创新的产业化运用,鼓励使用机器人
创造新的劳动力	完善小学生托管措施,创造有利于女性就业的环境; 修改妨碍女性就业的税收社保制度; 创立绩效评价的劳动制度; 扩充外国人技能实习制度
培育新的增长引擎及地区成长产业	推进农业委员会、农业生产法人、农业一体化改革; 重构国内农业产业链; 设立非营利股份制法人制度; 大幅扩展医保非保医保并用的疗养制度(混合医疗)

资料来源:三菱日联调查咨询公司调研部,日本修订后的"复兴战略"以及2014年大政方针,《日本经济观察》2014年8月8日。

虽然短期内还不能指望"复兴战略"的红利惠及企业,但随着消费税率提升冲击影响逐渐淡出,日本企业对生产经营状况的改善信心开始有所恢复。日本央行10月1日发布的9月企业短期经济观测调查(日银短观)显示,4月消费税上调对制造业企业运营的压力正慢慢减退。9月日本大型制造业企业信心指数为13,高于经济学家平均预计的10,也比上季度调查时的12要高。但是,大型非制造业企业信心指数则从6月的19大幅下滑至13,为连续第二个季度下滑。调查预测,12月日本大型制造企业信心指数将维持在13的水平,而包括服务业等在内的大型非制造业企业信心指数则有望小幅回升至14。在提升消费税的冲击之后,景气指数一致性指标和先行指标均出现明显的下行转折,进入第三季度后下行势头出现放缓迹象。制造业及非制造业PMI双双止跌回升。9月制造业PMI增幅虽小幅放缓,但仍维持4月以来的回升态势。10月制造业PMI回升至52.4。

从就业方面看,进入第三季度后,经季节调整后日本失业率仍在低位,6月和7月虽略有上扬,但8月再度下行至3.5%而与5月持平。这是1997年12月以来的最低值。具体来看,经季节调整后,8月因雇主或业务状况导致的非自愿离职者44万人,与第一季度月均52万相比,仍处于低位。8月日本就业人数环比增长0.14%至6362万人,这是2009年2月以来的最高值。反映用人需求和求职人数之比的有效求人倍率由第二季度的109提升至7月的110,显示每对应100

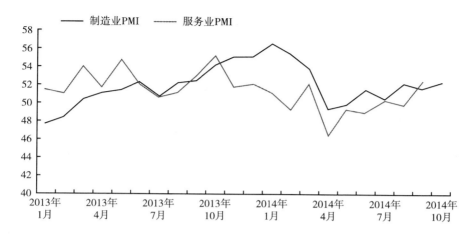

图8 日本制造业及服务业 PMI 有所回升

资料来源：WIND 数据库。

个求职者有 110 个就业岗位。这是近 22 年来的最佳水平。日本央行行长黑田东彦称，日本就业市场几乎没有闲置劳动力，企业也不存在闲置产能。尽管日本失业率维持低位，就业者并未因此牺牲薪酬而处于隐蔽性失业状态，这说明日本劳动力市场是有效的。从 5 月到 8 月，日本劳动调查显示的合同现金收入同比增长率分别为 0.33%、0.41%、0.51% 和 0.69%，其中固定收入同比增长率分别为 0.05%、0.21%、0.27% 和 0.60%，表明日本劳动收入的增长是比较稳定的。

图9 日本就业形势尚好

资料来源：WIND 数据库，世界经济预测与政策模拟实验室。

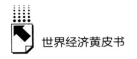
尽管企业信心有所恢复，就业形势也算不错，但结构性改革并无实质进展。如果第二次消费税上升如期而至，企业经营或再次受到较大冲击。

五　国际收支

2013 年第四季度，日本经常项目连续 3 个月出现逆差，加上 1 月的逆差，全年有 4 个月经常项目出现逆差，状况较 2012 年全年有 3 个月逆差更差。即便是国际金融危机冲击下的 2009 年也只有 1 个月出现逆差。

进入 2014 年，日本经常项目延续了此前 3 个月的逆差状况并进一步恶化，1 月逆差高达 15861 亿日元（约合人民币 937 亿元），约为上年同期的 4.6 倍，刷新了 2013 年 12 月创造的逆差纪录，成为自 1985 年有该统计以来新的单月历史最高逆差额纪录。高达 23454 亿日元的贸易逆差是 1 月经常项目逆差的重要原因。一方面，日本面向中国出口的汽车以及有机化合物等产品受春节长假的影响增速大幅回落；另一方面，日本的原油以及液化天然气等能源产品受日本关闭核电站等影响，进口额仍在不断攀升。出口疲软而进口额攀升的局面几乎贯穿了 2014 年全年。

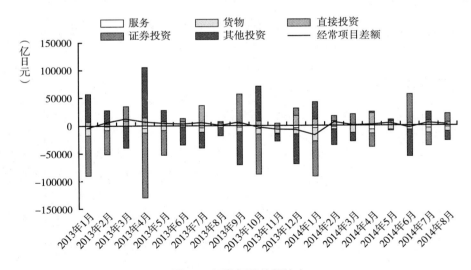

图 10　经常项目差额缩小

资料来源：WIND 数据库。

整体来看，2014 年 1～8 月累计经常项目余额为 2422 亿日元，较 2013 年同期下降了 38284 亿日元，货物贸易余额较 2013 年同期下降了 28421 亿日元，服务贸易余额较上年同期下降了 1452 亿日元。投资收益仍是日本经常项目能够维持盈余的重要原因。2014 年 1～8 月，直接投资收益累计 70850 亿日元，同比减少了 28421 亿日元；同期证券投资收益和其他投资收益都为负。

六　中日经贸投资关系

中日政治关系恶化对经济的影响仍然存在，日本对华进出口呈波动下行趋势。进入 2014 年后，日本对中国出口及自中国进口的同比增长率均出现明显的下滑趋势。5 月日本对中国出口同比增长率仅为 0.3%，较之 2 月的 27.6% 显著下降。6 月和 7 月对中国出口同比增长率有所回升，但 8 月出现 16 个月以来的首个负增长，同比下降了 0.24%。另一方面，5 月日本自中国进口出现 17 个月来首个负增长，为 -2.6%，6 月同比增长 10.7% 之后，7 月和 8 月连续出现同比负增长，增长率分别为 -2.4% 和 -5.2%。无论是进口还是出口增长率，都总体上呈下行趋势，且波动都比较明显。

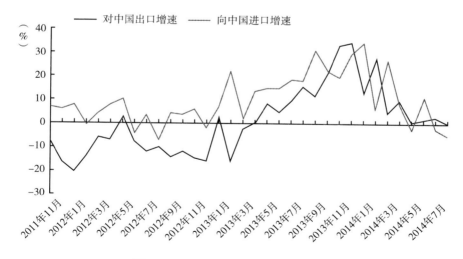

图 11　日本对华进出口仍未稳定恢复

资料来源：CEIC，世界经济预测与政策模拟实验室。

受中日关系恶化影响，日本对中国直接投资的同比增长率连续负增长，且总体低于对世界的平均水平。自 2013 年第三季度至 2014 年第二季度，日本对华直接投资连续 4 个季度同比负增长，分别为 − 17.9%、− 35.9%、− 47.2% 和 − 50.3%，进入 2014 年第三季度，负增长的态势并未扭转，7 月同比增长率为 − 13.0%。

七　2015 年经济形势展望

从其他机构的估计及预测数据看，日本政府、OECD、彭博社和 EIU 认为日本 2015 年的经济增长会快于 2014 年，IMF、世界银行、联合国经社理事部和欧盟委员会认为 2015 年日本经济增长会慢于 2014 年。尽管目前尚看不到安倍经济学"第三枝箭"的结构性改革有何种实质成果，但日本政府已宣布将第二次消费税提升的时间推迟至 2017 年 4 月起执行，我们认同前一种判断，认为日本经济 2015 年的增长率会高于 2014 年。

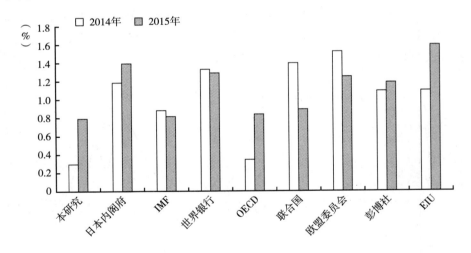

图 12　各机构对日本 2014～2015 年 GDP 增长率的预测

注：EIU（经济学人信息部）；IMF（国际货币基金组织）；OECD（经济合作与发展组织）。图中日本内阁府的预测为财年，其他为历年。

2015 年日本经济复苏面临的风险仍然存在。第一，"安倍经济学"的红利可能正在用尽，第一次消费税率提升之后的紧缩效应超出预期，说明日本经济结构性改革并无明显成效，只能靠加大货币与财政政策刺激的短期效果来拉动经济，这样的增长缺乏可持续性。

第二，日元贬值的效果逐渐由正面走向负面。对外而言，日元贬值给其他国家生产者形成竞争，威胁了别国的就业岗位。尤其在美国 QE 政策退出的背景之下，日本还层层加码，这对美国的增长与就业构成了更直接的威胁。诚然，美国在 TPP 谈判等问题上或"有求于"日本，但美国（以及其他国家）对日本激进政策的容忍是有限度的。韩国、瑞典和以色列等国的央行已经做出了降息的举措。如果日本继续把宽松货币政策加码到底，很可能引起一场货币混战。这并不符合世界各国的利益。对内而言，贬值对出口的促进作用下降。由于产业空心化现象的存在，日元贬值对出口的贡献受限，进口商品价格上升又抑制了消费，国内支持贬值的力量有所下降。

第三，美国 QE 退出后，受全球流动性收缩的影响，大宗商品价格可能呈下行趋势。长期来看这可能有利于日本以更有利的价格进口资源能源，但短期中"输入通缩"的状态会影响日本央行 2% 通胀目标的实现，进而影响到民众对"安倍经济学"的信心。

综合考虑上述风险及 2014 年经济疲软的基期效应影响，我们预计 2015 年日本经济增长在 0.8% 左右。

参考文献

冯维江：《日本经济：缓慢复苏，风险上升》，《2014 年世界经济形势分析与预测》，社会科学文献出版社，2014。

Jun Saito, "Current Economic Situation: An Assessment", October 7, 2014, http://www.jcer.or.jp/eng/research/column.html.

武石桥：《日本信贷宽松货币政策及其有效性》，《外国问题研究》2014 年第 2 期。

三菱日联调查咨询公司：《日元汇率动向以及日元贬值对日本经济的影响》，《日本经济观察》2014 年第 39 期。

「円安」《関連倒産：前年同期より 2.4 倍に急増》，http://www.tsr‑net.co.jp/news/analysis/20141008_6.html。

《日本将设立预算特别项目推动安倍增长战略》，日经中文网，2014 年 7 月 1 日，http://cn.nikkei.com/politicsaeconomy/economic‑policy/9940‑20140701.html。

倪月菊：《日本提高消费税原因及实施效果评析》，《国际金融》2014 年第 8 期。

.5

亚太经济：稳中略降，
增长步入"新常态"

杨盼盼*

摘　要：　亚太经济体 2014 年增长稳中略降，预计经济增速为 5.4%，比 2013 年低 0.1 个百分点，区内新兴市场国家和发达国家的经济增长均有所放缓。2014 年，亚太国家的通货膨胀水平较上年出现下降；货币走势相对前两年较为平稳，没有发生大规模贬值潮；经常账户水平变化不大，并未出现显著失衡。尽管亚太地区的复苏态势仍领先全球，但其增长速度正在趋缓，这成为未来亚太地区增长的"新常态"。全球最活跃的亚太新兴市场预计难以回到危机前的高增长，需要各国积极制定政策予以应对。

关键词：　亚太地区　经济增长　新常态

一　亚太经济形势回顾：2013～2014年

亚太经济体①在 2013～2014 年的经济增速总体呈稳中略降态势。2014 年，

＊　杨盼盼，中国社会科学院世界经济与政治研究所助理研究员，研究领域为国际金融。
①　本文的亚太经济体包含 17 个国家，分别是：中国、日本、韩国、东盟十国（文莱、柬埔寨、印度尼西亚、老挝、马来西亚、缅甸、菲律宾、新加坡、泰国、越南）、印度、澳大利亚、新西兰、加拿大。

亚太地区 17 个国家的加权平均经济增速为 5.4%①，比 2013 年下降了 0.1 个百分点。亚太地区经济体可以进一步划分为发达经济体与新兴和发展中经济体，二者在 2014 年的经济增速均略低于 2013 年。其中，亚太地区发达经济体在 2014 年的经济增速为 2.0%，比 2013 年低 0.1 个百分点；亚太地区新兴和发展中经济体在 2014 年的经济增速为 6.5%，比 2013 年低 0.1 个百分点。

亚太地区的经济增速和复苏水平仍领先全球。2014 年全球经济增速预计为 3.3%，亚太经济体增速比全球增速高出超过 2 个百分点。复苏水平可以通过简单比较 2001～2007 年（危机前增速）和 2008～2014 年（危机后增速）两个时期内的增速差异水平得出（见表 1），危机后的全球经济增速与危机前相比仍有 1.2 个百分点的差距，但是亚太地区的这一差距已缩窄至 0.6 个百分点。亚太地区发达经济体的复苏好于全球发达经济体，危机前后的增长差距缩窄至 1.1 个百分点，而发达经济体整体的缺口为 1.6 个百分点。亚太地区新兴和发展中经济体的复苏水平略高于全球新兴和发展中经济体，缺口缩窄为 1.3 个百分点，而新兴和发展中经济体整体的缺口为 1.4 个百分点。

表 1　亚太主要国家国别和加总经济增长率

年份	2011	2012	2013	2014	2015	2001～2007	2008～2014
亚太 17 国							
中国	9.3	7.7	7.7	7.4	7.1	10.8	8.8
日本	-0.5	1.5	1.5	0.9	0.8	1.4	0.2
韩国	3.7	2.3	3.0	3.7	4.0	4.9	3.2
文莱	3.4	0.9	-1.8	5.3	3.0	2.1	1.0
柬埔寨	7.1	7.3	7.4	7.2	7.3	9.7	6.0
印度尼西亚	6.5	6.3	5.8	5.2	5.5	5.1	5.8
老挝	8.0	7.9	8.0	7.4	7.2	6.9	7.8
马来西亚	5.2	5.6	4.7	5.9	5.2	5.0	4.6
缅甸	5.9	7.3	8.3	8.5	8.5	12.8	6.3
菲律宾	3.7	6.8	7.2	6.2	6.3	5.0	5.3
新加坡	6.1	2.5	3.9	3.0	3.0	6.1	4.5
泰国	0.1	6.5	2.9	1.0	4.6	5.1	2.6

① 本文的数据来源如无说明则均来自国际货币基金组织（IMF）《世界经济展望》数据库（2014，10 月）。加权经济增长率是以各国经济规模作为权重得出的经济增速。

续表

年份	2011	2012	2013	2014	2015	2001～2007	2008～2014
越南	6.2	5.2	5.4	5.5	5.6	7.3	5.7
印度	6.6	4.7	5.0	5.6	6.4	7.5	6.4
澳大利亚	2.6	3.6	2.3	2.8	2.9	3.4	2.5
新西兰	1.9	2.5	2.8	3.6	2.8	3.6	1.5
加拿大	2.5	1.7	2.0	2.3	2.4	2.5	1.5
区域及全球加总							
世界	4.1	3.4	3.3	3.3	3.8	4.4	3.2
亚太经济体	6.1	5.4	5.5	5.4	5.5	6.4	5.8
发达经济体	1.7	1.2	1.4	1.8	2.3	2.4	0.8
亚太发达经济体	1.4	1.9	2.1	2.0	2.0	2.5	1.4
新兴和发展中经济体	6.2	5.1	4.7	4.4	5.0	6.7	5.3
亚太新兴和发展中经济体	7.8	6.7	6.6	6.5	6.6	8.7	7.4

注：亚太发达经济体包括：日本、韩国、新加坡、澳大利亚、新西兰、加拿大。
亚太新兴和发展中经济体包括：中国、文莱、柬埔寨、印度尼西亚、老挝、马来西亚、缅甸、菲律宾、泰国、越南、印度。
资料来源：IMF（2014）。

值得关注的是，尽管亚太地区的增长和复苏领先于全球，但其增长的态势正在趋缓，这将成为接下来一段时间内亚太地区增长的"新常态"。亚太地区增长增量上的放缓意味着亚太地区国家要回到危机之前的高速增长水平将十分困难。这一点特别体现在亚太地区的新兴市场增长上。2014年亚太新兴市场的增长与危机之前的8.7%平均增速有2.2个百分点的差距，要回到此前的高速增长已十分困难。

1. 经济增长稳中略降

图1中横坐标显示了2013年亚太地区17个国家的实际GDP增速，纵坐标显示了2014年这些国家的实际GDP增速预测值。从该图中可以发现：①中国、老挝、缅甸、柬埔寨、菲律宾、越南、印度、马来西亚、文莱在2014年的经济增长率位于平均值之上（横轴上方是高于本地区2014年经济增速的国家），构成亚太经济增长的主力。但是，值得关注的是，在带动亚太经济增长的这些经济体当中，有多个国家出现了今年经济增长比上年放缓的情形，这其中既包括中国（下降0.3%），也包括东盟重要国家菲律宾（下降1%），区内

规模较大的经济体印度和越南的增长则有所回升（分别上升 0.6% 和 0.1%）；
②印度尼西亚、新加坡、泰国、韩国、新西兰、日本、澳大利亚、加拿大的经济增长率在均值以下。这些国家包括了亚太地区主要的发达经济体，它们的经济增速较低合乎情理，除了新加坡和日本以外，这些发达经济体的经济增速在 2014 年均有所回升。东盟地区的印度尼西亚经济进一步下滑，泰国经济增长也不容乐观。

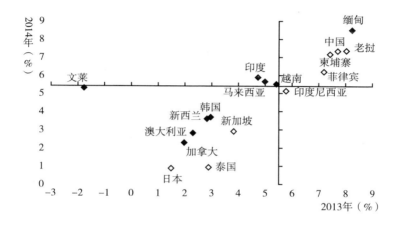

图1　2013 年和 2014 年的亚太主要国家经济增长

注：横轴和纵轴分别代表了对应国家在 2013 年和 2014 年的情况，横轴的交叉点为 2013 年 17 国实际 GDP 增速的加权平均值（5.5%），纵轴的交叉点为 2014 年 17 国实际 GDP 增速的加权平均预测值（5.4%）。因此，第一象限（右上）的国家是 2013 年和 2014 年 GDP 增速均快于均值的国家，第二象限（右下）的国家是 2013 年 GDP 增速快于均值但 2014 年 GDP 增速慢于均值的国家；第三象限（左下）的国家是 2013 年和 2014 年 GDP 增速均慢于均值的国家；第四象限（左上）的国家是 2013 年 GDP 增速慢于均值但 2014 年 GDP 增速快于均值的国家。图中实心表示该国 2014 年的经济增速高于 2013 年，空心表示该国 2014 年的经济增速低于 2013 年。

资料来源：IMF（2014）。

17 个亚太国家中有 9 个国家在 2014 年的经济增速高于 2013 年，8 个国家的经济增速放缓。亚太区内主要的发达经济体（除日本和新加坡）在 2014 年的经济增速均高于 2013 年，复苏动力来自国内相关政策带来的国内消费者与企业信心的提升，进而促进了内需发展。这一复苏也部分地为新兴市场经济体提供了外需的动力。反观经济增长比上年有所回落的经济体，增长放缓的原因则各不相同，具体而言：①中国和印度尼西亚都选择了刺激政策的退出和结构改革措施，经济增长速度放缓，中国实施较温和的"微刺激"政策，投资增速放缓，印度尼西亚降低燃油补贴并实施紧缩的货币政策，并实施矿石出口禁令，导致国内投资放缓，消费者信心下降，拖累内需。两国政府目前均不打算再推出大规模刺激计划，经济增长或将维持现状或进一步下降。②日本2014年经济复苏不及预期，主要原因是提升消费税导致私人消费大规模回落，安倍经济学结构改革效果不理想，据此，2014年10月日本央行进一步扩大了宽松规模，其效果有待观察。③新加坡和老挝对外需依赖较高，面临外部冲击的不确定性。新加坡对发达国家外需依赖程度很高，2013年新加坡的经济增长伴随着外需的复苏回暖，但是2014年第二季度以来发达经济体的复苏未如预期一般顺畅，新加坡的出口和制造业增速迅速放缓，经济增长放缓随之发生。老挝最大的外需市场泰国则由于政治原因，经济复苏较缓慢，因此2014年老挝经济继续放缓。④菲律宾经济2013年增长超出预期，政府有意控制避免经济过热，2014年经济增长属于良性放缓。目前菲律宾侨汇充足、制造业强劲、外商投资活跃，仍然是东盟经济的领头羊。⑤泰国经济在2014年初曾一度徘徊在衰退边缘，其主要原因来自国内政局的动荡。随着新政府的上台，2014年下半年泰国经济开始复苏。柬埔寨经济的放缓也和政局动荡有关。

2. 通货膨胀压力下降

2014年，亚太国家的通货膨胀压力有所缓和，通货膨胀水平由上年的3.7%下降至3.6%。亚太地区面临的通货膨胀压力小于世界水平，2014年世界的通货膨胀水平为3.8%。

结合经济增长率和通胀率，图2给出了亚太地区17个经济体在2014年所承受的通货膨胀压力水平。在图2中，横轴代表经济增速，纵轴代表通胀率，图中的直线为趋势线，代表着亚太国家的平均趋势水平，可以用来作为各个国家在给定增长速度下可承受的通货膨胀压力的一个参照线：在趋势线以下的国家，说明其在经济增长率较高的同时，承受了较低的通胀压力；而在趋势线以上的国家则相反。目前来看，承受通货膨胀压力的国家主要包括：缅甸、老挝、印度、印度尼西亚、越南、菲律宾、澳大利亚、日本、泰国。通货膨胀压力较低的国家包括：加拿大、新西兰、新加坡、韩国、文莱、马来西亚、柬埔寨、中国。这些国家通货膨胀与经济增速的配合较为合理，通胀压力较为缓和。除柬埔寨外，其他国家的通货膨胀均低于亚太区通胀平均值。

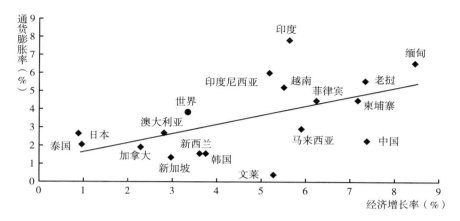

图2　2014年亚太主要国家的经济增长率、通胀率

资料来源：IMF（2014）。

通货膨胀承压国面临的通胀压力各不相同。①日本、菲律宾、老挝和缅甸通货膨胀水平的上升可归因于国内宽松的政策环境，总需求上升推高了通胀压力。具体而言，日本"安倍经济学"目的在于扩大内需和提升通胀预期，菲律宾总体经济出现过热情形，老挝则是外商投资的大量流入带来国内流动性的上升，缅甸国内信贷大规模扩张。②在总需求上升的同时，上述国家中老挝和缅甸以及印度还面临着国内结构性供给不足的问题，造成生活必需品的价格上涨，推高通货膨胀；印度2014年初的洪水还带来了供给面的负面冲击。③结构改革措施带来通货膨胀的上升。日本国内消费税上调直接推动了物价上涨，印度尼西亚和印度对国内燃料价格逐步降低补贴的政策推高了通货膨胀。④澳大利亚2014年上半年通货膨胀受工业生产指数走高和房地产市场的繁荣较高，下半年通胀压力已经缓和。

表2中总结了部分亚太国家央行基准利率的调整情况，表中最后两列用阴影标示的是在2013年后央行采取了加息措施的国家。上文分析过的通胀承压国印度尼西亚、菲律宾和印度均在加息行列之中。此外，马来西亚由于2014年上半年居民部门的杠杆率上升较快，经济面临过热风险，于7月加息；新西兰则由于

房地产过热，通胀压力上升，2014 年已完成两次加息。表 2 中最后两列进行加粗的是 2013 年后央行采取降息措施的国家。韩国、泰国和澳大利亚央行出于提振本国经济的目的，在本国通胀压力较小的情况下采取了降息措施。

表 2 亚太主要国家央行基准利率调整

国别	利率名称	当前水平(%)	最近一次调整时间	最近一次调整幅度
中 国	一年期贷款基准利率	6	6 – Jul – 12	– 31bp
日 本	隔夜拆借利率	0.05	5 – Oct – 10	– 5bp
韩 国	基准利率	2.25	**14 – Aug – 14**	**– 25bp**
印度尼西亚	印度尼西亚央行利率	7.5	12 – Nov – 13	+ 25bp
马 来 西 亚	隔夜利率	3.25	10 – Jul – 14	+ 25bp
菲 律 宾	逆回购利率	4	11 – Sep – 14	+ 25bp
泰 国	1 天回购利率	2	**12 – Mar – 14**	**– 25bp**
印 度	回购利率	8	28 – Jan – 14	+ 25bp
澳 大 利 亚	现金利率	2.5	**6 – Aug – 13**	**– 25bp**
新 西 兰	现金利率	3.5	24 – Jul – 14	+ 25bp
加 拿 大	隔夜利率	1	8 – Sep – 10	+ 25bp

资料来源：JP Morgan 央行观察（截至 2014 年 9 月 24 日）。

3. 货币贬值有所缓和

2014 年亚太地区主要国家货币对美元汇率的变动情形与 2013 年相比有所好转。2014 年 6 月与上年同期数据相比的结果显示共有 8 个国家的货币出现升值，9 个国家的货币出现贬值 [图 3 （a）]。考虑到 2014 年初美国量宽政策退出曾再度在亚太市场掀起波澜，而随后市场逐渐恢复，图 3 （b）提供了2014 年上半年各国货币相对于美元的汇率变动幅度。可以看出，2014 年上半年亚太主要国家汇率走势趋稳，共有 13 个国家出现了升值趋势。

2014 年升值幅度较大的三个经济体是澳大利亚、韩国和新西兰。三个国家的货币走势均受到基本面因素的影响。澳大利亚和新西兰经济联系紧密，两个经济体在 2014 年第二季度的经济增长均超出预期，其中新西兰的经济增长更是十年以来最快，促使澳元和新西兰元升值，澳元还受到加息预期及中国经济第二季度转好的正面影响。韩国经济增长稳健，特别是经常账户盈余持续强劲，支持了韩元的强势升值。汇率贬值幅度较大的国家是印度尼西亚和泰国，其中印度尼西亚的贬值幅度高达 15%。由于存在经常账户和财政的双赤字，印度尼西亚多次成为新兴市场国家贬值潮中的"领头羊"，这一情形在 2014 年仍没有改变；泰国由于政局动荡，经济基本面复苏尚不稳固，也出现了贬值。人民币 2014 年初波幅进一步扩大，成为 2014 年上半年亚太地区贬值最多的货币。

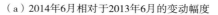

（a）2014年6月相对于2013年6月的变动幅度

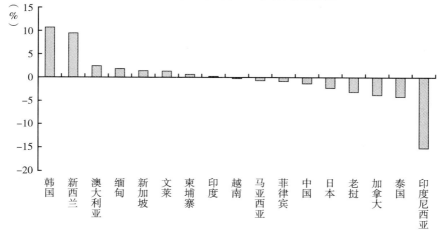

（b）2014年6月相对于2014年1月的变动幅度

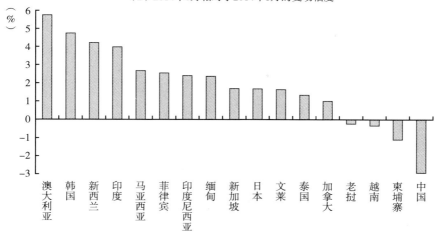

图 3　2014 年亚太主要国家汇率走势

注：正数表示本币相对于美元升值，负数表示贬值。

资料来源：CEIC。

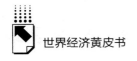

世界经济黄皮书

5. 经常账户走势平稳

2014 年，亚太地区 17 个经济体的经常账户整体趋势和 2013 年相比没有太大的变化，2014 年的顺差国为 9 个，逆差国为 8 个。2014 年，经常账户顺差占 GDP 比重超过 4% 的国家有 5 个，分别是文莱、新加坡、韩国、马来西亚和越南，但是新加坡、韩国和越南的经常账户顺差规模与上年相比均出现下降。中国的经常账户顺差继续缩窄，为 1.8%，并未出现外部严重失衡。逆差国中，加拿大和印度尼西亚等 4 个国家的经常账户有所改善，但是印度、澳大利亚、新西兰和柬埔寨的经常账户则出现恶化。

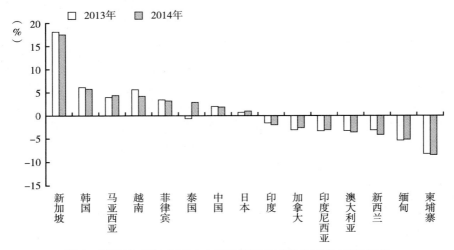

图 4　2013 和 2014 年亚太主要国家经常账户余额占 GDP 走势

注：文莱两年经常账户余额占比为 31% 和 32%，老挝分别为 −28% 和 −25%。
资料来源：IMF（2014）。

二　亚太主要国家经济形势回顾：2013～2014 年

本部分回顾韩国、印度尼西亚、印度、澳大利亚和加拿大在 2013～2014 年的经济形势①。韩国经济在 2013～2014 年筑底回升，前期的增速主要由外需

———————————
① 各国年度经济增长数据来源和前文相同，均为 IMF（2014），季度 GDP 增速数据来源为 CEIC 数据库，其他数据来源为 EIU（2014）。

带动，成为危机之后经常账户不降反升的为数不多的几个国家，随后内需也出现了转暖态势，下一步结构改革计划有望提升经济增长潜力。印度尼西亚经济在 2013 ~ 2014 年上半年基本呈现下滑态势，经济增速并不理想，经济放缓的原因仍主要是政府退出刺激政策的影响，此外，由于财政支出和经常账户的双赤字，印度尼西亚经济基本面并不理想，预计未来增速仅在当前增速基础上略有上升。印度改革初现成效，经济增长开始加速，印度国内具有包括高储蓄、服务业发展迅速、劳动力供给充裕等有利条件，如能通过改革消除增长瓶颈，则经济增长前景较好。澳大利亚经济正逐步复苏，当前经济的回暖主要由内需带动，由于澳大利亚是大宗商品出口国，大宗商品价格的走低对其产生不利影响。加拿大经济外热内冷，国内由于房地产市场此前出现过热担忧，目前房地产投资已经放缓，但由于主要贸易伙伴美国的复苏，加拿大外需市场转暖，成为经济回升的重要动力。

1. 韩国

自 2013 年以来，韩国经济出现了筑底回升的态势，经济增长从 2013 年第一季度的 2.2% 上升至 2014 年第一季度的 4%。2013 年韩国的经济增速为 3.0%，比 2012 年高 0.7 个百分点，预计 2014 年还将有所上升，经济增速将达到 3.7%。韩国经济步入复苏正轨。

韩国经济复苏的首要原因仍然是外需因素，全球外部需求的复苏使韩国出口大幅上升，进而带动了本国制造业一定程度上的复苏。除此之外，韩国的房地产市场也开始复苏，私人部门消费的增长水平正回归长期均衡增速 3.5%，国内的劳动力市场出现了结构性的改善，这些都是使韩国经济稳健复苏的重要原因。韩国经济在进入 2014 年第二季度后出现了放缓，经济增速从第一季度的 4% 下降至第二季度的 3.5%，引发了对韩国经济是否能持续稳健复苏的担忧。第二季度经济增速的放缓直接原因是 4 月的沉船事故导致第二季度的私人消费支出出现六个季度以来的首次下滑。但是这一影响是一个暂时性的冲击，从 7 月和 8 月的数据来看，消费者信心指数、工业产值和房价均出现上升，韩国国内需求转暖的迹象明显，预计 2014 年下半年的经济仍将稳步回升。

2015 年，韩国经济有望进一步回升。这一方面是因为国际市场将进一步复苏，韩国的出口上升将带来本国制造业的扩张；另一方面，当前韩国的财政

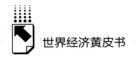
政策和货币政策仍然宽松，内需的复苏态势良好。内外因素将共同推进韩国经济的发展。当前，韩国经济也面临着风险。出口是一把双刃剑，过度依赖出口会使得在全球经济复苏尚不完全的背景下将外部冲击传导至韩国经济，造成经济增长再次出现波动。针对这个问题，韩国政府在2014年初公布了为期三年的经济计划，这一计划的核心是推动国民收入增长，调整当前内冷外热的经济结构，将经济增长的重心从出口转向国内需求。政府将服务业改革作为提高韩国经济增速和提高国民收入的关键内容，计划解除服务行业的管制，开放医疗、教育、旅游和金融等重要服务业；政府为家庭去杠杆化设定目标，计划到2017年将家庭的负债与收入的比重降低5个百分点，而2013年底这一比值曾达到创纪录的136%。

2. 印度尼西亚

自2013年以来，印度尼西亚的经济增长出现了进一步的下滑。2013年第一季度增长6%，这是近两年来的最高点，随后逐步下滑，到2014年第二季度，经济增速再度创下新低，为5.1%，是其自2009年9月以来同比季度增速的最低点。预计2014年下半年的经济增速将有所回升，使得全年经济增速有望达到5.2%，2015年将继续回升，达到5.5%。

印度尼西亚经济放缓的主要原因仍然是政府政策由宽松转向收紧。国内私人部门消费占印度尼西亚GDP的70%左右，消费者信心受到国内高利率政策、通货膨胀高企以及政府对矿业出口禁运的打击。带动印度尼西亚前两年高速增长的核心动力是国内投资增速的迅速上升。在高利率政策以及燃料补贴政策改革的打击下，投资增速已经迅速下降；同时，由于印度尼西亚卢比多次严重贬值，外商直接投资也受到打击，投资增长从双位数迅速下降至2013年的4.7%，预计2014年也仅为5%。内需乏力是造成印度尼西亚经济在2013~2014年持续增长乏力的原因。预计在2014年下半年，印度尼西亚的私人部门消费开始加速，增长主要受到投资乏力的拖累，但是政府短期内不会增加刺激政策。因此，印度尼西亚经济增速的提升将是逐步的，并不会出现大规模的抬升。

3. 印度

印度经济在2013~2014年呈现波动上升的态势，增长加速与减速交替进行，总体不断上行。2013年第一季度的经济增速为4.9%，2014年第一季度经济增速达到 6.1%，是 2012 年第一季度以来的新高。预计 2014 年全年经济增速为 5.6%，2015 年时有望达到 6.4%，增长势头良好。

印度上一届政府在 2012 年启动的改革已经初现成效，印度经济开始进入上行通道。新任总理莫迪的改革派作风有助于进一步推进印度经济的改革。受到改革预期的影响，印度的私人消费在 2014 年有所恢复，其增速有望达到 5.5%，高于上年的 4.9%，私人消费有望在未来几年继续上升势头。随着改革计划的实施，政府部门支出也在上升，2014 年政府消费支出的增速预计达到 5.5%，高于 2013 年的 4.9%。由于改革重启项目需要进行严格的环境和合规评估，2014 年的投资并未显著增长，但是预计 2015 年开始投资也将持续增长。印度国内也同样具有诸多有利条件，包括国民储蓄较高、服务业的转型发展率先完成、农业向制造业转移带来劳动力供给充裕，未来的经济增长前景如何取决于政府是否有决心进行实质性改革。

4. 澳大利亚

澳大利亚经济在 2014 年总体好于 2013 年。在 2013 年第一季度，经济增速为 2%，2014 年第一季度时，经济增速上升至 3.4%，2014 年全年的经济增速有望达到 2.8%，2015 年将进一步上升至 2.9%。澳大利亚经济从 2012 年 3.6% 的增长跌落，目前正在逐步复苏。

澳大利亚 2014 年经济的回升主要是由内需带动的，受到私人部门储蓄上升、房价高企带来的财富效应以及劳动力市场较为平稳的影响，澳大利亚私人部门的消费有所上升，2014 年达到 2.6%，高于 2013 年的 2%。投资也有所恢复，从 2013 年的负增长转为正增长，预计未来还将进一步恢复。政府消费由于受到财政整固的影响，并无明显变化。澳大利亚面临的问题主要来自外部，作为全球重要的大宗商品出口商，大宗商品价格的低迷势必影响澳大利亚的外贸部门；同时澳大利亚与中国联系紧密，中国经济的放缓也将对其产生负面影响。

5. 加拿大

加拿大在 2014 年的经济增长总体好于 2013 年，2013 年第一季度的增速为 1.6%，2014 年第二季度时，经济增长上升至 2.5%。其间，在 2013 年第四季度经济增速还曾经达到 2.7%。总体而言，尽管有波动，但其经济仍处于上升区间。预计 2014 年的经济增速为 2.3%，2015 年时有望进一步上升至 2.4%。

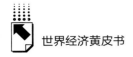

2014年加拿大私人部门的消费同2013年相比略有下降，为2.3%，对经济增长的贡献主要来自投资和出口部门，其中投资从2013年的零增长有望提升至2014年的3.5%，而出口增速从2.2%上升至3.6%。加拿大此前投资的放缓主要受到房地产过热的压力，目前这一房地产过热的情形尚未得到缓解，预计房屋建设投资短期内不会上升，投资将主要集中于工业品部门；出口部门有望进一步回升，这主要是得益于加拿大主要的贸易伙伴美国经济的回升，预计这一因素还将持续促进加拿大出口的增长。

三　2015亚太经济展望

亚太经济2015年的增长将基本保持平稳。据IMF预测，2015年的经济增速约为5.5%，比2014年略高0.1个百分点。即便如此，5.5%的增长也还是与危机之前（2001～2007年的平均值）6.4%的水平有着不小的差距。差距来源于何处？通过分解可知，2015年亚太地区发达国家的经济增速预计为2.0%，正在向危机之前2.5%的平均增速靠近。但是，2015年亚太地区新兴市场国家的经济增速预计为6.6%，而危机前的增速则为8.7%，二者之间有超过2个百分点的差距。曾经作为全球经济增长最活跃的亚太新兴市场难以恢复之前的增长水平，可能成为本地区增长的"新常态"。

2014年初，G20提出了未来五年将全球增长在现有基础上再增加2%的目标，这2%恰好也是横亘在亚太地区新兴市场国家危机前增速与当前"新常态"之间的一堵"墙"。从目前的情形来看，亚太地区新兴市场国家可能不得不接受经济增长放缓的"新常态"。原因如下：其一，在危机之前，亚太地区新兴市场增长动力的重要来源是外部旺盛的需求，通过出口贸易，亚太地区新兴市场国家可以取得快速的经济增长；但是，目前全球经济的复苏尚不完全，发达国家新的贸易投资规则和再工业化举措也使得亚太新兴市场国家难以依赖从前的发展路径；其二，中国在亚太地区新兴市场经济规模中占比超过60%，所贡献的经济增长更是接近70%（2014年数据），但是经济增速放缓已成为中国经济的"新常态"；危机之前中国经济的平均增速为10.8%，而2015年预计将下降至7.1%；中国经济的放缓将直接导致亚太新兴市场国家的经济放缓；除此之外，中国经济的放缓还将通过贸易等渠道传导至亚太地区的其他新兴经济体；其三，结构性改革措施带来经济的放缓。亚太地区新兴市场国家两年多来纷纷开始进行结构改革，具体的措施包括各行业部门的去杠杆、取消补贴、放松管制等，其目的不在于短期内刺激经济，而是提升经济的潜在产出水平，因而见效慢，在短期内可能会导致经济增长的放缓。

危机之后，亚太地区新兴市场国家在追寻增长的道路上大致经历了如下历程：从"百年一遇"的金融危机负面传递之后的疲于应对，到大规模刺激政策出台之后经济迅速反弹的沾沾自喜，再到面对国内刺激政策效果淡退和发达国家政策不确定性的不知所措。如今，亚太地区新兴市场国家已经普遍淡定从容地接受了当前增长的"新常态"。"新常态"下的亚太经济未来发展应有以下几个着力点：第一，苦练内功，通过进一步深化改革突破阻碍国内经济增长的瓶颈（G20，2014），通过结构转型改变对外需的过度依赖；第二，互联互通，应推动亚太地区的互联互通，在基础设施投融资、增加值链贸易等领域充分发挥各国之间的比较优势（ADB，2014）；第三，防范冲击，发达国家非常规货币政策使得金融市场波动对新兴市场影响很大（Rey，2014），各国应完善各个层次的金融安全网，保障国内经济金融稳定。

参考文献

杨盼盼、徐奇渊：《新兴经济体与发达经济体趋势脱钩：中国将有望扮演关键角色》，《国际经济评论》2014 年第 1 期。

杨盼盼：《反思脱钩轮》，《中国外汇》2013 年第 21 期。

中国社会科学院世界经济与政治研究所世界经济预测与政策模拟实验室：《全球宏观经济季度报告》，2013 年第一季度到 2014 年第三季度。

Asian Development Bank（ADB），"Asian Development Outlook 2014 Update"，September 2014.

Economist Intelligence Unit（EIU），"Country Reports"，17 countries：Australia，Brunei Darussalam，Cambodia，Canada，China，India，Indonesia，Japan，Korea，Lao P. D. R.，Malaysia，Myanmar，New Zealand，Philippines，Singapore，Thailand，Vietnam，September 2014／Third Quarter 2014.

G20．"G20 Leader's Communiqué Brisbane Summit 15 – 16 November，2014".

International Monetary Fund（IMF），"Regional Economic Outlook：Asia and Pacific"，

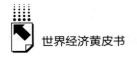
April, 2014/ October, 2014.

International Monetary Fund （IMF）, "World Economic Outlook", April, 2014/ October, 2014.

International Monetary Fund （IMF）, "World Economic Outlook Database", October, 2014.

Rey, Helene, "Dilemma not Trilemma: The global financial cycle and monetary policy independence", *Paper presented at the 25th Jackson Hole symposium*, *Wyoming*, August 2013.

Y.6
俄罗斯：求解滞涨与制裁的掣肘

张　琳　高凌云*

摘　要：　受到制造业持续走弱、资本外流规模扩大、外部需求减弱
以及能源价格下跌等不利因素的影响，俄罗斯经济在
2013～2014年间的增长压力倍增，增速下滑趋势明显。俄
乌紧张局势以及由此引发的经济制裁与反制裁，对俄罗斯
融资成本、油气生产、进出口贸易等的影响更不容小觑。
我们预计，美欧和俄罗斯之间的相互制裁可能不会持续太
长时间。俄罗斯化解目前内外交困的窘境，关键还在于经
济结构转型。

关键词：　增速下滑　通胀加剧　经济制裁

一　2013～2014年俄罗斯的总体经济形势

2013～2014年，俄罗斯经济增长压力倍增，增速下滑趋势明显。在2013
年，俄罗斯经济经历了国际金融危机爆发以来的最差表现，仅实现了1.3%的
增长，比我们上年的预测高了0.2%。全年俄罗斯联邦按当前价格计算的名义
GDP为667550亿卢布，同比增长7.3%；按不变价格计算的实际GDP为
434480亿卢布，年增长率是继2009年GDP负增长后五年来的最低值。进入
2014年以后，伴随乌克兰危机的演进，俄罗斯经济增长进一步放缓，俄经济

---

* 张琳，中国社会科学院世界经济与政治研究所助理研究员，博士，研究领域为国际贸易、国
别经济；高凌云，中国社会科学院世界经济与政治研究所副研究员，博士，研究领域为国际
贸易、世界经济、财税理论。

面临巨大的下行压力。第一季度实际 GDP 为 97973.3 亿卢布，同比增长率仅为 0.9%；第二季度实际 GDP 为 104581.4 亿卢布，同比增长率降为 0.79%（见表 1）。

表 1 俄罗斯 GDP 及其各部分的变动状况

单位：十亿卢布，%

指标名称	2013Q1	2013Q2	2013Q3	2013Q4	2014Q1	2014Q2
实际 GDP（2008 年不变价）	9714.56	10376.43	11410.34	11946.23	9797.33	10458.14
同比增长率	0.8	1	1.3	2	0.9	0.79
最终消费	7492.80	7765.10	8188.60	8501.50	7688.80	7807.60
同比增长率	4.2	3.3	3.5	3.1	2.6	0.55
家庭消费	5525.00	5799.50	6253.20	6564.80	5731.50	5846.30
同比增长率	5.7	4.4	4.8	4.1	3.7	0.81
政府消费	1935.80	1931.40	1905.80	1903.80	1934.90	1929.80
同比增长率	0.6	0.4	0.4	0.4	0	−0.08
非营利机构消费	46.10	46.20	45.80	47.10	45.90	45.90
同比增长率	−0.7	−0.6	−0.6	−0.7	−0.4	−0.65
总积累	1295.50	1870.40	3144.30	2891.20	1105.70	1747.80
同比增长率	−5.2	−6.6	−6.5	−5.7	−14.6	−6.5
资本形成总额	1427.30	2151.40	2461.70	3626.90	1328.10	2107.00
同比增长率	−0.5	−1.3	0.1	0.5	−7	−2.06
出口	3356.70	3330.30	3464.10	3809.10	3409.60	3372.10
同比增长率	0	3.7	7.4	5.6	1.6	1.24
进口	2269.00	2434.10	3128.40	2995.00	2168.00	2246.10
同比增长率	7.3	3.4	5.3	−0.1	−4.4	−8.37
统计误差	−105.60	−183.80	−249.30	−239.10	−129.20	−221.40

注：表中 Q 表示季度。

资料来源：Wind 资讯。

我们判断，俄罗斯经济的低迷表现，主要有以下几方面的原因。

第一，固定资产投资下降，制造业持续走弱，实体经济复苏乏力。2013 年固定资产投资总额同比下降 0.3%。2014 年 1 月至 7 月，累计固定资本投资额为 10788 亿卢布，月度投资额同比增长率分别为 −7%、−3.5%、−4.3%、−2.7%、−2.6%、0.5%、−2.0%，投资规模持续减少。与之对应，俄罗斯联邦统计局的数据显示，2013 年俄罗斯工业产值同比增长仅为 0.3%，其中的加工工业仅增长 0.1%。进入 2014 年，俄罗斯工业生产停滞的状态不仅没有改善，反而更加恶化。图 1 显示，2013 年 7 月至 2014 年 6 月，俄罗斯制造业采购经理指数（PMI）呈现连续低迷的趋势，低于 50 的荣枯线，制造业持续衰退。

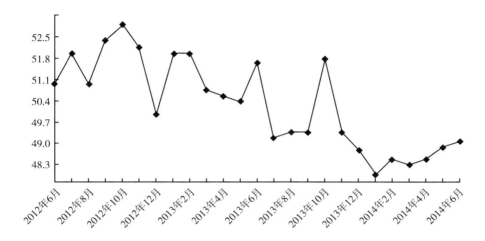

图1　俄罗斯制造业 PMI 指数变化

资料来源：Wind 资讯。

第二，消费支出拉动 GDP 增长，但作用渐微。2013 年，按名义价格计算，俄罗斯最终消费支出达 477227 亿卢布，同比增长 11%。按照不变价格计算，俄罗斯最终消费支出为 319480 亿卢布，同比增长 3.52%，高于同期 GDP 增长率 1.4%。其中，占 GDP 比重超过 55% 的家庭消费支出同比增长 5%，对 GDP 增长拉动作用远远大于政府消费和其他非营利机构消费。但从季度数据上分析，家庭消费季度增长率逐渐下滑，增速递减，至 2014 年第一季度同比增长率跌至 3.7%，这是因为物价上涨、国际局势不稳、就业率下降等宏观因素影响，导致居民实际可支配收入的下降。

第三，受到全球经济复苏低迷，外部需求减弱以及能源价格下跌的不利因素影响，俄罗斯出口规模下降。2013 年，俄罗斯出口总额达 5176.56 亿美元，与去年同期相比出口额减少 2.8%；其中石油出口 2.3486 亿吨，同比减少 2.1%。2014 年，俄出口额第一、二季度同比下降 1.6%、5.2%。截止到 2014

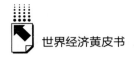

年 7 月，出口总额为 3017.07 亿美元。此外，石油出口的量价齐跌也是出口规模萎缩的重要特征。2014 年 8 月 18 日乌拉尔牌石油交易价格为每桶 98 美元，是 2009 年以来首次跌破每桶 100 美元，从年初至今降幅达 8.2%。而俄罗斯属于典型的能源经济类型，其出口主要以石油和天然气为主，经济高度依赖能源出口，能源价格和外部需求很容易波及经济发展。

与我们的分析类似，俄罗斯经济发展部、IMF、世界银行和 OECD 等机构均大幅下调了对 2014 年俄罗斯经济增长的预期。俄罗斯经济发展部认为，如果 2014 年资本外流量达到 1000 亿美元，俄罗斯经济增长率将由此前预测的 2.5% 降至 0.6%；IMF 在世界经济展望报告中，将俄 2014 年 GDP 增速由此前的 1.3% 调低至 0.2%；世界银行 9 月最新预测，将 2014 俄罗斯 GDP 增长预期由之前的 1.1% 下调至 0.5%，并指出 2015~2016 年俄罗斯经济将以 0.3% 和 0.4% 极其缓慢的速度增长；OECD 也指出，乌克兰危机给俄罗斯经济带来"重大下行风险"，估计俄罗斯 2014 年 GDP 增长率仅为 0.5%。另外，国际评级机构"标准普尔"预测 2014 年俄罗斯经济增长将介于 0.6%~1.2%；欧盟委员会也预测，2014 年俄罗斯经济增速将不足 1%。

二 财政收支基本平衡

2013 年俄罗斯经济增长乏力，财政收入也有所降低，相比 2012 年，收支盈余状况出现逆转。2013 年俄罗斯财政收入约 24.44 万亿卢布，财政支出约 25.29 万亿卢布，收入略小于支出，产生财政赤字约 8482 亿卢布，结束了连续两年实现的财政盈余状况；但赤字规模约占 GDP 的 0.18%，比重微小（见表 2）。

俄罗斯大约一半的财政收入来自石油和能源产业的出口收入税收，出现财政赤字与石油能源行业的发展息息相关。首先，俄经济高度依赖油气出口，但近来石油天然气价格下跌，加之全球经济增速下滑导致石油市场需求疲弱，俄罗斯石油出口量价齐跌，导致了出口收入下降。其次，2011 年俄加入 WTO 之后，普遍关税水平下降，俄其他非石油产品的出口收入也有所减少，因此财政压力的增大也是必然结果。

尽管如此，与其他欧美发达经济体相比，俄罗斯国家财政状况仍属稳定、良好，国家债务占 GDP 比重较低，2013 年俄罗斯国家债务占 GDP 比重

10.5%，而美国这一比重则达到100%、德国达82%。其中，俄罗斯国内债务总额为5.722万亿卢布（约合1646亿美元），占GDP比重约为8.5%；国家对外债务总额为557.94亿美元，占GDP比重约为2%。俄罗斯外债主要包括巴黎债权人俱乐部贷款、非巴黎债权人俱乐部贷款、商业贷款、国际金融组织贷款、欧洲债券、国内外币国债债券、俄罗斯中央银行贷款、政府外币担保等。

俄罗斯黄金外汇储备充足，为经济创造了"一定的安全垫"。2014年1月初俄罗斯外汇储备达5095.95亿美元。普京曾在2012年提出，低水平的国家债务规模是俄与其他发达国家相比所具备的竞争优势，因此"保持适度的国家内债和外债负担是俄战略任务"。近几年俄罗斯外债余额不断下降，也体现了对以上政策方向的执行。

为了防止国际石油价格波动对俄罗斯财政收入产生的风险，减少由于俄经济对外高度依赖性可能带来的风险，2004年俄罗斯将石油出口超额收入积累起来建立主权财富基金——俄罗斯政府稳定基金。2008年稳定基金拆分为储备基金（Reserve Fund）和国家福利基金（National Wealth Fund），储备基金主要用于补贴财政开支不足和偿还国家外债，而福利基金则用于补贴养老金，确保养老金的预算平衡。从2013年1月至2014年9月，储备基金由18856.8亿卢布增加到33873.4亿卢布，占GDP的比重由最初的3%增加到4.7%，增长显著；同期，国家福利基金也实现了小幅增长，由26906.3亿卢布增加到31505亿卢布，占GDP比重由4.3%增加到4.4%。

表2 2013~2014年俄罗斯财政收支结构

单位：十亿卢布

时间	2013Q1	2013Q2	2013Q3	2013Q4	2014Q1	2014Q2
政府收入	5401.6	11371	17418	24443	5960.4	12671
利润税	548.5	995.4	1455.6	2071.9	579.6	1157.7
收入税	506.8	1119.3	1735	2499.1	548.2	1200.9
社会需求税	934	2086.5	3181.1	4694.2	1035.5	2282.6
国内产品增值税	495.3	978.9	1406.6	1868.5	565.6	1165.1
进口产品增值税	357.4	769.1	1210.2	1670.9	377	800
国内产品特许权税	209.9	444.3	701.5	952.5	239.1	457.6
进口产品特许权税	11.9	27.1	42.2	63.4	14.8	32.8

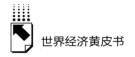
续表

时间	2013Q1	2013Q2	2013Q3	2013Q4	2014Q1	2014Q2
累计收入税	66.6	158.9	224.2	292.8	69.4	170.6
财产税	127.3	406.1	637.9	900.7	159.2	428
自然资源使用税	637.3	1262.3	1915.8	2598	730	1500.5
债务注销税	0.1	0.8	1.9	3.7	0.6	1
对外贸易	1108.5	2320.1	3625.1	5011	1309	2649.2
政府资源使用税	120.3	312.1	538.4	693	93.9	342.2
自然资源使用税	126.2	175.9	243.8	279.4	69.8	134.3
捐赠	15.7	33	66.2	113	1	35.1
支出	5110.7	10835	16504	25291	5432	11584
政府一般性支出	278.6	632.5	1001.7	1525.9	333.6	700.5
政府债务支出	137.1	213.9	355.7	440.7	157.2	253.9
国防支出	687.4	1086.1	1400.7	2105.5	973.9	1414.8
国家安全与民兵支出	390.7	876.9	1374	2159.3	443.5	938.9
国民经济支出	513.1	1128	1911.7	3281.7	546.6	1299.6
燃料和能源部门支出	4.2	14	24.7	50.8	3	7.6
农林牧副渔部门支出	35.4	128.3	202.8	361.3	50	127.3
交通	79.1	199.5	345.4	545.2	72.6	243.2
道路维护	143.9	342.9	703.5	1172.3	153.7	385
通信和信息支出	12.5	34.2	50	94.2	14.6	30
研发支出	84.6	127.9	161.2	266.3	71.2	119.4
其他	118.3	198.5	298.9	591.8	146.4	307.1
住房和其他公共服务	116.9	348.2	593.6	1052.7	158.1	352
社会文化活动	2978.7	6530	9834.9	14678	2810.6	6597.7
余额	290.9	535.3	913.3	-848.2	528.4	1087.6

注：表中 Q 表示季度。

资料来源：CEIC 数据库。

　　2014 年 9 月 18 日，俄罗斯联邦政府批准了 2015～2017 年预算草案。这一预算草案要求严格控制预算开支，并将未来三年平均赤字占国内生产总值比例限定在 0.6%。预算案在确保社会领域开支的同时，增加了克里米亚、远东地区发展，以及莫斯科交通枢纽建设项目的拨款；因此，与前几年相比，草案预计的赤字占 GDP 的比例有所上升。另外，草案还提出，联邦财政将在 2015 年创立规模为 1000 亿卢布（约合 26 亿美元）的危机应对储备基金，并在 2015 年预算中预留 1900 亿卢布（约合 49.4 亿美元）资金，用于补充这一基金，以便在必要时扶植金融和油气等支柱行业的重点企业。

三 通胀高企与卢布贬值并行

在通货膨胀和卢布汇率方面，俄罗斯坚持通货膨胀目标制和卢布汇率自由浮动制。根据俄罗斯中央银行《2013 年及 2014～2015 年统一货币信贷政策基本方针》，在 2012～2014 年的三年中，俄罗斯中央银行将通货膨胀目标的浮动区域明确在 6% 上下。但 2013～2014 年俄罗斯的通货膨胀率一直超过目标区间的上限。与此同时，俄罗斯卢布兑美元汇率呈现持续贬值的趋势。为了应对通胀高企和卢布贬值并存的情况，未来两年俄罗斯央行将会坚持从紧的货币政策，降息刺激经济增长几无可能。

（一）通货膨胀率一直处于较高水平，滞涨风险上升

2013 年，俄罗斯通货膨胀率为 6.5%，基本与 2012 年的 6.6% 持平，虽属近 20 年以来的较低水平（见表 3），但从国际范围来看，俄罗斯的通货膨胀率仍然高出许多国家。2011～2013 年，俄罗斯平均通胀率达 6.4%，同期美国的通胀率为 2.27%、德国为 1.87%、法国为 1.67%、意大利为 2.33%、日本为 0.03%、中国为 3.53%。

表 3 俄罗斯通货膨胀率变化

单位：%

年份	1994	1995	1996	1997	1998	1999	2000	2001	2002	2003
通货膨胀率	215.1	131.3	21.8	11.0	84.4	36.5	20.2	18.6	15.1	12.0
年份	2004	2005	2006	2007	2008	2009	2010	2011	2012	2013
通货膨胀率	11.7	10.9	9.0	11.9	13.3	8.8	8.8	6.1	6.6	6.5

注：通货膨胀率指标为年末通货膨胀同比增速（percent of December of previous year）。
资料来源：俄罗斯联邦国家统计局，http//www.gks.ru。

2013 年俄罗斯的通货膨胀压力主要来自食品和公共服务价格的上升（见图 2）。2013 年第一、二、三、四季度通胀率分别为 7.12%、7.7%、6.37% 和 6.41%。其中，2013 年上半年通货膨胀加剧的原因在于食品价格的迅速上涨。食品消费约占俄居民消费的 1/4 左右，正如我们在《2013 年世界经济形势分

析与预测》黄皮书中提到的，食品价格带动整体通胀率上升是俄罗斯通胀变动的基本特征。到 2013 年下半年，俄罗斯粮食价格趋于稳定，但整体通胀率仍高于目标上限的原因在于公共服务 CPI 的上涨，因为从 2013 年 7 月 1 日起自然垄断行业（如供水、供电、煤气等）和公共部门上调了消费价格。以莫斯科为例，莫斯科市公共服务费用将平均上涨 10%。其中，供气费用上涨 15%，供暖 10%，供水 6.1%，供电 10%~12%。

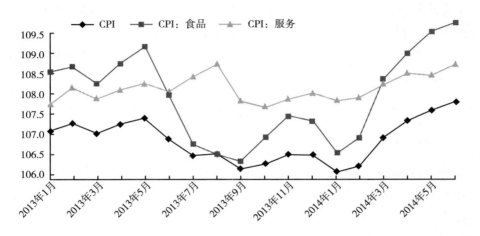

图 2　俄罗斯食品 CPI、服务 CPI 和 CPI 的联系

资料来源：Wind 资讯。

进入 2014 年，俄通胀压力骤增，CPI 指数不断攀升，重新突破 "7" 的界限，2014 年 6 月达到最高值，通胀率为 7.81%。1~7 月俄罗斯 CPI 水平持续高于目标区间的上限，主要是因为食品价格快速攀升。食品价格的变动可能是因为：第一，卢布大幅贬值（参见图 3）。2014 年 9 月 24 日，美元兑卢布汇率为 38.66，甚至低于 2009 年金融危机时期，为近五年内最低值，贬值率达 18.4%。第二，受乌克兰危机影响，欧美开始对俄罗斯采取经济制裁的举措，加剧了市场风险，加速了物价上涨，特别是食品价格的上涨。第三，俄或将启动征收销售税，政府正在讨论允许地方重新征收销售税，最高税率不超过 3%。

鉴于通货膨胀调控的压力，俄罗斯经济发展部将 2014 年俄通胀率由预期的 6% 改为 7%~7.5%，2015 年由 5% 改为 6.5%。为了阻止通货膨胀恶化，俄罗斯央行在 2014 年 3 月宣布将基准利率从 5.5% 上调至 7%；4 月再次宣布加息 50 个基点，基准利率上调至 7.5%；7 月完成 2014 年第三次加息，基准利率上调至 8%。但紧密的加息并未显著改善俄罗斯资本外逃以及卢布贬值的现状，预计不断加剧的通胀风险会一直持续到下一年，2015 年将 CPI 控制在上调后预期的 6.5% 水平，仍存在不小压力。

（二）俄罗斯卢布贬值加剧，汇率风险加大

从 2013～2014 年上半年，俄罗斯卢布兑美元汇率呈现持续下跌的趋势，贬值风险不断加剧，结束了 2012 年 3 月开始的卢布升值周期。从短期阶段性发展来看，2013 年底至 2014 年初，卢布汇率快速下降。2013 年 12 月末汇率为 1 美元兑 32.73 卢布，2014 年 1 月末汇率跌至 1 美元兑 35.24 卢布，单月跌幅达 7.7%，这可能是深受乌克兰乱局的冲击影响。2014 年 1 月至 2014 年 5 月，卢布下跌幅度有所缓解，这可能是源于俄罗斯央行的升息政策在一定程度上减缓了俄资金外流的压力。2014 年 6 月之后，卢布再次大幅贬值；8 月末汇率跌至 36.93，跌幅更接近 10%，卢布汇率不断探底，成为继 2008 年金融危机之后，近五年的汇率最低值（见图 3）。

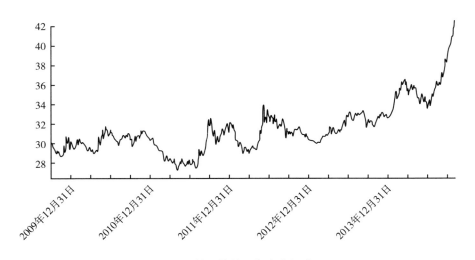

图 3　美元兑俄罗斯卢布汇率

资料来源：Wind 资讯。

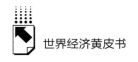

卢布汇率的下行趋势可能会持续一段时间。这主要是因为：第一，俄罗斯宏观经济形势不乐观，增长放缓，甚至存在停滞的风险；第二，美国逐渐退出量化宽松政策以来，资金开始从新兴市场国家流回发达经济体；第三，国际石油价格下跌，导致俄出口收入减少，加速了卢布贬值；第四，乌克兰危机导致的地缘政治高风险，美欧西方国家与俄罗斯之间的制裁与反制裁举措，加重了市场的悲观预期，导致卢布进一步贬值；第五，世界银行认为，由于俄罗斯黄金外汇储备量大，小幅的卢布贬值，有利于经济增长。需要强调的是，贬值的负面效果，如进口下降，通胀加速，股票、债券的贬值等，也不容小觑。

四　出口徘徊、进口萎缩

相比 2012 年，2013 年俄罗斯对外贸易并无改善（见图 4）。首先，2013 年全年俄罗斯进出口总额为 8646.11 亿美元，仅比 2012 年增长了 0.16%；其中，出口 5232.76 亿美元，相比 2012 年反而下降了 0.79%，进口 3413.35 亿美元，比 2012 年增加了 1.66%；实现贸易顺差 1819.41 亿美元，比 2012 年下降了 5.07%。其次，按双边贸易额统计，俄罗斯排前十位的贸易伙伴依次为：中国、荷兰、德国、意大利、乌克兰、白俄罗斯、日本、土耳其、波兰、美国，欧盟仍是俄罗斯最主要的贸易伙伴，在其外贸总额中占比接近 50%。再次，能源产品仍是俄主要出口商品，能源出口 3718 亿美元，占俄出口总额的 70.4%；其中，能源产品占向独联体外国家出口商品比重的 74.5%，较 2012 年高出 1.5 个百分点；占向独联体国家出口商品比重的 47.0%，较 2012 年的 54.2% 有所降低。最后，在进口商品中，机电产品占比 48.6%，仍是俄进口主要商品。其中，俄自非独联体国家进口商品中，机电产品占比 50.8%（2012 年为 52.1%）；自独联体国家进口商品中，机电产品占比 33.9%（2012 年为 36.7%）。俄其他主要进口商品依次为：木材及纸浆、化工产品、食品及农业原料、金属及其制品等。

俄罗斯和乌克兰之间的紧张局势，以及由此引发的经济制裁与反制裁，对俄罗斯进出口贸易的影响也值得关注。首先，2014 年第一、二季度，俄罗斯分别实现外贸总额 1956.15 亿美元、2128.77 亿美元，同比增速分别为 -3.03%、0.53%。其中，第一、二季度的出口分别为 1231.71 亿美元、

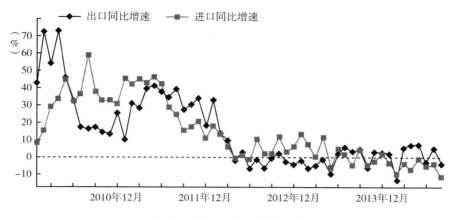

图4 俄罗斯进出口同比增速

数据来源：Wind 资讯。

1324.75 亿美元，同比增速分别为 -1.58%、4.07%；两个季度的进口分别为 724.44 亿美元、804.02 亿美元，同比增速分别为 -5.4%、-4.8%。由于进口负增长，俄罗斯一季度实现贸易顺差 507.27 亿美元，二季度实现贸易顺差 520.73 亿美元，同比分别增长 4.43%、21.58%。其次，开始于第二季度的经济制裁和反制裁，对俄罗斯进口增速的大幅下滑有一定影响，但并没有明显影响俄罗斯对独联体和非独联体国家的出口。图5显示，俄罗斯对独联体国家出口的季度同比增速由 -4.37% 上升为 9.39%，大幅高于对非独联体国家出口增速；而从独联体国家的进口同比增速则分别为 -17.16%、-19.08%，降幅远远高于从非独联体国家的进口降幅。

在目前形势下，俄罗斯与中国之间的贸易，机遇与风险并存。一方面，中俄能源贸易可能迈上新的台阶。传统上，俄罗斯对欧洲的能源消费国存在较大的依赖，本次经济制裁，无疑会使俄罗斯重新反思"西向"能源战略，更加注重"东向"的能源输出，特别是加强同中国的能源合作，通过多元化促进俄罗斯对外能源输出的安全性。同时，欧美对俄罗斯经济制裁将会恶化俄罗斯同这些国家的经贸关系，从而为中国企业加强同俄罗斯经贸往来与合作提供机会，俄罗斯对中国出口产品的偏好可能会增加。但是在另一方面，包括俄罗斯最大的银行在内的五家银行将面临巨大的资金缺口，俄罗斯的银行利率将大幅提高，俄罗斯买方可能会要求出口商延长进口商支付货款的期限。而且，俄罗

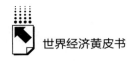

斯卢布贬值仍会持续，汇率波动导致拒收的事件将会有所增加，出口俄罗斯可能进入风险深水区。

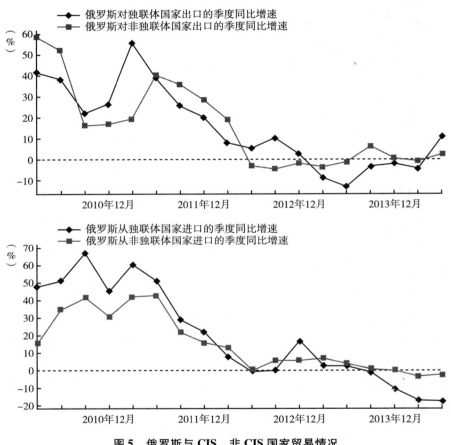

图5 俄罗斯与 CIS、非 CIS 国家贸易情况

资料来源：Wind 资讯。

五 美欧制裁及其对俄罗斯经济的影响

对 2013～2014 年俄罗斯经济的全面回顾与合理展望需要细致探析美欧经济制裁对俄罗斯经济的可能影响。自乌克兰危机爆发以来，俄罗斯指责美国利用乌克兰问题对俄实施孤立政策，美国则指责俄罗斯干涉乌克兰内政，并同其他西方国家一道对俄罗斯实施了制裁，涉及金融、能源、军事等多个方面。

2014 年 3、4 月为初步制裁阶段。首先，在乌克兰克里米亚自治区宣布独立成为主权国家并申请加入俄罗斯联邦的 3 月 17 日，美国宣布对 7 名俄罗斯官员实施签证禁令和资产冻结等制裁措施；欧盟也决定对"破坏乌克兰主权"负有责任的 21 人实施限制旅游和冻结资产等制裁措施。3 月 20 日，美国宣布扩大对俄罗斯官员制裁范围，并将为遭制裁人士提供服务的俄罗斯银行列入制裁名单；欧盟也决定加大对俄罗斯制裁力度，包括增加 12 名制裁对象和取消原定 6 月举行的欧盟 – 俄罗斯峰会，除俄罗斯外的八国集团成员决定不参加原定于 6 月在俄罗斯索契召开的八国集团峰会，改为在比利时首都布鲁塞尔举行七国集团峰会。进而，在 4 月，美国宣布对另外 7 名俄罗斯官员实行资产冻结和签证限制，并对 17 家俄罗斯公司实施资产冻结，对其中 13 家实施许可证管制；欧盟的制裁清单也增加了 15 名"对破坏乌克兰主权独立和领土完整负有责任"的个人，禁止欧盟成员国向他们发放签证并冻结他们在欧盟区域内的资产。

7 月为扩大制裁阶段。美国开始制裁三家俄罗斯银行，分别是俄罗斯外贸银行、莫斯科银行、俄罗斯农业银行；暂停对俄出口鼓励，禁止向俄能源部门出口某些商品。欧盟的制裁措施包括：限制俄罗斯国有金融机构进入欧盟金融市场；对俄罗斯实施武器禁运并禁止向俄出口军事终端用户使用的军民两用商品；限制俄罗斯获取欧盟敏感技术尤其是石油产业的敏感技术；扩大对"有损于乌克兰领土与主权完整"的个人及企业的制裁名单，延迟欧洲投资银行和欧洲复兴开发银行向俄提供金融资助等。

9 月为制裁全面升级阶段。首先，在银行业方面，美国把俄罗斯最大银行——俄罗斯储蓄银行列入制裁名单，同时扩大对俄罗斯其他主要银行的制裁范围，禁止买卖俄罗斯储蓄银行、莫斯科银行和俄罗斯农业银行等 6 家银行发行的期限超过 30 天的债券。欧盟制裁方案同样加大限制俄罗斯银行进入资本市场，禁止欧盟公司向 5 家俄罗斯主要国有银行提供贷款。其次，在油气行业方面，欧盟和美国公司被禁止与俄罗斯企业合作，不得支持或参与在北极地区、深海和页岩油气储藏地点的勘探工作，禁止买卖俄罗斯天然气工业石油公司和俄罗斯石油管道运输公司期限超过 90 天的新债；欧盟还禁止俄罗斯石油公司、俄罗斯石油管道运输公司、俄罗斯天然气工业石油公司进入欧盟资本市场。最后，在军工行业方面，欧盟禁止俄罗斯乌拉尔机车设备厂、国防工业公司以及生产米格和苏霍伊系列战斗机的联合飞机制造公司进入欧盟资本市场；美国则直接冻结 5 家俄罗斯国有国防技术企业在美国境内的资产。

美欧经济制裁对俄罗斯经济的影响可能主要集中在以下几个方面。

第一，增加了俄罗斯国内融资的成本，进而导致国内投资锐减。因为制裁，俄罗斯的国有银行，将不再具备从西方金融市场筹募资金的资格。俄罗斯国有银行 2013 年全年期限超过 90 天的长期融资有一半都来自欧盟金融市场，总额超过 75 亿欧元；但从 3 月中旬乌克兰危机爆发至今，俄罗斯在欧洲市场发行的公司债总额只有 41 亿美元，不及上年同期的 1/5。尽管俄罗斯央行已经承诺对所有受到制裁的机构提供支持，但是企业和银行将不可避免地为此支付更为高昂的代价。例如，俄罗斯银行间 3 月期拆借利率在今年二季度开始大幅上升（见图 6），这将明显削弱俄罗斯经济增势。

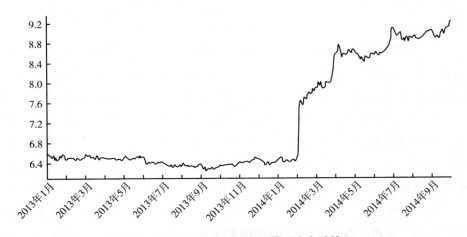

图 6　俄罗斯银行间 3 月期拆借利率变动情况

资料来源：Wind 资讯。

第二，限制了俄罗斯油气企业融资和获取新技术的渠道。俄罗斯虽是世界第二大石油出口国和全球最大的天然气出口国，能源行业是俄国家主要经济命脉，但在开发难以开采的石油资源方面才刚刚起步。由于易开采油田的石油储量日渐枯竭，俄未来严重依赖新油田和新的开采方法。制裁将阻止美欧企业在俄寻找开采难度大的石油资源。涉及的企业包括埃克森美孚公司和英国石油公司。而在深水石油开发、北极石油勘探、俄罗斯页岩油项目上，欧盟将不再提供有关钻探、试井、测井等服务。

第三，制裁的另一个直接后果即产品短缺导致通货膨胀，从而对俄罗斯民众生活带来负面影响。贷款利率提高，经济下滑导致失业人数增加以及收入减少等问题。俄罗斯前财政部长库德林认为，西方的持续制裁将使所有俄罗斯人的实际收入都减少20%。7月俄罗斯的零售增长只有0.7%，居民消费的增长速度明显下降（见图7）。

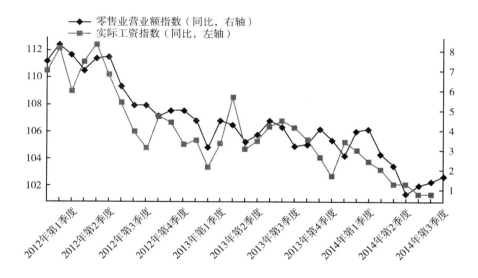

图7　俄罗斯实际工资指数、零售业营业额指数同比变动情况

资料来源：Wind 资讯。

第四，相比于直接的物质损失，制裁对一个国家更大的损害是其经济声誉的下跌。制裁推出之后，国际信用评级机构"标准普尔"和"惠誉"宣布将俄罗斯的前景评级从"稳定"下调至"负面"。

六　对俄罗斯经济未来走向的展望

从外部看，乌克兰危机、地缘政治不稳定性以及美欧经济制裁，这些外部因素大大加大了俄罗斯经济增长的不确定性；从内部看，通胀高企与汇率持续

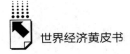
贬值，深层次的原因仍然是俄罗斯经济结构单一；如果不能改变过度依赖能源的发展模式，经济长期稳定增长也无从谈起。

与上述的分析类似，俄罗斯经济发展部大幅下调了2015年经济增长的预期。相比6月份做出的预测，俄罗斯经济发展部将2015年的经济增长目标由之前的2%减半至1%。其他的情景预测还包括：石油价格将达100美元/桶、通货膨胀率将达6.5%、卢布汇率将达1美元兑换37卢布、固定资本投资同比增长1.5%、居民可支配收入同比增长0.4%、零售贸易同比增长0.6%、资本从俄外逃将达400亿美元等。这进一步说明，美欧的经济制裁的确对俄罗斯经济造成了一系列负面的影响，而且，这些影响还将持续一段时间。俄罗斯前财政部长库德林甚至认为，如果俄罗斯能源、银行等行业所受的制裁持续加强，俄罗斯经济在2014~2015年两年很可能持续衰退至少5%。

国际货币基金组织（IMF）等国际组织也相继下调了对俄罗斯2015年的增长预期。IMF在世界经济展望报告中提出，受俄罗斯、乌克兰紧张局势的影响，俄罗斯及独联体其他国家中期经济发展前景恶化，并将俄罗斯2015年的增速预计由2.3%调低至1%；世界银行则表示，受西方国家经济制裁措施的影响，俄罗斯经济仅会取得小幅增长，同时将俄罗斯2015年增长预测从此前估计的1.5%下调至0.3%；而且，世界银行认为，若地缘政治紧张局势恶化，可能进一步导致俄罗斯经济陷入衰退。欧洲复兴开发银行则预计，到2015年，俄罗斯经济将萎缩0.2%，因为俄罗斯经济不仅将受到西方制裁的影响，同时还会受到莫斯科对西方国家实施的制裁的影响。

破局内部经济结构和外部经济制裁的"掣肘"，俄罗斯经济需要新的增长方式，即以创新推动经济发展，以现代化为基础的发展模式。事实上，俄罗斯并不会因西方国家对它的经济制裁而根本改变普京提出的创新发展战略，只是经济结构调整在一定程度上会影响经济增长的速度。与之相对应，俄罗斯能源部预测，2015年俄罗斯产油量约为5.25亿吨，低于5.253亿吨的预期值。俄罗斯经济发展部也预计，2015年俄罗斯居民实际收入将接近零增长。而且，2015年区域营业税调整以及提取工资纳入社会医疗保障体系的付费医保等政策，可能会助推物价上涨，在通货膨胀率仍将高于目标区间上限的情况下，俄罗斯央行通过降息刺激经济几无可能。但是，我们判断，美欧和俄罗斯之间的相互制裁可能不会持续太长时间，因为经济上的相互制裁没有赢家，美欧与俄罗斯都应该仔细思量一下继续相互制裁须付出的代价，多些对话与协调，才是解决危机的上策。因此，综合权衡，我们认为 2015 年俄罗斯经济增长大致在0.5% 左右，尚不至于萎缩。

参考文献

田春生：《关于俄罗斯经济增长的分析》，《学海》2014 年第 3 期。

田春生：《2013 年俄罗斯经济主要特点及前景》，《东北亚学刊》2014 年第 2 期。

李中海：《俄罗斯通货膨胀及通胀目标制实施前景分析》，《俄罗斯学刊》2012 年第1 期。

苗华寿：《对当前俄罗斯经济持续低迷的评析》，《东北亚学刊》2014 年第 1 期。

王洛林、张宇燕主编《2013 年世界经济形势分析与预测》，社会科学文献出版社，2012。

王洛林、张宇燕主编《2014 年世界经济形势分析与预测》，社会科学文献出版社，2013。

Y.7

拉美经济：低位回升，风险依旧

熊爱宗*

摘　要：　2014 年拉美地区的经济增长率预计为 2.2%，较 2013 年继续放缓，预计 2015 年将回升至 2.6%。虽然经济持续疲弱，但通货膨胀压力持续不退，拉美大部分国家仍保持着紧缩性货币政策。尽管预计 2015 年拉美国家经济将会有所反弹，但依然存在诸多不确定性因素。美国量化宽松政策退出将会引发拉美国家新一轮的资本外流，从而对实体经济和金融市场带来负面冲击。中国与拉美国家的经贸关系不断增强，经济相互影响日益加深，中国经济减速也将通过贸易、投资渠道对拉美国家产生影响。

关键词：　拉美地区　经济形势　前景展望

　　2013 年拉美地区经济增长率为 2.5%，较我们上年的预测低出 0.5 个百分点，显示拉美经济比我们预想得要更为悲观一些。2014 年上半年，受大宗商品市场景气不振、美国第一季度 GDP 增速下滑以及国内投资停滞等因素影响，拉美经济将继续保持在低位运行，预计全年经济增长在 2.2%，相比我们上年的预测出现大幅下调。短期妨碍拉美经济运行的风险因素依然未得到有效缓解，2014 年甚至会有所加剧，如从内部来看，投资将会继续低迷，从外部来看，大宗商品价格可能会继续走低。这是我们下调其经济增长预期的主要原

---

* 熊爱宗，中国社会科学院世界经济与政治研究所全球治理研究室助理研究员，研究领域为国际金融、新兴市场。

因。2015 年随着美国经济恢复以及拉美内部需求的企稳，预计拉美经济将会反弹至 2.6%。不过，中国经济减速所带来的大宗商品需求减弱、美国量化宽松政策退出所引发的国际资本流动等，也将为拉美地区经济带来新的不确定性因素。

一 2013年与2014年上半年经济情况

1. 经济增长继续呈现减速态势

据联合国拉美和加勒比经济委员会（Economic Commission for Latin America and the Caribbean，ECLAC）的统计，2013 年拉美和加勒比地区经济增长为 2.5%，比 2012 年经济增速下降 0.4 个百分点，经济继续呈现减速态势。从 2013 年全年来看，第二季度拉美和加勒比地区经济增速曾出现一定回升，但是随后再次出现下降，2013 年第四季度该地区经济增速已放缓至 2.3%。2014 年拉美和加勒比地区经济呈现低位企稳迹象，第一季度经济增长稳定至 2.3%，与 2013 年第四季度持平。经济增长放缓主要有两个原因。一是该地区投资继续大幅放缓。2013 年，拉美和加勒比地区的固定资本形成同比增速为 2.4%，较 2012 年下滑 0.6 个百分点，大幅低于金融危机之前高达两位数的增长水平，2014 年第一季度固定资本形成同比增速更是近乎停滞[1]。二是全球经济增长乏力以及国际大宗商品市场相对低迷所带来的拉美地区出口增长放缓。2013 年全球经济增长为 3.2%，较 2012 年下滑 0.3 个百分点[2]，在这一背景下，拉美和加勒比地区对外出口出现大幅放缓，个别季度出现负增长，2013 年出口同比增长为 -0.1%。2014 年，尽管全球经济复苏将会促进拉美和加勒比地区出口改善，但是投资走弱所造成的内需疲弱局面并不会出现根本改观，预计 2014 年拉美和加勒比地区经济将继续放缓，全年经济增长将放缓至 2.2%。

拉美和加勒比地区的经济走弱主要来自中南美洲以及墨西哥地区，2013

---

① Economic Commission for Latin America and the Caribbean（ECLAC），Economic Survey of Latin America and the Caribbean 2014，p. 38.

② IMF，http：//www. imf. org/external/pubs/ft/weo/2014/update/02/.

年该地区经济增速为2.6%，比2012年的3.0%下降0.4个百分点。加勒比地区经济增长近两年较为稳定，2013年经济增速为1.2%，相比2012年增速1.1%甚至有所提高，但由于加勒比地区经济总量所占比重较小，因此对经济增长的影响也比较小。分国家来看，2013年经济增速下滑较为严重的国家包括委内瑞拉、伯利兹、墨西哥等，其相比2012年经济增速分别下降4.3、3.3和2.9个百分点，其他经济增速下滑的国家还包括巴拿马（下降1.8个百分点）、哥斯达黎加（下降1.6个百分点）、智利（下降1.3个百分点）、洪都拉斯（下降1.3个百分点）、巴巴多斯（下降0.7个百分点）、厄瓜多尔（下降0.6个百分点）、古巴（下降0.3个百分点）、秘鲁（下降0.2个百分点）等。不过，也有部分国家经济增速出现逆势上扬，例如巴拉圭在2013年经济增速达到13.6%，较2012年上升14.8个百分点，阿根廷、玻利维亚、巴西2013年经济增速也较2012年分别回升2.1个百分点、1.6个百分点和1.5个百分点[①]，其他国家如乌拉圭、危地马拉、哥伦比亚、圭亚那等国经济增速也出现不同程度回升。

2. 通货膨胀继续上升

2013年下半年至2014年上半年，拉美和加勒比地区通货膨胀继续处于上升趋势。从2012年下半年开始，该地区通货膨胀一直处于缓慢上升过程。2013年6月，拉美和加勒比地区总体通货膨胀率为7.0%，但是至2014年5月该地区通货膨胀率已经达到8.7%。分地区来看，各地通胀压力不均，南美地区通货膨胀持续位于高位，且近期上升明显，而加勒比地区通胀压力较小，近期甚至出现一定下降趋势。

拉美个别国家仍面临着较为严重的通货膨胀压力。2013年下半年起，委内瑞拉通货膨胀在原有高位的基础上继续大幅上升，2013年6月该国通胀接近40%，2014年5月已经超过60%。阿根廷通货膨胀压力持续不退，2013年

---

① 作为拉美地区两个重要的大国，阿根廷和巴西在一定程度上影响着整个地区的经济走向。之所以这两个国家在2013年经济增长率出现较大幅度回升，而拉美整体经济增长率仍处于下行趋势，是因为2012年这两大经济体的经济增长率过低，因此，尽管实现较大回升，2013年阿根廷和巴西也只达到拉美地区的平均增长水平。与此同时，拉美地区另一大国墨西哥的经济增长率在2013年出现大幅下降，这也是导致拉美地区整体经济增长率下降的重要原因。

下半年该国通胀在 10% 至 11% 之间徘徊，但是到 2014 年 5 月，通货膨胀迅速突破 20% 至 21.3%。乌拉圭自 2013 年下半年起通货膨胀也攀升至高位，至 2014 年 5 月仍高达 9.2%。巴拉圭通货膨胀也出现了较为明显的上升趋势。此外，巴西、洪都拉斯、智利等国也都面临着一定的通货膨胀压力。

3. 就业状况喜中带忧

近年来，拉美和加勒比地区失业率不断下降。2013 年，拉美和加勒比地区的城市失业率估计为 6.2%，相比 2012 年下降 0.2 个百分点[①]，为最近几十年的历史低点。分国家来看，除少数国家如巴哈马、哥斯达黎加、多米尼加、洪都拉斯、牙买加等国之外，大部分拉美国家失业率都有不同程度下降，但是仍有不少国家失业率高达两位数之上。然而，失业率的下降并不意味着拉美和加勒比地区就业状况完全无虞。实际上，失业率的下降在很大程度上来自劳动参与率的走低，拉美地区的城市劳动适龄人口中正在工作或主动寻找工作人口的比例从 2012 年的 60.5% 下降到 2013 年的 60.3%，在这种情况下，就业人口比例实际上也是在下降的（从 2012 年的 56.6% 下降到 2013 年的 56.5%）。分国家来看，拉美主要国家劳动参与率都出现了较大幅度的下降，如阿根廷和乌拉圭（分别下降 0.4 个百分点）、哥伦比亚（下降 0.3 个百分点）、巴西和秘鲁（分别下降 0.2 个百分点）等。即使如此，拉美大部分国家的平均实际工资仍处于增长之中，2013 年，除墨西哥和尼加拉瓜的实际工资增长水平较为有限之外，智利、乌拉圭和巴拉圭（增速均在 3% 之上）以及巴西和哥伦比亚（均在 2% 之上）等国实际工资均有不同程度上涨。工资收入的增长有利于刺激拉美地区的内需增长，进一步增加拉美地区经济增长的内生动力。

4. 汇率波动分化明显

受美国量化宽松政策调整、拉美经济增长减速及经济前景不确定等因素影响，2013 年下半年大部分拉美国家货币汇率继续保持波动态势。进入 2014 年后汇率走势分化趋势日趋明显，大体表现出两种运行特征。一是部分国家货币持续贬值，这以阿根廷比索为代表。整个 2013 年阿根廷比索一直处于贬值趋势，尤其是 2013 年底至 2014 年初，其对美元汇率贬值突然

---

① ECLAC/ILO：The Employment Situation in Latin America and the Caribbean：Conditional Transfer Programmes and the Labour Market. Number 10，May 2014，p. 8.

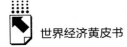

加速，尽管阿根廷政府出台了一系列干预汇市的措施，但是成效甚微。2014 年中期，由于担心阿根廷债务再次违约，阿根廷比索对美元汇率出现大幅贬值。通货膨胀高企、国际储备流失、债务违约风险迫使阿根廷比索陷入持续的贬值压力之中。除阿根廷比索外，乌拉圭比索也表现出类似的特征。在经过 2013 年波动之后，从 2014 年起乌拉圭比索便对美元保持持续的贬值。二是部分国家货币经历了先升值再贬值再持续升值的过程，这以巴西雷亚尔等为代表。2013 年 9 月美国量化宽松政策并未按市场预期启动退出，导致部分拉美国家货币出现升势。但是从 11 月份起，随着美联储量化宽松政策退出预期逐步强烈，再加上新兴市场经济增长出现乏力迹象，导致国际资本从拉美地区流出，拉美大部分国家货币集体出现对美元大幅贬值。进入 2014 年，在美联储量化宽松政策退出预期实现的背景下，国际资本开始回流拉美地区。从 2014 年 2 月开始，巴西、哥伦比亚、墨西哥、巴拉圭、智利等国货币先后对美元汇率出现升值，部分国家货币汇率甚至已经恢复到 2013 年中时的水平。

5. 经常项目逆差继续扩大

受全球经济增长乏力引致拉美地区出口下降以及大宗商品价格走弱恶化贸易条件等因素影响，拉美地区整体继续保持经常项目逆差，并呈现扩大趋势。2013 年，拉美地区的经常项目逆差估计为 1530 亿美元，占 GDP 之比为 2.7%，较 2012 年上升 0.8 个百分点，预计 2014 年将会进一步恶化至 1540.7 亿美元[①]。分国家来看，安提瓜和巴布达、巴哈马、巴巴多斯、多米尼加、格林纳达、圭亚那、牙买加、尼加拉瓜、巴拿马等国经常项目赤字占 GDP 之比均已超过两位数，另外，像巴西、秘鲁、乌拉圭等国经常项目赤字也有恶化趋势。受经常账户恶化、汇率干预等因素影响，拉美和加勒比地区的国际储备总量近两年增速放缓甚至有所减少。2013 年 12 月，该地区国际储备总量为 8300 亿美元，相比 2012 年底减少 57.2 亿美元，从 2014 年起稍微有所回升。

6. 货币政策继续分化

面对国内需求萎缩、经济放缓压力，部分拉美国家继续实施宽松的货币政策，而一些通货膨胀形势较为严峻的国家，虽然经济增速也有所下降，但是不

---

① IMF, World Economic Outlook Database, April 2014.

得不保持紧缩性货币政策。面对持续走高的通货膨胀，阿根廷货币政策不断收紧，其货币政策利率已经从 2013 年第三季度的 15.4% 上升至 2014 年第二季度的 27.3%，货币投放速度也有所放缓，货币供应（M2）从 2013 年初的月度增长近 40% 下降到 30% 以下。另一个货币政策收紧的国家是巴西，从 2013 年 4 月开始一直到 2014 年 4 月，巴西央行连续 9 次加息 375 个基点，目前基准利率维持在 11.0%。此外，拉美地区维持货币紧缩的国家还包括玻利维亚、哥伦比亚、巴拉圭等国。智利、墨西哥、秘鲁等国由于通货膨胀压力不大，货币政策不断放松。墨西哥自 2013 年 3 月启动美国金融危机后首次降息，目前已降息 4 次将基准利率维持在 3.0%；智利的货币政策从 2013 年 10 月开始放松，到 2014 年 8 月共降息 6 次，目前货币政策利率维持在 3.5%；秘鲁的情况也与之类似，但是降息幅度较其他国家有所减弱。

7. 财政政策仍有空间

2013 年，由于政策刺激导致财政支出增加、经济减速造成财政收入增长缓慢，拉美地区（19 国）财政赤字规模较 2012 年有所上升，赤字占 GDP 之比在 2013 年达到 2.5%。阿根廷、玻利维亚、厄瓜多尔、秘鲁等国在 2013 年的财政支出力度都有所增加。但是整体上拉美国家的财政状况仍然处于较为健康的水平。据 ECLAC 的预计，2014 年，拉美地区各国公共支出将会继续快速增长，但是财政收入也会出现轻微上升，这将使得拉美整体财政赤字占 GDP 之比仍维持在 2.5% 的水平。从债务规模看，据国际货币基金组织估计，2013 年拉美和加勒比地区公共部门总债务余额占 GDP 之比为 50.2%，较 2012 年下降 0.1 个百分点，预计 2014 年拉美债务余额占 GDP 之比将会上升至 51.1%，但总体仍处于可控范围之内。然而，部分国家债务形势将会有所加剧，如阿根廷、乌拉圭、委内瑞拉等国，其债务规模在 2014 年预计会有较大幅度的上升。

二　主要经济体的经济形势

拉丁美洲和加勒比地区主要国家包括巴西、墨西哥、阿根廷、委内瑞拉、智利和秘鲁等国。本部分主要对巴西、墨西哥、阿根廷和委内瑞拉的经济形势进行简要分析。

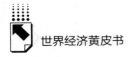

1. 巴西

2013 年巴西经济增长 2.3%，较 2012 年加快 1.3 个百分点，这也是巴西自 2011 年和 2012 年连续两年经济走低之后首次出现恢复性增长。尽管如此，目前的经济增长水平仍然处于巴西经济增长的历史低位。分季度来看，在投资和出口的推动之下，2013 年第二季度巴西经济曾出现短暂性的大幅回升，实现 3.5% 的相对快速增长。但是自此之后，经济增速再次不断走低，2013 年第四季度重新回落至 2.2%。2014 年第一季度，巴西经济依然不改疲势，同比增长只达到 1.9%，第二季度经济同比增速甚至为 -0.9%。从环比来看，二季度环比萎缩 0.6%，已经连续两个季度出现负增长，这意味着巴西经济已经陷入技术性衰退。投资不断下滑仍是制约经济增长的最大障碍。2013 年第三季度和第四季度，巴西固定资本形成增速分别回落至 6.7% 和 4.0%，2014 年第一季度和第二季度则更是低落至 -2.1% 和 -11.2%，投资率也从 2013 年的 18.4% 低落至 2014 年第二季度的 16.5%，创下 2007 年以来的最低水平。世界杯的举行并没有带来巴西投资的井喷式增长，并转化为经济增长的强劲动力，相反却带来财政超支严重、社会矛盾激化等一系列问题。如果巴西政府不能妥善处理以上问题，预计 2016 年奥运会也难以达到预期的效果。消费一直在巴西经济发展中发挥着重要作用，但是近期呈现稳中趋降的态势，2014 年第一季度和第二季度私人消费同比增速降落至 2.2% 和 1.2%，对经济增长的拉动作用有所降低。下半年巴西经济将会继续放缓，2014 年全年经济增长将会再次出现回落，预计经济增长为 0.5%。在 2016 年奥运会刺激之下，2015 年巴西投资有望实现反弹，2015 年经济增长预计回升至 1.5%。经济疲弱再加上总统大选逐步临近，巴西政府不断出台经济刺激措施以提振经济。2014 年 8 月 20 日，巴西政府宣布出台一系列信贷刺激举措：巴西央行下调法定准备金率以支持银行将更多资金用于信贷投放；巴西财政部则宣布推出新的免税债券和简化信贷买卖房地产手续以刺激抵押贷款市场和房地产市场的发展。然而经济刺激计划治标不治本，从以往的经验来看，每当经济走弱时，巴西政府都会推出一些经济刺激措施，但是这些措施并没有从根本上改变巴西经济的颓废走势。究其原因，巴西政府并没有从根本上解决其深层次的结构性问题，例如长期依赖大宗商品出口致使国内制造业不断萎缩且竞争力下降；通胀预期持续高企导致储蓄率和投资率长期处于较低水平；社会保障体系庞大导致税收负担过重；社会贫富差距不断扩大等。如果这些问题无法解决，仅依靠短期的经济政策刺激，巴西的长期经济增长前景无法得到保障。

巴西仍面临较为严重的通货膨胀压力。巴西通货膨胀在2013年6月达到年中高点（6.7%）之后曾出现下降趋势，至2013年9月已经降到6.0%之下，然而从2014年2月起，巴西通货膨胀重新出现反弹，2014年6月再次上升至6.5%之上，突破巴西央行设定的通胀上限。预计2014年下半年，巴西通货膨胀压力将会有所减轻，但全年通胀仍将维持在6%以上。为应对通胀压力，巴西央行通过不断上调利率水平进行应对，自2013年4月至2014年4月，巴西央行连续9次上调基准利率至11.0%。不过，考虑到经济增长的疲弱，连续的加息也使得巴西面临经济"滞涨"的风险，如何在经济增长与抑制通胀之间寻找到一个平衡，成为摆在巴西政府面前的一道难题。

2. 墨西哥

2013年墨西哥经济增长只有1.1%，大幅低于2012年的3.9%。2013年下半年墨西哥经济在低位水平继续呈放缓趋势，第三季度和第四季度经济同比增速分别跌至1.4%和0.7%。2014年前两个季度经济有所回升，但是同比增长也不过仅有1.9%和1.6%，上半年同比增长1.7%。经济放缓主要来自内外需的不振。从内需来看，2013年墨西哥国内需求增长1.3%，较2012年下滑3.5个百分点，这主要来自固定资本形成和政府消费的放缓。从外需来看，受美国经济减速影响，2013年墨西哥商品和服务出口增长缓慢，实际同比增长仅为1.4%，较2012年下滑4.5个百分点。2014年下半年，随着美国经济复苏的不断好转，墨西哥外需预计将会逐步改善，而国内公共支出的增加也将对内需增长形成利好。预计2014年墨西哥经济将会回升至2.5%，随着外需的进一步改善，2015年预计回升至3.5%。

2013年经济的大幅走低促使墨西哥央行不断放松货币政策。继2013年3月采取金融危机之后的首次降息行动之后，墨西哥央行接连在2013年9月和10月以及2014年6月下调该国基准利率。墨西哥通货膨胀相比其他拉美国家尽管处于较低水平，但2014年7月通货膨胀达到4.07%，超出了墨西哥央行设定的通胀目标（3%±1%）上限。墨西哥通货膨胀的上升很大部分来自核心通货膨胀的上升，2013年8月至2014年7月，其核心通货膨胀从2.37%上升到3.25%，显示墨西哥通货膨胀形势仍较为严峻。在这种情况下，墨西哥

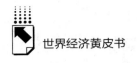

货币政策在未来进一步宽松的空间受到制约。

为推动经济平衡发展，2014 年 4 月，墨西哥政府宣布，未来 5 年将在该国基础设施领域投入高达 7.75 万亿比索（约合 5900 亿美元，约合 3.6 万亿元人民币）的公共和私有资金。在这份为期 5 年的全国性基础设施计划（2014～2018 年）中共包括 743 个项目，主要涉及能源、通信、交通等领域，同时也包括住房和城市发展、卫生和旅游等方面。其中，能源领域很有可能将占去该笔投资的大头。未来 5 年预计投入 3.9 万亿比索，通信和交通领域如高速公路、火车、港口、宽带网络等项目投入有望超过 1.3 万亿比索。据墨西哥官员表示，7.75 万亿比索中的 3/5 将来自联邦和各州的预算，其他的则来自私有行业。据估计，到 2018 年，基础设施投资计划将推动墨西哥经济增长 1.8～2 个百分点。

培尼亚·涅托自就任墨西哥总统以来，一直试图在多个领域推动结构改革，着力提高墨西哥的国际竞争力。2013 年 8 月，培尼亚·涅托提出墨西哥能源改革法案，经过激烈的争论，2013 年 12 月 11 日，墨西哥参议院以 95 票赞成、28 票反对予以通过。该法案允许国内外公司参与墨西哥油田的勘探和开采，旨在推动国内经济增长、创造更多就业岗位、降低能源成本。根据上述能源改革法案，墨西哥将允许私人及境外资本进入墨西哥能源产业，通过签订服务合同、产量分成和利润分成等方式，提高墨西哥能源产业的生产力与竞争力，并最终实现推动国家经济增长。2014 年 8 月 11 日，能源改革法案最终得以签署，这标志着培尼亚·涅托 2012 年末上任以来承诺推进的且被外界广为期待的墨西哥能源改革方案终于落地，这同时也宣告墨西哥长达 76 年的能源垄断体制被打破，上百亿美元的私营和外国投资将涌入墨西哥，进行能源开发，这将有利于扭转墨西哥石油生产颓势，提高能源生产及制造业效率，激活经济。

3. 阿根廷

据阿根廷国家统计局统计，2013 年阿根廷经济增速为 2.9%，相比 2012 年的 0.9% 有较大回升，特别是在 2013 年第二季度，阿根廷经济同比增速甚至高达 5.47%。2013 年年中经济大幅回升主要来自投资增速的回暖，第二季度阿根廷固定资本形成对 GDP 同比拉动率达到 1.58%，这比第一季度回升两个百分点。在阿根廷比索贬值效应下，第二季度阿根廷出口对经济增长的贡献率也有所提升，商品和服务出口对经济同比的拉动率转为正值。然而从第三季度开始，阿根廷经济增速迅速下降，至 2014 年第二季度已经下滑到 -0.02%。各项经济活动全面下滑。2014 年第二季度私人消费支出同比增速滑落至 -2.52%，固定资本形成总额同比增速也从 2013 年第二季度 7.77% 的高点滑落至 2014 年第二季度的 -3.65%。出口对经济的拉动作用也有所下降，据阿根廷国家统计局统计，2014 年上半年，阿根廷货物进出口额为 669.3 亿美元，比上年同期下降 10.2%。其中，出口 338.3 亿美元，下降 12.3%，进口 330.9 亿美元，下降 8%，贸易顺差 7.4 亿美元，下降 71.7%。在此背景下，同时考虑到新的债务危机冲击，预计 2014 年阿根廷经济将会出现 -1.0% 的负增长，2015 年将会回升至 0.5%。

通货膨胀继续困扰阿根廷并呈现进一步恶化趋势。2013 年，阿根廷的月度通货膨胀率一直稳居 10% 以上，然而，阿根廷政府公布的通胀数据一直备受质疑，被广泛批评存在通胀低估现象。根据阿根廷国会部分党团联合发布的数据，阿根廷 2013 年度通货膨胀率为 28.4%。[1] 进入 2014 年后，阿根廷通胀形势继续恶化，2014 年 1 月，通胀水平上升至 13.7%，至 2014 年 9 月则攀升至 23.75%。阿根廷通货膨胀持续高企主要来自两个原因。一是在经济增长疲弱的情况下，阿根廷政府通过持续的扩张性财政和货币政策刺激经济，导致货币严重超发，成为通胀不断走高的内部因素。据统计，2013 年阿根廷货币供给（M2）同比增长扩大近 25%，2014 年上半年除个别月份外，货币供给同比增速均在 25% 以上。二是阿根廷货币不断贬值，造成进口品价格不断上涨，成为推高阿根廷通货膨胀走高的外部因素。2013 年，阿根廷比索对美元贬值 27.9%，2014 年 1~8 月又贬值 17.2%，在这种情况下，进口比例较高的商品价格出现飞涨。2014 年 1 月，阿根廷一家咨询公司的调查显示，一周内进口比例较高的家电和家具类商品价格平均涨幅分别为 15% 和 10%，厨房用品和五金机电产品价格涨幅也为 7.8%。[2] 从目前来看，阿根廷政府并未针对以上因素采取有效的措施，2014 年阿根廷通胀率可能突破 20%。持续高企的通货

---

① 《阿根廷 2013 年度通货膨胀 28.4%》，人民网，http：//world.people.com.cn/n/2014/01/15/c1002-24131116.html。

② 《阿根廷政府打响"价格保卫战"》，新华网，http：//news.xinhuanet.com/fortune/2014-01/30/c_119191281.htm。

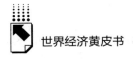

膨胀，不但对经济造成负面影响，也成为社会动荡的温床，成为阿根廷经济社会重要的不稳定因素。

2014年阿根廷再次面临债务危机冲击。2014年7月底，由于阿根廷政府未能与"秃鹫基金"就债务问题达成和解，国际评级机构标准普尔将阿根廷主权信用评级从CCC调降至"选择性违约"。这是继2001年之后，阿根廷再一次陷入主权债务违约的漩涡中。本次"债务违约"来自十几年之前阿根廷债务危机的余震。2001年，由于无法偿还巨额美元债务，阿根廷政府被迫选择债务违约，并与债权人达成以发行折扣新债偿还旧债的债务重组方案，债务偿还期限推迟至2005年。2005年，阿根廷继续对违约债务进行重组，债权人持有的阿根廷债券被换成利息率更低、期限更长的新债券。经过两次债务重组，到2010年，有超过90%的债权人都接受了债券重组方案，但是以美国Elliott基金旗下NML资本为首的几家对冲基金从一开始就拒绝接受，致使阿根廷对其所欠债务本息累积至约150亿美元，并与阿根廷政府展开了长达十多年之久的法律诉讼斗争。2011年12月，以Elliott基金为首的对冲基金向阿根廷政府提出诉讼，要求阿根廷政府全额赔偿债务。此后，阿根廷政府与Elliott基金等债权人就债务重组偿付进行了多次谈判，但均未能达成一致。2014年6月16日，美国最高法院要求阿根廷政府在6月30日前向重组债券持有者付款，如果未能付款阿根廷便进入30天的宽限期，之后若仍未能付款则意味着债务违约。7月底，在最后的宽限期结束之际，阿根廷仍未能与债权人达成相关协议，阿根廷陷入第二次"债务违约"。为避免"债务违约"范围的扩大，阿根廷政府积极采取措施。8月19日，阿根廷总统克里斯蒂娜发表全国电视讲话，宣布为避免用于偿还外债的资金遭到冻结，将重组债务的支付地点转移至阿根廷国内，政府将根据自愿原则为国外发行阿根廷主权债的债权人提供"换债"服务，即以完全相同的条件将他们持有的主权债由国外发行债券转换为国内发行债券，同时向所有债权人重开"换债"窗口。但是出于对阿根廷当前经济形势和支付能力的担忧，债权人是否愿意接受新的支付方案还很难说。

阿根廷债务危机的再度恶化，令本已脆弱的经济雪上加霜。债务违约不但造成阿根廷经济进一步恶化，同时会带来融资条件上升、比索贬值、国际资本出逃、外汇储备骤减等一系列金融市场动荡。尽管阿根廷政府也采取了一系列措施予以应对，但是要根治债务顽疾依然十分困难。

4. 委内瑞拉

2013 年，委内瑞拉经济增长 1.3%，相比 2012 年增速 5.6% 出现大幅下滑。消费成为委内瑞拉经济增长的唯一支撑，但是相比 2012 年已大为逊色，当年最终消费支出同比增速仅为 2.5%。投资、出口、进口全面萎缩，2013 年委内瑞拉总资本形成同比增速为 - 4.5%，出口和进口则分别萎缩 4.3% 和 3.5%。预计 2014 年委内瑞拉经济将进一步减速。严峻的通货膨胀令委内瑞拉工薪阶层购买力持续下降，消费对于经济增长的拉动作用将会进一步降低；国际石油市场处于低迷状态，委内瑞拉石油出口预计会大幅削减；在通货膨胀、价格管制、信贷供给受限等制约条件下，固定资产投资将会难有起色。预计 2014 年，委内瑞拉 GDP 增速为 -1%，2015 年，经济增速有望达到 2%。

委内瑞拉通货膨胀形势持续恶化。2013 年委内瑞拉通货膨胀率达到 40.6%，相比 2012 年升高了近 20 个百分点。据委内瑞拉央行公布的数据，2014 年 1 ~ 8 月该国通货膨胀率增幅达到 39%，从 2013 年 8 月至 2014 年 8 月通胀率则为 63.4%，其中食品价格上涨尤为剧烈。通货膨胀上涨的主要原因包括政府管制、物资短缺、进口依赖等。政府对于价格、货币、外汇的管制本意上是平抑价格，但是从另一方面打击了相关产品的国内生产与进口，造成国内货物短缺。据委内瑞拉贸易商会的调查，2014 年第二季度委内瑞拉商品缺货率达到 71.4%，① 这进一步加剧了物价上涨形势。从目前情况来看，委内瑞拉高企的通货膨胀一时难以解决。

三　中国与拉美地区经贸关系不断加强

继 2013 年中国国家主席习近平访问特立尼达和多巴哥、哥斯达黎加和墨西哥等拉美三国之后，2014 年 7 月，习近平再次访问拉美，首先出席在巴西举行的金砖国家领导人第六次会晤，随后对巴西、阿根廷、委内瑞拉、古巴四

---

① 中华人民共和国驻委内瑞拉玻利瓦尔共和国大使馆经济商务参赞处：《委内瑞拉 4 ~ 6 月商品缺货率为71.4%》，http：//ve.mofcom.gov.cn/article/jmxw/201409/20140900733314. shtml，2014 - 09 - 17。

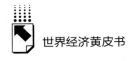

国进行国事访问并出席中拉领导人会晤。中拉关系正快速发展，经贸合作进一步深化。

近年来，中国经济与拉美经济融合程度日益加深，中国对于拉美地区的经济影响日益扩大，这主要体现在以下两个方面。

首先，中国已经成为拉美地区重要的贸易伙伴，中国经济的"冷暖"将直接通过贸易渠道对拉美国家产生影响。中拉双边贸易增长迅速，1995 年中国与拉美主要国家的进出口贸易总额只有 60 亿美元左右，无论是对于中国还是拉美国家占其贸易总额的比例都比较低。进入新世纪后中拉贸易出现井喷式增长，2000 年中拉贸易突破 100 亿美元，至 2008 年中拉贸易已经达到 1430 亿美元。受美国金融危机影响，2009 年双边贸易有所下降，但是随后即出现大幅回升，截至 2013 年，中拉贸易已经突破 2600 亿美元。从贸易差额来看，中拉贸易经历了三个阶段，20 世纪 90 年代中后期一直到 21 世纪头几年，中国对拉美国家基本处于贸易顺差地位。从 2003 年起一直到美国金融危机爆发后的 2009 年，中国对拉美国家处于贸易逆差地位。从 2010 年，中国对拉美国家

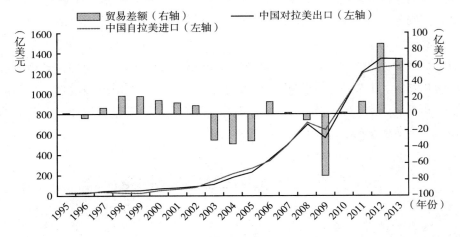

图 1   中国与拉美*的贸易情况（1995～2013 年）

注：*此处拉美共包括墨西哥、危地马拉、伯利兹、萨尔瓦多、洪都拉斯、尼加拉瓜、哥斯达黎加、巴拿马、古巴、多米尼加、海地、牙买加、巴哈马、巴巴多斯、特立尼达和多巴哥、安提瓜和巴布达、阿鲁巴岛、格林纳达、马提尼克岛、圣卢西亚、波多黎各、巴西、阿根廷、乌拉圭、智利、巴拉圭、玻利维亚、秘鲁、厄瓜多尔、哥伦比亚、委内瑞拉、圭亚那、法属圭亚那、苏里南。

资料来源：Wind 资讯。

重新出现贸易顺差。这一贸易格局同中拉贸易结构密切相关：中国对拉美国家出口主要以工业制成品为主，而拉美国家对中国出口则以大宗商品为主。因此，中拉贸易除受各自国内经济影响之外，全球经济增长的快慢也会对双边贸易带来扰动，特别是对双边的大宗商品贸易影响尤为剧烈。

目前中国已是拉美地区第二大贸易伙伴，并成为某些拉美国家最大的出口市场。从对中国的出口额占本国出口总额的比例看，哥斯达黎加为 37.5%，乌拉圭和智利紧随其后，分别为 25.3% 和 24.5%，巴西和秘鲁对我国出口也占到本国出口较大比例。不过，作为拉美重要国家的墨西哥对华出口依赖程度较低。

表 1　拉美部分国家对中国出口占其总出口的比例（2013 年）

单位：%

哥斯达黎加	乌拉圭	智利	巴西	秘鲁	委内瑞拉	哥伦比亚	阿根廷
37.5	25.3	24.5	19.0	17.7	13.8	8.7	6.6
多米尼加	尼加拉瓜	洪都拉斯	玻利维亚	厄瓜多尔	危地马拉	墨西哥	
5.8	3.5	3.3	2.9	2.3	2.3	1.7	

资料来源：根据 CEIC 数据计算。

大宗商品在中拉贸易中占有重要地位。大宗商品一直是拉美地区特别是南美洲地区的重要出口产品。据统计，在 20 世纪 60 年代初，大宗商品出口占到拉美总出口的比例约在 90%，此后这一比例不断下降，至新世纪初降至历史低点，但是此后随着大宗商品市场景气的反弹，大宗商品出口占到总出口的比例重新有所恢复。中国一直在拉美大宗商品出口市场中占有重要地位。例如巴西铁矿石对华出口占到其铁矿石出口总额的一半以上，大豆对华出口占其出口总额的 60% 以上，智利对华铜出口占到其铜出口的近 40%，阿根廷大豆对华出口占到其大豆总出口的 80% 左右。因此，作为全球大宗商品最大的需求国，中国经济的运行态势将会首先通过大宗商品渠道直接对拉美国家产生影响。

其次，中国对拉美投资增速明显。伴随着我国企业国际化步伐的加快，拉美国家正成为我国企业重要的投资目的地，中国企业已开始广泛涉足拉美国家的银行融资、绿地投资、企业并购等商业活动。据统计，2013 年中国对拉丁美洲的外商直接投资 143.6 亿美元，占到中国年度对外直接总投资的 13.3%，仅次于亚洲（70.1%），为中国第二大投资目的地。从投资存量来看，截至2013年，中国对拉美国家的对外直接投资存量为861亿美元，占到中国对外直接投资存量的13.0%，也仅次于亚洲居第二位。中国企业在拉美的投资主要集中在能源、矿产、交通基础设施三大领域，据汇丰银行的统计，从2005~2013年上半年，以上三大领域占到中国对拉美总投资比重的85%，其中能源类投资比重最大。

表2　中国对外直接投资的地区占比（2013年）

单位：%

地区	亚洲	非洲	欧洲	拉丁美洲	北美洲	大洋洲
对外直接投资存量	67.7	4.0	8.0	13.0	4.3	2.9
对外直接投资流量	70.1	3.1	5.5	13.3	4.5	3.4

资料来源：Wind 资讯。

表3　中国对外直接投资的产业分布（2005年至2013年上半年）

单位：%

产业	能源	金属	交通	房地产	金融	农业	信息技术	其他	化学
全球	46	16	15	9	6	4	3	1	1
拉美	53	22	15	2	2	5	1	0	1

资料来源：HSBC，South – South Special：What a Globalizing China Means for LatAm，November 2013。

分国家来看，中国对拉美国家投资出现极大的不均衡性。2013年，中国对拉美直接投资额的近87%都集中在加勒比海的英属维尔京群岛和开曼群岛，而从投资存量来看，近年来对这两个群岛的投资存量占比也都在90%左右。这与这两个岛屿"避税天堂"的特色有关，因此实际上中国对拉美的实际投资可能并没有那么多。排除英属维尔京群岛和开曼群岛，中国对拉美投资主要集中在委内瑞拉、巴西、阿根廷、厄瓜多尔、秘鲁等国。截至2013年，中国对以上国家的直接投资存量分别占到总投资（除去英属维尔京群岛和开曼群岛）的23.9%、17.6%、16.8%、10.2%和8.8%。

最近两年，中国在拉美国家的投资项目不断增多。2013年10月，由巴西国家石油公司（40%）、壳牌（20%）、道达尔（20%）、中石油（10%）、中海油（10%）组成的联合投标体在巴西桑托斯盆地的利布拉油田开采权公开拍卖里中标，该油田预计可采资源量将达到 80 亿~120 亿桶原油。当月，中化集团与巴西国家石油公司也签署资产收购协议，中化集团拟以 15.43 亿美元（折合 95 亿元人民币）购买巴西国家石油公司所持有的巴西近海区块 BC-10 区块 35% 的权益，中化集团进一步扩大了在巴西的油气资产规模。2013 年 11 月，中石油两个间接附属公司中油勘探控股公司以及中油勘探国际控股公司联合收购巴西能源秘鲁公司全部股份，对价约 26 亿美元，被收购公司是巴西国家石油公司的间接全资附属公司，主要在秘鲁从事油气勘探开发及生产活动。2014 年 2 月，中国国家电网公司与巴西电力公司组成的联营体成功中标巴西美丽山水电站特高压直流输电项目，这是国家电网公司在海外中标的首个特高压直流输电项目。2014 年 4 月，中国五矿集团公司所属五矿资源有限公司与国新国际投资有限公司、中信金属有限公司组成的联合体与嘉能可集团（Glencore Xstrata）达成收购秘鲁拉斯邦巴斯铜矿项目股权的协议，涉及交易额为 58.5 亿美元，这是我国金属矿业史上的最大境外收购。

除能源类投资外，我国企业在其他领域也加大了对拉美的投资力度。例如 2013 年 11 月，中国建设银行与巴西工商银行（BIC）签署股份买卖协议，建行斥资 16 亿雷亚尔（约合 7.2 亿美元）收购 BIC 银行 72% 的股份。在秘鲁，2013 年中国渔业集团以 8 亿美元收购秘鲁第二大鱼粉厂科佩卡（Copeinca）公司。

虽然近年来中国对拉美投资不断增长，但是拉美国家对中国的直接投资出现一定下降。2008 年；拉丁美洲对中国实际外商直接投资达到历史高点 209 亿美元，但是此后不断下降，至 2012 年已经降至 101.8 亿美元。拉美对中国投资占中国外商直接投资的比例也从 2004 年 28.6% 的高点降至 2012 年的 9.1%。拉美对中国投资出现下降与美国金融危机爆发和拉美国家经济不振有很大关系。未来，随着拉美经济的复苏，拉美对中国的直接投资将会出现一定的恢复。

四 2015年拉美经济形势展望

在经过 2014 年的经济疲弱之后，2015 年拉美和加勒比地区经济增长有望实现反弹。综合各方预测，拉美和加勒比地区在 2015 年将会实现经济增长

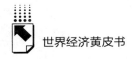
2.6%。2015年预计美国经济复苏基础将会更加稳固，这将会通过贸易、侨汇等渠道令拉美国家特别是墨西哥经济受益。从拉美国家内部来看，消费有望保持稳定，从而为经济增长提供支撑，投资有望实现反弹，特别是巴西在奥运会的刺激下预计经济在未来两年会不断增强，并对该地区其他国家形成拉动。然而，经济下行风险因素依然存在。首先，在2014年下半年至2015年，受中国经济趋势性减速、美国量化宽松退出引发美元升值等因素影响，全球大宗商品可能会继续维持颓势，这将对依赖大宗商品出口的拉美国家经济形成打击。其次，美国量化宽松政策逐步退出，特别是2015年后半年美联储可能会启动加息进程，这将造成国际资本从拉美国家回流美国，从而给拉美国家的实体经济和金融市场带来负面影响。

参考文献

ECLAC，"Economic Survey of Latin America and the Caribbean：Challenges to Sustainable Growth in a New External Context". 2014.

ECLAC/ILO，"The Employment Situation in Latin America and the Caribbean：Conditional Transfer Programmes and the Labour Market". Number 10，May 2014.

OECD – ECLAC，"Latin American Economic Outlook 2014：Logistics and Competitiveness for Development". OECD，Paris，2013.

中国社会科学院世界经济与政治研究所世界经济预测与政策模拟实验室：《全球宏观经济季度报告》2014年第三季度。

Y.8

西亚非洲经济：总体趋好

田 丰*

摘　要： 西亚非洲地区可分为西亚北非地区和撒哈拉以南非洲地区两个次区域。西亚北非地区2013～2014年的经济增长尽管已经出现反弹势头，但是地区局势紧张再次为其未来发展蒙上阴影。在经济增长反弹的同时，西亚北非地区国家还面临财政盈余大幅减少、投资环境不佳、私人部门不活跃、失业问题严重、就业过于依赖公共部门等诸多问题。撒哈拉以南非洲地区2013～2014年的经济增长较为强劲，基础设施和能源等领域投资旺盛，人口增长、实际人均收入提高以及价格相对稳定使得该地区私人消费强劲，政府消费也在稳步增长。撒哈拉以南非洲地区国家面临的主要问题包括：财政赤字高企，政府债务增速加快；失业率居高不下，年轻人失业问题尤为严重；出口放缓，进口需求强劲，经常项目赤字扩大。预计2015年西亚北非地区经济增长将进一步恢复，但复苏势头较为脆弱，容易出现反复；撒哈拉以南非洲地区经济增长仍将保持强劲。

关键词： 地区动荡　大宗商品价格　西亚北非　撒哈拉以南非洲地区

---

* 田丰，博士，中国社会科学院世界经济与政治研究所研究员，主要研究专业为世界经济与经济发展，主要研究方向为国际贸易、国际投资和经济增长。

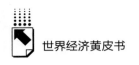

一 西亚非洲经济形势回顾：2013～2014年①

西亚非洲地区2013～2014年经济增长总体趋好。西亚非洲地区可分为西亚北非地区和撒哈拉以南非洲地区两个次区域。西亚北非地区的经济增长在经历了2013年的大幅下挫后，2014年明显反弹；撒哈拉以南非洲地区的经济增长势头继续保持强劲，2013年经济增长5.1%，比世界经济平均增长速度高出1.8个百分点，预计2014年该经济增长速度维持不变。

1. 经济增长总体趋好

西亚非洲地区2013～2014年经济增长总体趋好（参见表1）。来自IMF的数据显示，2014年撒哈拉以南非洲地区预计增长5.1%，西亚北非地区预计增长2.6%。2014年撒哈拉以南非洲地区经济增长速度显著高于同期世界经济增长速度3.3%，西亚北非地区经济增长速度虽然略低于世界平均水平，但相对于2013年经济增长2.3%的水平已经有了明显提升。由于西亚北非地区经济增长情况的改善，西亚非洲地区的两大次区域经济增速间的差距有所缩小，由2013年的2.8个百分点缩小到2014年的2.5个百分点。

表1 2008～2015年西亚非洲地区的经济增长率

单位：%

年份	2008	2009	2010	2011	2012	2013	2014	2015
世界	3.0	0.0	5.4	4.1	3.4	3.3	3.3	3.8
新兴市场和发展中经济体	5.8	3.1	7.5	6.2	5.1	4.7	4.4	5.0
西亚北非地区	5.3	2.4	5.5	4.5	4.8	2.3	2.6	3.8
撒哈拉以南非洲地区	6.3	4.1	6.9	5.1	4.4	5.1	5.1	5.8

注：2014、2015年为预测值。
资料来源：IMF（2014）。

继2013年大幅下挫后，西亚北非地区石油进口国与出口国的经济在2014年均出现反弹。前者的主要动力在于政治形势趋于稳定，后者则主要归因于石油产出的恢复和政府的政策支持。尽管如此，部分地区2014年下半年安全局

① 在没有特别说明的情况下本节数据来自IMF（2014）。

势紧张加剧再次为西亚北非地区未来经济增长蒙上阴影。在石油进口国中，埃及在 2014 年 5 月成功进行了总统选举；突尼斯各方在 2014 年 6 月就年底分别进行议会与总统选举达成广泛一致，此举将有助于化解因 2013 年两名反对派人士被杀所引起的严重政治危机；约旦的公共支出与私人消费在海湾国家资金支持下强劲增长，推动该国经济状况改善；黎巴嫩受益于海湾国家放松赴该国旅游的限制，旅游收入大幅增长，但是美国领导的联盟对邻国叙利亚境内"伊斯兰国"激进分子的打击导致难民不断涌入，黎巴嫩经济增长势头因而受挫。在石油出口国中，伊朗与卡塔尔经济情况较好。伊朗总统鲁哈尼 7 月 15 日公布了一份经济刺激方案，该方案旨在提高伊朗的经济增长速度，内容包括支持国内领先企业、发展旅游业、提振工业和服务业出口等。几乎同时，鲁哈尼政府正式发布组阁以来的首份新经济政策述评报告，宣称伊朗政府的新经济政策将聚焦于以下四大领域：调整宏观经济政策、改善国内营商环境、创新金融货币政策稳定汇率以及推出经济刺激措施。卡塔尔 2014 年 GDP 增长有望达到 6.5%，桑巴金融集团（Samba Financial Group）最新报告认为，卡塔尔大规模公共投资支出是推动该国经济持续快速增长的主要动力。伊拉克在结束了 8 年的战争和长达几十年的经济制裁之后，已经开始重建能源产业，并且取得了一定的进展。然而年中伊拉克境内战火重燃，逊尼派的一个武装组织"伊斯兰国"攻占了伊拉克北部的主要城市，美国、英国、丹麦和比利时等多国自 2014 年 8 月起对该组织进行了针对性"空中打击"。动乱的局势可能会让伊拉克长达数年的经济增长再次停滞。利比亚自从 2011 年卡扎菲政权被倾覆后，原先对卡扎菲合力掀起叛变的各个民兵组织开始兵戈相向，争相夺取国家控制权，利比亚因而陷入严重的无政府混乱状态。2014 年 7 月米苏拉塔武装反对派控制了利比亚首都的黎波里。IMF 预计利比亚经济 2014 年将负增长 19.8%。

　　撒哈拉以南非洲地区 2013~2014 年经济增长强劲，该地区超过 1/3 的国家经济增长超过 5%。综合来看，撒哈拉以南非洲地区经济增长的主要拉动力包括：面向自然资源和基础设施等领域的投资大量增加、家庭消费支出强劲增长以及旅游收入大幅增长。尼日利亚已成为非洲第一大经济体，该国统计局数据显示，在 2014 年第一季度，尼日利亚国内生产总值达 20.2 万亿奈拉（约合 1300 亿美元），比上年同期增长 6.21%。其中，非油气行业整体增长 8.21%，化工和制药、非金属制造、汽车装配、水泥、塑料和橡胶制造等行业的增长速

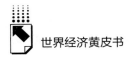

度更是超过30%，成为拉动尼日利亚经济增长的主要动力；油气行业则表现欠佳，第一季度尼日利亚原油产量从去年同期的日均229万桶降至226万桶，同比下降6.6%。2014年第二季度，在非油气行业增长支撑下，尼日利亚 GDP 增长保持了6.5%的速度，但受东北部地区恐怖主义活动及最近发生的埃博拉疫情影响，尼日利亚2014年下半年的 GDP 增速预计将有所减缓。非洲第二大经济体南非仍然备受劳资关系紧张、消费与投资信心低迷等瓶颈的困扰，2014年第二季度 GDP 增长仅为0.6%，直接原因是受铂金行业罢工影响，矿业和制造业对经济增长的贡献率明显下降。中非共和国因长达21个月的教派冲突，经济显著收缩，2013年经济负增长36%。2014年7月23日中非共和国冲突双方——民兵组织"反巴拉卡"和前反政府武装"塞雷卡"在布拉柴维尔达成停止敌对行动协议，要求举行全国和解对话。中非共和国总理穆罕默德·卡蒙表示将在年底前举行全国和解对话，并希望所有党派、武装派别以及无党派人士参加。联合国已经正式接管此前由非洲联盟（非盟）主导的驻中非共和国维和力量，并呼吁中非共和各方立即停止暴力。IMF 预计中非共和国2014年经济将有所恢复，增长1%。南苏丹自2013年12月冲突爆发以来，石油供应中断，人口流离失所和饥荒威胁状况急剧恶化，约130万人无家可归。利比里亚2014年初曾预计本国 GDP 增长率可达8%，但受埃博拉出血热疫情严峻、矿山生产减速、利元贬值、橡胶和铁矿石价格下滑以及优先公共投资项目进度滞后等因素的影响，利比里亚2014年经济增长前景并不乐观。世界银行9月17日发布的一份关于埃博拉疫情对疫区国家经济发展影响的研究报告预计，2014年，受埃博拉疫情影响，利比里亚 GDP 增速将降低3.4个百分点（从5.9%降至2.5%），几内亚 GDP 增速将降低2.1个百分点（从4.2%降至2.1%），塞拉利昂 GDP 增速降低3.3个百分点（从11.3%降至8%）。如果上述三个国家疫情在今年内仍无法得到有效控制，那么2015年的经济发展速度将进一步降低，其中疫情最严重的利比里亚 GDP 增速将降低11.7个百分点（从6.8%降至 -4.9%）。

2. 财政状况欠佳

西亚北非地区2013～2014年财政盈余大幅减少。2012年西亚北非地区政府财政盈余与 GDP 之比为7.1%，2013年急降至3.8%，几乎只有上一年度的一半。2014年西亚北非地区政府财政盈余与 GDP 之比进一步降低至1.7%，不到上一年度的一半（参见表2）。造成上述现象的主要原因来自收入与支出两个方面。

在收入方面，近几年西亚北非地区经济增长缓慢导致政府财政收入相对匮乏；在支出方面，为了稳定局势、安抚民众以及刺激经济，政府提高了燃料和食品补贴以及公共部门工资，加大了对基础设施与公共服务的投入，财政支出相对增长。卡塔尔 2014~2015 财年①财政预算案中，财政总收入为 2257 亿卡塔尔里亚尔，比上一财年增加 3.5%；财政总支出为 2184 亿卡塔尔里亚尔，比上一财年增加 3.7%；财政盈余 73 亿卡塔尔里亚尔，比上一财年减少 1.4%。在本财年的财政预算中，卡塔尔政府继续大幅增加对卫生、教育、基础设施及交通领域等方面的投入，其中对教育投入 263 亿卡塔尔里亚尔，同比增长 7%；对卫生投入 157 亿卡塔尔里亚尔，同比增长 12.5%；对基础设施投入 756 亿卡塔尔里亚尔，同比增长 22%。约旦 2014 年上半年实现财政收入（含国际援助）约 46 亿美元，其中国内财政收入超过 42 亿美元，同比增长近 20%，国际援助 4.1 亿美元，同比降低 33%；政府财政赤字约 5 亿美元，同比增长 14.6%。利比亚 2014 年财政预算为 560 亿利第，约合 448 亿美元（1MYM = 1.25LD），较 2013 年的 668 亿利第减少 16%；财政赤字 100 亿利第，比去年减少 50 亿利第，降幅 33%；工资支出由去年的 207 亿利第增长为 230 亿利第，增幅 11%；燃料及其他商品补贴从去年的 105 亿利第增长至 110 亿利第，增幅 5%；公共机构运行支出 70 亿利第；发展项目支出从去年的 250 亿利第大幅减少为 150 亿利第，降幅 40%。埃及为实现公共财政的可持续性，计划于 2014~2015 财政年度削减 480 亿埃镑财政赤字，从而使赤字占国内生产总值（GDP）的比重从现有的 12% 降至 10% 以内，其中 440 亿埃镑赤字削减将通过取消能源补贴来实现。2014 年 7 月，埃及政府正式宣布大幅削减能源补贴，自 7 月 5 日零时起，该国油价大幅上调，涨幅最高达 78%。

表2　2008~2015 年西亚非洲地区财政平衡情况

单位：%

年份	2008	2009	2010	2011	2012	2013	2014	2015
新兴市场和发展中经济体	0.8	-3.8	-2.5	-0.6	-0.8	-1.7	-2.1	-2.0
西亚北非地区	12.7	-1.3	2.3	5.3	7.1	3.8	1.7	0.8
撒哈拉以南非洲地区	0.7	-4.8	-3.5	-1.1	-1.8	-3.1	-3.3	-3.3

注：表中数字表示财政盈余（或赤字）占 GDP 的比例，负数表示赤字，2014、2015 年为预测值。
资料来源：IMF（2014）。

---

① 卡塔尔的财政年度从每年的 4 月初至次年的 3 月底。

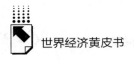

撒哈拉以南非洲地区 2013 ~ 2014 年财政赤字扩大。2013 年，撒哈拉以南非洲地区国家财政赤字占 GDP 的比例比 2012 年提高了近 1 倍。造成这一局面的主要原因是 2013 年该地区部分政府实施了大胆的结构性改革，例如建立或增加粮食和石油等战略资源的储备、增加公共服务投入等。赞比亚由于加大基础设施建设方面的投入和提升公共部门人员工资，2013 年的预算赤字占 GDP 的比例为 6.7%，远高于年初 4.3% 的目标。加纳 2013 年财政赤字占 GDP 比例已达 10.8%，超过了 10% 的危险警戒线，该国计划 2014 年将财政赤字占 GDP 比例控制在 8.5% 以内。财政赤字的累积给非洲经济可持续增长带来重重隐患。国际货币基金组织总裁拉加德在今年早些时候曾警告说，非洲国家过去十年良好的经济发展形势很可能难以为继，因为越来越多的非洲国家被沉重的债务拖累。以加纳为例，该国为解决财政赤字问题大量发行债券，以至于不得不将税收的 40% 用于支付内外债利息，而三年前这一比例仅为 16%。2014 年 8 月份以来，加纳 91 天债券利率提高至 25%，为 2009 年第三季度以来的最高点。借贷成本的提高将进一步加重加纳政府的财政压力，加纳很有可能进入因赤字而借贷、因大量借贷而利率提高、因利率提高而债务增加的恶性循环。另一个值得注意的现象是，2014 年 1 ~ 9 月撒哈拉以南非洲国家发行的主权债券总额已达 69 亿美元，超过了 2013 年全年水平，创历史新高；而 2013 年，撒哈拉以南非洲国家共发行主权债券 63 亿美元，已经是历史高点。今年以来，南非、塞内加尔、肯尼亚、科特迪瓦、赞比亚和加纳先后发行了主权债券，其中肯尼亚在 6 月份发行的 20 亿美元债券是非洲国家规模最大的主权发债。沉重的债务负担是非洲国家未来发展可能必须面对的一个重要挑战。

3. 失业率高企

西亚北非地区 2013 ~ 2014 年失业率仍然处于高位（参见表 3），突尼斯、伊朗、埃及、约旦、阿尔及利亚等国均超过 10%，摩洛哥超过 9%。除了失业率整体水平高以外，西亚北非地区失业率还具有以下结构性特征。[①] ①年轻人失业率高。来自世界银行的数据显示，西亚北非地区 15 ~ 24 岁年轻人中，男性失业率达 22%，女性失业率达 39%。突尼斯年轻人失业率高达 40%。伊朗

---

① World Bank，GLOBAL ECONOMIC PROSPECTS，June 2014.

官方公布的年轻人失业率达 25%，而非官方估计是该数字的两倍。②妇女失业率高。在埃及年轻人中妇女失业率 3 倍于男性，伊朗、约旦和也门年轻人中妇女失业率 2 倍于男性。埃及年轻女性失业率为 65%，约旦、也门为 50%，伊朗为 40%。③受教育者失业率高。埃及、约旦、突尼斯失业者中超过 30% 受过高等教育；约旦受过高等教育的妇女失业率超过 60%，埃及受过高等教育的妇女失业率为 40%。西亚北非地区之所以形成上述失业结构特征，其原因与该地区经济结构息息相关。在西亚北非地区，公共部门是劳动者就业的主要部门，吸纳了埃及和利比亚 70% 非农就业劳动力以及也门、约旦和伊朗 40% 非农就业劳动力。一直以来西亚北非地区私人部门受公共治理和信贷供给等因素的影响，发展较为缓慢。相对于私人部门，公共部门工资更高、工作更有保障，受过教育的年轻人宁愿失业也要寻求在公共部门就业的机会。在结构性因素以外，政治局势紧张导致的经济增长放缓和在外务工人员回流进一步加剧西亚北非地区的失业问题。埃及商会联合会招聘委员会主席预计，在利比亚务工的埃及人超过 100 万，随着利比亚局势动荡升级，这些埃及工人将陆续从利比亚返回埃及。在利比亚务工的埃及人大多没有受过良好教育，从事一些技术含量很低的建筑、农业以及商贸服务等工作。这些工人的回流将加剧埃及本就严峻的就业形势。

表 3　2008～2015 年西亚北非地区失业率

单位：%

年份	2008	2009	2010	2011	2012	2013	2014	2015
阿尔及利亚	11.3	10.2	10.0	10.0	11.0	9.8	10.8	11.3
巴林	3.7	4.0	3.6	4.0	3.9	4.3	4.1	4.3
埃及	8.7	9.4	9.2	10.4	12.4	13.0	13.4	13.9
伊朗	10.4	11.9	13.5	12.3	12.2	10.4	11.6	12.2
约旦	12.7	12.9	12.5	12.9	12.2	12.2	12.2	12.2
科威特	1.7	1.6	2.1	2.1	2.1	2.1	2.1	2.1
摩洛哥	9.6	9.1	9.1	8.9	9.0	9.2	9.1	9.0
沙特阿拉伯	5.2	5.4	5.5	5.8	5.4	5.5	—	—
突尼斯	12.4	13.3	13.0	18.9	16.7	15.3	15.3	15.0

注：2014、2015 年为预测值。

资料来源：IMF（2014）。

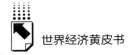

　　撒哈拉以南非洲地区拥有世界最年轻和增长最快的就业人口，在为经济增长提供足够劳动力的同时也给本国政府带来沉重的就业压力（参见表4）。尼日利亚国家统计局和青年发展部联合在2013年底发布了"2012年国家青年调查报告"。报告称，目前尼日利亚15岁至35岁的青年人口数约6400万人，2012年青年失业率达54%。在失业人口中，女性占比51.9%，男性占比48.1%。尼日利亚财长指出，该国目前的经济增长并未带来就业的同步增长，只有经济增速达到9%~10%的水平，才有可能推动尼日利亚就业增长。南非统计局季度劳动力调查数据显示，南非失业率已连续三个季度攀升，2013年第四季度和2014年第一季度分别为24.1%和25.2%，第二季度升至25.5%，创六年来最高水平。15~34岁的年轻人占南非劳动人口的52%~64%，但只占就业人口的42%~49%。南非年轻人失业率由2008年的32.7%提升至2014年的36.1%，其中近2/3的青年失业者失业时间为一年甚至更长。毛里求斯统计局预计该国2014年第一季度失业率为8%，比2013年第四季度的7.5%略有上升。在第一季度失业人口45300人中，男性19400人，占43%，女性25900人，占57%；单身占54%；35200人找工作时间约1年，10100人失业已超过1年。18400名25岁以下毛里求斯年轻人处于失业状态。与西亚北非地区类似，虽然投资增长刺激了撒哈拉以南非洲地区的经济增长，但是绝大多数投资活动集中在采矿等资本密集部门，缺乏后向联系。农业和低技能制造业等撒哈拉以南非洲地区主要就业部门吸引的投资却严重不足，难以提高生产率和就业。

表4　2008~2015年撒哈拉以南非洲地区失业率

单位：%

年份	2008	2009	2010	2011	2012	2013	2014	2015
佛得角	13.0	13.0	10.7	12.2	16.8	16.4	12.0	10.0
毛里求斯	7.2	7.3	7.8	7.9	8.0	8.0	n/a	n/a
塞舌尔	1.7	5.1	4.6	4.1	3.7	3.3	3.0	2.7
南非	22.5	23.7	24.9	24.8	24.9	24.7	25.2	25.0

　　注：2014、2015年为预测值。
　　资料来源：IMF（2014）。

4. 通胀压力有所缓和

　　西亚北非地区2013~2014年受世界食品与能源价格走低的影响，带动通胀水平降低（参见表5）。阿尔及利亚由于消费品价格下降，从2014年初起通胀率持续下降。2014年4月，阿尔及利亚通货膨胀率为1.8%，而上年同期高达7.4%。其中消费品中食品和鲜农产品价格涨幅明显下降，分别为1.4%和2.9%，制成品平均价格保持上涨0.4%的水平，服务业价格上涨2.7%。也门2014年2月通胀率降至6.7%，为2012年12月以来最低水平。卡塔尔国民银行报告显示，由于国际食品价格下跌等因素，2014年6月卡塔尔通胀率为2.8%，环比略有下降。但人口进一步增长等因素将导致通胀小幅上涨，预计2014整体通胀率为3.4%。埃及为改革当前的补贴制度、减轻国家公共财政预算赤字，自7月5日起将燃油价格上调78%。此次油价上调导致埃及新一轮通胀率走高，在2014年7月达10.6%，自2013年12月以来首次上升，8月埃及通胀率进一步攀升至11.4%。突尼斯通胀率在经历了年初短暂的稳定后，受局势动荡的影响开始呈逐步上涨的态势，2014年3月为5%，4月为5.2%，5月为5.4%，6月为5.7%，7月为6%。其中7月物价上涨幅度较大的产品包括：食品类上涨7.9%，肉类上涨10.1%，食用油涨幅为11.6%，蔬菜水果类的涨幅也达到10.8%。

表5 2008～2015年西亚非洲地区通货膨胀情况

单位：%

年份	2008	2009	2010	2011	2012	2013	2014	2015
世界	6.4	2.8	3.9	5.2	4.2	3.9	3.8	3.9
新兴市场和发展中经济体	9.4	5.3	5.9	7.3	6.1	5.9	5.5	5.6
西亚北非地区	11.7	6.0	6.2	8.6	9.6	9.2	7.5	8.0
撒哈拉以南非洲地区	13.0	9.8	8.3	9.5	9.3	6.6	6.7	7.0

注：表中以年度平均消费者价格衡量通货膨胀水平（%），2014、2015年为预测值。
资料来源：IMF（2014）。

撒哈拉以南非洲地区2013～2014年经济增长势头良好，通胀压力加大。为对抗通胀压力，一些中央银行提高了基准利率，其中南非央行提高50个基点，加纳提高200个基点，赞比亚提高50个基点，尼日利亚央行仍然将基准利率维持在12%的较高水平。对撒哈拉以南非洲地区低收入经济体而言，农产品产出增长和汇率稳定减轻了通胀压力。而对一些中等收入国家而言，财政赤字与外部失衡导致的货币贬值加大了通胀压力。肯尼亚 2014 年 9 月通货膨胀率为 6.6%，比 8 月的 8.36% 降低 1.76 个百分点，这是自今年 4 月以来，肯尼亚通货膨胀率首次下降。中非国家银行货币政策委员会发布公告称，中非经济货币共同体（CEMAC）① 2014 年经济增长率预计为 6.7%，推动经济增长的主要因素包括共同体多数国家的房建、公共工程以及手工工业等非石油领域发展迅速，石油领域逐步复苏。公告认为中非共同体 2014 年经济预测表中的唯一隐患是其通货膨胀率将增加 1%，即从 2013 年的 2% 增加到 2014 年的 3%，但整体而言，通货膨胀率仍在该共同体可接受范围之内。加纳受公用事业费用上调、油价上涨、塞地贬值等因素影响，7 月 CPI 继续走高，从 6 月的 15% 升至 15.3%，为四年来最高值，其中食品类通货膨胀率从 6 月的 7.9% 降至 5%；非食品类 CPI 从 6 月的 20.3% 升至 23.1%。南非受房地产价格上涨影响，通胀率在 2014 年 4 月提高至 6.1%，超出央行预期上限，但核心通货膨胀率维持在 5.5%。

5. 经常账户平衡状况有所恶化

西亚北非地区 2013 ~ 2014 年受局势动荡影响出口量显著减少（参见表 6）。伊拉克自 2014 年 3 月以来，中北部基尔库克至土耳其杰伊汉原油外输管道因恐怖袭击一直无法运行，石油出口依赖于南部巴士拉港口。6 月以来，伊拉克西北部尼尼微、萨拉丁、安巴尔、基尔库克、迪亚拉等省武装冲突继续，巴比伦省北部持续发生交火。近期，库尔德自治区的埃尔比勒、杜胡克两省与尼尼微省接壤地区也爆发武装冲突。目前伊斯兰国控制了伊拉克与叙利亚的广大地区，美国领导的多国联盟对其进行了空中打击。伊拉克与叙利亚局势不仅影响了这两个国家的对外贸易，也对约旦和黎巴嫩等邻国的对外贸易造成严重负面影响。伊拉克是约旦重要的出口市场，占约旦总出口的 20%，伊拉克安全危机特别是自 6 月下旬约伊边境由于安全问题关闭后，对约伊双边贸易产生了不利影响。对黎巴嫩而言，伊拉克是重要的出口市场以及通往海湾的交通要道。据黎巴嫩海关统计，2014 年 1 ~ 7 月该国外贸总额为 138.72 亿美元，同比下降 8.1%。其中，进口额 119.38 亿美元，同比下降 4.6%；出口额 19.35 亿美元，同比下降 25.3%；贸易逆差 100 亿美元，同比增长 0.84%。利比亚

---

① 包括喀麦隆、加蓬、中非、刚果（布）、乍得以及赤道几内亚等国。

2014 年 7 月首都的黎波里和班加西等地武装冲突持续升级蔓延，安全局势不断恶化，引发了外界对利比亚可能再次爆发全面内战的担忧。利比亚原油日产量从 7 月中旬的 60 万桶下降了至少 10 万桶，部分储油设施也受到波及，一些外国石油公司人员也开始陆续撤离利比亚。突尼斯 2014 年前三个季度贸易总额为 517.6 亿突第，约合 304 亿美元，其中出口 206 亿突第，进口 311.6 亿突第，贸易逆差达 105.6 亿突第，折合约 62 亿美元，创历史新高。

表6　2008～2015 年西亚非洲地区出口量变化率

单位：%

年份	2008	2009	2010	2011	2012	2013	2014	2015
世界	2.3	-11.4	14.1	6.5	3.0	2.9	3.8	5.1
新兴市场和发展中经济体	3.8	-7.8	13.5	7.3	5.1	4.3	4.0	5.7
西亚北非地区	4.9	-4.7	3.4	5.0	7.2	1.7	0.3	4.8
撒哈拉以南非洲地区	1.9	-5.2	5.0	2.4	2.7	3.6	1.7	4.8

注：表中数字表示出口量变化率，2014、2015 年为预测值。
资料来源：IMF（2014）。

撒哈拉以南非洲地区 2013 年尽管出口量上升，但是受大宗商品价格下降和资本品进口需求旺盛的影响，经常账户平衡状况恶化（参见表7）。来自世界银行的数据显示，2013 年贵金属价格下降了 17%，农产品价格下降了 7.2%，金属价格下降了 5.5%。价格的下跌导致撒哈拉以南非洲地区国家在出口量增长的情况下出口收入仍然降低。同时撒哈拉以南非洲地区国家进口需求强劲，尤其是大规模基础设施投资导致该地区国家对资本品进口需求旺盛。加纳因黄金价格持续下跌和国内矿业企业生产成本日益提高，2013 年矿产品出口收益为 47 亿美元，较上一年下降 13%。肯尼亚 2014 年 1～6 月出口为 2760 亿肯先令（约 31.4 亿美元），同比增长 8.3%；进口达 7486 亿肯先令（约 85 亿美元）；同比增长 9.2%；贸易逆差为 4726 亿肯先令（约 53.7 亿美元），同比扩大 10.3%。肯尼亚一系列重大项目如标准轨铁路等开工实施，对机械设备、原材料的进口需求快速增长，导致贸易逆差扩大。尼日利亚自 2013 年第四季度以来进口贸易额呈逐季缩减态势。其中，2013 年第四季度较第三季度下降了 19%，2014 年第一季度较 2013 年第四季度下降 8.3%，贸易

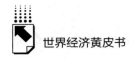

顺差规模扩大。这从一个侧面反映出尼日利亚农业转型、工业革命、"后向一体化"等进口替代政策取得了一定成效。

表7　2008～2015年西亚非洲地区经常账户平衡情况

单位：%

年份	2008	2009	2010	2011	2012	2013	2014	2015
新兴市场和发展中经济体	3.5	1.3	1.5	1.6	1.4	0.8	0.8	0.5
西亚北非地区	14.4	2.2	7.1	14.2	13.8	10.9	8.6	6.8
撒哈拉以南非洲地区	-0.2	-3.0	-0.8	-0.7	-2.0	-2.4	-2.6	-3.2

注：表中数字表示经常账户盈余（或赤字）与 GDP 的比例（%），负数表示赤字。2014 年、2015 年为预测值。

资料来源：IMF（2014）。

6. 资本净流入有喜有忧

西亚北非地区 2013～2014 年资本净流入大幅减少。据世界银行估计，流入西亚北非地区的资本 2013 年为 267 亿美元，2014 年为 226 亿美元，而 2012 年为 298 亿美元。资本净流入减少反映了政治局势动荡对西亚北非地区造成的负面影响。科威特国民银行近日发布报告称，2013 年外国对海合会①国家直接投资额 240 亿美元，同比大幅下降 14.6%。报告指出，尽管 2013 年全球外国直接投资总额同比上涨 9.1%，但对海合会国家投资大幅下降，显示外国投资者对海合会国家投资兴趣降低。阿拉伯投资及出口信用保障署最新发布的一份报告显示，2013 年阿拉伯国家吸引外资总额为 485 亿美元，比 2012 年的 535 亿美元减少了 9%。报告指出，2013 年外来投资主要集中在少数几个阿拉伯国家。其中阿联酋 105 亿美元，占阿拉伯国家吸引外资总额的 21.6%；沙特、埃及为 93 亿和 56 亿美元，分别占阿拉伯国家吸引外资总额的 19.2% 和 11.5%；摩洛哥 2013 年吸收外国直接投资 34 亿美元，排名第 4 位。黎巴嫩 2013 年吸收外国直接投资总额为 28.5 亿美元，较 2012 年的 36.7 亿美元下降 22.4%。摩洛哥 2014 年 1～7 月吸引外国直接投资 142.3 亿迪拉姆（约合 17.5 亿美

---

①　海湾阿拉伯国家合作委员会是海湾地区最主要的政治经济组织，简称海湾合作委员会或海合会。海合会成立于 1981 年 5 月，总部设在沙特阿拉伯首都利雅得，成员国包括阿联酋、阿曼、巴林、卡塔尔、科威特和沙特阿拉伯 6 国。

元），同比下降 15%。

流入撒哈拉以南非洲地区的资本保持强劲。国际知名财务咨询机构安永日前发布一份名为《2014 年非洲吸引力》的调查报告，显示今年非洲的投资吸引力在全球名列第二。报告认为，近 10 年来外国在非洲直接投资增长迅速，增幅从 2003 年的 8% 提高到 2013 年的 22.8%。2013 年，除南部非洲地区继续保持吸引外国直接投资领先地位外，西非和东非地区后来居上，已超过了北非地区，分别占第二和第三位，成为吸引外国在撒哈拉以南非洲地区直接投资新的增长极。报告认为，政局的稳定、宏观经济的增长、商业环境的改善、消费者阶层的提升以及基础设施的改善等都是促进非洲投资吸引力增强的重要因素。特别值得关注的是，报告指出 2013 年撒哈拉以南非洲地区的外国直接投资项目实现了 4.7% 的增长。至此，撒哈拉以南非洲所拥有的外国直接投资项目首次超过全非总量的 80%，其中南非、尼日利亚和肯尼亚三国拥有的外国直接投资项目占到整个撒哈拉以南非洲同类项目的 40%。此外，新兴的高增长国家如安哥拉、加纳、莫桑比克、赞比亚、坦桑尼亚和乌干达等都在外国直接投资项目增长排行榜上名列前茅。以坦桑尼亚为例，近年来，坦桑尼亚国家领导人致力于经济体制改革，并推行一系列刺激投资政策，创造了较好的投资环境。投资额的持续增长给坦桑尼亚带来更多的就业、税收及高新技术转入。目前，坦桑尼亚已成为东非共同体①最具吸引力的投资目标国。2013 年坦桑尼亚外国直接投资流入量为 19 亿美元，而肯尼亚同期数据仅为 5.14 亿美元。

二　西亚非洲主要国家经济形势回顾：2013～2014 年②

1. 埃及

在快速增长的政府消费与投资刺激下，埃及 2013～2014 财年③第三季度增长 2.5%，比上年同期高出 1.5%。尽管很可能达不到官方制订的 2013～2014 财

---

① 东非共同体是由肯尼亚、乌干达、坦桑尼亚、布隆迪和卢旺达五个东非国家组成的区域性国际组织。
② 在没有特别说明的情况下本节数据来自 IMF 国际金融统计数据库（IFS）以及经济学人数据库（EIU）。
③ 埃及的财政年度从每年的 7 月初至次年的 6 月底。

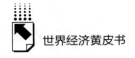

年 GDP 增长 3.5% 的目标，但埃及 2014 年经济发展态势比 2013 年更为乐观。

塞西当选总统和来自海湾国家的大额援助这两大利好因素促使埃及商业信心恢复。埃及前军方领导人阿卜杜勒－法塔赫·塞西在 2014 年 5 月进行的总统大选中以 96.9% 的票数获胜。舆论认为，塞西当选总统很可能终结穆巴拉克下台以来埃及政治和经济都不稳定的局面。沙特、阿联酋等对穆斯林兄弟会势力存有强烈戒心的海湾国家是塞西政府的坚定支持者，在塞西 2013 年 7 月罢黜首位民选总统穆尔西后，旋即以赠款、优惠贷款、石油产品和直接投资等各种形式向埃及提供援助 167 亿美元。

塞西当选后除了继续积极争取海湾国家的支持外，还采取了一系列稳定局面的举措。一是争取国际机构的优惠贷款，世界银行已经同意向埃及提供 3 亿美元贷款，为小型项目提供融资，来创造更多就业机会、促进上埃及等区域发展。IMF 也将向埃及提供总额高达 48 亿美元的优惠贷款。二是改革补贴制度。世界银行最近的一份报告指出，补贴制度是阻碍埃及经济发展的一大障碍，不仅给埃及政府带来巨大的财政赤字，受益最多的并不是最需要补贴的穷人，而是利用补贴进行投机的富人。埃政府在 2014～2015 财政年度的预算中，将用于补贴的支出削减了约 440 亿埃镑。同时，埃及政府提高了能源价格，提价幅度从 12% 至 80% 不等。能源价格上涨导致埃及通胀率上升。埃及通胀率在 2014 年 7 月达 10.6%，自 2013 年 12 月以来首次上升，8 月埃及通胀率进一步攀升至 11.4%。为了缓解补贴削减带来的通胀压力和政治压力，埃及政府 9 月决定将取消电力补贴所需时间由原来的 3 年延至 5 年以上。三是大力推进苏伊士运河、红海高速公路等国家战略项目。埃及政府在 2014 年 8 月宣布，将于一年内耗资约 600 亿埃镑在苏伊士运河东侧开凿一条新运河。工程总量长达 72 公里，包括开凿 35 公里的新河道以及拓宽并加深 37 公里旧运河并与新河道连接；此外，该项目还包括新修 6 条连接运河两岸的隧道。从长远看，新运河在增进交通便利、为埃及政府创收的同时，还会为满足运河沿线日益增长的经济发展需求、实施苏伊士运河走廊开发乃至为未来国际贸易量增长打好硬件基础。

2. 南非

2014 年 5 月，南非进行了后曼德拉时代的第一次大选。在这次选举中，执政党非洲人国民大会党（非国大）获得 62.15% 的选票，高票胜出。非国大的获胜在绝大多数分析人士预料之中，并且有利于保持南非各项政策的连续性，支持商业信心。然而非国大在获胜后需要解决南非目前面临的严峻经济与社会问题，经济增长摆在首位。

南非经济近年来一直低迷不振，2014年上半年经济增长仍然缓慢。2014年第一季度，南非国内生产总值环比增速为 −0.6%，尤其是采矿业缩减24.7%，为近50年来的最大跌幅。南非第二季度GDP仅增长0.6%，主要贡献来自政府服务、交通与通信产业和金融服务业。受铂金行业罢工、电力短缺与需求疲软等因素影响，矿业和制造业对经济增长的贡献率下降明显。6月南非三大铂金业公司的矿工们结束长达5个月的罢工开始复工。由于工人们还须接受体检和安全学习等，预计三大铂金公司需到今年第四季度才能全面恢复生产，此次罢工可能导致南非铂金业减产120万盎司。

短期内，有一系列因素限制南非经济增长。这些因素包括：央行为应对通胀压力收紧了货币政策，2014年7月提升基准利率25个基点，至5.75%；电力紧缺，新建的电站有望在2015年6月投产，但未来至少五年内南非可能仍将面临供电紧张的局面；劳动者技能短缺、劳资关系紧张、基础设施缺乏、犯罪率较高等结构性限制难以迅速改善；贸易赤字居高不下。鉴于此，尽管在财政刺激计划作用下南非的消费与投资保持旺盛，南非政府仍然表示将下调2014年的GDP增长预期至1.8%。

在本次大选中，第一次参加选举的极左翼经济自由斗士党获得6.1%的选票，说明其所主张的激进经济社会政策得到一部分选民认可，这也进一步给非国大施加了压力。选举结束后，全球三大评级机构表示，尽管非国大的获胜与评级机构的预期一致，但他们将保持对南非经济增长和就业形势的高度关注。如经济增长并不理想，南非的信用度或将恶化。

3. 尼日利亚

尼日利亚2014年4月公布了新的GDP数据，将计算基准年份由1990年调整为2010年。基于新的估算方法，尼日利亚2013年GDP规模达到80.2万亿奈拉，约合5099亿美元，相对2012年增长7.41%。① 而如果采用旧的估算方

---

① 2014年7月，尼日利亚对4月初公布的GDP初步数据进行了调整，将2013年名义GDP规模由80.2万亿奈拉小幅降至80.1万亿奈拉，实际GDP增速由此前预估的7.41%降至5.49%。

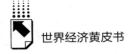

法，尼日利亚 2013 年 GDP 规模仅为 42.3 万亿奈拉，只有新方法计算所得的
一半。GDP 计算方法调整后，尼日利亚 2013 年度国内生产总值一举超越近年
来饱受罢工和经济增长缓慢困扰的南非，成为非洲第一大经济体和世界第 26
大经济体。

尼日利亚国家统计局 7 月还公布了计算方法调整后的首个季度 GDP 数据。
据统计，2014 年第一季度，尼日利亚国内生产总值 20.2 万亿奈拉（约合 1300
亿美元），按可比价格计算，比上年同期增长 6.21%。分产业看，第一产业增
长 5.53%，占 GDP 比重为 17.3%；第二产业增长 4.84%，占 GDP 比重 26%，
其中，石油和天然气开采业下降 6.6%，占 GDP 比重 13%；第三产业增长
7.2%，占 GDP 比重 56.7%。分析显示，第一季度，化工和制药、非金属制
造、汽车装配、水泥、塑料和橡胶制造等行业增速超过 30%，以它们为代表
的非油气行业整体增长 8.21%，成为拉动尼日利亚经济增长的主要动力；油
气行业则表现欠佳，同比下降 6.6%。

除了增长速度相对较高以外，尼日利亚 2013～2014 年经济增长中还有一
系列亮点，诸如政府负债和外部债务较低、非石油部门 GDP 增长稳健、石油
收入相对充足、电信和金融部门的快速增长、电力部门私有化和农业领域改革
进展较为顺利等。世界银行在 2014 年 7 月发布的《2013 年非洲国家政策和制
度评估》报告中，给予尼日利亚 3.6 的评分，较上年提升 0.1，高于撒哈拉以
南非洲 3.2 的平均得分。报告认为，尼日利亚更为强劲的经济管理能力是其评
分稳步提升的关键，特别在公共债务政策和贷款管理方面，成立于 2000 年的
联邦债务管理办公室（DMO）发挥了重要作用，有效增强了尼日利亚政府债
务管理能力。人均 GDP 较低、基础设施落后、政局紧张和 2015 年大选带来的
不确定性等因素有可能制约尼日利亚未来经济增长。

三　西亚非洲地区经济展望

总体上，西亚北非地区 2013～2014 年的经济增长尽管已经出现反弹势头，
但是地区局势紧张再次为西亚北非地区的未来蒙上阴影。其他困扰西亚北非地
区国家的问题包括：财政盈余大幅减少；投资环境不佳，私人部门不活跃；失
业问题严重，就业过于依赖公共部门，并由此引发了寻租与腐败问题。世界银

行认为，为减少失业，西亚北非地区未来7年需要平均增长7%，而过去十年平均仅增长5.5%。在急需促进经济增长的同时，西亚北非地区还需要进行大胆的结构性改革，以让广大民众分享经济增长的收益为目标。为此，西亚北非地区国家需要采取的措施包括：改革补贴制度，提高产品和劳动市场的弹性，提高公共治理水平，改善投资环境，启动私人部门的活力。

撒哈拉以南非洲地区2013～2014年的经济增长较为强劲，基础设施和能源等领域投资旺盛，人口增长、实际人均收入提高以及价格相对稳定使得该地区私人消费强劲，政府消费稳步增长。撒哈拉以南非洲地区国家面临的主要问题包括：财政赤字高企，政府债务增速加快；失业率居高不下，年轻人失业问题尤为严重；出口放缓，进口需求强劲，经常项目赤字扩大。

展望未来，西亚非洲地区的经济增长面临一系列挑战，必须要应对以下诸多风险：①因政治与社会动荡带来的国内安全风险，尤其是伊拉克与叙利亚境内恐怖活动升级的风险，利比亚、突尼斯和也门等国家政治局势出现波动的风险；②大宗商品价格下降对该地区石油、农产品、矿产品和金属出口国经济增长造成负面影响；③全球金融条件收紧引起资本流入减少甚至外流，债务利息支出增加，公共债务负担加重，引发债务危机；④世界经济增长，尤其是美欧以及中国经济增长放缓，影响该地区出口、旅游、侨汇和资本流入；⑤通胀水平抬升迫使政府收紧货币政策。预计2015年西亚北非地区经济增长将进一步恢复，但复苏势头较为脆弱，容易出现反复，经济增长速度预计为3.5%～3.8%；撒哈拉以南非洲地区经济增长仍将保持强劲，经济增长速度预计为5.6%～6.0%。

参考文献

IMF (2014). "World Economic Outlook", October 2014.
World Bank (2014). "Global Economic Prospects", June 2014.

Ｙ.9
时代的挑战——中国经济转型综合征

张 斌*

摘　要：　随着中国收入水平持续增长，需求的趋势性转折引领经济进入转型期，中国开始从工业化社会逐渐向后工业社会过渡，经济转型对资源配置提出了新方向。由于政府职能错位与缺位，资源难以有效重新配置，供求失衡矛盾突出，经济增长动力不足。刺激政策和不匹配的金融市场化改革，进一步加剧了资源配置扭曲和金融市场风险，供求失衡加剧。"经济转型综合征"是指内生经济增长活力下降、不当的刺激性政策、金融风险增加三者之间进入恶性循环。克服经济转型综合征，需要与时俱进的发展理念、完善对政府的制衡机制，进而纠正政府职能缺位和错位。

关键词：　经济转型　刺激政策　金融市场脆弱性

　　全球金融危机以来，中国宏观经济运行特征发生了转折性变化。最突出的是经济增速从危机前的上升趋势转为危机后的下降趋势。从 2001 年到 2007 年，中国 GDP 平均增速 10.8%，且增速由低到高逐年上升；而从 2008 年到 2013 年，平均增速下降到 9%，呈增速趋势性下降。2013 年，GDP 增速下降至 7.7%。迄今没有明显的趋势拐点出现，经济下滑压力还在持续，对刺激政策的呼声和争论不绝于耳。

　　经济增速转折性变化的同时，诸多经济结构指标也出现显著变化。从支出

---

　　* 张斌，中国社会科学院世界经济与政治研究所研究员，主要研究领域为开放宏观经济学。

结构看，危机后最突出的变化是投资在总支出中的比重进一步上升。从2001～2007年，固定资本形成与GDP之比平均达到40.4%，远高于全球平均水平和与中国类似收入的国家水平。2008～2012年，该比率进一步提高到47%。资本形成与GDP之比上升，同时伴随GDP增速的显著下降，结果是新增每单位GDP所需的新增投资大幅增加，即边际资本产出比（Incremental Capital-Output Ratio，ICOR）迅速上升。无论ICOR变化原因如何，金融危机以后中国每增加1单位产出所需要的新增资本形成大幅增加。从产业角度看，金融危机后的突出变化是工业部门在整体经济活动中的占比下降。2001～2007年与2008～2013年两个时期相比：从增加值构成角度看，后一个时期工业增加值在GDP中的占比持续下降，建筑业和服务业占比持续上升。

表1　各项支出与产业在GDP中的占比

单位：%

阶段	消费	资本形成	净出口	第一产业	工业	建筑业	第三产业
2001～2007年	55.1	40.4	4.5	12.6	40.9	5.5	41.0
2008～2012/2013年*	48.8	47.0	4.2	10.2	39.4	6.6	43.8

注：* 支出法数据截至2012年，产业数据截至2013年。
资料来源：Wind。

另一个引起广泛关注的变化是金融危机后负债率快速上升。2001～2007年，中国的各部门债务占GDP之比从162%上升到172%，累计增幅为6.2%；2007～2012年，该比值从172%上升到215%，累计增幅为25%。跨国比较来看，中国总体的债务占GDP之比处于中游水平，但是企业部门债务占比太高和债务上升速度太快引起了对金融市场风险增加的广泛关注和担忧。[1]

经济增速持续下行、工业部门在经济活动中占比持续下降、投资效率下降和金融市场风险上升同时发生，政府需要不断采取刺激政策才能避免经济增速继续下行。这与危机前十年的中国宏观经济运行形成了鲜明对比。本文的主要目的在于理解这些变化的原因，分析当前和未来中国宏观经济运行面临的挑战。

文章主要结论是：①随着中国收入水平提高，中国已经开始进入后工业社

---

[1] 李扬、张晓晶、常欣：《中国国家资产负债表2013》，中国社会科学出版社，2013。

会，国际和国内两个市场都不再支持工业品部门的高速增长；②后工业社会对服务业有旺盛需求，但是由于政府职能错位与缺位，服务业发展潜力难以释放；③工业部门产能过剩与服务业供给得不到满足的供求失衡现象凸显，经济增长动力下降；④不当刺激政策和不匹配的金融市场化改革加剧资源配置扭曲和金融市场风险；⑤经济内生增长动力下降、不当的刺激政策、金融市场风险加剧三者之间进入恶性循环，是为"经济转型综合征"；⑥克服"经济转型综合征"，需要树立新理念、完善对政府的制衡机制，进而纠正政府职能缺位和错位。

专栏1 对未来中国经济增速变化的几项研究结论

蔡昉和陆旸基于经济增长核算框架，认为中国2011～2015年期间的经济增速为7.19%，2016～2020年期间的潜在经济增速为6.08%，经济增速的下降同时来自资本和劳动力积累速度放慢和全要素生产率（Total Factor Productivity，TFP）增速的下降。① 艾肯格林等人发现，当人均收入进入10000～11000美元区间和15000～16000美元②区间时，经济增速开始放慢。③ 中国目前按照购买力平价计算的2005年不变美元的人均GDP处于9000～10000美元之间，已经接近经济增速下降阶段。他们还指出，消费在GDP占比过低和汇率低估的国家，经济增速放缓会更加明显，作者认为未来中国经济速度会显著下降。纳巴等假定中国在当前收入水平上TFP增速与国际经验一致，在此基础上预计中国2013～2030年期间的GDP增速会维持在6%。④ 这些研究对未来中国经济增速变化提供了启示，但是缺少对未来经济增速下降的机制分析。

一 后工业社会来临

经济转型是经济发展过程中的普遍现象，是通向更高发展阶段的必由之

---

① 蔡昉、陆旸：《中国经济的潜在增长率》，《经济研究参考》2013年第24期，第8～9页。
② 按照购买力平价计算的2005年不变美元。
③ Eichengreen B., Park D., Shin K., "Growth Slowdowns Redux: New Evidence on the Middle-income Trap", *National Bureau of Economic Research*, 2013.
④ Nabar M. M., N'Diaye P. M. B. P., "Enhancing China's Medium-Term Growth Prospects: The Path to a High-Income Economy", International Monetary Fund, 2013.

路。美国社会学家丹尼尔·贝尔在1973年发表了享誉世界的著作《后工业社会的到来：社会预测的一次尝试》，书中指出美国社会将经历前工业社会、工业社会和后工业社会三个发展阶段。丹尼尔·贝尔认为，后工业社会的典型特征是从工业经济向服务业经济的转换，还伴随着职业结构分布、统治力量、社会决策机制等一系列的转换。在丹尼尔·贝尔著作发表的时候，他认为当时的世界只有美国已经进入后工业社会，西欧、日本和当时的苏联处于工业社会，其他更多的国家还处于前工业社会。

丹尼尔的预测很快就在其他国家得到应验。以德国、法国为代表的西欧国家和日本在进入20世纪70年代之后不久，制造业在经济中的比重开始下降，服务业占比上升，开始了向后工业社会的转型。中国台湾、韩国在20世纪80年代中期以后，开始了向后工业社会的转型。时至今日，所有发达国家都进入后工业社会阶段。

只有那些收入达到了一定门槛值之后的国家才会面临转型。国际上的普遍经验是，当一个国家人均收入达到8000～9000国际元（1990年不变价格）时，工业增加值在GDP中的占比开始下降，服务业增加值在GDP中的占比更快上升。文献对工业部门增速趋缓和服务业部门扩张的解释主要集中在两个方面。①需求方力量：收入增长过程中，每单位收入增长所带来的对服务业产品需求增加超过对农业和工业品的需求增加，这是造成服务业相对于工业部门扩张的趋势性力量；收入增长带来生产成本提高，低附加值工业品竞争力下降并退出市场，这是经济进入转型期、高附加值工业品尚未获得国际竞争力的阶段性现象。① ②供给方力量：服务业部门TFP增速低于工业部门，在服务业产品相对价格有利变化的驱动下，服务业部门在GDP中的占比不断扩张。②

---

① Laitner J. ，"Structural Change and Economic Growth"，*The Review of Economic Studies*，2000，67（3）：545 – 561；Kongsamut P. ，Rebelo S. ，Xie D. ，"Beyond Balanced Growth"，*The Review of Economic Studies*，2001，68（4）：869 –882。收入和工资成本提高带来的低附加值工业品退出国际市场，但不足以解释工业品部门增加值在GDP中占比的趋稳或者持续下降。

② Baumol W. J. ，"Macroeconomics of Unbalanced Growth：the Anatomy of Urban Crisis"，*The American Economic Review*，1967：415 –426；Ngai R. ，Pissarides C. A. ，"Structural Change in a Multi-sector Model of Growth"，2004.

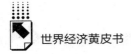

中国正处于工业部门增加值在 GDP 中占比下降、服务业部门增加值在 GDP 中占比提高的经济转型期。根据以上国际经验，中国制造业在 GDP 占比中下降应该发生在 2010 年前后。事实上，中国经济转型大概也在此期间发生。2008 年以前，中国制造业在 GDP 中的占比持续上升；2008 年以后开始下降。2008 年与 2013 年相比，工业增加值在 GDP 中的占比从 41.5% 下降到 37%，第三产业增加值在 GDP 中的占比从 41.8% 上升到 46.1%。劳动力工资水平提高是造成工业增加值增速下降趋势的主要原因，具体的机制如下。

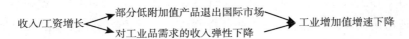

以汽车、电冰箱、洗衣机、彩色电视机等几种主要工业最终产品的需求收入弹性来看，1998～1999 年彩色电视机需求收入弹性进入下降趋势；2003～2007 年电冰箱、洗衣机和汽车需求收入弹性进入下降趋势（见图 1）。随着中国收入的持续增长，上述市场内生的趋势性力量还会继续发挥作用，这对既定的产业结构带来了供求失衡和结构调整压力。

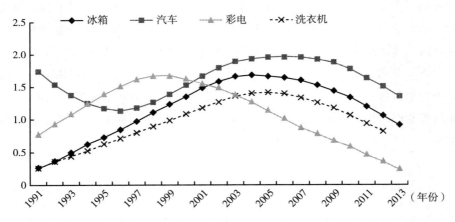

图 1　中国主要工业产品的需求收入弹性

说明：需求收入弹性用工业品销量增速除以城镇居民人均可支配收入增速，取 hp 滤波值。

资料来源：Wind，笔者计算得到。

敏锐的学者对中国向服务业经济的转型提出质疑。中国2008年以来的工业部门增速下降，主要是因为外部经济环境变化和由此带来的出口增速下降造成的，中国也许还没到达后工业社会。对于这个质疑的反驳意见是：出口增速下降的主要原因并非外部经济环境变化，而是内因，不是周期性原因，而是趋势性原因。更高的收入水平是解释中国出口增速下降的主要原因（参见本文专栏2）。

专栏2　中国经济增速下降：周期性原因和趋势性原因

1. 周期性因素

从支出法看，2001~2007年期间与2008~2012年期间相比，中国GDP增速下降的最主要组成部分是净出口对GDP增速贡献下降。后期GDP平均增速较前期下降了1.81个百分点，其中仅是净出口对GDP增长的拉动就下降了1.74个百分点，解释了平均增速下降的96%。净出口对GDP增长拉动的下降，主要来自出口增速下降远超出进口增速下降。前后两个时期相比，出口平均增速下降了13.6个百分点，进口平均增速下降了9.6个百分点。因此，对出口增速大幅下降的合理解释是理解金融危机后中国经济增速下降的关键。

GDP增速分解和进出口增速

单位：%，百分点

时间段	GDP增速	对GDP增长的拉动:最终消费支出	对GDP增长的拉动:资本形成总额	对GDP增长的拉动:货物和服务净出口	出口增速	进口增速	一般贸易出口增速	一般贸易进口增速
2001~2007	10.81	4.41	5.16	1.24	25.8	23.4	26.6	23.6
2008~2012	9.00	4.45	5.05	-0.50	12.2	13.8	14.0	18.6
变化	-1.81	0.04	-0.11	-1.74	-13.6	-9.6	-12.6	-5.0

资料来源：Wind。

毋庸置疑，2008年以后中国出口增速的快速下降与金融危机带来的外部冲击有直接联系。从中国外部经济增长和外部经济进口增长两个维度看，金融危机前后呈现了趋势性的上升和下降。外部经济环境的周期性变化，能够部分解释中国出口增长在金融危机前后的上升和下降，也因此部分解释了中国经济增长在金融危机前后的周期性上升和下降。

163

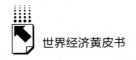

2. 趋势性因素

但是，外部经济环境变化远不足以完整解释中国出口增速在危机前后的变化，也因此远不足以解释危机后中国经济增速的持续下降。出口增速可以分解为进口国进口增速的变化（反映外部经济环境变化），以及中国在国际市场上的市场份额变化（粗略地反映了市场竞争力变化）之和。[①] 2001~2007 年期间与 2008~2012 年期间相比，后期中国出口平均增速下降了 13.6 个百分点，其中进口国进口增速下降带来了 4.6 个百分点，市场份额增速下降了 7.6 个百分点。这说明外部经济环境变化仅仅解释了危机后出口增速下降的一部分，但不是主要部分；中国出口市场份额增速的显著下降对解释金融危机后中国的出口增速下降更重要。

出口增速分解

单位：%，百分点

时间段	中国出口增速	全球进口（除中国）增速	出口市场份额增速
2001~2007	25.8	10.9	13.5
2008~2012	12.2	6.3	5.9
变化	-13.6	-4.6	-7.6

资料来源：Wind。

茅锐与张斌关于 2000~2010 年期间中国出口市场份额增速变化的研究表明，交易成本下降和劳动力成本上升是决定中国市场份额变化最主要的两个因素：前者促使中国出口市场份额增长，后者则是份额下降的主要原因。汇率、技术进步等因素对局部市场和产品的出口市场份额变化发挥不同程度的影响，但总体上让位于前两项的主导作用。[②]

加入 WTO 带来的红利逐渐消失，部分解释了中国出口增长的趋势性下降。2001 年中国加入 WTO，所带来的不仅仅是外部经济体对中国的关税和非贸易

[①] 定义出口 = X，其他国家的进口 = M，中国在其他国家进口中的市场份额 = S，X = M × S，等式两边求导并除以 X，得到 dX/X = dM/M + dS/S，即出口增速等于进口国进口增速的变化与中国在进口国市场份额变化之和。

[②] 茅锐、张斌：《中国的出口竞争力：事实、原因与变化趋势》，《世界经济》2013 年第 12 期，第 3~28 页。

壁垒下降；还包括了国内为了适应 WTO 规则而推行的一系列简政放权改革。这些国内改革措施为制造业产品生产和贸易建立开放、公平竞争的市场环境，降低了交易成本。随着时间推移，交易成本下降的速度不断趋缓，部分解释了中国出口增速的趋势性减缓。

劳动力成本上升部分解释了中国出口增长的趋势性下降。劳动力成本自 2003 年以来经历了快速的上升。过去十年，中国城镇就业人员平均名义工资年均增速在 10% ~ 18% 区间。造成工资高速增长的主要原因有两个。主导性的原因是制造业部门的技术进步和资本深化带来了制造业部门劳动生产率的持续快速提高。在一个相对自由的劳动力市场环境下（特别是相对于农民工而言），制造业部门的工资上涨传递到其他部门，带来了全社会的工资上涨。这也可以看作是工资上涨的需求方因素。另一个原因是供给方因素。中国工作年龄人口在总人口中的占比在 2010 年前后出现了转折性变化，之前是持续上升，之后开始快速下降。工作年龄劳动力总的增速在 2010 年以后也开始了快速下降，2013 年总工作年龄人口出现了负增长。[①] 劳动力供给面变化对工资的影响究竟有多大还没有看到很好的实证研究。

无论是 WTO 红利递减，还是劳动力成本（收入）上升都是趋势性因素，依托国际市场支撑中国出口和工业品部门高增速将受到趋势性的影响。

二　经济转型综合征

在理想环境下，收入增长带来的需求结构变化，会让服务业产品相对工业品的价格提高，市场力量会驱使更多资源自发地进入服务业部门，服务业部门扩张加速，工业部门扩张合理放慢。但是现实并非如此。在中国目前环境下，由于政府职能的缺位与错位，服务业发展潜力得不到充分释放，工业部门的产能过剩持续得不到纠正。本文把中国经济目前面临的挑战称为"经济转型综合征"（以下简称综合征）。综合征的逻辑线索如下。

---

① 中国劳动人口增速和就业人员平均工资增速的数据，参见 Wind。

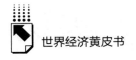

1. 公共服务供给不足

服务业的重要组成部门是公共服务，包括基础教育、基础卫生和医疗服务、基本社会保障、环境保护、保障性住房、公共交通以及诸多基础设施建设等市场难以有效提供，需要政府利用公共资源投入提供的服务。随着中国收入水平提高和城市化进程的不断推进，对公共服务的需求日益迫切。目前中国大城市面临交通拥堵、环境污染等日益严峻的城市病。一些官员和学者把城市病归咎于城市人口和规模的快速增长。但是，比北京、上海、广州等特大城市容积率高的香港、纽约、东京等大城市的城市病却得到了很好解决。推进城市化，尤其是发展大城市的集聚优势依然是中国经济发展的主要动力源泉。① 各种城市病凸显的根源，是公共服务滞后于城市发展。② 公共服务缺失和不足成为中国推进城市化进程最大的制约因素。

公共服务供给主要面临两个难题。一是激励机制扭曲。各级政府公共政策决策最看重的是 GDP 和税收增长③，这紧密关系到地方官员升迁和官员群体福利④。提供公共服务更多被政府视为只有投入、鲜有回报的负担。政府在改善公共服务方面的意愿和投入严重不足，且缺乏有效的外部监督。二是信息扭曲。即使政府有意愿改善公共服务，政府面临的另一个难题是基于何种信息有针对性地提供有效服务。公共服务源自本地居民复杂多样的需求，具有很强的本地化、非标准化特征，需因地制宜提供。只有广泛、充分接收基层民众信息，并经专家科学论证，才具备改善公共服务的信息基础。但现实决策中，没有机制确保公共服务决策的信息基础，基层群众的需求信息难以充分、有效地传递到政府。激励机制扭曲和信息扭曲，根源上都来自公共服务需求方和供给方处于严重的不平等位置。供给方可以置需求方利益不顾，需求方对供给方缺少有效监督和强制执行力量。

---

① 陆铭、向宽虎、陈钊：《中国的城市化和城市体系调整：基于文献的评论》，《世界经济》2011 年第 6 期，第 3~25 页。
② 爱德华·格莱泽：《城市的胜利》，上海社会科学出版社，2012。
③ 周黎安：《中国地方官员的晋升锦标赛模式研究》，《经济研究》2007 年第 7 期，第 36~50 页。
④ 徐现祥、王贤彬：《任命制下的官员经济增长行为》，《经济学（季刊）》2010 年第九卷第 4 期，第 1447~1466 页。

2. 中高端服务业供给潜力被抑制

这里所指的中高端服务业是指能够依靠市场力量由非政府部门提供的服务业，包括教育、医疗、铁路、航空、邮政与通信、金融中介、文化与娱乐、社会工作等服务业部门。上述服务业部门普遍处于行政措施保护下的国有资本经营格局。服务业市场准入严重受限，法律和政策等市场基础设施不健全，不同类型的市场参与主体难以做到公平竞争。

这样的中高端服务业市场格局，一方面带来供给不足和质量不如人意，另一方面带来高价或者是严重的排队。巨大的投资机会、就业机会和效率改善空间被浪费。究其原因，还是政府职能的缺位与错位，而服务的需求方对此缺少有效的外部监督和强制执行力量。

中高端服务业过度管制不仅遏制了服务业部门发展，也遏制了其他部门发展。垄断竞争格局下的服务业产品高价，也提高了工业品的生产成本和价格，遏制了对工业品的需求。一个相关的例子是垄断竞争格局下的交通运输高价提高了工业品价格，遏制了对工业品的需求。下面是对这个问题更完整的理解。

图 2 比较了完全竞争与垄断竞争市场结构下的服务业产品和工业产品市场均衡变化，以及最终的均衡产出变化。把服务业产品理解为中间投入品，把工业品理解为最终产品。较高的服务业价格水平意味着较高的边际成本和产品价格，对应着较低的产品需求，在服务业价格和产品空间内，产品市场均衡曲线向右下方倾斜。较高的服务业价格水平对应较高的服务业投入水平，以及较高的产出水平，服务业市场均衡曲线向右上方倾斜。无论是在完全竞争还是垄断竞争市场结构下，上述曲线的形状没有变化。区别在于，在给定的服务业价格水平上，垄断竞争的服务业市场结构下对应更低的服务业中间品投入和产出（或可理解为给定服务业中间品投入，要求更高服务业价格），服务业市场均衡曲线向左移动。垄断竞争市场结构下的均衡产出 E′ 会低于完全竞争市场结构下的均衡产出 E。

3. 金融业与服务业发展的不匹配

商业银行主导的金融体系在功能设计上难以为服务业融资。服务业具有以下几个特征：①需求本地化，服务业产品差异化高，生产经营的标准化程度低，难以像工业品那样进行大规模标准化复制；②人力资本密集型行业，普遍缺少有形抵押品；③平均意义上，服务业企业规模小，以小微企业居多。上述

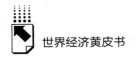

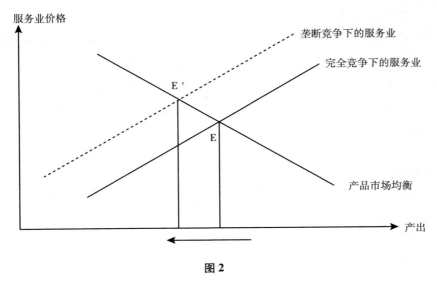

图 2

特征意味着服务业向商业银行融资将面临较高风险和成本。尽管服务业面临巨大的发展机遇，但是在不能很好管理风险的简陋金融体系下，服务业发展面临严重融资瓶颈。

发展金融体系，需要在金融中介、金融市场和金融基础设施等多个层面的全方位推进。需要更多私人机构参与金融行业，需要丰富的金融市场和金融产品，需要政府在支付体系、法律环境、公司治理、会计准则、信用环境、反洗钱以及金融安全网等多个方面的金融基础设施建设到位。政府再次面临金融监管职能方面的缺位与错位问题。

类似上述政府职能缺位与错位对服务业发展的遏制还有很多。比较突出的还有不当的土地政策、户籍管理政策等等。以土地政策为例，由于土地不能交易，中国城市土地的利用效率很低。土地不能得到充分利用带来两个后果，一是土地价格高，二是城市密度低，两者都提高了服务业的进入门槛和成本。

4. 不当刺激政策加剧经济结构失衡和金融市场风险

在需求结构转型的背景下，前述判断 1 + 2 + 3 遏制了服务业发展，经济供求不匹配的矛盾凸显，投资效率下降，经济增长和就业压力凸显。政策制定者在此环境下会选择宽松的货币和财政政策刺激经济增长。中国在 2008 ~ 2014 年不到六年时间里采取了三次经济刺激政策。第一次是 2008 ~ 2009 年应对金融危机的大规模刺激方案，后两次分别是2012年和2014年在面临经济增长压力时采取的小规模刺激政策。刺激政策的主要内容是放宽货币政策条件，增加对基础设施、保障房建设等的投资。宽松货币政策的目的很大程度上是为了降低公共部门的融资成本，保障基础设施建设项目投资。

设计欠佳的刺激政策会偏离经济转型所要求的资源配置调整指向，加剧经济结构失衡压力。刺激政策以建设项目为依托，增加了对工业部门产品的短期需求。从方向上看，刺激政策资源配置的引导方向与化解经济结构失衡所要求的调整方向不一致。刺激政策虽然存在以上方向问题，但如果经济结构调整对短期内就业和经济增长压力太大，增加建设项目就能够带来显著的正外部性，这些投资可以看作对过去基础设施投资欠账的弥补，是对工业部门产能的有效利用，不失为短期内化解结构失衡的权宜之计，对未来经济增长也有帮助。

更严重的问题是刺激政策的决策机制。中国在"铁路、公路、机场"为代表的标准化大型基础设施建设方面取得了很大进展，但是新增标准化大型基础设施的边际收益快速下降。主要原因是：①标准化大型基础设施建设的边际收益快速递减；②经济转型带来的经济减速削减了对标准化大型基础设施的需求；③基础设施建设不计成本，设计和后续管理存在严重缺陷。比如大而不当的广场和马路，长期空置的体育场馆，功能过于单一的地下交通网络设计等等。当前更迫切需要的是具有本地化特征的非标准化基础设施。比如城区地下基础设施建设、城市老旧基础设施维护和改造、城中村和城乡接合部改造、街道收费停车场，等等。

改善非标准化基础设施，需要地方政府在充分了解本地社会公众需求的基础上，在给定的预算约束下选择最迫切需要的基础设施项目。地方公众代表和相关专家在决策过程中应该发挥非常关键的作用。但是在目前中国的基础设施建设决策过程中，没有充分反映本地社会公众需求信息的合理机制，决策权主要掌握在中央和地方个别行政部门手里，有些地方几乎是当地政府一把手的个人决策。这种基础设施建设决策机制难以确保建设项目收益。

设计欠佳的刺激政策还对其他部门带来了负面挤出效应，扩大了结构失衡。挤出效应主要体现在两个方面。①信贷资源挤出。刺激政策所依托的地方融资平台（简称"平台"）有很强的投资冲动并且普遍面临预算软约束，平台

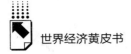

向商业银行或者信托公司和债券市场要求大量信贷资源。由于平台受到政府隐性担保，金融机构也倾向于把信贷资源向平台倾斜，中小企业面临的可贷资金下降，贷款利率提升。结果是即便在相对宽松的广义货币增长和社会融资总额增长的环境下，中小企业融资难、融资贵的呼声依然不绝于耳。②价格挤出。刺激政策支撑了工业品和房地产价格，也因此提高了服务业或者高附加值工业所需的工业原材料和劳动力投入价格，遏制了服务业或者高附加值工业部门的发展。

刺激政策大幅拉低投资回报，加剧金融市场风险。自 2008 年底中国启动连续几次刺激政策以来，中国投资效率开始大幅恶化。中国的固定资本形成在 GDP 中的占比以及边际资本产出比都远超世界平均水平，也远远超出历史平均水平。超乎寻常的高投资、低回报组合可以看作是映射的一端，映射的另一端是刺激政策牺牲消费补贴投资，是刺激政策驱动着大量不计回报的低效率投资。

5. 不匹配的金融市场化改革加剧经济结构失衡和金融市场风险

经济转型需要金融体系做出与之相匹配的调整。从国际经验来看，随着一国经济发展水平提高和经济转型，金融体系的复杂程度和自由化程度提高。这具体表现为：①更加完备和自由的金融市场：主要是指建立功能完备的各种金融市场，不仅是传统的银行信贷市场，还包括货币、外汇、债券、信托、衍生品等其他各种金融产品市场；按照市场供求的力量决定价格（利率、汇率市场化）；对国内和国外市场参与者的开放（资本项目开放）。②更加完备的金融机构：银行在金融体系中的作用相对下降，非银行金融机构（包括保险公司、投资银行、基金公司等）在金融体系中的占比增加；私人部门参与金融业的门槛降低，国有金融机构占比下降。③更加完善的金融基础设施：包括金融监管、会计和审计、清算和结算体系、评级机构等多方面设施更好地支持金融体系运行。上述更复杂的金融体系，从功能上不仅能更好地分散风险和优化资源配置，也能够帮助抵御各种冲击对金融体系稳定带来的压力，维护金融体系稳定。

国际经验表明，由于其他改革措施不配套，金融市场化改革会加剧资源错配和短期内的金融市场波动。韩国金融市场自由化时期，信贷资源进一步流向政府支持的大企业集团（Chaebols），尽管这些大企业集团主要集中于传统的产能过剩且运转效率低下。① 日本金融市场自由化时期，信贷资源加剧流向房地产部门，造成了房地产价格泡沫。② 众多研究发现，金融市场化改革会提高爆发银行危机和货币危机的概率。③ 利率市场化导致金融业竞争加剧，在缺乏合理有效监管的背景下会加剧道德风险和爆发危机的概率。资本项目自由化对金融体系稳定的冲击更是受到学术界的广泛关注和担心。④

中国自金融危机以来加快了金融体系改革。2008 年金融危机以来，中国的金融体系发生了重大变化，具体体现在以下几个方面：①影子银行体系发展；②人民币国际化和资本项目开放；③进一步的利率市场化和汇率市场化改革；④放松私人部门参与金融业的限制；⑤互联网金融发展等。与金融危机前相比，非金融企业的融资模式发生了显著变化，人民币新增贷款在社会融资总量的占比持续下降，企业债券融资占比持续上升。

金融体系改革符合未来经济转型的需要，但是在其他部门改革不匹配或者金融市场化改革次序安排不合理的情况下，加剧了资源错配和金融风险。典型的例子是影子银行体系发展。中国的影子银行业务与西方国家的影子银行业务大相径庭。影子银行业务发展的初衷是节约存款准备金成本、规避银行贷存比和资本充足率等管制，更多为实业界融资，进而获得更多利润。但是在国内，通过影子银行业务通道，更多信贷资金流向房地产和地方融资平台，中小民营企业融资难、融资贵现象更加突出。众多融资平台普遍存在预算软约束和政府隐性担保，不惜以较高的资金成本从影子银行通道获得资金从事大量建设项目。这些项目的商业收益普遍较低，未来投资收益难以覆盖利息和本金，加剧了资源错配和金融风险。

人民币国际化拓宽了海外持有人民币计价资产的渠道，是事实上的资本项

---

① Yoon Je Cho, "Korea's Financial Sector Reform Experience: Possible Lessons for China".

② Kanaya A., Woo D., "The Japanese Banking Crisis of the 1990s-Sources and Lessons", International Monetary Fund, 2000.

③ Demirgüç-Kunt A., Detragiache E., "Financial Liberalization and Financial Fragility", World Bank Publications, 1998; Kaminsky G. L., Reinhart C. M., "The Twin Crises: the Causes of Banking and Balance-of-payments Problems", *American Economic Review*, 1999: 473 - 500; *Financial Crises in Emerging Markets*, Cambridge University Press, 2001.

④ Stiglitz J. E., "Capital Market Liberalization, Economic Growth, and Instability", *World Development*, 2000, 28 (6): 1075 - 1086.

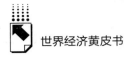

目自由化改革。① 由于人民币汇率改革还未到位，大量外贸外资企业和投机者借助人民币贸易结算业务和人民币离岸市场，获得在岸与离岸人民币利差与汇差。企业资产负债表上的货币错配更加严重，央行被迫购买更多外汇资产并被迫放大资产负债表②，埋下未来金融市场动荡隐患。若未来投资者对中国经济基本面丧失信心，通过人民币国际化打开的资金流动渠道，中国金融市场将遭遇更大冲击。

6. 经济转型综合征

需求结构转型背景下，前述判断 1 + 2 + 3 意味着经济内生增长动力迅速下降；判断 4 则意味着短期内经济增速反弹，但为此付出的代价是难以持续的债务上升和经济内生增长动力进一步下降，这又提出了新一轮的刺激政策需要；不匹配的金融市场化改革还加剧金融市场风险。经济内生增长动力下降、不当的刺激政策、金融市场风险加剧三者之间进入恶性循环，投资者信心，房地产、股票等资产价格低迷加重了经济增速下滑压力，经济运行向更低的增长速度收敛，是为"经济转型综合征"。

结　语

化解经济转型综合征，关键在于纠正政府职能错位和缺位。如何帮助政府纠正？这不仅需要政府自身的努力，更重要的是树立与时俱进的发展理念，形成对政府的合理制衡机制，确保政府职能重新定位在正确的轨道上。

理念

发展理念层面上，"发展是硬道理""集中力量办大事""国家战略"等一系列相互关联的理念需要调整。产生这些理念的基础是中国在近百年来的屈辱历史。新中国成立以前，中国签订不平等条约、受邻国侵犯、在国际社会上地位不高，最重要的原因就是工业化程度太低，综合国力弱，导致打不过那些强盗。新中国成立伊始，为了不再让屈辱历史重演，中国政府集中力量发展工

---

① Yu Yongding, "Revisiting the Internationalization of the Yuan", ADBI Working Paper Series No. 366, July 2012.

② 张斌、徐奇渊：《汇率与资本项目管制下的人民币国际化》，《国际经济评论》2012 年第 4 期，第 63～73 页。

业，尽快实现工业化。无论是此前的计划经济，还是后来的市场化改革，最重要的目标都是增加工业部门实力。这是全体中国人的共识，中国人愿意为了这个目标做出奉献个人利益甚至是牺牲生命。

时至今日，中国已经成为世界第一制造业大国，第二经济大国，中国在国际社会成为举足轻重的力量。在各种能够比较的硬件上，中国与发达国家的差距不断缩小，有些领域甚至世界领先。在这个新背景下，上述理念以及由这些理念所支撑的重点保护或支持工业部门的各项政策，不仅浪费了大量政策资源，而且有悖于经济转型要求。国人现在普遍稀缺的，不是机器，也不是面子，而是更和谐的人际关系，更好的医疗和教育、新鲜空气，更照顾民生的公共服务和公共政策。这些是政策资源需要侧重的地方。

"民权""民生""社会公正""和谐社会""包容性发展"等理念会得到更多支持。与上面那些理念相比，这些理念更强调处理好个人与政府之间、个人与个人之间以及人与环境之间的关系。这些都是迎接后工业社会的理念基础。政府对个人权利的尊重和保护是改善公共服务和公共政策的基础。人与人之间的更多尊重和谅解，是优良服务品质的基础。

制衡

没有社会公众对政府的有效制衡，任何政府都会逐渐蜕化为服务于自身利益的特殊利益集团，政府职能错位与缺位在所难免，政府与社会公众的互动会陷入恶性循环。

有很多对政府的制衡手段，现有的法律、上级对下级的监督、政府部门之间的竞争、媒体和社会舆论监督、人民代表大会制度、政治协商会议制度等等。但是这些制衡手段对于纠正政府职能错位与缺位还显得很不够。是在现有制度安排下，挖掘现有制度被掩盖的制衡作用？还是挖掘新的制衡手段？需要摸索和尝试，找到一套符合中国国情的制衡政府行政职能的手段。

对政府的有效制衡需要全体公民意识的提高，需要公民积极参与公众事务。仅仅是指望政府靠自身的力量推动改革，转型就大功告成了是不切实际的幻想，世界上也没有这样的政府。成功的转型会让绝大多数人受益，也要求绝大多数人为之付出，特别是个人为了社会公众利益的付出。每一个关心和参与公共事务的动作都是小水滴，小水滴汇聚多了就可能成就更好的制度和政策，政府职能错位与缺位才能纠正。

专 题 篇

Special Reports

![Y].10

国际贸易形势回顾与展望

马 涛[*]

摘 要： 全球经济复苏之路依然漫长，美国等发达经济体的贸易开始
适度增长。尽管2014年全球贸易开局黯淡，上半年全球货
物贸易量还是呈温和增长之势。1~6月，全球货物贸易量同
比增长2.9%，明显低于WTO预测的4.7%。我们判断，经
济形势好转以及从年中开始主要国家出现的贸易反弹，预示
着下半年全球贸易将好于上半年。由于全球贸易增长格局发
生明显变化，我们预测2014年全球货物贸易增长率将在
3.5%左右。中期内，全球贸易增速很可能低于或者等于经
济增速，2015年全球贸易增长率估计会在3.5%~4%。此
外，多边贸易协定也有新进展，贸易便利化成为多边贸易规
则的一个新成果。但是近期印度等国对粮食安全的强硬立

　＊ 马涛，经济学博士，中国社会科学院世界经济与政治研究所副研究员，主要研究领域为国际
贸易、全球价值链等。

场，导致贸易便利化协议未能通过，迫使其向诸边形式发展。在区域贸易发展中，增加值贸易对 APEC 贸易投资的发展具有重要意义，全球价值链能促进亚太地区经济一体化和区域贸易发展。

关键词：　国际贸易　增长预测　贸易便利化协议　区域贸易

一　2013年国际贸易形势回顾

全球贸易在经过两年的低速增长后，2013 年国际货物贸易额达到 18.78 万亿美元，同比增长 2.1%，低于 2013 年 9 月预测的 2.5% 的增速，贸易量则增长 2.4%。贸易增长步伐缓慢的原因来自发达经济体进口需求不足和发展中经济体进口增长平缓。发展中经济体的贸易量从 2013 年中出现一定幅度的下滑，下半年进出口分别下降 1%，这是实际增长比预期偏低的主要原因。发达经济体的贸易量经历了温和复苏，下半年进出口分别同比增长 1.5% 和 1%。欧盟经济衰退造成的持久负面影响，加上欧元区失业率高企（德国除外），使得欧洲经济复苏缓慢。美联储的量宽政策在 2013 年下半年引发了发展中经济体的金融动荡，尤其是那些拥有庞大经常账户失衡的新兴经济体。上述因素是导致 2013 年国际贸易增长疲弱的主要原因。

2013 年世界商品价格平均下降了 2%，其中，金属、饮料（咖啡、可可豆和茶）和能源的价格分别比上年下降 4%、12% 和 2%，食品和农产品价格分别提高 1% 和 2%。大宗商品价格的下降使全球货物出口额增长（以美元计价的名义增长率）1.6%，略好于上年情况。受货物贸易和上年低水平增长的影响，2013 年全球服务贸易增速由上年的 2% 提高至 6%，服务贸易额为 4.63 万亿美元，占世界总贸易额的 20%。

2013 年的世界贸易呈现以下几个特点。

第一，2013 年全球贸易放缓的主要原因是发达经济体的进口需求不足（-0.2%）和发展中经济体的进口增长平缓（4.4%）所致。在出口方面，发

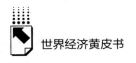

表1　2010～2013年世界货物、服务贸易和价格变化情况

单位：万亿美元，%

	贸易额		年度变化率			
	2013 年		2010 年	2011 年	2012 年	2013 年
商品贸易	18.78	名义增长率(出口)	22.0	19.4	−0.5	1.6
		实际增长率(出口)	16.7	9.2	1.8	2.1
		出口价格变化	5.3	10.2	−2.3	−0.3
		金属价格	—	14	−17	−4
		食品价格	—	20	−2	1
		饮料价格	—	17	−19	−12
		农产品价格	—	23	−13	2
		能源价格	—	32	1	−2
服务贸易	4.63	实际变化率(出口)	9.7	12.0	2.0	6.0

资料来源：WTO（2014），World Trade 2013，Prospects for 2014；日本贸易振兴机构（2014），ジェトロ世界貿易投資報告2014年版。

达经济体和发展中经济体仅实现了1.5%和3.3%的小幅增长。其中，欧洲经济持续衰退，以及欧元区经济体较高的失业率，使得欧洲整体和欧盟28国的进出口增长分别都是1%和4%（参见表2）。美国的进出口增长较上年出现倒退局面，2013年进口出现"零增长"，而出口增长仅为2%。英国由于2012年出口增速为负，2013年的出口增长高达15%。发展中经济体的贸易增长主要是亚洲国家引领的，但亚洲进出口增长也不过1%和2%。金砖国家的贸易增长更是依赖中国和印度的拉动，尤其是出口贸易，两国分别增长8%和5%。

表2　2013年世界主要国家和地区的货物贸易增长情况

单位：十亿美元，%

区域	出口					进口				
	出口额	年度变化(%)				进口额	年度变化(%)			
	2013 年	2005～2013	2011	2012	2013	2013 年	2005～2013	2011	2012	2013
世界	18270	8	20	0	2	18395	7	19	0	1
北美	2417	6	16	4	2	3198	4	15	3	0
美国	1579	7	16	4	2	2331	4	15	3	0
加拿大	458	3	16	1	1	474	5	15	2	0
墨西哥	380	7	17	6	3	391	7	16	5	3

区域	出口				进口			
	出口额	年度变化(%)			进口额	年度变化(%)		
	2013年	2005~2013	2011	2012	2013	2013年	2005~2013	2011	2012	2013
中南美洲	737	9	28	-1	-2	773	12	26	3	2
巴西	242	9	27	-5	0	250	16	24	-2	7
其他中南美国家	495	9	29	1	-3	522	11	27	5	0
欧洲	6636	5	18	-4	4	6595	5	17	-6	1
欧盟(28)	6068	5	18	-5	4	6000	4	17	-6	1
德国	1453	5	17	-5	3	1187	5	19	-7	2
法国	580	3	14	-5	2	681	4	18	-6	1
荷兰	664	6	16	-2	1	590	6	16	-1	0
英国	541	4	22	-7	15	654	3	15	2	-5
意大利	518	4	17	-4	3	477	3	15	-13	-2
独联体国家(CIS)	778	11	33	2	-3	575	13	30	6	1
俄罗斯	523	10	30	1	-1	344	13	30	4	3
非洲	599	9	16	5	-6	628	12	18	9	2
南非	96	8	19	-8	-4	126	9	28	2	-1
石油出口国	327	8	14	12	-11	199	14	11	10	9
非石油出口国	176	10	20	1	2	302	12	18	10	-1
中东	1332	12	40	7	-1	770	11	17	9	4
亚洲	5769	10	18	2	2	5855	10	23	4	1
中国	2210	14	20	8	8	1950	15	25	4	7
日本	715	2	7	-3	-10	833	6	23	4	-6
印度	312	15	34	-2	5	466	16	33	5	-5
NIE(4)	1295	7	16	-1	1	1300	8	19	0	0

注：NIE（4）包含中国香港、韩国、新加坡和中国台湾。石油出口国包括阿尔及利亚、安哥拉、喀麦隆、乍得、赤道几内亚、利比亚、尼日利亚、苏丹、刚果和加蓬共和国。

资料来源：WTO（2014），World Trade 2013，Prospects for 2014。

第二，多数工业制成品出口由上年的负增长逆转为正增长。从2013年第二季度开始，多数制成品的出口都逆转为正增长，只有钢铁产品出口为负增长。钢铁产业的周期性较强，钢铁贸易滞后于经济活动。2013年初，全球钢铁贸易量比上年降低10%，年末总共萎缩了4%。汽车产品贸易同样也具有周期性并具有先导性。2013年第一季度，汽车及其零部件贸易较上年同期下降4%，但是第四季度汽车产品贸易却比上年同期提高9%。这种反弹预示着汽车产业的复苏，与汽车行业投入品相关的贸易，如钢铁、电子产品和各种原材料等贸易也将会出现显著回升。此外，纺织服装、化工和工业机械等产品贸易在2013年也呈现正增长。

第三，保险服务和计算机信息服务引领服务贸易的增长。尽管2013年服务贸易增长6%，远高于上年，但是增幅还是赶不上前些年的速度。在整个服务行业贸易中，旅游服务业依然是贸易额最大的产业，贸易额为1.17万亿美元，其次是运输业，贸易额为9000亿美元。2013年，保险服务和计算机信息服务业的贸易额增幅最大，都是同比增长8%，旅游和金融服务业同比增长7%，都分别高于上年的增幅。但是各服务行业增速几乎全部低于8年（2005～2013年）来的平均增速。

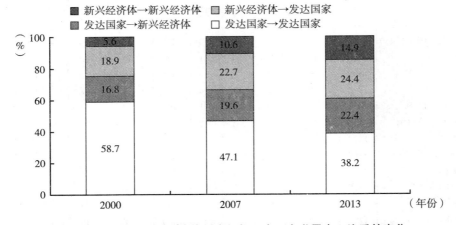

图1 发达国家/新兴经济体国家间相互出口占世界出口比重的变化

资料来源：日本贸易振兴机构（2014），ジェトロ世界貿易投資報告2014年版。

第四，发达经济体对新兴经济体出口扩大，新兴经济体之间的出口增幅停滞。从图1可以看出，自2000年以来，发达国家之间的出口占世界出口比重一直在收缩，2013年较上年微缩0.3%。而发达国家对新兴经济体的出口比重却不断提高，2013年为22.4%，较2012年扩大1.5%，可见发达国家的外需旺盛。新兴经济体对发达国家的出口比重近些年来一直有轻微的波动，总体呈不断扩大趋势。但是，新兴经济体之间出口比重却变化不大，2013年为14.9%，与2012年的15%基本持平。由此可见，不同国别间的出口贸易结构已经形成一个基本稳固的发展趋势。

二 2014年国际贸易的走势分析

（一）对2014年国际贸易形势的基本判断和分析

与前几年不同，2014年全球贸易增长的动力主要来自发达经济体复苏的巩固，同时增长的各种风险则来自发展中经济体经济增长放缓以及乌克兰等地的地缘政治紧张加剧等因素。2014年4月，世界贸易组织（WTO）发布的年度报告预测，2014年全球货物贸易将适度增长，增长率为4.7%。其中，出口方面，发达经济体将增长3.6%，发展中经济体和独联体国家（CIS）将增长6.4%。进口方面，发达经济体将增长3.4%，发展中经济体将增长6.3%。美国经济的强劲复苏以及欧洲经济条件的改善导致进口需求扩大，成为推动全球出口贸易增长的主要因素。

尽管预测的2014年全球贸易增长率将近是2013年（增长率为2.1%）的两倍有余，但还是低于近20年来5.3%的平均增长率。在过去的两年，全球贸易增长率平均仅有2.2%。从实际情况看，根据WTO和联合国贸发会议（UNCTAD）编制的数据，2014年第一季度，全球贸易比上年同期也只增加了2.2%。以美元结算的贸易增长更为缓慢，较2013年第一季度只增长了1.5%。经季节性调整之后，全球出口比前一季度只增长了0.5%，进口情况也同样如此。我们判断，2014年全球贸易的开局不利，预计全球贸易增速很难达到WTO此前预测的4.7%。

1. 基于几个指标走势的判断

第一，国际航运指标的变化显示国际贸易增速有起有落。国际航运市场是体现国际贸易景气的一个最直接的指标。国际航运市场情况可以通过波罗的海干散货综合运价指数（BDI）进行分析。从图2的BDI指数可以看出，在经历2013年第四季度大幅上升之后，2014年第一季度还处于相对高位，这可能是4月WTO做出较高贸易增速预测的事实依据。尽管第二季度BDI指数又开始徘徊在相对低位运行，不过从第三季度开始，该指数又出现上涨趋势，也显示出下半年全球贸易可能会出现一个"强势"反弹。

第二，全球市场需求有所改善，服务业发展好于制造业。在经历了2013

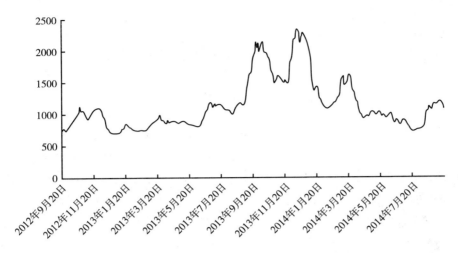

图2　干散货运输市场波罗的海综合运价指数 BDI

资料来源：根据凤凰网财经的价格指数绘制，http：// app. finance. ifeng. com/data/indu/ jgzs. php？。

年底全球制造业强劲复苏之后，全球及主要发达经济体采购经理人指数（PMI）进入一个上升通道。从图3可以看出，截至2014年8月，摩根大通全球综合PMI指数一路上扬，最高点为7月的55.5%，说明全球经济扩张继续加大。全球服务业PMI指数好于制造业PMI指数，平均高出近3个百分点，说明服务业PMI加速扩张促进了全球经济增长。其中，新订单指数也是稳步增长，最高点是6月的55.9%，新订单的扩大可以进一步稳固全球市场需求，提升国际贸易流量。从全球市场的发展可以看出，2014年外部需求不断扩张，这是全球贸易持续增长的重要前提和利好环境。如果下半年还延续这种扩张势头，全年贸易增长将会更加乐观。

2. 对主要经济体的经济增长分析

第一，美国等发达经济体的复苏势头增强，大幅降低了发生又一场全球经济下滑的风险。IMF首席经济学家奥利维尔·布兰查德表示，美国的复苏最为强劲，从某种程度上说，美国正在拉动世界经济增长。美国经济在2014年第二季度强烈反弹，增速同比高达4.6%，证实了今年年初的疲弱是反常现象，复苏已回归正轨。美国经济增速轻松超过4%的预期，这种反弹力度表明，全球最大经济体正加速增长，最近几个月的强劲就业数据也并非偶然。GDP数

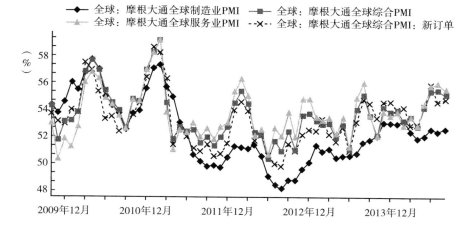

图3　全球分类别 PMI 和新订单指数

资料来源：Wind 资讯数据库。

据也表明，美国经济具备足够强的动力以降低失业率，这增强了美联储围绕何时需要加息的辩论。

第二，欧元区国家经济增长缓慢，通胀低缓，经济复苏或已戛然而止。据官方初步估计，欧元区 GDP 第二季度同比增长为零，第一季度增长 0.2%。自 2013 年第四季度以来，该指标环比增长依次为 0.8、0.4 和 0.1 个百分点，显示出经济提速的动力减弱。前三个季度，欧元区经济景气指数为几乎持平，均接近 0.3。

经济体量占欧元区 GDP 近 30% 的德国，与俄罗斯之间的地缘政治紧张不断升级，损害了市场对德国的信心，致使德国在 2014 年第二季度经济产出萎缩 0.2%，这是 2012 年底以来的首次萎缩。法国经济增长停滞，意大利则陷入自 2008 年以来的第三次衰退，这意味着欧元区三大经济体没有一个在第二季度实现了正增长。荷兰经济在 2014 年第一季度萎缩后，第二季度增长 0.5%，葡萄牙和西班牙第二季度均增长 0.6%。

第三，新兴经济体和发展中经济体经济增长表现各异，总体来看，增长水平明显低于前几年。在发达经济体经济复苏略显强劲之时，以金砖国家为代表的新兴经济体的经济增速却处于放缓状态。受工业活动减弱和投资疲弱的拖累，俄罗斯和巴西经济继续呈下行趋势，特别是在乌克兰局势的影响下，俄罗斯经济可能陷于停滞。印度和南非经济将会有所好转，但是向好基础仍需进一步夯实。中国继续深化经济转型，同时贸易结构也在不断调整。第二季度，中国对金砖国家贸易有所回升，对金砖国家贸易占中国总贸易中的比重在6月重新回升至7.6%。

（二）2014年上半年国际贸易的基本情况

第一，与2013年同期相比，国际贸易在2014年上半年呈现出温和增长态势，且增幅波动不大。荷兰经济政策研究局根据2014年1~6月份数据计算，全球货物贸易量同比增长2.9%，增幅较2013年同期明显提高。此外，分月度的增长态势也较为稳定（参见图4），尤其是4、5、6月呈稳步增长，最高增幅为3.5%。贸易量的月度环比变化却较大，基本还是呈现"锯齿状"波动，2014年前6个月，只有4月和6月分别环比增长1.8%和0.1%，其他月份均是环比负增长。尽管2014年上半年全球贸易"开局黯淡"，实际增长距离4月份预测的4.7%的增长幅度差距较大，但是一些发达经济体的超预期表现将会推动全球贸易下半年的提升。根据上半年的贸易增长情况，我们认为，与2013年同期相比，世界贸易还在稳步、温和地增长，若要实现较大的增幅还需要潜在的增长动力，特别是要重拾新兴经济体的贸易增长。

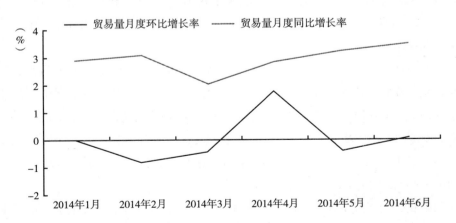

图4　2014年1~6月全球货物贸易增长的月度变化

资料来源：根据荷兰经济政策研究局（NBE）《2014年世界货物贸易监测数据》计算。

第二，在2014年上半年全球贸易量呈现温和增长情形下，发达经济体和新兴经济体的进出口量基本相当（参见表3）。从分月度进口数据看，发达经济体的各月进口量呈小幅增长态势，6月略有些波动。新兴经济体前6个月的进口量波动略微显著，尤其是5月的波动较大，这与亚洲的进口表现密切相关。从分月度出口数据看，发达经济体和新兴经济体的出口增长都较为平稳。从绝对出口额和增长幅度上看，新兴经济体要好于发达经济体，其中亚洲的贡献最大，而中东欧国家出口波动较大。美国和欧元区乐观的出口表现，也令人期待下半年出现大幅的提升。总体看来，上半年全球贸易同比表现出适度的增长，主要发达经济体年中超预期的表现，会给全年贸易增长带来一抹亮色。

第三，2014年上半年，世界主要发达经济体的贸易状况稳中有升，成为全球贸易增长的核心动力。经季节因素调整后的美国商品和服务出口在7月增长4.6%，达到1980亿美元，进口增长也达4%。而提升美国出口的一个因素是当月汽车及其零部件的装运量比上月提高12%，但这一强劲态势不大可能在8月再次出现。美国强劲复苏的贸易增长数据为预期乐观的全球贸易形势进一步增色。7月，日本的出口提高3.9%，进口增速虽不及出口，但仍同比增长2.3%。

表3　2014年1~6月世界分地区贸易量

单位：亿美元

时间	1月	2月	3月	4月	5月	6月	合计
进口	14311.8	14156.3	14127.8	14269.2	14064.6	14227.6	85157.3
发达经济体	7082.9	7004.4	7081.2	7136.4	7118.2	7082.6	42505.6
美国	1821.0	1778.1	1838.8	1876.5	1864.9	1835.1	11014.4
日本	605.0	575.3	623.1	561.7	547.1	566.7	3479.0
欧元区	3218.3	3218.3	3195.1	3243.7	3243.1	3219.9	19338.4
其他发达经济体	1438.5	1432.7	1424.2	1454.5	1463.0	1460.9	8673.9
新兴经济体	7228.5	7151.4	7046.2	7132.3	6946.1	7144.5	42649.0
亚洲	3796.4	3750.6	3690.1	3739.3	3564.1	3779.7	22320.2
中东欧	1239.3	1205.4	1188.6	1206.8	1191.1	1160.2	7191.4
拉美	816.5	819.8	779.9	781.7	781.3	786.0	4765.2
非洲和中东	1376.4	1375.7	1387.7	1404.5	1409.7	1418.2	8372.6
出口	13839.9	13764.9	13684.1	14044.3	14131.2	14005.7	83470.1
发达经济体	6911.5	6910.7	6885.5	6946.2	6943.7	6883.6	41481.2

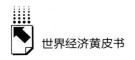

续表

时间	1 月	2 月	3 月	4 月	5 月	6 月	合计
美国	1275.6	1248.9	1278.2	1286.4	1301.5	1306.2	7696.7
日本	663.2	691.6	668.6	677.0	662.2	660.2	4022.7
欧元区	3595.4	3618.4	3582.6	3638.8	3639.3	3573.0	21647.5
其他发达经济体	1377.3	1351.9	1356.1	1344.0	1340.8	1344.2	8114.4
新兴经济体	6928.3	6854.1	6798.5	7098.0	7187.3	7122.0	41988.2
亚洲	4261.0	4225.6	4156.6	4447.2	4549.0	4531.6	26171.0
中东欧	1137.0	1080.5	1142.7	1147.1	1124.7	1073.4	6705.3
拉美	706.3	725.1	708.7	705.9	709.5	712.7	4268.2
非洲和中东	823.7	822.6	790.2	797.3	803.7	803.8	4841.3

资料来源：根据荷兰经济政策研究局（NBE）《2014 年世界货物贸易监测数据》计算。

第四，新兴经济体的出口因其自身特点而呈现两极分化的倾向。以制造业产品为出口导向的国家，尤其是亚洲国家将会在欧美需求复苏中大获收益，而拉美和非洲以大宗商品出口为主导的国家则受益不大，这与新兴经济体不同的出口增长结构有关。6 月，新兴经济体的出口额同比增长 5%，高于 5 月份的 3.9%，尽管出口在复苏，但是不太可能重返金融危机前的 15%～20% 的繁荣局面。不过，亚洲新兴经济体 7 月份的 PMI 指数较为乐观，说明亚洲新兴经济体的制造业厂商处于快速增长中，这与外部需求逐渐扩张有关。

（三）对2014年下半年国际贸易形势的预测

IMF 在 2014 年 7 月发布的《世界经济展望》将此前预测的 2014 年全球经济增长率从 3.7% 下调至 3.4%，2015 年为 4%。2014 年发生全球经济衰退的概率为 0.1%，远低于上年 10 月预测的 6% 的概率，2015 年发生衰退的风险也有类似幅度的降低。IMF 也警告称，世界仍面临"多年缓慢而欠佳的增长"，除非各国推行结构性改革以改进各自的增长。此外，经合组织（OECD）5 月份发布的经济预测报告称，全球几乎所有大型经济体 2014 年和 2015 年的经济前景都有所恶化。部分原因是今年初的经济"黯淡"开局，另有部分原因是地缘政治风险加剧，如苏格兰独立公投、中东以及乌克兰冲突的恶化都会损害世界经济前景。

图 5 给出了本文对 2014 年下半年全球货物贸易量走势的预测和判断，从

贸易量的预测值（图5中预测值的虚线部分）可以看出，7~12月全球贸易量可能会有一个较大提升，这将是引领全年贸易增长的一个重要引擎。下半年的6个月，不仅比上年同期有较大增长，而且各月环比增幅也较为强劲。从预测数据看，7~12月全球贸易总量约为88855亿美元，比2013年下半年的83488亿美元，增长将近6.4%，说明2014年下半年的贸易增速值得期待，更会拉动全年的增长。① 由于上半年全球贸易"开局"增长较为缓慢，即便是综合下半年较为强劲的增长预期，全年贸易增速要达到WTO预测的4.7%也尚有难度。基于此，我们预测2014年全球货物贸易增长率将会在3.5%左右。

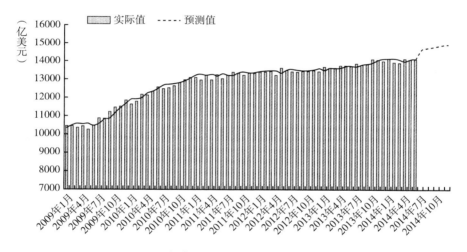

图5　全球货物贸易实际值与趋势预测

资料来源：根据NBE数据预测得到并绘制。

三　多边贸易协定和区域贸易的发展

（一）多边贸易协定的发展之"贸易便利化协议"

1. 贸易便利化协议的相关背景和含义

2013年12月7日，世界贸易组织第九届部长级会议在印尼巴厘岛落下帷

---

① 这里作者运用了双指数平滑法的预测，其中包含了趋势变动。

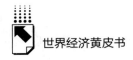

幕，发表了《巴厘部长宣言》，达成了"巴厘一揽子协定"。该协定是巴厘岛WTO 部长级会议的重要成果，也是多哈回合全球贸易谈判产生的一项协定。尽管在农业关税等敏感问题上发达国家与发展中国家仍陷入僵局，最终还是达成了一套更易于形成共识的"贸易便利化协议"。而在此之前，WTO 在长达18 年的历史中从未推动 159 个成员达成任何协定。

贸易便利化旨在优化货物通关措施，在加速全球贸易增长的同时，降低进出口商在进行跨境贸易时产生的贸易成本。[①] 与贸易自由化旨在降低关税不同，贸易便利化更关注的是一系列阻碍贸易发展的非关税因素，包括烦琐的海关手续和落后的交通基础设施等。贸易便利化可以从贸易扩张、拉动就业和提升经济收入等方面使各国获得收益，同时也需要投入一定的成本。根据国际商会预测，"巴厘一揽子协定"将为全球经济每年增加最多 1 万亿美元的贸易额，创造近 2100 万个就业岗位。

2. "贸易便利化协议"的最新进展

2013 年巴厘岛会议就已确定，2014 年 7 月 31 日是贸易便利化协议生效程序的第一个截止日期，WTO 成员需要在该日期前，在全体一致同意的基础上通过"贸易便利化协议"议定书，完成该协议批准手续，将其正式纳入到世界贸易体系规则中。然而，在期限日当天，WTO 发表声明称，其成员未能按计划在 7 月 31 日的最后截止日期前通过有关落实"贸易便利化协议"的议定书，也就未能将此协议正式纳入世界贸易体系规则中。造成该协议受挫的主要原因是印度在谈判中对本国粮食储备和粮食补贴的强硬立场，这源于印度存在以补贴价格向穷人供应食品的大规模项目，而 WTO 现存规则会限制这类项目的实施。此外，世贸成员国古巴、玻利维亚、阿根廷和南非也对"粮食安全"议题谈判进展不满。所以，该协议未能达成妥协，这就意味着 WTO 又进入一个充满不确定的状态，也是对多边贸易谈判体系的又一次打击。

印度等国的"阻碍"行为导致"贸易便利化协议"未能通过，但是如何分辨这是一种"阻碍"还是一个正当要求显得十分重要。实际上，多年前乌拉圭回合达成的《农业协定》对发展中国家就很不公平，并造成了一个荒谬的结果：谁在乌拉圭回合结束时补贴得越多，在多哈回合谈判中筹码就越多。

---

① 相关研究表明，贸易便利化协议生效后，中国企业的国际贸易成本可降低 13.2%。

谁最有实力补贴，谁的补贴反而最容易符合要求。在削减农业补贴的大背景下，发达国家占据着制定国际规则的优先权，而发展中国家要维护自身权利非常艰难。

实际上，"巴厘一揽子协定"的内容不仅包括"贸易便利化协议"，还有农业、粮食安全和发展等议题。印度等国只是要求粮食安全问题能够得到同样的推进，而对包括"贸易便利化协议"在内的巴厘会议成果没有任何疑义，但是此举却对"贸易便利化协议"造成了直接影响。2014年10月21日的总理事会议将决定多边机制下"巴厘一揽子协定"的生死存亡，如果届时没有达成共识，"贸易便利化协议"将会向诸边形式发展，即只对签字国生效，该协议则无法在所有成员中实施。

总理事会议结果表明，相关方的主要分歧仍未解决。按照协议条款，即使在第一个截止日期前，在全体成员一致同意的基础上通过该协议议定书，议定书还要交付世贸组织成员核准，第二个截止日期是2015年7月31日，2/3成员核准接受相关议定书后协议方能生效。WTO表示，鉴于第一个截止日期已经延误，要在第二个截止日期前如期完成核准工作"变得更为困难"。即便这样，WTO仍在努力打破僵局，并从10月22日起就贸易便利化协议、粮食储备及粮食安全、"巴厘一揽子协定"其他内容、"后巴厘工作计划"以及世贸组织自身谈判功能等内容展开新一轮磋商。

（二）APEC等经济组织需要实施全球价值链下的增加值贸易核算

1. APEC区域贸易中的增加值贸易核算

亚太经合组织（APEC）是亚太地区重要的区域性经济组织。在亚太区域贸易中实施增加值贸易核算方法具有重要意义。当然，增加值贸易核算对APEC贸易投资也是一个重要的实践应用。为厘清APEC各经济体之间的生产、经贸联系以及利得关系，增加值贸易核算能发挥巨大作用。亚太地区已成为全球价值链和供应链联系最为紧密的地区，但是各成员之间的发展差距远未弥合，人力资源、基础设施和机构建设之间的互联互通依然十分薄弱。

2014年APEC会议的主题是共建面向未来的亚太伙伴关系。5月18日，APEC贸易部长会议通过了《全球价值链中的APEC贸易增加值核算战略框架》，提出共同营建有利于全球价值链发展的核算体系和政策环境。全球价值

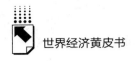

链下的增加值贸易核算这一新的统计体系，不仅能够推动区域经济一体化发展，也能促进经济创新发展、改革与增长，全球价值链还将对国际贸易投资新规则产生深刻影响。

APEC 的 21 个成员中一半以上是发展中经济体，区域贸易的纵深发展加强了成员的经贸联系。以中国为例，2013 年，中国与 APEC 其他成员之间的贸易额达 2.5 万亿美元，占中国对外贸易总额的 60%。在中国十大贸易伙伴中，有八个是亚太经合组织成员。根据 UNCTAD‐Eora 全球价值链数据库的数据，1990 年发展中经济体增加值贸易的份额为 22%，2000 年提高到 30%，2010 年则猛增到 42%。尽管发展中经济体在全球贸易中创造的增加值比重越来越高，但是其对进口投入品的依赖也有增无减。发展中经济体出口贸易结构的这种特殊构成，也体现出增加值贸易核算在贸易统计中的重要性。

全球价值链下的增加值贸易核算，不仅有助于全面深入研究亚太生产网络，也有助于进一步理解"全球制造"对亚太各国贸易竞争力和区域贸易发展的影响。借助这种新核算方法的全球价值链研究，可以更加客观地看待各国在对外贸易中的比较优势和分工地位的变化。当然，该方法还有助于分析全球化发展对中国参与全球和区域贸易，以及经济合作的影响。

2. 全球价值链对 APEC 区域经贸发展的影响

2013 年，APEC 领导人通过了促进全球价值链发展和基于前期互联互通工作的 APEC 地区合作协议。这项协议强调 APEC 各经济体间需要战略性合作，并采取措施营造全球价值链发展与合作的有利环境。在 APEC 成员之间构建有效的全球价值链，也成为不同发展水平 APEC 经济体的重要关切。鉴于当前参与亚太贸易体系成员需求的多样性，APEC 有必要建立一个全面的政策指南以引导和推进相互合作，并促进亚太地区可持续、包容和均衡增长。全面的政策指南将促进 APEC 贸易投资发展进程，也能鼓励成员积极参与全球价值链，以推动亚太区域经济一体化。全球价值链对 APEC 区域经贸发展的影响主要表现在以下几个方面。

第一，能够促进 APEC 中的发展中经济体更好地参与全球生产体系。由于 APEC 成员经济体的多样性，全面经济和技术合作将有助于保证发展中经济体参与全球价值链，也有助于其实现国内经济增长目标。将经济和技术合作进行整合以指明未来发展道路，实施有针对性的能力建设以帮助发展中经济体参与并提升在全球价值链上的地位。例如，可以通过全球价值链合作伙伴、人力资源发展规划以及 APEC 地区的技术扩散加以实现。

第二，有助于中小企业从全球价值链中获益。为 APEC 地区的中小企业实施基础设施、供应链互联互通、技术创新和国际标准的建设，不仅可以提高其自身能力，也能使其更容易融入全球价值链。APEC 应该构建开放、透明的法律法规和投资环境，促进中小企业和跨国企业的融合。还可以通过信息通信技术提高知识产权保护，或者提供详细信息以帮助中小企业获得贸易和投资相关的资讯，这样也有助于中小企业参与并提升其在全球价值链上的位置。

第三，为全球价值链发展改善投资环境。APEC 各经济体应该意识到采用法律法规和投资便利化措施，改善 APEC 地区投资环境的重要性。APEC 将助力各经济体开展合理的投资战略以便能快捷、公平、公正地进行投资交易。同时，APEC 还能创造和维护透明、健全的监管体系进而促进投资便利化。

全球价值链和供应链协定以及投资数量的增加，不仅改变了现有的 WTO 规则，也创造了新的多边贸易投资优惠政策。除了对 APEC 区域经贸发展的影响外，全球价值链和供应链也可以从根本上重塑多边贸易体制。

四 2015年国际贸易形势预测

尽管 2014 年 4 月 WTO 预测的 2014 年全球贸易增长较为乐观，但由于年初贸易增长毫无起色，要实现预期增长需要下半年有一个超越预期的增幅。2014 年全球贸易增长格局发生一些变化，欧美等发达经济体经济复苏较为强劲，而发展中经济体由于各种原因引领全球贸易增长的势头有所改变。IMF 将 2014 年全球经济增长预测从 3.7% 下调至 3.4%，说明经济下行风险仍不可小觑。总体而言，发达经济体还是在不断复苏之中，而新兴经济体的增长预期再度下调，这也就意味着全球贸易增长结构会随之有所改观。

2014 年 4 月 WTO 发布的贸易预测数据，显示出对 2015 年全球贸易的极大信心。这种信心表现在，预测 2015 年全球贸易将增长 5.3%，从而达到过去 20 年的平均增速，这也成为金融危机以来最为乐观的预测（前两年的全球贸易增长率平均仅为 2.2%）。其中，发达经济体和发展中经济体出口将分别增长 4.3% 和 6.8%，进口将分别增长 3.9% 和 7.1%。分区域的预测，亚洲的出

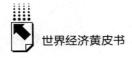

口增长将快于 2014 年的 7.2%，中南美洲将增长 5.5%，北美洲增长 4.5%，欧洲增长 4.3%；亚洲的进口增长率为 7.0%，中南美洲增长 5.2%，北美洲增长 5.1%，欧洲增长 3.4%。

同时，IMF 也预测了 2015 年全球经济增长 4%。我们可以看到，金融危机后出现了经济增速相对缓慢的"新常态"，贸易也可能出现同样的局面。基于这样的现实，全球贸易增速很可能会低于或者等于经济增速，2015 年全球贸易增长率估计会在 3.5% ~ 4% 之间。

2014 年前 7 个月，全球贸易增长格局延续 2013 年以来的发展趋势，即发达经济体复苏较为强劲，而发展中经济体的增速有所放缓。尽管美国和英国等国经济在复苏，但是发展中经济体却存在一些风险因素，包括印度和土耳其等国庞大的经常账户赤字、阿根廷等国的货币危机，以及地缘政治风险可能引发能源价格走高从而扰乱贸易流动等。地缘政治风险是全球贸易增长中一个不确定因素，各国应该运用相关政策规避这种风险，尽量减少对贸易的负面冲击。

参考文献

APEC（2014），"APEC Strategic Blueprint for Promoting Global Value Chains Development and Cooperation".

WTO（2014），"World Trade 2013，Prospects for 2014".

凤凰网财经，http：//app. finance. ifeng. com/data/indu/jgzs. php？。

荷兰经济政策研究局（NBE），《2014 年世界货物贸易监测数据》。

日本贸易振兴机构（2014），ジェトロ世界貿易投資報告 2013 年和 2014 年版。

吴海英：《2014 年全球贸易增长 4.7% 对中国出口意味着什么?》，世界经济与政治研究所《中国外部经济环境监测报告》2014 年 4 月 28 日。

Y.11
国际金融形势回顾与展望

高海红　刘东民*

摘　要： 2014 年主要发达国家货币政策有所分化，但总体保持了超
低利息环境。在此背景下，国际金融风险不断累积，市场
流动性增加，杠杆性融资仍维持较高水平，金融资本与实
体经济进一步脱节。与此同时，全球银行业"大到不能倒"
对金融监管提出严峻挑战。在市场走势方面，长期国债市
场深受美联储量宽退出政策影响，收益率走势一波三折，
但总体因流动性充裕度呈下降势头；新兴市场债券融资活
跃，发达国家政府和金融机构债券发行下降，但公司债发
行受寻求收益动机推动显著增加；全球股市在宽松货币支
持下总体走出牛市行情；外汇市场美元相对其他发达经济
体货币升值，新兴市场国家货币走势有所分化。业已累积
的金融风险是否在 2015 年酝酿新一轮危机取决于这一轮杠
杆性融资能否得到有效抑制，充裕信贷能否转化为企业投
资和盈利。

关键词： 国际金融风险　银行业监管　债券市场　股票市场　外汇市场

2014 年的国际金融市场持续动荡。在《2013 年国际金融形势回顾与展

---

* 高海红，中国社会科学院世界经济与政治研究所研究员，主要研究领域为国际金融；刘东民，
中国社会科学院世界经济与政治研究所副研究员，主要研究领域为国际金融。

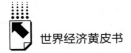

望》中，我们认为发达国家传统和非传统货币政策产生双重作用，一方面在短期内有助于稳定国际金融市场，降低了银行体系的脆弱性；另一方面对资产泡沫的形成埋下了隐患。在 2013～2014 年间，上述效应持续发酵。超长期宽松的货币环境不断累积市场流动性，其结果是主要发达国家政府债券收益率总体呈现先升后降的势头，全球股市普遍上涨，公司债券市场繁荣。然而在实体经济方面，企业投资仍然低迷，金融市场充足的流动性并没有转化为有效的投资，金融资本与实体经济再度脱节。流动性增加与全球经济缓慢复苏并存，这表明金融风险在持续累积。

一　国际金融风险

发达国家宽松的货币政策已经持续了 6 年。尽管近期美国、欧盟和日本中央银行的货币政策走向出现了一定的分化，美联储在年内开始退出量宽政策，而包括欧洲中央银行、英格兰银行和日本中央银行等在内的其他主要发达国家的中央银行仍继续推行量宽措施。在传统的利率政策方面，全球主要国家货币政策总体来看仍保持极度宽松的态势。如图 1 所示，美联储联邦基金利率自 2009 年以来一直维持在 0～0.25% 的超低水平；欧盟央行于 2013 年 5 月和 11 月两度降息，将再融资利率从 0.75% 降至 0.25%，2014 年 6 月再度降息至 0.15%；英格兰银行从 2009 年一直将基准利率维持在 0.5%～0.8% 的水平；日本中央银行从 2010 年 10 月以来将再贴现率保持在 0.05%～0.08% 的低位；其他主要发达国家的政策利率也维持在较低水平。超低的利率环境使得流动性得到了大规模的释放，其对金融泡沫累积的负面效应也不断显现。

具体来看，超宽松货币环境给国际金融市场带来的风险主要表现在如下两个方面。

（一）国际金融市场中以"寻求收益"（Search for Yield）为动机的投资增加

2013 年以来，以"寻求收益"为动机的投资持续增加。这表现为，首先，高收益、低级别债券发行呈现出加速势头（IMF，2014）。如图 2 所示，高收益公司债发行在经历了 2007～2008 年低迷之后从 2010 年开始活跃。到 2014

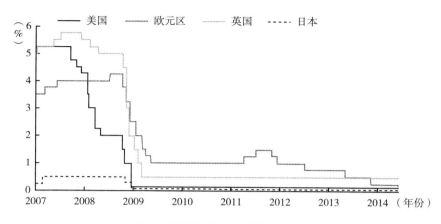

图1　主要发达国家政策利率走势

注：各国利率的平均数。

资料来源：国际清算银行数据库。

年第一季度，高收益公司债券发行占总发行比重基本接近危机前的水平。全球范围看，2013年底非金融私人部门的总债务占GDP比已回升至危机前的水平。企业资产负债表仍然脆弱，而其杠杆率却有增无减。

其次，在信贷市场上，2012年以来，杠杆性的银团贷款呈显著上升势头，到2014年第一季度杠杆性的银团贷款占总贷款比重约为41%，已经高于危机之前的36%水平。①

最后，在股票市场上，受"寻求收益"投资动机驱使，2013年以来的股价变动与公司盈利前景有多大关联性还有待观察。比如美国股市的上涨，以考虑周期因素的席勒市盈率来衡量，与公司盈利能力相比，现行股价亦然高估。换言之，企业投资和盈利仍然低迷，而资产价格却已呈现泡沫。

导致上述"寻求收益"动机驱动投资增长的主要原因是长期宽松的货币环境。宽松的货币条件刺激了市场流动性，市场波动性也同时大幅度降低。如图2所示，从2007年以来，反映未来30天市场波动性的芝加哥期权交易所市场波动指数（VIX）在经历了两次剧烈波动之后，其走势总体向下，到2014

---

① 杠杆性贷款指为级别较低的借款者提供的贷款。

年中期基本降至危机前的水平。[①] 与较低市场波动性如影随形的是投资者投资意愿不断攀升，这是这一时期股票市场、高收益和低级别的债券，以及杠杆性贷款市场繁荣的重要原因。从金融风险的角度看，杠杆性融资具有高违约率特征，是导致信贷危机的重要引擎。

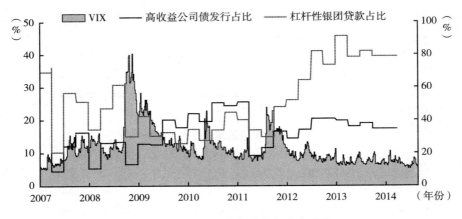

图2　投资者风险偏好变化与资金流向

注：VIX指芝加哥期权交易所市场隐含波动指数，以右轴表示，单位为年化百分比；高收益公司债券占比指高收益债券发行额占总发行额比重，月度数据，以左轴表示；杠杆性银团贷款占比指杠杆性银团贷款额占总贷款额比重，以左轴表示。

资料来源：根据国际清算银行数据库、Wind计算。

（二）新兴市场国家资本流动深受溢出效应影响

国际资本流动对发达国家货币政策异常敏感。自2013年以来，深受美联储量宽政策退出影响，新兴市场资本流动经历了先流出后流入的变化，特别是私人有价证券组合（Portfolio）资产的流动对美联储政策动向敏感。图3显示，从2013年中期至2014年一季度，包括亚洲、拉美和欧洲等在内的新兴市场净资本流动表现为流出态势；但从2014年二季度开始出现大幅度净流入。这其中，亚洲新兴市场净流入最为显著。在外汇市场波动率较低的同时，一些新兴市场与发达国家之间仍然存在着息差，这使国际投资者在进行外汇套息交易中

---

① 从2007～2014年上半期，VIX波动率出现了两次大幅度上升，一次出现在2008年后期雷曼兄弟倒闭引发的信贷危机时期；另一次出现在2012年前后欧债危机深度爆发的时期。

将新兴市场的货币作为目标货币。这成为新兴市场资本流动的重要诱因。①

然而，美联储前瞻性指引引导市场预期在 2015 年即将步入加息通道，但是美国持续改善的就业数据又使得市场相信加息会提前到来。一旦美国开始信贷收缩，国际资本会从新兴经济体大规模撤离。这对于那些资本项目开放、对外负债率较高、本币有贬值压力的国家来说，其金融稳定性将受到严重的挑战。另一方面，在经济全球化的今天，金融风险在发达市场与新兴经济体之间具有双向传递效应。新兴市场经济减速也会使向其提供贸易信贷的其他国家的银行形成潜在的坏账。

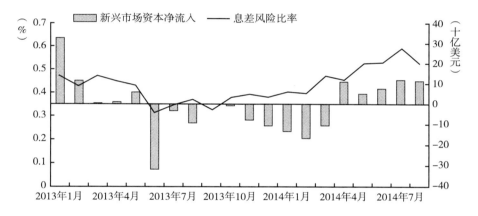

图 3　新兴市场资本净流入资本

注：月度数据。新兴市场资本净流入仅指私人有价证券组合净流入，单位十亿美元，以右轴表示；息差风险比率指包括巴西、智利、韩国和南非等样本新兴市场国家货币与美元之间的息差除以外汇市场隐含波动率，单位为%，以左轴表示。

资料来源：国际清算银行数据库。

展望 2015 年，不断累积的金融杠杆能否酿成金融危机，金融部门的健康状况具有决定性作用。由于金融周期与商业周期的非同步性，资产价格上升之后未必是经济繁荣，很可能伴随着金融危机（BISb，2014）。② 信贷过度扩张

① 除了韩国、智利和土耳其等国家央行降低利率之外，马来西亚、俄罗斯和南非等国家央行为应对国内增高的金融风险而提高利率。这些国家与美国等发达国家之间的息差，激励套息交易，并使得这些国家货币成为套息交易的目标货币。详细分析请见 BISa（2014）。

② 金融周期指以实际信贷增长、信贷与 GDP 比，以及实际不动产价格这三个指标来衡量的周期性波动。

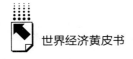

与资产价格交织上升很可能就是金融压力的预警信号。但在现实中，金融压力能否演变成金融危机要看金融部门的健康状况。在过去几年间，主要国家金融机构去杠杆进展顺利。除了爱尔兰、英国和日本金融机构负债仍然严重高企外，美国的金融机构的总债务负担已经降到十年前的水平。欧元区金融机构总体的收支表修复也已初见成效。这意味着即便出现大规模资产抛售，金融机构已有一定的自身抵抗力。

发达国家公共债务在危机之后没有显著的改善。除了德国之外，美国、欧元区、日本和英国的公共总债务占 GDP 比重都处于较高水平。这意味着发达国家仍将继续实施财政紧缩，财政政策刺激实体经济的余地仍然有限。对货币政策的依赖仍将持续一段时期。这让各国中央银行面临这样的两难选择：过早结束宽松货币政策将不利于实体经济；而延续超低利率有可能强化金融顺周期性，使不断累积的金融脆弱性最终演变为金融危机。

近期的地缘冲突和政局动荡增加了稳定和增长的变数。然而，美国经济先行复苏和稳健增长仍是全球经济步入繁荣通道的重要引领力量。这也让美联储货币政策调整的时间和程度成为全球金融市场的风向标。已经累积的金融风险是否酝酿新一轮危机，在相当程度上取决于美联储是否成功引导市场预期，平稳结束本轮超长信贷扩张期。

二 "大到不能倒"与全球银行业监管

具有系统重要性的大型金融机构对于一个国家乃至全球的金融稳定都具有潜在而重大的外部性，这是 2008 年金融危机给国际社会带来的极其深刻的教训。正因为如此，在危机后的国际金融监管改革中，加强对系统重要性金融机构的监管就成为少数几个鲜有争议的宏观审慎改革举措之一。但是，在 2014 年 4 月发布的《全球金融稳定报告》中，IMF 明确指出，全球银行业"太重要而不能倒"的问题依然十分突出，未来如果发生危机，政府还是要用纳税人的钱对这些大银行实施救助。事实上，解决银行业"大到不能倒"的问题具有很大的挑战性。

从 2011 年开始，金融稳定理事会（FSB）每年都发布"全球系统重要性银行"名单，共有 29 家银行上榜。从表 1 可以看出，排名前 20 位的银行，其资产规模都超过 1 万亿美元，这超出了当今世界多数国家的 GDP。排名最后一位的美国道富银行，虽然自身资产仅有 0.24 万亿美元，却托管着超过 20 万亿美元的金融资产。显然这些银行都是经济系统中的"航母"。

表1 2013 年 FSB 公布的 29 家全球系统重要性银行及其资产（按资产规模排名）

单位：百万美元

排名	全球系统重要性银行	资 产	排名	全球系统重要性银行	资 产
1	中国工商银行	3124990	16	三井住友	1534039
2	汇丰银行	2671318	17	富国银行	1523502
3	法国巴黎银行	2488562	18	荷兰国际集团	1486270
4	三菱日联	2451395	19	瑞银集团	1140651
5	摩根大通	2415689	20	裕信银行	1137450
6	中国银行	2291870	21	瑞信银行	977605
7	巴克莱集团	2224511	22	高盛集团	911507
8	德意志银行	2214869	23	北欧联合银行	866531
9	美国银行	2102273	24	摩根士丹利	832702
10	法国农业信贷	2087987	25	西班牙对外银行	824036
11	花旗集团	1880382	26	渣打银行	674380
12	苏格兰皇家	1701754	27	法国大众银行	399015
13	瑞穗	1669733	28	纽约梅隆银行	374516
14	法国兴业银行	1668917	29	道富银行	243291
15	桑坦德银行	1558687			

注：资产数据为 2013 年 12 月底的数据。

资料来源：根据 Thomson Routers Eicon 计算。

金融危机后国际社会逐步收紧了对系统重要性银行的监管。根据 FSB 的要求，一旦被认定为全球系统重要性银行，就需增加 1% ~ 2.5% 的附加资本。美国政府已经要求大银行提交应对危机的"生前遗嘱"，并根据新的金融监管法案强行要求银行剥离部分投行业务。但是，尽管受到日益严格的监管，世界各国的大银行仍然持续进行着资产扩张。2013 年，29 家全球系统重要性银行的资产总和达到 44.4 万亿美元，比 2007 年增长了 10.1%，其中只有 7 家银行相比 2007 年出现了资产紧缩。

特别值得注意的是，与欧美国家相比，亚洲国家银行业"大到不能倒"的问题尤其严重。从图 4、图 5 可以看出，中国和日本共有 5 家银行入选全球系统重要性银行，中国工商银行和三菱日联金融集团分居全球第一和第四。作为欧美银行中规模最大的汇丰银行，其资产比中国工商银行少 4537 亿美元。从图 6 显示的相对规模来看，美国最大三家银行资产之和占本国 GDP 的比重已经在危机后有所下降，2013 年仅占 GDP 的 38.2%，而中日两国的该比重一直处于上升状态，在 2013 年分别达到 85.9% 和 105.6%。

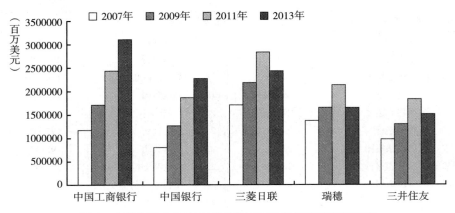

图 4 中国和日本 5 家全球系统重要性银行资产变化趋势

资料来源：根据 Thomson Routers Eikon 计算。

FSB 从全球活跃程度、规模、关联度、可替代性、复杂性等五类指标来评估一家银行对全球金融体系的重要性。由于中国和日本的银行资产大部分配置在本国，因此 FSB 对中日两国 5 家银行的全球系统重要性评估为第四类（即全球系统重要性的最低一级），仅要求增加 1% 的附加资本。但是，从国内系统重要性的角度来看，结合绝对规模和相对规模的数据，可以认为中日两国大银行所潜在具有的系统性风险和道德风险在全球是名列前茅的。导致这一现象的主要原因在于，中日两国的金融体系均以间接融资为主导，这使得银行业成为经济系统的绝对命脉。

国际社会对于防范系统重要性银行"大到不能倒"提出了诸多建议，概括起来主要有以下几方面内容：对系统重要性银行实施更高的资本充足率要求；针对这些银行实施"恢复与处置计划"（Recovery and Resolution Plans, RRPs）；限制银行规模和活动范围；减少对银行的救助；向系统重要性银行征收金融稳定税。但是，目前看来，除去第一条和第二条以外，其余政策的可行

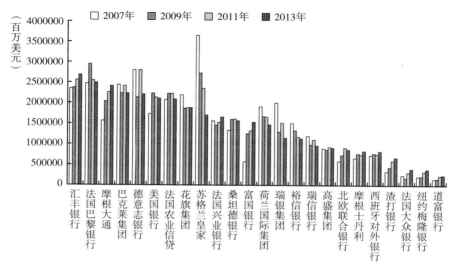

图 5　欧美 24 家全球系统重要性银行资产变化趋势

资料来源：根据 Thomson Routers Eikon 计算。

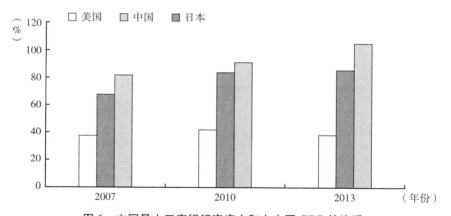

图 6　本国最大三家银行资产之和占本国 GDP 的比重

资料来源：根据 Thomson Routers Eikon，Wind 计算。

性与有效性十分有限。

　　首先，由于规模经济效应的存在，银行从自身发展的角度考虑，必然要扩大其规模，这是市场经济的内在特征。而在金融全球化时代，大银行所体现出的国际竞争力使得一国政府不愿意真正限制这些银行的规模扩张。其次，减少对银行的救助在理论上受欢迎，在实际中可操作性不高。放弃救助的前提是，政府能够确认该银行的倒闭不会引发系统性危机，而这是一项高难度工作。众所周知，放弃救助雷曼是美国政府严重的决策失误。欧央行为了防止欧元区解体，在过去几年向本地区大量的商业银行提供低利率贷款，这就是为银行提供了隐性补贴，是典型的救助行为。可是，站在维护欧元区稳定的立场上，欧央行的行为很难受到指责。最后，向大银行征收金融稳定税虽然是一个好建议，但是遭遇到银行界的强力抵制，在政治上不可行。在一些发达国家，金融业代表了国家核心竞争力，金融家可以对政界实施强大的影响。经历了严重的金融危机，西方银行业的利润率大幅下降，整个银行业处于复苏阶段，想在这一时期向大银行征收新税种，也不具备可行性。2011 年 7 月，FSB 提出世界各国监管部门建立针对系统重要性金融机构的"恢复与处置计划"。但是，到 2013 年底，在 FSB 所调查的 13 个亚洲国家和地区中，只有 3 个国家初步建立了这一机制。

综上所述，在可预见的将来，银行业"大到不能倒"的症结将依然较为突出，对这一问题的解决任重而道远。

三　全球债券市场

（一）全球长期国债市场

近一年多来，全球长期国债市场主要受到美欧日三大发达经济体宽松货币政策的影响。其中，美国 QE 政策的影响最为显著，市场走向基本可以分为三个阶段（图 7）。第一阶段，从 2013 年 5 月至 2014 年初，在美联储 QE 退出预期的影响下，全球主要长期国债出现收益率上升；第二阶段，从 2014 年初至2014 年 8 月，在消化了美国 QE 退出的信息之后，长期国债市场收益率重新下滑，一些发达国家 10 年期国债收益率跌落至历史性低点；第三阶段，2014 年9 月以来，全球长期国债市收益率同时出现攀升（图 8）。

2013 年 5 月伯南克在公开场合提示，国际社会需对美国 QE 退出做准备。此言一出，主要国家长期国债市场迅速做出反应，在全球投资者一致性抛售国债的力量推动下，发达国家与发展中国家的 10 年期国债收益率几乎同时上涨。在传统的安全港国家中，美、英、德三国 10 年期国债收益率涨势一直延续到

2013 年底。日本略显特殊，在激进的"安倍经济学"政策指导下，日本央行射出了"第一枝箭"，承诺在两年内实现 2% 的通胀目标，增加两倍的基础货币投放，并且以每年 50 万亿日元的规模增持债券，这使得日本的长期国债市场仅在 5~7 月间受到美国 QE 退出预期的影响，收益率出现了小幅爬升，之后再次进入下降轨道。图 9 所示，新兴市场国家受到的影响也各有差异。巴西 10 年期国债收益率上涨幅度最大，在 2014 年 1 月 31 日升至 13.4%，成为 2009 年以来的最高点。印度 10 年期国债收益率在 2013 年 8 月 19 日冲高至 9.2%，也位居 2009 年以来的最高位。俄罗斯和南非在 2013 年的涨幅低于巴西和印度，其原因在于，巴西和印度深受国际债务占比过高、经常项目逆差扩大等因素的困扰，对美国 QE 政策调整的反应强烈，遭遇国际资本的大量撤出，因而国债市场波动显著。

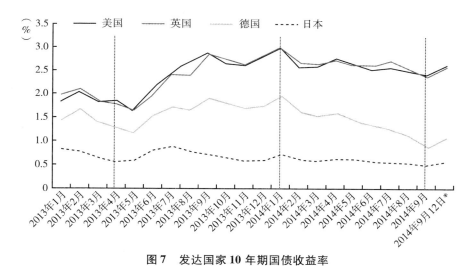

图 7　发达国家 10 年期国债收益率

*横坐标除最后一个时间点为 2014 年 9 月 12 日以外，其他数值都取每月第 1 天。
资料来源：Thomson Routers Eikon。

第二阶段大致始于 2014 年初，延续到 2014 年 8 月底，全球主要国债市场收益率出人意料地出现了持续下跌。在 2013 年底，市场主流观点普遍认为，长期国债市场的收益率将延续前一阶段的涨势，因为距离美国 QE 的退出日期不断接近。但是，实际情况却是发达与发展中国家的长期国债市场大多出现了持续的收益率下降，其中部分发达经济体的国债收益率创出历史性低点。根据

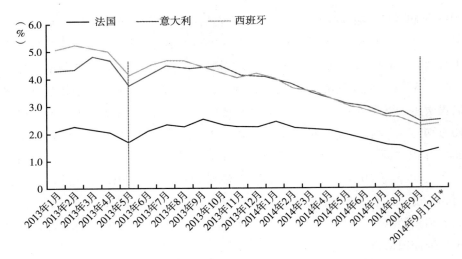

图 8　法国及南欧国家 10 年期国债收益率

＊横坐标除最后一个时间点为 2014 年 9 月 12 日以外，其他数值都取每月第 1 天。
资料来源：Thomson Routers Eikon。

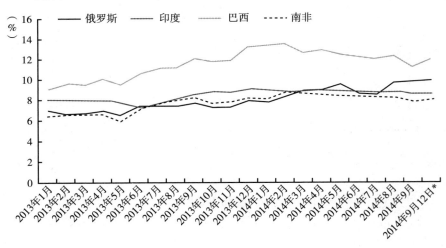

图 9　新兴市场国家 10 年期国债收益率

＊横坐标除最后一个时间点为 2014 年 9 月 12 日以外，其他数值都取每月第 1 天。
资料来源：Thomson Routers Eicon。

英国《金融时报》2014 年 7 月 30 日给出的统计，除去 20 世纪 20 年代的恶性
通胀时期，德国 10 年期国债收益率跌至 19 世纪初以来的最低点 1.1%；法国、

西班牙则创下 200 多年来的历史低位。实际上，在 7 月 30 日之后，上述三国的 10 年期国债收益率仍在继续滑落。

导致 2014 年前 8 个月国债市场牛市的原因主要有三个。首先，欧央行连续多年实施的低利率政策使得欧洲市场的流动性极其充裕，且欧洲经济处于持续的改善通道中，重债国家经济显著提速，从而使包括南欧各国在内的欧洲国债市场异常红火。其次，美国 QE 退出预期的影响在 2013 年被阶段性地充分吸收，提前定价已经完成，债市再次被宽裕流动性所推动的乐观情绪主导。最后，除俄罗斯外，主要新兴市场国家经济趋稳，基本扭转了资本流出的态势，美国的经济增长越发趋于稳健，这些因素催生了新兴经济体和美国的国债牛市。俄罗斯的情况属于例外。由于乌克兰危机的爆发，俄罗斯受到西方发达国家的经济制裁，资本大规模外流，国内经济增长几乎停滞，这使得俄罗斯国债市场较为萧条，收益率在震荡中不断攀升。

第三阶段开始于 2014 年 9 月，全球主要国债市场同时出现收益率上扬。宴会总要散场，在经历了一轮大牛市之后，市场再次听到了美国 QE 即将退出的警示。8 月份，美国旧金山联储报告暗示，国际市场低估了美联储提前升息的可能性。考虑到 2014 年美国劳动力市场的稳健恢复及其 GDP 在二季度的快速增长，国际市场普遍接受了美联储可能提早升息的预测，投资者开始抛售各国国债，全球国债市场可能将再次进入收益率的上升通道。

（二）国际负债证券市场

近年来国际负债证券市场始终表现出一致性的变化趋势，发达经济体负债证券未清偿余额仍然占据全球未清偿余额的绝对主体，但是发展中国家占比不断增加，且净发行额持续增长，在增量上明显超过发达经济体，预计未来这一趋势还将持续。

首先，从总量比较来看，发达国家得益于债券市场的长期稳定发展，尽管遭遇了金融危机的重创，其未清偿余额在全球的占比逐年下降，但是依然远远超出发展中国家。截至 2014 年 3 月，发达国家负债证券未清偿余额在全球的占比为 87.9%。但是，从净发行额来看，发展中国家的增长势头远超发达国家。从 2012 年 1 月至 2014 年 3 月，发展中国家负债证券净发行额累积达到 8070.6 亿美元，而发达经济体却是 -741.0 亿美元（见图 10）。

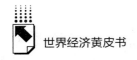

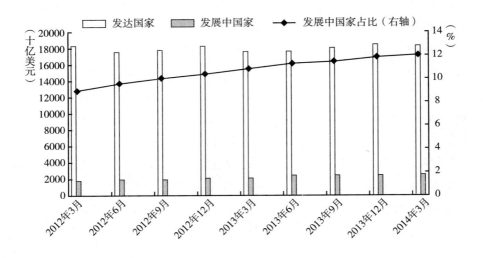

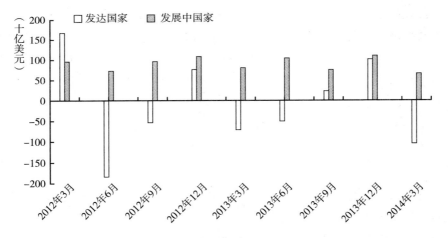

图 10　国际负债证券市场的未清偿余额（上）及净发行额（下）

资料来源：Wind 数据库。

从结构上看，近年来发达经济体的政府和金融机构负债证券的净发行额分别为 -868.3 亿美元和 -5647.2 亿美元，只有公司债券实现了正的净发行额 5198.0 亿美元；而发展中国家政府、金融机构和公司的负债证券净发行额均为正值，分别为 1403.1 亿美元、2788.0 亿美元和 1702.2 亿美元（图 11）。发达国家在政府和金融机构发债方面的困境，直接源于 2008 年的金融危机和其

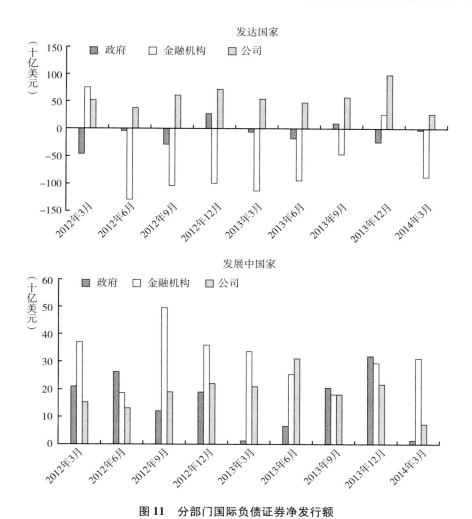

图11 分部门国际负债证券净发行额

资料来源：Wind 数据库。

后的欧债危机，受损严重的金融机构需要进行去杠杆化，难以实现大规模的发债融资；而政府部门在救助金融系统之后，私人债务转化为公共债务，很多发达国家的主权信用评级遭遇下调，政府的债权融资能力下降。但是，在企业债权融资方面，发达国家仍然比发展中国家拥有显著优势，这一方面表明发达国家的企业仍然具有良好活力，另一方面说明发展中国家的企业债券市场还较为落后，未来的发展空间巨大。

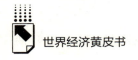
四 全球股票市场

在宽松货币政策和基本面的共同支撑下，全球股市在 2014 年总体实现了牛市行情，特别是新兴市场国家扭转了 2013 年股票市场的整体颓势。

全球 15 个主要国家中，有 13 个国家的股市在 2014 年实现了正增长，涨幅前 5 位的国家中有 4 个是新兴经济体；而在 2013 年，有 10 个国家实现了股市的正增长，涨幅前 8 位的均是发达经济体（图 12）。MSCI 全球指数是一个包含 23

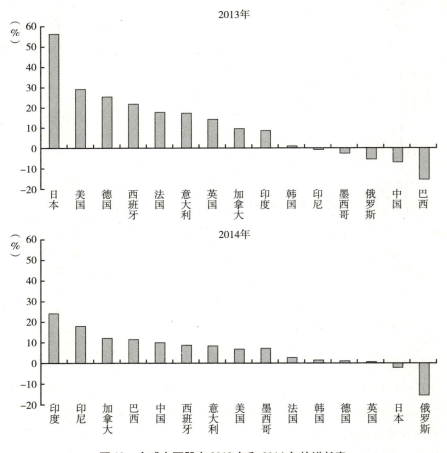

图 12 全球主要股市 2013 年和 2014 年的增长率

资料来源：Wind 数据库。

个发达经济体的股市指数，MSCI 新兴市场指数则是包含了 23 个新兴经济体的股市指数。2013 年，以 MSCI 全球指数衡量的发达经济体股市指数增长了 24.1%，而新兴市场股市指数下跌了 4.98%；2014 年截至 9 月 16 日，新兴市场股市指数增长 5.12%，超出了发达国家股市指数 4.3% 的增长率（图 13）。

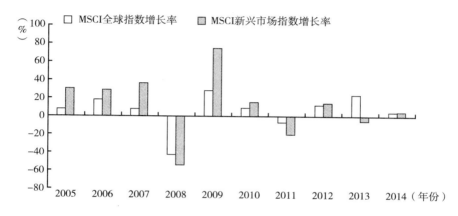

图 13　发达国家与新兴市场国家股指增长率比较

资料来源：MSCI。

新兴经济体股市在 2013 年的颓势主要源于美国 QE 退出预期的负面影响，大量国际资本从新兴经济体的撤离导致股市衰退。进入 2014 年，全球市场对于美国 QE 退出的阶段性定价已经完成，欧洲、日本和部分新兴经济体的宽松货币政策让国际资本从第二季度开始再次流入新兴市场。同时，发达经济体持续的经济复苏对新兴经济体的增长产生了助力，后者自身的政策刺激和结构调整也在一定程度上防止了经济过快减速。上述因素促进了新兴市场股市在 2014 年走到了全球前列。

从近 10 年的情况来看，新兴经济体在其中的 7 年，其股市指数增长率均超过发达经济体。但是，值得关注的是，在美国金融危机爆发和欧债危机加剧的 2008 年与 2011 年，新兴经济体股市指数的跌幅明显大于发达经济体。肇始于发达国家的金融危机对于新兴经济体股市的伤害要大于对危机发源地的股市伤害，这一方面说明，在金融全球化的时代，发达经济体的金融市场对于新兴

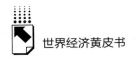

经济体存在显著的传染效应，另一方面也说明新兴经济体股市具有较为严重的内在脆弱性。

从国别情况来看，2014年有四个国家的股市值得特别关注。

1. 日本股市2013~2014年发生了预料之外的翻转

2013年，日本股市以56.7%的年度涨幅名列全球主要国家之首。2013年底的国际主流观点仍然普遍看好第二年的日本股市，因为他们相信投资者还将在日本股市上继续为日本央行激进的货币政策定价。但是，进入2014年第一季度，日本股市却以8.9%的跌幅为全球股市垫底。消费税于第二季度开征，日元回归升值通道，中美两国于第一季度的经济增速放缓，这些因素的叠加沉重打击了投资者对日本市场的信心。根据日本财务省的数据，2014年第一季度海外基金经理从日本撤出资金超过210亿美元，而去年进入日本的资金达到1550亿美元，创下历史纪录。不过，从5月下旬开始日经指数持续攀升，至9月16日距离年初水平仅低2.1%，其主要原因被认为是日本企业利润获得显著改善，随着全球市场对日本产品的需求回升，日本企业利润已经攀升至全球金融危机以来的最高水平。

2. 在宽松货币政策和基本面持续改善的双轮推动下，美国股市从2009年开始一路高歌猛进

截至2014年9月16日，股市累计涨幅高达119.8%。其中，2013年美国股市攀升29.8%，成为1998年以来最高的年度增幅。在紧随其后的2014年，美国股市依然牛气不减，屡创历史新高，截至9月16日，又上涨了7.35%。在宽松货币政策逐步退出的阶段，美国股市的强劲增长在一定程度上反映出美国实体经济的稳健改善。尽管美国2014年第一季度的GDP增长为-2.1%，为5年来最差，但这一方面是受到恶劣气候的短期冲击，另一方面是由于2013年美国企业库存增加推动GDP攀升，其后的库存调整又导致2014年初经济增幅回落。上述因素对美国经济复苏不产生趋势性影响，因此第二季度美国经济增长一跃达到4.6%，超出预期，同时美国国内需求增长了3.1%，创2010年第二季度以来的最高纪录。这被普遍看作是美国经济能够实现可持续增长的标志。根据IMF的预测，美国GDP在2014年的增长率为1.7%，2015年将强劲升至3.0%。OECD的预测更为乐观，认为美国在2014年将实现2.5%的增长，到2015年将高达3.5%，成为2004年以来的最

高增速。再加上美国企业在危机后始终表现出较为良好的创新能力和盈利前景，美国股市成为全球金融市场的一大亮点。但是，伴随股指的屡创新高，对于美国股市泡沫化的担忧也与日俱增。IMF 2014 年 4 月公布的《全球金融稳定报告》指出，如果美国继续实施流动性刺激政策，股市将会出现泡沫迹象。诺贝尔经济学奖得主、曾两次成功预测美国经济泡沫的罗伯特·席勒在 2014 年 8 月指出，根据他所设计的周期调整市盈率指标，当前美国股市该指标已经达到 26，是近 20 年来的一个高估值区域。根据席勒的研究，美国历史上平均的周期调整市盈率在 16 左右，超过 25 即进入"非理性繁荣期"。这并不意味着美国股市会立即转入熊市，而是提示投资美国股市的风险正在提高。

3. 俄罗斯是近两年来世界主要经济体当中唯一连续两年股市负增长的国家

实际上，根据席勒 2013 年 10 月的测算，当时俄罗斯股市的周期调整市盈率只有 6.9，在全球主要国家中排名最低，因而被认为是股市增长潜力最大的国家。但是，由于乌克兰危机的不断加剧，西方发达国家联合对俄实施经济制裁，导致大量国际资本逃离俄罗斯，俄罗斯的金融市场在 2013 年和 2014 年一直处于动荡和衰退期。从 2014 年初至 2014 年 9 月 16 日，俄罗斯股市跌幅达 17.2%，在全球主要国家中列倒数第一。如果俄罗斯和西方国家无法在乌克兰危机上达成和解，近期内俄罗斯股市难有牛市行情。

4. 中国股市在2014年终于给投资者带来了"拨云见日"的感觉

如图 14 所示，从 7 月下旬开始的单边连续飙升，使得中国股市从年初截止到 9 月 16 日收获了 10.7% 的涨幅，实现了近 5 年来的最高增长。实际上，从 2010 年至今，与全球主要股市总体呈现牛市格局的情形相反，中国股市常以熊市面目示人，甚至为全球股市垫底。今年下半年的股市飙升给投资者带来了无限期待，市场热议的焦点变成"短牛"和"长牛"的争议。在 20 多年的发展史上，一个显著的事实是，中国股市与经济基本面的相关性较低，总体上是个政策市。从目前情况看，经济基本面并不支持"长牛"行情，但是在资本市场制度建设方面，确实有一些亮点：沪港通即将落地，退市制度改革已形成方案，新股发行的注册制有可能明年推出。所有这些都成为中国股市形成"长牛"行情的利好因素。进一步讲，如果中国股市能够在制度改革的推动下真正形成高质量的牛市，则会反过来带动实体经济的发展，就会形成金融周期对实体经济周期的正面影响。从这个意义上讲，中国股市的"长牛"确实值得期待。

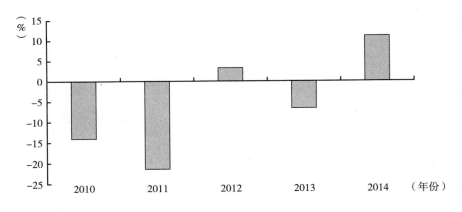

图14　中国股市年涨幅

资料来源：Wind。

五　全球外汇市场

在全球主要央行货币政策加速分化以及各国经济增长出现显著差异的背景下，美元相对其他发达经济体货币的升值，以及人民币汇率与其他新兴经济体汇率走势的持续背离，是2014年全球汇市的重要特征。

近十几年来美元的变化趋势大体可以分为三个阶段（见图15）。第一阶段，在"9·11"事件发生之后，由于美国整体经济实力出现衰退并再次出现严重的双赤字问题，美元从2002年4月开始进入了一段相当长的贬值通道，贬值趋势一直延续至2008年7月，与此相伴随的则是欧元的持续升值（见图16）。第二阶段始于2008年7月，终止于2011年10月，这是全球金融危机和欧债危机相继爆发的阶段，美元汇率呈现震荡。一旦危机加剧，作为安全港资产的美元就出现升值，一旦危机缓解，美元又遭遇贬值。2011年11月之后进入第三阶段，美元在震荡中出现缓慢的升值态势，而在2014年8月之后升值速度突然加快。

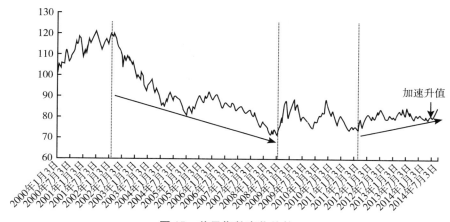

图 15 美元指数变化趋势

资料来源：Wind。

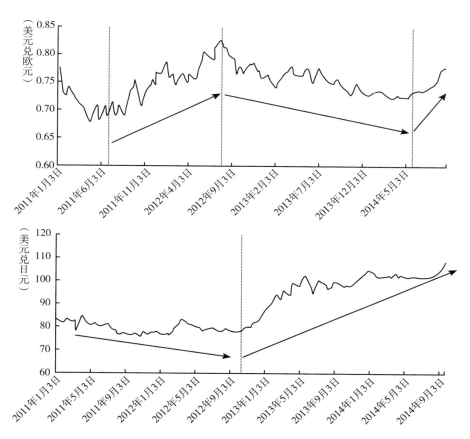

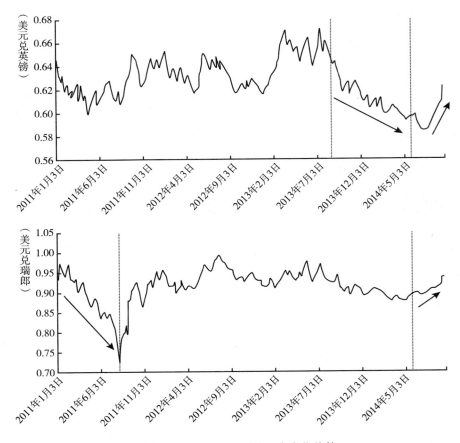

图16 美元对主要货币的汇率变化趋势

资料来源：Wind。

美元升值速度的突然提升是发达经济体央行货币政策加速分化的结果。从2014年初至7月底，全球金融市场出现了低波动率特征，不论是债市、股市，还是汇市，资产价格的波动性都创下了2007年以来的最低值。该现象引起了全球瞩目。通常认为，这是流动性过剩和央行干预的结果。但是，从8月以来，汇率市场开始出现了波动性增强的迹象。显然，美联储提前加息的预期增强，而欧央行加大了货币宽松政策的力度，这使得全球央行的政策差异进一步拉大，汇率市场的低波动性由此消失，以美元计价的资产再次受到大量国际投资者的热捧。

从发达国家的经济状况来看，美国的复苏态势较为稳健，欧元区步履艰难，日本的激进政策虽然迄今为止效果显著，但是未来的不确定性相当高。因此，美国与欧日之间在央行政策和经济增速上的分化于近期内不会减弱，这很有可能推动美元在一段时间内持续升值。但是，从中长期看，由于美国的财政赤字和贸易赤字问题并没有找到有效的解决途径，美元能否稳定维持升值态势尚有较大疑问。

在金砖五国当中，只有中国在近年来始终保持总体上的升值趋势，其余四国均处于贬值通道（见图17）。汇率形势的持续分化主要源于金砖国家实体经济发展的差异。中国在全球金融危机后快速地复苏，尽管近两年来经济出现了结构性减速，但是依然在全球主要国家中维持了最高 GDP 增速；同时，中国依然拥有较大规模的贸易顺差。尽管 2013 年美国 QE 退出的预期在短期内曾导致国际资本流出中国，但是很快这一趋势又得以扭转。在这样的背景下，人民币在近年来保持了比较稳定的升值势头。相比之下，其他金砖国家的经济发展形势比较严峻。巴西、印度和南非由于存在高经常账户赤字、高通胀、高外债和低经济增长，从 2011 年至今总体上货币都处于贬值趋势。俄罗斯多年来受到通胀率高、对能源出口依赖性强、国有企业垄断程度深等因素影响，经济增长乏力，从 2013 年至今又因为乌克兰

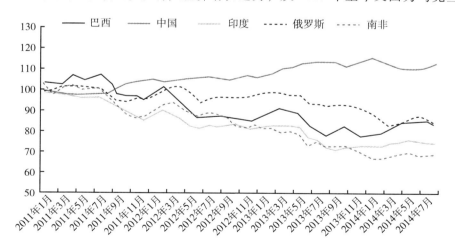

图 17　金砖国家名义有效汇率变化趋势

资料来源：Wind。

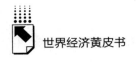

危机遭到西方国家制裁，国际资本大量流出，使得卢布从 2013 年 3 月以来呈现持续而显著的下跌趋势。

展望全球外汇市场，伴随美联储与世界其他主要国家央行货币政策的日益分化，以及美国经济的稳固复苏，美元可能在近期出现显著的升值趋势，欧元、日元以及除中国外的金砖国家货币可能继续处于贬值通道，而人民币有可能再次出现双向波动的局面。从长期看，美国、中国和欧元区的经济发展状况将从根本上影响三大经济体的货币走向。

六　小结与展望

尽管美国的货币政策在 2014 年与其他国家出现越来越明显的分化，但是全球主要央行多年来执行的宽松货币政策依然引导着 2014 年国际金融市场的主旋律：过剩流动性激发了投资者的逐利偏好，世界主要债市和股市继续牛气十足，屡创历史纪录；除去美国以外的发达经济体和除去中国以外的主要新兴经济体的货币继续贬值；大银行继续扩张规模，"大到不能倒"的现象依旧。全球范围持续而激进的货币政策终于将发达国家从危机泥潭中拉了出来，美国正在实现较为稳健、强劲的经济增长，欧元区分裂的担忧也烟消云散，日本经济一时间展现出 20 多年来少有的活力。

但是，货币政策终究只是强心针，不是一劳永逸的灵丹妙药。发达经济体和新兴经济体在结构调整上的步伐总体都显得缓慢无力。由于美国 QE 退出的步伐在稳健中有加快之势，全球金融市场在 2014 年 8 月之后开始出现转向，国际资本流向出现调整势头，金融市场的波动性增加，多年来累积的金融风险又一次对各国的金融和经济系统展开一轮尚不算严厉的"压力测试"。

展望 2015 年，美元短期内升值、欧元和日元短期内贬值应是高概率事件；人民币双向波动有可能成为常态；发达经济体国债市场和股市的波动性可能加大，投资风险上升；某些新兴经济体有可能再度面临国际资本流出的压力，从而使其债市和股市行情出现较大的不确定性。伴随全球货币盛宴的缓慢撤席，世界各国金融系统的稳健程度，以及经济结构的调整力度，将从根本上决定国际金融市场和全球实体经济的发展前景。

参考文献

高海红、陈思翀:《2013 年国际金融形势回顾与展望》,《2013 ~ 2014 年世界经济形势与预测》,社会科学文献出版社,2013。

FSB (2014),"Report on the Impact of SIFI Framework on the Asia Region and Measures in Response,"August 2014.

IMF,"Global Financial Stability Report,"April 2014.

BIS,"84th Annual Report,"June 2014.

BIS,"BIS Quarterly Review,"September 2014.

Y.12
国际直接投资形势回顾与展望

王碧珺*

摘　要： 随着世界经济增长保持温和复苏态势，尤其是发达经济体总体趋于好转，国际直接投资在经历 2012 年 19.4% 的大幅下滑后，在 2013 年重回正增长。随着企业开展跨国投资的能力和意愿增强，这一趋势将在接下来三年得以持续，但是在这个复苏过程中可能面临的困难和风险并不容忽视，国际直接投资回升至更为强劲增长水平之路艰难曲折。

关键词： 国际直接投资　跨国兼并收购　投资保护主义

一　全球外商直接投资形势回顾

尽管美联储退出量化宽松政策的不确定性对全球金融市场产生扰动，在经历 2012 年 19.4% 的下滑后，国际直接投资在 2013 年重回增长态势①。2013 年全球外商直接投资（FDI）流量达到 1.45 万亿美元，比上年增长了 9%（见图1）。其中，发达经济体 FDI 流入增长与全球 FDI 流入增长速度持平，总量达到

---

* 王碧珺，经济学博士，中国社会科学院世界经济与政治研究所助理研究员，主要研究方向为国际投资。

① 美联储退出量化宽松一波三折。2013 年 6 月，美联储宣布将在当年晚些时候逐渐降低月度购买资产规模，并可能在 2014 年中结束资产购买行动，对全球金融市场造成了较大扰动。然而，到了 9 月，美联储没有如市场预期缩减 QE，给新兴市场带来喘息的机会，但增加了美联储未来政策的沟通难度。2013 年 12 月，美联储宣布从 2014 年 1 月开始缩减每月购债规模 100 亿美元至 750 亿美元，从而开启了历时 5 年的宽松货币政策退出机制。

5660 亿美元，占全球 FDI 流入的 39%；发展中经济体 FDI 流入增长了 6.7%，达到历史新高 7780 亿美元，占全球 FDI 流入的 54%；转轨经济体 FDI 流入大幅增长了 28%，达到 1080 亿美元，占全球 FDI 流入的 7%。

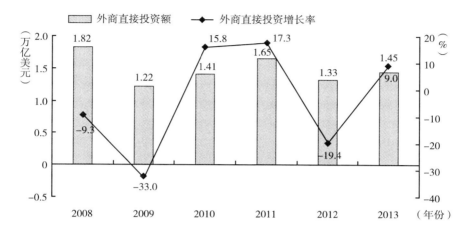

图 1　全球外商直接投资增长情况，2008～2013

资料来源：根据联合国贸发会议数据库数据整理（http://unctadstat.unctad.org/fdistatistics）。

（一）区域特征

发展中国家在 2013 年全球外商直接投资舞台上表现抢眼。从表 1 可见，继 2012 年发展中国家 FDI 流入在历史上首次超过发达国家后（占比达到 54.8%），2013 年发展中国家 FDI 流入尽管占比略降到 53.6%，但是流入总量达到 7780 亿美元的历史新高。同年，发展中国家对外直接投资（FDI 流出）同样达到历史新高，其加上转轨经济体共进行了 5530 亿美元海外直接投资，占全球 FDI 流出的 39.2%，而在 2000 年前后这一比重仅约为 12%。

1. FDI 流入：发展中国家连续第二年超过发达国家，成为最受欢迎的投资目的地

发展中国家 FDI 流入达到历史新高 7780 亿美元。同时，2013 年几乎所有主要发展中国家地区 FDI 流入都有所增长。

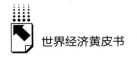

表1　按区域划分外商直接投资额及比重

单位：亿美元，%

	FDI 流入			FDI 流出		
	2011 年	2012 年	2013 年	2011 年	2012 年	2013 年
全球	17000(100)	13300(100)	14520(100)	17120(100)	13470(100)	14110(100)
发达经济体	8800(51.8)	5170(38.8)	5660(39.0)	12160(71.0)	8530(63.3)	8570(60.8)
欧盟	4900(28.8)	2160(16.2)	2460(17.0)	5850(34.2)	2380(17.7)	2500(17.8)
北美	2630(15.5)	2040(15.3)	2500(17.2)	4390(25.6)	4220(31.4)	3810(27.0)
发展中经济体	7250(42.6)	7290(54.8)	7780(53.6)	4230(24.7)	4400(32.7)	4540(32.2)
非洲	480(2.8)	550(4.1)	570(3.9)	70(0.4)	120(0.9)	120(0.9)
亚洲	4310(25.3)	4150(31.2)	4260(29.4)	3040(17.8)	3020(22.4)	3260(23.1)
东亚和东南亚	3330(19.6)	3340(25.1)	3470(23.9)	2705(15.8)	2740(20.3)	2930(20.7)
南亚	440(2.6)	320(2.4)	360(2.4)	130(0.8)	90(0.7)	20(0.2)
西亚	530(3.1)	480(3.6)	440(3.0)	220(1.3)	190(1.4)	310(2.2)
拉美和加勒比地区	2440(14.3)	2560(19.2)	2920(20.1)	1110(6.5)	1240(9.2)	1150(8.1)
转轨经济	950(5.6)	840(6.3)	1080(7.4)	730(4.3)	540(4.0)	990(7.0)

资料来源：根据 UNCTAD（2014）计算，括号中的数字为占全球的比重。

亚洲发展中经济体继续成为 FDI 流入最多的地区，达到 4260 亿美元，比上年增长了 2.6%，远远超过传统 FDI 流入的首要目的地欧盟（2460 亿美元）。在亚洲内部，东亚和东南亚以及南亚这两个区域的 FDI 流入都有所增长，分别为 3.9% 和 12.5%；但西亚 FDI 流入在 2013 年延续过去四年的下降趋势，降幅为 8.3%。西亚某些地区（例如伊拉克和伊朗）持续恶化的不稳定局势增加了投资风险，从而不利于吸引外商直接投资。

流入拉美和加勒比海地区 FDI 的分布重点由以南美为主变成以中美为主。拉美和加勒比地区 2013 年 FDI 流入达到 2920 亿美元，比上年增长了 14.1%（如果不含离岸金融中心，该区域 FDI 流入 1820 亿美元，比上年增长了 6%）。之前三年南美一直是拉美和加勒比地区吸引 FDI 的主要目的地。由于大宗商品价格下降的不利影响，南美第二大 FDI 目的地智利面临采矿业的撤资和利润再投资下降，2013 年的 FDI 流入下降了将近 30%。这直接导致了南美地区 FDI 流入的显著下降。不过，南美 FDI 流入的下降在中美 FDI 流入的上升身上得以弥补。但中美 FDI 流入的上升主要是由于世界啤酒巨头比利时安海斯-布希公司（Anheuser-Busch）在墨西哥的收购交易，因此其可持续性存疑。

此外，非洲 FDI 流入 570 亿美元，比上年增长了 3.6%。非洲的主要吸引力仍然在非洲南部（尤其是南非），而不断的政治和社会动荡削弱了非洲北部对外资的吸引力。

与发展中国家 FDI 流入达到历史新高相比，发达国家 FDI 流入尽管有所增长，但是距离完全复苏还有很长一段路。2013 年流入发达国家 FDI 增长了 9%，达到 5660 亿美元，占全球比重也从上年的 38.8% 略升到 2013 年的 39%，但这一水平仅是其 2007 年峰值的一半，即使与 2011 年相比也下降了 35.7%。发达国家 FDI 流入低迷主要是受欧盟的拖累。作为传统第一大 FDI 目的地，2013 年欧盟 FDI 流入仅为 2460 亿美元，虽然比上年增长了 13.8%，但仍然不到其 2007 年峰值的 1/3，与 2011 年相比也下降了 49.8%（见表 1）。

在亚洲投资者的驱动下，北美 FDI 流入在 2013 年增长了 22.5%，达到 2500 亿美元。大额的交易包括日本软银（Softbank）216 亿美元收购美国第三大无线运营商斯普林特（Sprint Nextel），中海油 190 亿美元收购加拿大油气公司尼克森（Nexen）以及双汇 48 亿美元收购美国猪肉生产商史密斯菲尔德（Smithfield）等。

2. FDI 流出：发达国家观望，发展中国家继续发力

2013 年，全球 FDI 流出 1.41 万亿美元，比上年增长了 4.8%。其中，发达国家 2013 年对外直接投资基本与上年持平约为 8570 亿美元，略微增长了 0.5%，仅是其 2007 年峰值的一半，其占全球比重也进一步从 2012 年的 63.3% 下降至 2013 年的 60.8%。其中欧盟 FDI 流出 2500 亿美元，仅约为其 2007 年峰值的 1/4。

发达国家对外直接投资不仅在投资额上处于历史较低水平，而且从构成上也在发生显著变化，利润再投资超过股本投资成为更为重要的投资形式。出于对整个经济形势的谨慎观望，发达国家跨国企业对于新增股本投资较为克制，而是利用在海外子公司的留存收益，将其进一步转化成利润再投资。于是，利润再投资占发达经济体 FDI 的比重已经从 2007 年的 30% 上升到 2013 年的 67%，而相应的，同期新增股本投资占发达经济体 FDI 的比重却从 57% 下降到 24%（见图 2）。

与发达国家跨国企业的观望相比，发展中国家对外直接投资则进一步发力，2013 年达到历史新高 4540 亿美元，比上年增长了 3.2%。

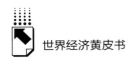

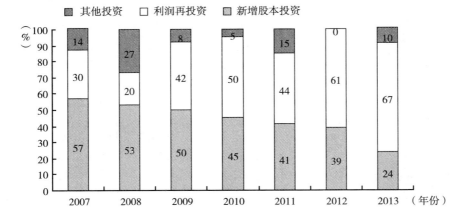

图2　2007～2013年部分发达经济体*FDI流出构成

注：＊包括比利时、保加利亚、捷克、丹麦、爱沙尼亚、德国、匈牙利、日本、拉脱维亚、立陶宛、卢森堡、荷兰、挪威、波兰、葡萄牙、瑞典、瑞士、英国和美国。

资料来源：UNCTAD FDI－TNC－GVC信息系统（http：//unctadstat.unctad.org/fdistatistics）。

这一增幅主要由亚洲发展中国家贡献的。亚洲发展中国家对外直接投资比上年增长了7.9%，在2013年达到3260亿美元。其中约90%发生在东亚和东南亚。东亚的中国和中国香港作为2013年全球第三和第五大对外直接投资来源地区，对海外投资分别增长了15%和4%，达到1010亿美元和920亿美元（见图5）。而传统东亚地区重要的海外投资来源地韩国和中国台湾则呈现收缩趋势，分别下降5%和9%至290亿美元和140亿美元。

3. 跨境兼并收购：发展中国家跨国企业接手发达国家的海外资产

作为FDI的重要形式，全球跨境兼并收购在2013年达到3490亿美元，比上年增长了5%，约占当年FDI的25%。与FDI流出主体是发达国家不同，53%的跨境兼并收购方是发展中国家跨国企业。他们的重要标的是发达国家跨国企业的海外资产。在2007年，发展中国家对外兼并收购标的只有23%是发达国家跨国企业的海外资产，而这一比重在全球金融危机以来显著提高，在2011年达到41%，到2013年达到50%。

而从涉及的行业来看，发展中国家跨国企业青睐接手发达国家受全球金融危机较大影响的金融业，以及具有投资周期长、金额大、风险高特点的采掘业等行业的海外资产。以 2013 年的几笔交易为例：金融业方面，哥伦比亚最大的商业银行 Bancolombia 以 21 亿美元收购了英国汇丰银行在巴拿马的银行资产；在采掘业方面，中石油以 40 亿美元收购了意大利国有石油公司艾尼集团在莫桑比克的资产。

（二）行业特征

从行业来看，与 2012 年全球一、二、三产业外商直接投资都大幅下降相比，2013 年所有产业各种形式的 FDI 或降幅皆趋缓，或由降转升，而且大多呈现不同程度的复苏态势（见表 2）。

表 2 按行业和进入方式划分外商直接投资额

单位：亿美元，%

		投资额			增长率	
		2011 年	2012 年	2013 年	2011 ~ 2012 年	2012 ~ 2013 年
绿地投资	第一产业	760	250	290	− 67.1	16.0
	制 造 业	4530	2680	2580	− 40.8	− 3.7
	服 务 业	3850	3210	3850	− 16.6	19.9
	总　　计	9140	6140	6720	− 32.8	9.4
兼并收购	第一产业	1370	520	680	− 62.0	30.8
	制 造 业	2050	1130	1260	− 44.9	11.5
	服 务 业	2140	1670	1550	− 22.0	− 7.2
	总　　计	5560	3320	3490	− 40.3	5.1
绿地投资和兼并收购	第一产业	2130	770	970	− 63.8	26.0
	制 造 业	6580	3810	3840	− 42.1	0.8
	服 务 业	5990	4880	5400	− 18.5	10.7
	总　　计	14700	9460	10210	− 35.6	7.9

资料来源：根据 UNCTAD（2014）的计算。

1. 第一产业强劲复苏，采掘业和油气业投资谨慎布局

无论是绿地类还是兼并收购类第一产业 FDI 都在 2013 年得到强劲复苏，分别增长了 16% 和 30.8%。而在 2012 年，两者降幅则分别达到了 67.1% 和 62%。第一产业 FDI 的主体是对采掘业和油气业的投资。在世界经济缓慢复苏、全球资源繁荣期趋于结束所带来的较低估值下，跨国企业对于资金投入

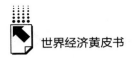
大、回报周期长的资源类直接投资项目开始进行谨慎布局。从区域分布上，绿地类第一产业 FDI 主要发生在发展中国家，从 2012 年的 140 亿美元增加到 2013 年的 270 亿美元，约占全部的 93.1%。而在发达国家，美国的页岩气革命有望在全球油气及其相关的石化行业里带来一场深刻的变局。

2. 制造业与上年持平，食品、饮料和烟草行业投资井喷

2013 年全球制造业 FDI 与上年大致持平，约为 3840 亿美元（见表 2）。其中兼并收购类 1260 亿美元，比上年增长了 11.5%。从区域上来看，这一增长主要由发展中经济体贡献。事实上，发达国家兼并收购类 FDI 比上年还下降了 20%，而发展中国家则增长迅速，比上年翻了一番。从行业上来看，兼并收购类制造业 FDI 的增长主要受到食品、饮料和烟草行业投资井喷所致，该行业投资额由 2012 年的 120 亿美元增加到 2013 年的 400 亿美元，占到全部制造业的 31.7%。

3. 服务业占据半壁江山，发展中国家增长迅速

服务业一直以来占据全球外商直接投资的半壁江山。2013 年全球服务业 FDI 比上年增长了 10.7%，达到 5400 亿美元。其中绿地类更是大幅增长了 19.9%，实现 3850 亿美元投资额。与第一产业的情况类似，这一增长同样发生在发展中国家（比上年增长了 40%），而发达国家反而还下降了 5%。发展中国家绿地类服务业 FDI 的快速增长主要是受到商务服务业和电力、燃气和水的推动，这两个行业投资额分别比上年翻了三倍和两倍。

（三）原因分析

世界经济增长保持温和复苏态势，发达经济体总体趋于好转，国际直接投资在经历 2012 年 19.4% 的大幅下滑后，在 2013 年重回正增长。尽管世界经济运行的各种不确定和不稳定因素仍然存在，但已经开始出现积极变化，发达经济体总体趋于好转，经济活动从低迷开始加快。其中，美国经济复苏势头最为稳固，能源革命给美国带来了制造业整体竞争优势，银行和住房部门在去杠杆化方面取得了一定进展，房地产市场复苏所带来的建设潮拉低了失业率，财政拖累也有所改善，而持续宽松的货币政策推动了美国经济复苏。欧元区经济自 2013 年二季度走出史上最长衰退，进入复苏阶段。日本在"安倍经济学"的强力刺激下景气回升。发达经济体总体趋于好转的经济形势为国际直接投资重

回增长态势提供了基本面支持。

尽管如此，欧债危机的负面作用仍在持续，发达国家跨国企业缺乏追加投资扩大产能的意愿。发达国家"低增长、高赤字、高负债、高失业"并存的局面并没有发生根本改善，经济增速仍低于潜在水平，企业盈利能力下降，导致众多跨国公司缺乏追加投资扩大产能的意愿，或撤回海外资产，或进行资产重组、关注核心资产和重点区域，重新进行全球布局。2013年，发达国家FDI流入尽管有所增长，但是距离完全复苏还有很长一段路，例如欧盟FDI流入虽然比上年增长了13.8%，但仍然不到其2007年峰值的1/3，与2011年相比也下降了49.8%。而发达国家对外直接投资不仅在投资额上处于历史较低水平，而且从构成上也发生了显著变化，利润再投资超过股本投资成为更为重要的投资形式。

比较而言，在世界经济格局悄然变化下，发展中经济体成为国际直接投资的主要驱动力。按购买力平价法计算，2013年发展中国家GDP占全球的50.4%，2018年有望提高到53.9%。这是历史上发展中国家经济总量首次超过发达国家。这一世界经济格局的变化将带动发展中经济体更为积极地开展国际直接投资活动。Dunning（1981）提出了投资发展路径理论（Investment Development Path Theory，IDP），为国际直接投资舞台上新投资者的出现提供了宏观层面的解释。IDP理论将一国的跨境直接投资与该国的经济发展水平相联系。随着一国人均收入的提高，该国最初吸引日益增多的外商直接投资，随后成为对外直接投资国。根据大多数工业化国家的经验，该国对外直接投资最终将超过外商对其直接投资或者两者大致平衡波动。从FDI流入来看，发展中国家已经连续两年超过发达国家成为最受欢迎的投资目的地。而在FDI流出方面，与发达国家跨国企业的观望相比，发展中国家对外直接投资进一步发力在2013年达到历史新高，并热衷接手发达国家的海外资产。

二 国际直接投资政策变化

1. 国别投资政策

2013年，至少有59个国家和经济体进行了87项涉及外商直接投资的政策变化，与上年基本持平。在这87项政策变化中，61项（70.1%）涉及投资自由化和促进措施；23 项（26.4%）施加了新的投资限制性和监管政策；余下 3 项是中性的政策。虽然在每年的投资政策变化中，投资自由化和促进政策仍然占主导，但越来越多的国家强化了外商直接投资的监管环境（见图 3）。例如，限制性和监管政策占每年投资政策总变化的比重从 2000 年的 6.2% 上升到 2013 年的 26.4%。

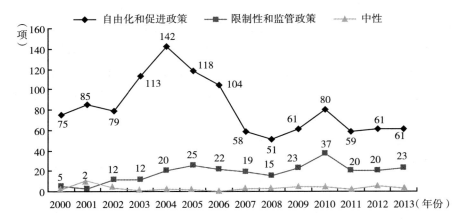

图 3　2000 ~ 2013 年不同类别投资政策的变化数

资料来源：根据 UNCTAD（2014）的数据整理。

针对外国投资者的新增限制性政策措施主要表现在提高投资门槛和强化国家安全审查。例如，在发展中国家，印度尼西亚降低了石油生产行业的外资股权比重。在发达国家，加拿大修改了其外商直接投资法律，赋予了政府在经济效应评估中更大的权力。法国政府强化了对外商在能源、水、运输、电信、国防、卫生等涉及其公共和国家安全领域投资的监管措施。此外，由于国内居高不下的失业率，部分发达国家采取措施限制外国投资者撤资和裁员。例如，法国议会通过法案惩罚那些仍然可以经营存续但却停止营运的企业；希腊通过法律使得在希腊股票交易所上市的公司较难将总部迁移至海外。

而针对外国投资的新增投资自由化/促进措施中超过半数是投资激励。其中最为普遍的是财政激励，涉及公司税、所得税、为职工缴纳的社会保障费以及进出口税减免等。此外常用的投资激励还包括优惠贷款等金融激励；降低环境、健康、安全和劳工标准；在水、电、通信、交通等基础设施方面进行补贴以及优先给予政府合约等。图 4 描绘了在过去十年中按区域和行业划分的全球投资激励政策变化的比重。从区域上来看，亚洲地区在过去十年引入了最多的投资激励措施，占比达到全球的 30%，较为突出的国家是中国和韩国；接下来是非洲，占比达到 23%，较为突出的国家包括安哥拉、埃及、利比亚和南非。从行业上来看，绝大多数（约为 74%）投资激励不针对特定行业，而在余下的 36% 针对特定行业的投资激励中，首当受惠的是服务业，接下来是制造业、采掘业和农业。

使用投资激励的目的是吸引外商直接投资，而大多数国家的根本目的是促进经济增长，尤其是希望外商直接投资能够创造本地就业、实现技术转移、增强本土研发和促进本国出口。然而，投资激励作为一个非市场化行为不可避免地具有经济低效和公共资源错配的问题，因此需要将可持续发展的目标同样纳入投资激励设计中，从而在一定程度上弥补市场失灵行为。联合国贸发会议也建议各国政府在采取投资激励措施时需要：①从本国的发展战略出发，事前充分评估投资激励措施的有效性；②避免补贴不具有自生能力的行业和企业；③投资激励措施的实施应基于预先设定、客观、清晰和透明的原则，避免带有歧视性；④要仔细评估投资激励措施的长期成本和收益，并定期进行复审和修订。

2. 国际投资协定

2013 年全球共达成 44 个国际投资协定（International Investment Treaties，IIAs），其中双边投资协定（Bilateral Investment Treaties，BITs）30 个，其他国际投资协定 14 个。① 从存量上来看，截至 2013 年底全球共有 3236 个 IIAs，其中 89.7% 是 BITs。在新达成的国际投资协定中，可持续发展要素不断被强化，对环境、劳工、生态、安全的保障得到重视。

近两三年来，全球兴起了一股区域协定磋商的浪潮，其中最为突出的莫过于亚太地区的区域全面经济伙伴关系（Regional Comprehensive Economic Partnership，RCEP）和跨太平洋伙伴关系协议（Trans-Pacific Partnership Agreement，TPP），以及美欧间的跨大西洋贸易与投资伙伴协议（Transatlantic Trade and Investment Partnership，TTIP）。这些协定涉及众多协商方，具有很大

---

① 其他国际投资协定是指除了双边投资协定之外的其他涉及投资相关条款的经济协定。

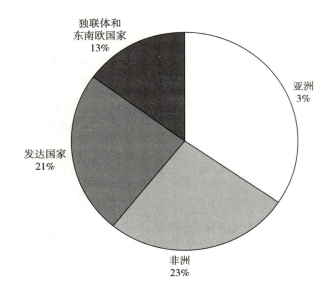

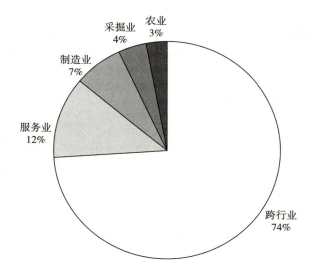

图4 2004~2013年按区域和行业划分投资激励政策变化比重

数据来源：根据 UNCTAD（2014）的数据整理。

影响力：RCEP 占了将近全球一半人口；TPP 覆盖全球 FDI 存量的 46.7%；而 TTIP 在 GDP 规模上最大，全球占比达到 37.7%（见表3）。

表3 RCEP、TPP、TTIP 与国际投资协定

区域协定	RCEP	TPP	TTIP
协商方	中国、日本、东盟十国、澳大利亚、印度、韩国、新西兰	美国、日本、加拿大、澳大利亚、新西兰、文莱、新加坡、越南、马来西亚、墨西哥、秘鲁、智利	欧盟 28 国、美国
国家数	16	12	29
2012 年占全球 GDP 比重（%）	29.7	37.7	44.7
2012 年占全球出口比重（%）	35.4	29.4	24.9
2012 年占全球 FDI 存量比重（%）	23.7	46.7	39.2
与现有 BITs 重合数	68	14	9
与现有其他国际投资协定重合数	28	26	0

这些方兴未艾的区域协定磋商都涉及投资相关条款。关注点既有一直以来都被广泛讨论的"投资"定义、国民待遇、业绩要求、投资自由化和争端解决等事项，也有近年来得到重视的国有企业和主权财富基金投资问题以及监管合作安排等。这些区域协定的磋商为新一轮国际投资协定的形成提供了机遇，一旦达成无疑会对全球投资规则制定和投资模式产生显著影响。但如表3所示，鉴于与现有 BITs 和其他国际投资协定存在重合之处，如果不能得到很好的整合，这些区域协定的达成也可能产生与现有国际投资协定新的不一致之处，从而使得国际投资监管体系更加复杂化。

三 中国参与国际直接投资形势分析

中国已经是国际投资舞台上重要的参与者（见图5）。继 2012 年首次位列世界第三大对外投资国以来，中国对外直接投资继续保持强劲增长态势，2013年再创历史新高，达到 1078 亿美元，较上年增长了 22.8%。自 2003 年中国商务部联合国家统计局、国家外汇管理局发布权威年度数据以来，中国对外直接投资流量实现连续 11 年增长，2002～2013 年均增速达到 39.8%。然而由于中国对外直接投资起步较晚，虽然在流量上已经是世界第三，但存量截至 2013年底居世界第 11 位，达到 6604.8 亿美元。

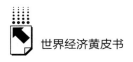

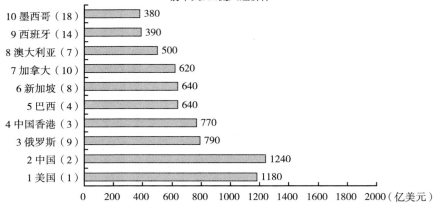

前十大FDI流入经济体

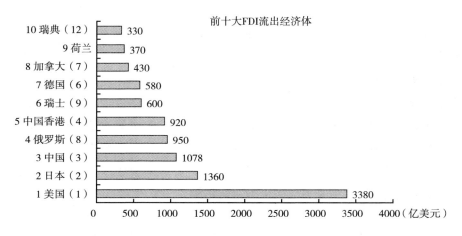

前十大FDI流出经济体

图5 2013年前十大国际直接投资参与者

注：括号中的数据为2012年排名。

资料来源：根据联合国贸发会议数据库的整理（http://unctadstat.unctad.org/fdistatistics）。

兼并收购是中国对外直接投资的重要方式。相对于全球跨境兼并收购在2013年占当年FDI的25%而言，中国的这一比重是49%（见图6）。中国企业在2013年共实施对外兼并收购项目424个，比上年下降了7.2%。但实际交易金额达到529亿美元，比上年反而上升了21.9%。可见中国对外兼并收购项目规模呈增大之势。中国海洋石油总公司151亿美元收购加拿大尼克森公司

100%股权项目，创下迄今中国企业海外并购金额之最。从资金来源看，63.9%的对外兼并收购投资依赖境内资金，主要是投资者自有资金以及境内银行贷款，比上年增加了0.3个百分点；余下36.1%（191亿美元）依靠境外融资。

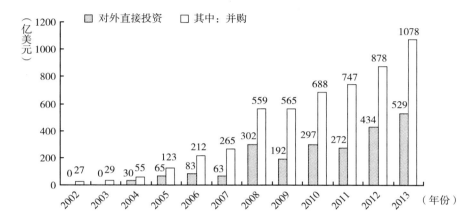

图6 2002～2013年中国对外直接投资

资料来源：根据中国商务部统计数据的整理。

在行业分布上（见表4），租赁和商务服务业（以投资控股为主要目的）仍然是中国对外直接投资的最大行业，在2013年达到270.6亿美元，与上年基本持平，占中国对外直接投资总流量的25.09%。仅次于租赁和商务服务业的是采矿业（248.1亿美元，23.01%）、金融业（151亿美元，14%）以及批发和零售业（146.5亿美元，13.58%）。这四个行业占中国对外直接投资流量的75.7%，比上年进一步提高了3.6个百分点。作为制造业大国，中国对制造业海外直接投资规模并不算大，这与中国国内仍具有成本优势有关。2012年中国海外制造业直接投资72亿美元，比上年还下降了16.96%。但官方公布的制造业对外直接投资数据很可能被低估了，混在了租赁和商务服务业中（王碧珺，2013）。王碧珺（2014）根据《BVD——ZEPHYR全球并购交易分析库》基于项目层面数据发现，制造业在投资额上是中国海外兼并收购第二大行业（22.48%），在项目数量上是第一大行业（29.66%），而且绝大多数制造业海外兼并收购以获取当地的先进技术、品牌和市场渠道为首要投资目

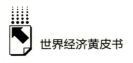

的，投资目的地集中在美欧等发达经济体。

采矿业海外投资在经历 2012 年的下跌后，在 2013 年实现强势复苏。采矿业是唯一在 2012 年海外投资下降的行业（同比下降 6.2%）。然而，2013 年，采矿业海外投资达到 248.1 亿美元，比上年增长了 83.23%。这反映出资源需求在中国企业海外投资中仍然具有重要地位。从海外资源投资类型来看，油气资源占主体，煤、金、铜、铁矿等金属资源为辅。除了采矿业外，2013 年海外投资增幅显著的行业还有房地产业（95.54%）、文化、体育和娱乐业（55%）以及金融业（49.95%）（见表 4）。

表 4　中国对外直接投资流量行业分布

单位：亿美元，%

行业	2013 年	2012~2013 变化率	占 2013 年比重
租赁和商务服务业	270.6	1.20	25.09
采矿业	248.1	83.23	23.01
金融业	151.0	49.95	14.00
批发和零售业	146.5	12.26	13.58
制造业	72.0	-16.96	6.68
建筑业	43.6	34.15	4.04
房地产业	39.5	95.54	3.66
交通运输、仓储和邮政业	33.1	10.70	3.07
农、林、牧、渔业	18.1	23.97	1.68
科学研究、技术服务和地质勘查业	17.9	20.95	1.66
信息传输、计算机服务和软件业	14.0	12.90	1.30
居民服务、修理和其他服务业	11.3	26.97	1.05
电力、煤气及水的生产和供应业	6.8	-64.95	0.63
文化、体育和娱乐业	3.1	55.00	0.29
住宿和餐饮业	0.8	-42.86	0.07

资料来源：根据《2012 年度中国对外直接投资统计公报》和《2013 年度中国对外直接投资统计公报》的计算。

从中国对外直接投资流量前十位国家和地区的分布来看，离岸金融中心、发达经济体和资源类国家得到中国投资者的青睐（见表 5）。其中，中国香港是中国对外直接投资最重要的目的地和中转地。2013 年，58.3% 的中国对外直接投资流向了香港，达到 628.24 亿美元，比上年增长了 22.6%。中国对外兼并收购大多通过香港地区再投资完成，例如中海油收购加拿大尼克森公司 100% 股权项目、中石化收购美国阿帕奇公司埃及油气部分资产项目等。因此，以投资控股为主要目标的租赁和商务服务业是中国对香港地区直接投资最重要的行业，占到2013年流量的28.1%、存量的35.8%。除了香港地区之外，类似的投资中转地还包括开曼群岛和英属维尔京群岛。2013年中国对这两地的投资大幅增长，达到92.53亿美元和32.22亿美元，分别比上年增长了1018.9%和43.9%。

表5　2013年中国对外直接投资流量前十位国家和地区

单位：亿美元，%

排名	国家和地区	流量	比重	同比增长
1	中国香港	628.24	58.3	22.6
2	开曼群岛	92.53	8.6	1018.9
3	美国	38.73	3.6	-4.3
4	澳大利亚	34.58	3.2	59.1
5	英属维尔京群岛	32.22	3	43.9
6	新加坡	20.33	1.9	33.8
7	印度尼西亚	15.63	1.5	14.8
8	英国	14.2	1.3	-48.8
9	卢森堡	12.75	1.2	12.5
10	俄罗斯联邦	10.22	0.9	30.2

资料来源：根据《2012年度中国对外直接投资统计公报》和《2013年度中国对外直接投资统计公报》的计算。

英国和美国分别是中国对欧盟和北美地区投资的最大目的地，但在2013年对两者的投资都有不同程度的下降。2013年，中国对英国投资14.2亿美元，同比下降了48.8%；占对欧盟总投资的31.4%，比上年下降了13.9个百分点。中国对英国的投资主要流向制造业、金融业、批发和零售业以及商务服务业。而在同年，中国对美国投资38.73亿美元，同比下降了4.3%。与采矿业海外投资在2013年实现强势复苏相印证，中国对资源类大国澳大利亚和俄罗斯联邦的投资同比增幅分别达到59.1%和30.2%。

王碧珺（2014）根据投资规模排序总结了中国海外兼并收购前十大交易（见表6）。这里面最大一笔交易是中海油151亿美元收购加拿大油企尼克森公司；其次为双汇国际71亿美元收购全球最大猪肉供应商美国史密斯菲尔德食品公司，该交易有助力双汇获得美国养猪行业先进技术与管理经验，并推动中国国内整个猪肉生产加工工业的现代化。从行业分布来看，资源行业在前十大

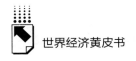

交易中是主体，总投资额达到330亿美元，占比为72.2%。这些资源以位于加拿大、非洲和拉丁美洲的油气资源为主。

表6 2013年中国十大对外兼并收购

单位：亿美元

排名	中国企业	海外投资对象	投资国	金额	行业
1	中海油	尼克森	加拿大	151.0	采矿业
2	双汇	斯密斯菲尔德	美国	71.0	制造业
3	中石油	哈萨克斯坦某油田	哈萨克斯坦	50.0	采矿业
4	中石油	意大利埃尼集团的东非资产	莫桑比克	43.0	采矿业
5	中国建设银行	俄罗斯外贸银行	俄罗斯	34.4	金融业
6	中石化	阿帕奇公司油气业务	埃及	31.5	采矿业
7	中石油	巴西石油秘鲁子公司	秘鲁	26.2	采矿业
8	成栋投资	俄罗斯乌拉尔钾肥公司	俄罗斯	21.8	制造业
9	中化集团	巴西深水油田	巴西	15.4	采矿业
10	中投	布米资源公司	印度尼西亚	13.0	采矿业

资料来源：王碧珺（2014）。

与中国对外直接投资快速增长相比，外商在华直接投资趋缓（见图7）。2013年，外商在华直接投资1239亿美元，比上年略增2.34%；实际使用外资

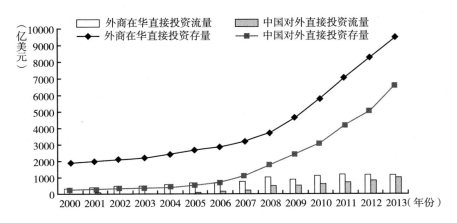

图7 2000~2013年中国跨境直接投资

资料来源：根据联合国贸发会议数据库（http://unctad.org/en/Pages/Statistics.aspx/fdi/undefined）数据整理。

金额 1187 亿美元，比上年增加了 4.79%。这一增幅与中国在过去一段时期内接受对外直接投资两位数的增幅相形见绌。2014 年中国对外直接投资在流量上有望超过外商在华直接投资，尽管在存量上前者还仅约为后者的 70%。外商在华直接投资放缓既有结构性原因，也有周期性原因。一方面，全球经济仍处于金融危机后的弱势复苏阶段，跨国投资增长乏力。另一方面，中国经济步入"新常态"，增长潜力下降，要素成本上升，对外国投资者的吸引力有所下降。

四 前景展望

在未来几年中，全球经济形势有望进一步改善，促使跨国企业增加投资需求。世界经济有望在 2014 年增长 3.4%；2015 年增长 4.0%。全球贸易也有望在 2014 和 2015 年实现比 2013 年更高的增速（见图 8）。全球经济的回升更多地反映在发达经济体，尤其是美国经济保持复苏韧性，欧洲经济走出衰退。这些因素有望推动全球市场信心改善。而随着投资者信心恢复和发达经济体基本面改善，企业开展跨国投资的能力和意愿将增强，使用持有的大量现金进行投资的可能性在上升。联合国贸发会议预计 FDI 流量在 2014 年达到 1.6 万亿美元，随后两年每年增长约 0.1 万亿美元，到 2016 年达到 1.8 万亿美元。

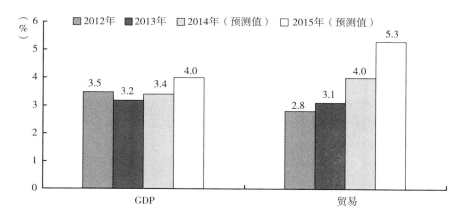

图 8 2012~2015 全球 GDP、贸易增长率

资料来源：根据国际货币基金组织世界经济展望（World Economic Outlook Update，2014.7.24）的整理。

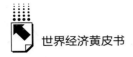

　　总之，国际直接投资的复苏将更多地反映在发达经济体，发展中经济体的贡献将有所下降。发展中经济体在经历了全球金融危机以来一轮高速增长后，经济增速明显放缓。大宗商品超级周期趋于结束打击了大宗商品出口国之前几年由于贸易条件改善所提振的经济增长。发达国家总需求水平仍然不足导致了出口单一型发展中国家出口增速缓慢。美联储退出量化宽松货币政策给发展中经济体带来资本撤出和金融市场震荡的挑战。同时，之前较高的经济增长掩盖了发展中国家内部宏观失衡问题，结构调整较为缓慢。在这些因素的共同作用下，尽管发展中经济体将继续在国际直接投资舞台上扮演重要角色，并持续热衷抄底发达国家跨国企业调整出售的海外资产，但其跨国投资增速将有所下降。发达经济体外商直接投资预计在 2014、2015 和 2016 年分别增长 34.8%、16.3% 和 9.5%，而发展中经济体仅分别增长 -1.8%、1.6% 和 2.9%（见表 7）。

表 7　分组别 FDI 增速

单位：%

指标	平均增速		增速		预计增速		
	2005~2007 年	2009~2011 年	2012 年	2013 年	2014 年	2015 年	2016 年
全球 FDI 流量	39.6	1.0	-21.8	9.1	11.5	8.0	5.9
发达经济体	46.5	-0.4	-41.3	9.5	34.8	16.3	9.5
发展中经济体	27.8	4.4	0.6	6.7	-1.8	1.6	2.9

　　资料来源：根据联合国贸发会议数据库（http://unctad.org/en/Pages/Statistics.aspx/fdi/undefined）数据整理。

　　尽管国际直接投资在经历 2012 年 19.4% 的下滑后于 2013 年重回增长态势，并有望在接下来的三年中持续复苏，但这一复苏形势面临的困难和风险并不容忽视。美国退出量化宽松货币政策对全球经济和金融市场可能带来的重大影响、欧元区内部经济分化和复苏基础不稳、日本增长动力不足、发展中经济体增长放缓和金融风险上升使得世界经济形势错综复杂。而各国出台投资便利化和自由化政策的同时也加强了对外资的监管，引起了投资保护主义的担忧。因此，国际直接投资回升至更为强劲增长水平之路艰难曲折。

参考文献

王碧珺：《被误读的官方数据——揭示真实的中国对外直接投资模式》，《国际经济评论》2013 年第 1 期，第 61 ~ 74 页。

王碧珺：《由"生产型"趋向"消费型"——中国对外直接投资 2013 年回顾与 2014 年展望》，《全球化》2014 年第 5 期。

中华人民共和国商务部、中华人民共和国国家统计局和国家外汇管理局：《2012 年度中国对外直接投资统计公报》，中国统计出版社，2013。

中华人民共和国商务部、中华人民共和国国家统计局和国家外汇管理局：《2013 年度中国对外直接投资统计公报》，中国统计出版社，2014。

UNCTAD，"World Investment Report 2013：Global Value Chains：Investment and Trade for Development，" New York and Geneva：United Nations Conference on Trade and Development. 2013.

UNCTAD，"World Investment Report 2014：Investing in the SDGs：An Action Plan，" New York and Geneva：United Nations Conference on Trade and Development. 2014.

Ｙ.13

全球大宗商品市场的回顾与展望

王永中*

摘　要：　2014 年世界经济增速下滑和美联储退出量化宽松的预期导致大宗商品的需求增长放缓，大宗商品价格指数下跌。铁矿石、农业原材料、贵金属和原油的价格跌势明显。2015 年世界经济增长率的回升，虽会促进全球大宗商品需求的增长，但大宗商品价格指数不会随着需求的回升而上涨。美联储于2014 年 10 月底终止债券资产购买计划、2015 年中可能提高联邦基金利率和停止到期债券本金的再投资，将不仅抑制全球的流动性供给，而且将引发美元资产的收益率上升和美元升值，进而导致国际大宗商品价格下跌。从长期视角看，原油价格下调的压力相对较大，黄金价格下跌的压力居中，非原油大宗商品价格指数下降的压力相对较小。原油需求在2015 年将会继续维持弱势，全年日均原油价格将会跌至 100美元/桶以下，很可能围绕着 95 美元/桶的水平上下波动。

关键词：　大宗商品市场　需求　供给　价格

一　大宗商品市场总体状况

全球金融危机以来，国际大宗商品价格指数经历了剧烈的波动。全球金融

---

* 王永中，经济学博士，中国社会科学院世界经济与政治研究所研究员，主要研究领域为国际经济学。

危机导致大宗商品价格大幅下跌。以现价美元和特别提款权（SDR）计价的大宗商品价格指数分别由金融危机前的峰值水平，2008 年 4 月的 298.6、241.4，深幅下探至 2008 年 12 月的谷底水平 186、161.7，降幅分别高达 37.7%、33.0%。随后，在欧美发达国家史无前例的金融救助政策以及全球各国极度扩张的财政政策和货币政策的共同作用下，大宗商品迎来了一段强劲的反弹行情。以现价美元、SDR 计价的大宗商品价格指数在 2011 年 2 月攀升至 329.5、279，超越了全球金融危机前的峰值水平，累计升幅高达 77.2%、72.5%。2013 年以来，发达国家特别是欧洲经济的持续低迷不振及其引发的新兴经济体的出口受阻，以及中国的经济结构调整，导致全球对大宗商品的实际需求减弱，大宗商品价格处于绵延下跌的走势中。2014 年 8 月，以现价美元、SDR 计价的大宗商品价格指数水平依次为 244.2、211.6，相比较于 2011 年 2 月的峰值水平已分别下跌 25.9%、24.2%（见图 1）。

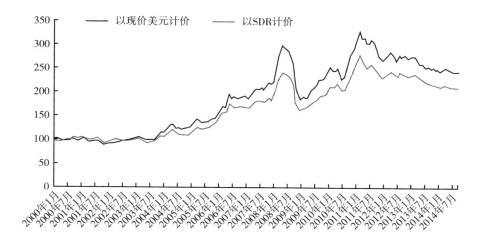

图 1　大宗商品价格指数

注：2000 年的价格指数为 100。

资料来源：UNCATD STAT。

2013 年，全球大宗商品价格延续了 2012 年下跌的趋势，以现价美元、SDR 计价的大宗商品价格指数水平分别由 1 月的 276.4、238.1 下降至 12 月的 248.6、213.7，下跌的幅度分别为 10.1%、10.2%。导致大宗商品价格在 2013 年显著下跌的因素主要有：一是发达国家，特别是欧洲的经济低迷，致

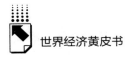

使其大宗商品的需求不振；二是欧美市场需求的萎缩，抑制了新兴经济体的出口和经济增长，进而对新兴经济体的大宗商品需求构成了消极影响；三是市场对于美联储退出量化宽松政策的预期，不仅使投资者改变了全球流动性供给将持续保持宽松状态的预期，而且导致大量国际资本从新兴经济体流出，从而对大宗商品价格构成挤压效应；四是作为大宗商品需求大户的中国的经济结构调整和经济增长减速，不可避免地对大宗商品需求增长产生负面效应；五是大宗商品价格在前期过快上涨的基础上继续回调，2009～2010 年期间大宗商品价格的过猛上涨缺乏经济基本面的支撑。

不过，在 2014 年前 8 个月，全球大宗商品市场总体上呈现在小幅波动中企稳的态势，以现价美元计价的大宗商品价格指数仅跌了 0.45%，而以 SDR 计价的大宗商品价格指数略涨了 0.14%。可能的影响因素主要有：一是美国经济稳定复苏将推动全球经济增长，对大宗商品需求构成利好；二是宽松的全球流动性状况，美国继续维持高度宽松的货币政策，欧洲货币政策的宽松程度有所加码；三是在美联储的大力宣传和加强同主要央行的沟通协调下，投资者认识到美联储退出量化宽松政策是一个长期过程，且退出的节奏和步骤是与美国实体经济的表现紧密联系的，从而投资者对于美联储逐步缩减资产购买规模的举措的反应趋于理性。

从大宗商品分类价格指数来看，自 2011 年以来，带动大宗商品价格指数下跌的主要是农业原材料、食品、矿石与金属（见图 2），农业原材料价格基本上处于稳定的下行通道中。农业原材料的价格指数从 2011 年 2 月的 325.4 降至 2014 年 8 月的 181.3，下降幅度高达 44.3%，是下降幅度最为剧烈的大宗商品类别。而且，自 2013 年以来，农业原材料价格仍维持下行态势，在 2013 年全年下跌了 4.0%，在 2014 年前 8 个月下跌了 11.2%。其中，美国东部的孟菲斯棉花价格由 2011 年 3 月的 224.3 美分/磅的历史性高位跌至 2014 年 8 月的 76.1 美分/磅，下跌幅度高达 66.1%。孟菲斯棉花价格虽然在 2013 年出现了短暂上涨，全年仅上涨 6.7%，但在 2014 年 7 月、8 月出现明显下跌，其下降幅度分别达 8.7%、12.6%。

食品价格指数在 2011 年 12 月至 2012 年 7 月期间经历了一个短暂的反弹，随后一路持续下跌，最近有企稳回升的态势。食品价格指数由 2012 年 7 月的 282.7 下跌至 2014 年 1 月的 232.7，下跌了 17.7%。2014 年 2～8 月，食品价格总体上有了小幅反弹，基本围绕着 244 点位上下震荡。其中，墨西哥湾的美

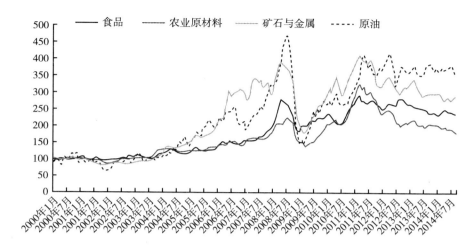

图 2　大宗商品分类价格指数

注：2000 年的价格指数为 100；原油价格指数为英国布伦特轻质原油、迪拜中质原油和西德克萨斯重质原油的价格的平均指数，三种原油的权重相等。

资料来源：UNCATD STAT。

国小麦离岸价格从 2012 年 9 月的 382 美元/吨的高位，下跌至 2014 年 8 月的 285 美元/吨，下跌幅度高达 25.4%。泰国曼谷的大米出口离岸价格从 2012 年 5 月 612.4 美元/吨的高位下降至 2014 年 5 月的 403.6 美元/吨的低位，下跌了 34.1%，但随后反弹至 2014 年 8 月的 440.4 美元/吨，在短短的 3 个月时间内又上涨了 9.1%。美国到鹿特丹的大豆到岸价从 2012 年 8 月的 684 美元/吨跌至 2014 年 8 月的 460 美元/吨，下跌幅度高达 32.7%。

　　2011 年以来，矿石与金属的价格总体上呈现下降的态势。矿石与金属的价格指数从 2011 年 2 月 417.6 的峰值水平降至 2014 年 8 月的 286.9，下跌了 31.3%。近来，矿石与金属的价格继续呈现波动下行的态势。矿石与金属的价格指数在 2013 年全年下跌了 11.7%，在 2014 年前 8 个月下跌了 3.8%。其中，黄金价格经历了一个长期的上升趋势，在 2011 年 9 月达到月度均价历史性高位之后，随后便进入震荡下行的通道。黄金价格指数由 2011 年 9 月的 635 的峰值水平降至 2014 年 8 月的 464.5，累计下跌幅度为 26.9%。与此相联系，伦敦金属交易所的纯度为 99.5% 的标准金下午定盘价则由 2011 年 9 月的峰值水平 1771.9 美元/盎司跌至 2014 年 8 月的 1296.0 美元/盎司。不过，黄金市场价格在 2014 年上半年有所回稳。在 2014 年前 7 个月，黄金价格上涨了 7.0%。但自 2014 年 8 月中旬以来，黄金价格呈现加速下降的态势。黄金价格从 8 月 12 日的 1315.8 美元/盎司的阶段性高位跌至 10 月 3 日的 1195 美元/盎司，在短短不到两个月时间内跌幅竟高达 9.2%（见图 3）。黄金的日均价也由 2013 年全年的 1411.2 美元/盎司跌至 2014 年前 9 个月的 1286.5 美元/盎司，下跌了 8.8%。

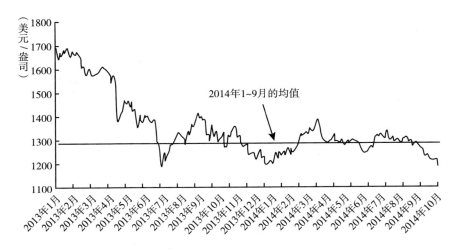

图 3 伦敦金属交易所黄金的下午定盘价

资料来源：CEIC。

在经历了一轮井喷式的超级周期性行情之后，铁矿石价格在 2011 年 2 月之后终于步入了下行通道。中国天津港进口的铁纯度为 62% 的铁矿石现货价格由 2011 年 2 月的 187.2 美元/千吨降至 2014 年 8 月的 92.6 美元/千吨，累计下降幅度达 50.5%。铁矿石价格在 2013 年出现了暂时性反弹，全年上涨了 5.4%，但在 2014 年又重拾跌势。在 2014 年前 8 个月，铁矿石价格共下跌了 31.8%。伦敦金属交易所铜价从 2011 年 2 月的 9867.2 美元/吨的月度均价历史高位降至 2014 年 6 月的 6806.5 美元/吨的低点，下跌幅度达 31.0%，但在 2014 年 7~8 月反弹了 2.8%。伦敦金属交易所的铝价从 2011 年 4 月的 2662.3 美元/吨的月度均价历史高位降至 2014 年 7 月的 1945.1 美元/吨的低点，累计降幅达 26.9%，但其在 2014 年 8 月迅速反弹至 2029.9 美元/吨，仅在一个月内便上涨了 4.4%。

2011 年以来，原油价格没有表现出明显的趋势性，继续呈现反复波动的震荡行情。这说明，石油价格大体上是稳定的，没有出现大起大落的行情。布伦特轻质原油、迪拜中质原油和西德克萨斯重质原油的平均价格曾由 2012 年 3 月的 117.8 美元/桶的月度均价峰值下探至同年 6 月的 90.7 美元/桶的历史低位，但又于同年 8 月回升至 105.3 美元/桶的高位。在 2012 年 9 月至 2014 年 6 月期间，石油价格基本围绕着 104 美元/桶的均价上下波动。但石油价格自 2014 年 6 月 19 日达到 111.1 美元/桶的阶段性高位以来呈现明显的跌势。2014 年 10 月 3 日，石油价格已跌至 90.8 美元/桶的低位，相比较于 2014 年 6 月 19 日的高位，已大幅下跌了 18.3%。不过，2014 年前 9 个月石油的日平均价格仍达 103.3 美元/桶，比 2013 年全年的平均水平 104.1 美元/桶的水平，略降了 0.74 美元/桶（见图 4）。

图 4 原油现货价格

注：原油现货价格为英国布伦特轻质原油、迪拜中质原油和西德克萨斯重质原油的现货价格的平均数，三种原油的权重相等。

资料来源：CEIC。

二 石油的实际供需状况

2011 年以来，全球石油需求继续维持缓慢增长的态势。2012 年和 2013 年全球石油平均日需求量分别约为 9060 万桶和 9160 万桶，其增长速度依次为 1.23%、1.10%。2014 年上半年，全球石油需求呈现出明显的颓势。2014 年第一季度的全球石油平均日需求量为 9150 万桶，比 2013 年需求量下降了 0.1%，而第二季度的需求量回升至 9170 万桶，比 2013 年增加了 0.1%（见表 1）。

表 1　世界石油供需状况

单位：百万桶/天

年份	2011	2012	2013	2014Q1	2014Q2	2014	2015
需求							
OECD	46.4	45.9	46.0	45.7	44.8	45.8	45.7
美洲	24.0	23.6	24.0	23.9	23.7	24.1	24.1
欧洲	14.3	13.8	13.6	13.0	13.5	13.6	13.5
亚洲及大洋洲	8.1	8.5	8.3	8.8	7.7	8.2	8.1
非 OECD	43.1	44.6	45.6	45.7	46.9	46.9	48.3
前苏联地区	4.5	4.6	4.7	4.6	4.8	4.8	4.8
欧洲	0.7	0.6	0.6	0.6	0.7	0.7	0.7
亚洲	20.6	21.4	21.9	22.2	22.5	22.5	23.3
中国	9.4	9.8	10.0	10.0	10.2	10.3	10.7
拉美	6.2	6.4	6.6	6.6	6.8	6.8	6.9
中东	7.5	7.7	7.9	7.8	8.2	8.1	8.4
非洲	3.6	3.8	3.8	3.9	4.0	4.0	4.2
总需求	89.5	90.6	91.6	91.5	91.7	92.7	94.0
供给							
OECD	19.0	19.9	21.0	22.1	22.2	22.3	23.2
美洲	14.6	15.8	17.2	18.2	18.5	18.5	19.4
欧洲	3.8	3.5	3.3	3.5	3.3	3.3	3.3
亚洲及大洋洲	0.6	0.6	0.5	0.5	0.5	0.5	0.5
非 OECD	29.9	29.5	29.5	29.8	29.6	29.6	29.8
前苏联地区	13.6	13.7	13.9	14.0	13.8	13.9	13.7
欧洲	0.1	0.1	0.1	0.1	0.1	0.1	0.1
亚洲	7.8	7.8	7.7	7.7	7.6	7.6	7.8
中国	4.1	4.2	4.2	4.2	4.2	4.2	4.3
拉美	4.2	4.2	4.2	4.2	4.3	4.3	4.5
中东	1.7	1.5	1.3	1.4	1.3	1.3	1.3
非洲	2.5	2.2	2.3	2.4	2.3	2.3	2.3
OPEC	35.8	37.5	36.7	36.3	36.4	—	—
总供给	88.6	90.9	91.4	92.1	92.6	—	—
供需缺口	-0.8	0.3	-0.2	0.6	0.8	—	—

注：2014 年、2015 年数据为预测值。

资料来源：国际能源署（IEA），Oil Market Report, September, 2014。

在 2014 年上半年，全球石油需求呈现出明显的"双轨"态势：美国石油需求增长加快，而中国与欧洲的石油需求趋弱；中国与欧洲对全球石油需求消极效应的重要程度远超过美国的积极影响。因此，2014 年上半年全球石油需求量增长的停滞，主要应归咎于欧洲黯淡的经济前景和中国经济减速。欧洲低迷的宏观经济形势是其石油需求下降的主导性因素。目前，欧元区正在与经济停滞（低增长率与高失业率并存）和通货紧缩斗争。欧洲面临的主要经济风险是物价下降将会触发通货紧缩螺旋，导致物价水平与经济活动循环下降。这将不可避免地对其石油需求产生显著的负面影响。欧洲的石油日平均需求量在2012 年、2013 年和 2014 年第一季度分别下降了 50 万桶、20 万桶和 60 万桶，但在 2014 年第二季度回升了 60 万桶。中国的经济结构调整和经济增长速度由高速向中高速转变显然会抑制其石油需求的增速。在 2014 年第一、二季度，中国的石油平均日需求量分别为 1000 万桶、1020 万桶，相对于 2013 年的1000 万桶的需求水平，其增长速度分别为 0、2.00%，而中国的石油需求量在2012 年、2013 年的增长速度分别为 4.26%、2.04%。

在 2014～2015 年，欧洲经济低迷不振和中国经济减速仍然是导致全球石油需求增长放缓的主要因素，但美国经济的稳定复苏和全球宏观经济形势的好转将构成石油需求增长的支撑力量，从而全球石油需求将会缓慢增长。在2014 年 9 月发布的《石油市场报告》（Oil Market Report）中，国际能源署大幅调低了 2014～2015 年全球石油需求的增长速度。根据国际能源署的预测，在 2014、2015 年，预计全球石油平均日需求的增长量分别为 90 万桶、120 万桶，日平均石油需求量分别达 9260 万桶、9380 万桶。全球石油需求的增长完全来源于非 OECD 国家，其在 2014 年、2015 年的日均石油需求增长量分别为120 万桶、130 万桶，而 OECD 的日均石油需求量将分别下降 20 万桶、10 万桶。中国的石油需求经过了数月的缓慢增长后，其增长率在 2014 年下半年和2015 年全年有可能小幅反弹。预计中国 2014 年、2015 年的日均石油需求量分别达 1030 万桶、1060 万桶。

根据表 1 的数据，我们发现，世界石油需求收入弹性在 2012～2013 年呈继续下行态势。石油需求收入弹性指标衡量 1 个百分点的世界 GDP 增长能带动多少个百分点的全球石油需求增长，实际上是一个衡量石油利用效率的指标。在 2012 年和 2013 年，1 个百分点的世界 GDP 增长依次带动了 0.35 个百

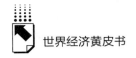
分点、0.33 个百分点的石油需求增长。考虑到世界各国对碳排放和能源效率的重视，石油需求的收入弹性未来仍有下降的空间。

　　全球石油供给在经历了全球金融危机期间的暂时性下降之后，于 2010 年开始实现了持续增长，且增长速度总体上快于需求的增长速度。2013 年，全球石油日平均供给量为 9140 万桶，比 2012 年供给量 9090 万桶的水平增长了 0.55%。在 2014 年第一、二季度，全球石油日平均供给量依次为 9210 万桶、9260 万桶，分别比 2013 年的日平均产量水平增长了 0.77%、1.31%。在 2014 年上半年，全球石油供需状况发生了显著变化。在 2011 年、2013 年，全球石油供给均小于需求，石油日均供给缺口分别达 80 万桶、20 万桶。在 2014 年第一、二季度，全球石油供需形势发生了明显逆转，石油供给显著大于需求，全球石油日均需求缺口分别达 60 万桶、80 万桶。

　　2012 年以来，全球石油供给的增长主要来源于美国和加拿大、OPEC，除北美外的其他 OECD 国家、非 OECD 国家的石油总产量有所下降。在 2012 ~ 2014 年上半年期间，全球石油日均产量共增长了 400 万桶，其中，美国和加拿大的日均石油产量增长了 390 万桶，OPEC 的日均石油产量增长了 60 万桶，而除北美外的 OECD 国家的日均石油产量下降了 70 万桶，非 OECD 国家的日石油产量下降了 30 万桶。显然，美国和加拿大已成为全球石油供给增长的主要来源地。这主要得益于北美的页岩气等非常规油气资源的大规模开发。

　　作为对全球石油需求低迷的一个直接反应，OPEC 等主要产油国开始削减石油产量。2014 年 8 月，全球石油日均供给量为 9290 万桶，比上个月下降了 39.5 万桶，比上年同月下降了 81 万桶。2014 年 8 月，由于北海、阿拉斯加、马来西亚的石油产出下降，导致非 OPEC 产油国的日均原油产量比上个月下降了 26.5 万桶，跌至 5620 万桶，而在上年同月，非 OPEC 产油国的日均石油供给量增长了 120 万桶。OPEC 的首要产油国——沙特在 2014 年 8 月将石油日供给量降低至 96.8 万桶，削减了 3.3 万桶。虽然利比亚的石油产量实现了稳定恢复，但其未能弥补沙特和伊拉克的石油产量的下降，从而 OPEC 的石油日均产量在 2014 年 8 月降至 3031 万桶，下降了 37 万桶。2014 年 8 月，OPEC 有效的石油闲置产能预计为 307 万桶/天，而 7 月为 287 万桶/天，其中沙特占据了 89% 的石油闲置产能。

　　根据国际能源署的预测，非 OPEC 产油国的石油日均产量在 2014 ~ 2015

年预计会继续增长，在 2014 年第四季度的产量估计会反弹至 5680 万桶，在 2015 年将达到 5760 万桶。其中，美国和加拿大的石油产量将会继续维持较快的增长速度，其日均石油产量将由 2013 年的 1720 万桶，增长至 2014 年的 1850 万桶、2015 年的 1940 万桶，其年均增长速度将分别为 7.6%、4.9%。在全球石油需求的动力不足和非 OPEC 产油国产量强劲增长的背景下，OPEC 可能会继续削减石油产量，以维持石油价格在高位运行。预计 OPEC 在 2014 年第四季度、2015 年的日均石油产量将分别降至 3060 万桶、2960 万桶，比 2014 年第二季度的 3640 产量将分别削减 580 万桶、680 万桶，减产比例分别高达 15.9%、18.6%。

三 中国因素

中国是国际大宗商品市场的一个重要的需求者。中国需求对国际大宗商品的供需状况和价格水平一直产生着重要影响。就表 2 所列示的 17 种主要大宗商品而言，中国在 2013 年的进口额约为 5198 亿美元，约占世界各国对这 17 类商品进口总额的 18.6%。与 2012 年相比，中国的进口份额上升了 1.5 个百分点（见表 2）。

表 2　中国大宗商品进口在全球中的份额

单位：亿美元，%

品　种	2013 年进口额（价值）		中国进口份额		中国进口份额变化（与 2012 年的差额）	
	全球	中国	价值	数量	价值	数量
谷物	1016.5	50.5	5.0	——	0.7	——
稻谷	143.2	10.5	7.3	3.3	1.2	-5.7
大豆	590.9	380.1	64.3	64.8	1.9	2.1
橡胶	233.6	63.9	27.4	32.6	2.5	6.1
原木	192.0	93.2	48.5	33.4	5.5	-9.2
羊毛	126.2	36.7	29.1	——	2.5	——
棉花	469.7	172.3	36.7	——	2.5	——
钢铁	3689.5	213.4	5.8	——	0.2	——
铁矿石	1603.7	1061.8	66.2	67.9	4.1	2.3

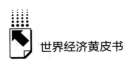

续表

品　种	2013 年进口额（价值）		中国进口份额		中国进口份额变化（与 2012 年的差额）	
	全球	中国	价值	数量	价值	数量
铜及制品	1621.3	498.3	30.7	—	-0.5	—
铜矿石	563.1	195.1	34.6	38.0	1.9	2.5
铝及制品	1487.4	87.0	5.9	—	-0.4	—
铝矿石	57.7	37.7	65.3	66.8	18.4	14.6
氧化铝	105.0	14.0	13.4	13.5	-3.9	-4.2
铅矿石	65.9	21.1	32.0	51.7	-7.4	-6.8
锌矿石	76.7	13.6	17.7	18.8	1.0	-2.5
镍矿石	64.9	51.4	79.1	87.8	2.7	0.6
原油	16049.7	2207.9	13.8	13.1	1.0	-0.2
合　计	28013.8	5198	18.6		1.5	

注：（1）表中产品名称均为对应的海关 HS 分类名称的简称。对应的代码分别为：谷物 10、稻谷 1006、大豆 1201、橡胶 4001、原木 4403、羊毛 51、棉花 52、钢铁 72、铁矿石 2601、铜及制品 74、铜矿石 2603、铝及制品 76、铝矿石 2606、氧化铝 281820、铅矿石 2607、锌矿石 2608、镍矿石 2604、原油 270900。

（2）因样本国家数和数据更新的影响，本表的数据与本专题前期的数据不完全可比。具体可参见姚枝仲（2014）。

资料来源：联合国 COMTRADE 数据库。

中国需求对国际大宗商品市场影响最大的当属金属矿石市场，尤其是镍矿石、铁矿石和铝矿石市场。中国对这三类金属矿石的进口额占全球进口总额的比例均超过了 60%。这表明，中国在镍矿石、铁矿石和铝矿石市场上具有举足轻重的地位。同时，中国在 2013 年对铜及制品、铜矿石、铅矿石的进口量占世界进口总量的比例均在 30% 以上，对锌矿石、氧化铝的进口份额均超过了 10%。2013 年，中国的镍矿石进口量达 51.4 亿美元，占全球镍矿石进口总量的比例为 79.1%，比 2012 年的进口比例提高了 2.7 个百分点。2013 年，中国的铝矿石进口量为 37.7 亿美元，占全球铝矿石进口总量的比例为 65.3%，比 2012 年的进口份额大幅提升了 18.4 个百分点。中国对铁矿石的进口不仅份额高，而且规模巨大。2013 年，中国进口的铁矿石规模高达 1061.8 亿美元，占世界铁矿石进口总额的 66.2%，比 2012 年提高了 4.1 个百分点。

2013 年，中国在国际金属矿石市场继续获得了比较好的贸易条件。如表 2

所示，在所有的金属矿国际市场份额中，中国进口价值的份额均要低于进口量的份额，即中国对各类金属矿石所支付的进口价格，均低于国际市场的平均价格。以铁矿石为例，2013 年中国进口铁矿石的价值份额为 66.2%，而中国进口的铁矿石数量份额为 67.9%，价值份额与数量份额之间的比率为 0.97，从而中国所支付的铁矿石进口价格相当于国际市场平均价格水平的 97%。不过，中国在铁矿石价格的交易条件并未实现持续改善。2012 年，中国铁矿石进口的价值份额为 62.1%，而数量份额为 65.6%，价值份额与数量份额的比率为 0.95，即 2012 年中国进口的铁矿石价格相当于国际市场水平的 0.95，且比 2013 年的相对进口价格低了 2 个百分点。当然，铁矿石的进口价格低于国际市场水平，可能主要来源于国际市场环境和供需结构的变化，而不是中国的谈判地位和议价能力的提高。2011 年以来，全球铁矿石需求快速增长的势头得到遏制，国际铁矿石市场出现供给过剩的现象，国际铁矿石价格转而开始下降。在这一市场环境下，中国需求成为各大供应商竞相争取的目标，各供应商愿意以更为优惠的价格向中国出口（姚枝仲，2014）。

中国对国际农产品市场也有重大影响，尤其是在大豆和原木市场上。中国对大豆的进口规模及其占全球大豆进口总额的比例从 2002 年以来一直处于上升状态。2013 年，中国进口大豆的规模达 380.1 亿美元，占全球大豆进口总额的份额为 64.3%，比 2012 年继续提升了 1.9 个百分点。不过，中国作为最大进口国的地位并未为其在大豆市场上争取到非常优惠的贸易条件，中国大豆进口的价值份额与数量份额的比率在 2012 年、2013 年分别为 0.995、0.992。

中国对原木、棉花、羊毛和橡胶的进口占全球的份额也均在逐步提高，分别由 2012 年的 43.0%、34.2%、26.6% 和 24.9% 提高至 2013 年的 48.5%、36.7%、29.1% 和 27.4%。中国对国际粮食市场的影响相对比较小，粮食进口占全球的进口份额相对较低，表明中国粮食的自给自足的程度仍然处在较高的水平上。2013 年，中国对谷物（包括小麦、大麦、燕麦、玉米、稻谷和高粱等）的进口规模为 50.5 亿美元，占全球谷物进口的份额为 5.0%，相对于 2012 年上涨了 0.7 个百分点。其中，中国 2013 年对稻谷的进口规模为 10.5 亿美元，占全球稻谷进口总额的比例为 7.3%，比 2012 年提高了 1.2 个百分点。值得指出的是，中国在稻谷和原木市场的进口贸易条件出现了明显的恶化，其进口的价值份额与数量份额的比率分别由 2012 年的 0.68、1.01 显著上升至

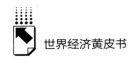

2013 年的 2.21、1.45。这意味着，中国 2013 年对进口的稻谷和原木所支付的价格分别比国际市场价格高 121%、45%。

原油是中国大宗商品进口的一个主要项目，是进口规模最大的一个商品品种。中国是仅次于美国的第二大原油进口国，且原油进口量逐年增长，占世界石油进口的份额稳步上升。2013 年，中国进口的原油规模为 2207.9 亿美元，占全球原油进口总量的 13.8%，比 2012 年上升了 1.0 个百分点。不过，中国的原油进口数量份额却有所下降，由 2012 年的 13.3% 降至 2013 的 13.1%，减少了 0.2 个百分点。同时，中国原油进口的价值份额与数量份额之间的比率出现了明显上升，由 2012 年的 0.962 大幅升至 2013 年的 1.053。这意味着，中国原油进口的贸易条件在 2013 年显著恶化，进口原油价格由低于国际市场价格 3.8% 变为高于国际市场价格 5.3%。2013 年中国原油进口贸易条件的恶化与全球石油供给有着密切的联系。2012 年全球石油供给相对过剩，日均石油需求缺口为 30 万桶。作为石油市场的一个主要需求方，中国占据有利的市场地位，获得了相对于国际市场价格 3.8% 的优惠折扣。但在 2013 年，全球石油市场供需发生显著变化，石油供给由过剩转为不足，日均石油供给缺口为 20 万桶，作为主要买家的中国便处于不利的地位，被迫向卖方支付高于国际市场价格 5.3% 的溢价。

总结中国在 2013 年国际大宗商品市场上的表现，可以得到两条基本结论：其一，中国在一些大宗商品上获得的较有利贸易条件是暂时性，是主要由市场环境的变化引起的，而不是由中国的谈判地位和定价能力的变化引致的；其二，作为主要需求方，中国大宗商品进口的贸易条件呈现"逆周期"的特征。当大宗商品供给不足、价格上涨时，中国处于不利的市场地位，其交易价格将高于国际市场平均价格；当大宗商品需求不足、价格下跌时，中国处于有利的市场地位，其交易价格将低于国际市场平均价格。显然，中国尚未能充分利用其主要需求方的地位，有效提升其在大宗商品市场的谈判地位和定价能力，以长期稳定地获取有利交易条件。

四　货币金融因素

除供给需求因素外，影响大宗商品市场的另一重要因素是货币金融因素。

考虑到黄金价格与大宗商品价格在较长历史时期内有着稳定的比价关系，且黄金价格变动与货币金融市场之间有着较好的联动性，本文沿用姚枝仲（2014）的思路，用黄金价格作为货币金融因素影响大宗商品市场的代理变量。我们假定黄金价格与大宗商品价格之间存在着一个稳定的相对比价的均衡值，黄金价格与大宗商品价格的实际相对比价围绕着这一均衡值上下波动。从而，我们可根据黄金与大宗商品的相对价格的均衡值，以及黄金价格的变动趋势，来预测大宗商品价格的变化趋势。

在20世纪70年代，大宗商品价格指数与黄金价格指数之间的相对比价关系不稳定，呈急剧下跌的态势，从1970年1月的438.4点下跌至1979年12月的87.2点，下跌了80%。但从1980年以来，大宗商品价格指数与黄金价格指数的相对比价一直维持着较为稳定的关系，围绕着80左右的点位上下波动。在1980年1月至2014年8月期间，大宗商品价格指数与黄金价格指数的相对比价的均值为82.6。我们可视其为大宗商品与黄金的价格指数相对比价的均衡值。2008年10月全球金融危机以来，大宗商品与黄金的价格指数的相对比价的均值仅为54.8，持续显著低于82.6这一均衡水平，反映了黄金价格走势在金融危机以来总体上明显强于大宗商品。2013年以来，大宗商品与黄金的价格指数的相对比价有逐步上升的走势，由2013年1月的46.2点升至2014年8月的52.6点，上升了13.9%（见图5）。未来，随着黄金价格的进一步下调，大宗商品相对于黄金的价格指数的比价很有可能上升。

石油价格与黄金价格的相对比价非常稳定。1970年1月，按当时的石油和黄金的市场价格计算的石油价格为1.88克黄金/桶，而2014年8月的石油价格为2.40克黄金/桶。在经过了40多年的时间之后，二者价格之间的差距竟然不到30%，说明石油和黄金的比价是相当稳定的。从1970年1月至2014年8月期间，以黄金计价的石油价格均值为2.14克黄金/桶。我们可将其视为石油和黄金的价格相对比价的均衡值。2013年5月以来，石油价格水平持续超过长期均衡值，其均值为2.59克黄金/桶。这意味着，未来一段时间，石油价格相对于黄金价格有向下调整的空间和压力。

另外，美国作为世界中心国家，美元作为全球关键货币和大宗商品的计价货币，美国的货币政策和美元汇率的变动将不可避免地对国际大宗商品价格产生重要影响。美国货币政策对大宗商品价格的影响机制主要体现在两方面：一

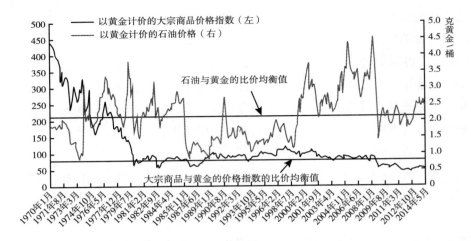

图5　以黄金计价的大宗商品价格指数和原油价格

注：原油价格为英国布伦特轻质原油、迪拜中质原油和西德克萨斯重质原油的价格的平均数，三种原油的权重相等。黄金价格为99.5%标准金的伦敦下午定盘价的月度平均值；以黄金计价的大宗商品价格指数以2000年1月为100。

资料来源：据 UNCATD STAT 数据计算。

是全球流动性供给变化，全球主要发达国家和一些主要新兴经济体的货币政策实际上追随美联储的货币政策，美国货币政策的变动将影响美国和全球的流动性供给状况，进而对国际大宗商品的价格水平产生影响；二是美国货币政策的变动将对全球宏观经济形势产生全方位影响，进而影响实体经济部门对大宗商品的需求。

若美国实行宽松的货币政策，美国的市场利率将会下降，而美国和全球的货币供给量上升，将导致国际大宗商品价格上涨；同时，美国货币供给量的上升和市场利率下降将刺激美国和全球的实体经济的增长，有助于促进国际大宗商品的实际需求和市场价格的上升。作为大宗商品的计价货币，美元汇率与大宗商品价格之间存在着反向关系。若美元贬值，大宗商品价格将上涨；若美元升值，大宗商品价格将下跌。

图6a至图6d反映了大宗商品价格与美国货币政策、美元汇率之间的关系。我们用以现价美元计价的大宗商品指数和石油价格指数（英国布伦特轻质原油、迪拜中质原油和西德克萨斯重质原油的价格的平均指数），来代表大宗商品价格指数；用美国10年期国债的收益率指标来代表美联储的货币政策

变动；用美元指数来代表美元汇率指标。美元指数的区间为 1971 年 1 月至 2014 年 8 月，其他指标的区间均为 1960 年 1 月至 2014 年 8 月。粗略的散点图显示，大宗商品、石油的价格指数与美国 10 年期国债收益率、美元指数呈明显的负相关关系。未来，随着美联储逐步退出量化宽松政策，美国国债收益率等美国市场利率的上涨是一个确定性事件，且美国资产收益率的上升将推动美元汇率走强。这样，从货币金融因素角度看，美联储退出量化宽松对国际大宗商品的价格具有抑制效应。

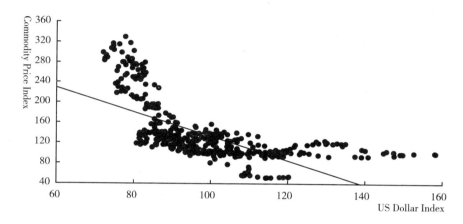

图 6a 大宗商品价格指数与美元指数的散点图

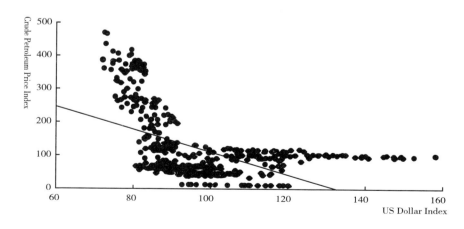

图 6b 石油价格指数与美元指数的散点图

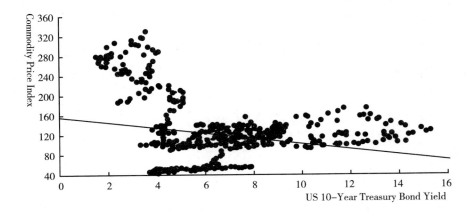

图 6c　大宗商品价格指数与美国国债利率的散点图

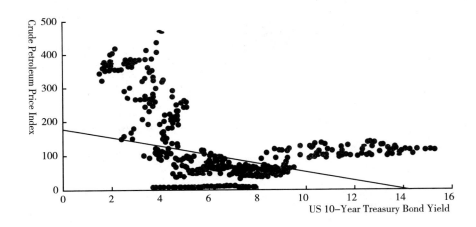

图 6d　石油价格指数与美国国债利率的散点图

综上，从货币金融层面看，未来美联储退出量化宽松政策将导致美元资产收益率上升、美元汇率升值，进而导致大宗商品的市场价格下跌。在大宗商品内部，从长期均衡的视角看，石油价格下调的压力较大，黄金价格下跌的压力居中，而除黄金外的其他大宗商品的价格下降的压力较小。不过，考虑到OPEC 会人为频繁采取减产保价的措施，石油价格长期高于长期均衡价格的状况很可能还会持续较长一段时间。

五 总结与展望

2014 年欧元区经济低迷以及中国经济结构调整和增速下降，导致全球大宗商品需求增长放缓，同时，国际投资者关于美联储退出量化宽松政策的预期和美联储逐步缩减资产购买的举措，使得国际资本市场充裕的流动性并没有大规模涌入大宗商品市场，二者的共同作用致使大宗商品价格指数在 2014 年出现下跌，尤其是铁矿石、农业原材料、贵金属和原油的价格跌势明显。世界经济增长率下滑导致全球石油供给大于需求，尽管动荡的局势增加了中东原油供应的不稳定预期，但原油价格从 2014 年 6 月 19 日 111.1 美元/桶的高位跌至 10 月 3 日 90.8 美元/桶的低位，大幅下降了 18.3%。2014 年 8 月中旬以来，黄金价格呈现加速下降的态势，从 8 月 12 日的 1315.8 美元/盎司的阶段性高位跌至 10 月 3 日的 1195 美元/盎司，在短短不到两个月时间内下跌了 9.2%。

关于国际大宗商品在 2014～2015 年的价格走势，世界银行和 IMF 均进行了预测。世界银行（2014）的预测认为，中东地区紧张的安全形势导致石油均价将由 2013 年的 104 美元/桶将涨至 2014 年的 106 美元/桶，上涨 1.9%。到 2015 年，中东地缘政治紧张局面将有所缓解，石油价格将跌至 104 美元/桶的水平上。发达国家的天然气需求出现明显的分化现象，美国能源密集型部门的稳定复苏导致其天然气需求强劲，而欧洲的天然气和日本的液化气均出现需求不足问题。世界银行预测能源价格将在 2014 年上涨 1.8%，而在 2015 年下跌 1.4%。世界银行的预测还指出，农业生产较为有利的气候环境将导致农产品价格在 2014 年、2015 年分别下跌 1.4%、0.9%，其中粮食价格将分别下跌 4.7%、1.1%；金属矿石的供给增加和中国需求的减弱，导致其价格在 2014 年将下降 6.3%，但在 2015 年将反弹 1.4%；美国化肥产能扩张导致化肥价格在 2014 年、2015 年将分别下降 15%、1.4%；黄金价格在 2014 年、2015 年将分别下跌 11.4%、1.6%，主要源于机构投资者对黄金投资缺乏兴趣和中国需求的下降（见表 3）。而 IMF 对大宗商品价格的预测结论认为，石油价格在 2014 年将上升 0.1%，但在 2015 年下降 4.3%；除燃料以外的大宗商品价格 2014 年、2015 年将分别下跌 1.7%、3.6%。

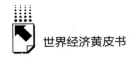

表3　国际大宗商品的价格或价格指数（2010 年的价格指数为 100）

品　　种	实际值			预测值		年变动率（%）		
	2011	2012	2013	2014	2015	2013	2014	2015
能源	129	128	127	130	128	−0.1	1.8	−1.4
非能源	120	110	102	98	98	−7.2	−3.3	−0.3
金属	113	96	91	85	86	−5.5	−6.3	1.4
农产品	122	114	106	105	104	−7.1	−1.4	−0.9
粮食	123	124	116	110	109	−7.1	−4.7	−1.1
原材料	122	101	95	95	97	−5.9	−0.4	1.9
化肥	143	138	114	97	95	−17.4	−15.0	−1.4
贵金属	136	138	115	101	100	−16.9	−12.2	−0.9
原油（美元/桶）	104	105	104	106	104	−0.9	1.9	−1.6
黄金（美元/盎司）	1569	1670	1411	1250	1230	−15.5	−11.4	−1.6

资料来源：World Bank。

　　基于国际能源署、世界银行和 IMF 关于国际大宗商品市场的预测，我们现从实际供需结构和货币金融因素的角度，对 2015 年国际大宗商品市场的走势做一个简要展望。

　　全球大宗商品的需求取决于世界经济形势。IMF 对 2014 年世界经济状况的预期较为悲观，但对 2015 年世界经济前景的预期趋于乐观。在 IMF 2014 年 7 月发布的《世界经济展望报告》（更新版）中，将 2014 年世界产出增长率下调 0.3 个百分点至 3.4%，其中发达经济体下调 0.4 个百分点至 1.8%，新兴经济体下调 0.2 个百分点至 4.6%；2015 年的世界产出增长率维持在 4.0% 不变，其中发达经济体上调 0.1 个百分点至 2.4%，新兴经济体下调 0.1 个百分点至 5.2%。

　　2015 年世界经济增长率的回升，虽会促进全球大宗商品需求的增长，但大宗商品价格指数并不会随着需求的回升而上涨。一个主要因素是货币金融因素不支持大宗商品价格上涨。随着美国房地产市场、劳动力市场和实体经济的稳定复苏，美联储宣布在 2014 年 10 月底终止资产购买计划，并可能在 2015 年中开始提高联邦基金利率，之后将考虑停止到期债券本金的再投资甚至是出售部分的美国长期国债①，从而美国金融市场的利率将会上升，全球的流动性状况将会有所收紧，这对大宗商品价格显然会产生打压效应。同时，美联储退出量化宽松政策，将导致美元资产的收益率上升和美元汇率升值，这将会导致国际大宗商品的价格下跌。这是因为作为国际大宗商品的主要计价货币，美元汇率与大宗商品价格成负相关。

2014 年，大宗商品与黄金的价格指数的比价显著低于长期均衡值，而原油与黄金的价格的比价明显高于长期均衡值。这意味着，原油相对于黄金有向下调整的压力，而非原油大宗商品相对于黄金有向上调整的空间。因此，在 2015 年，原油和黄金将伴随着大宗商品价格指数一起下跌。从长期视角看，原油价格下调的压力相对较大，黄金价格下跌的压力居中，非原油大宗商品的价格指数下降的压力相对较小。我们预计，原油市场需求在 2015 年将会继续维持弱势，全年日均原油价格将会跌至 100 美元/桶以下，很可能围绕着 95 美元/桶的水平上下波动。

参考文献

姚枝仲：《国际大宗商品市场形势回顾与展望》，《2014 年世界经济形势分析与预测》，社会科学文献出版社，2014。

International Energy Agency, "Oil Market Report", September 2014.

International Monetary Fund, "An Uneven Global Recovery Continues", World Economic Outlook Update, July 2014.

World Bank Group, "Commodity Markets Outlook", Global Economic Prospects, July 2014.

---

① 在美联储 2014 年 9 月 17 日发布的新闻公报中，将货币政策的正常化（normalization）界定为将联邦基金利率和其他短期利率提高至正常的水平，并减少其持有的证券资产规模，以履行其促进就业和维护价格稳定的法定职责。在货币政策正常化的过程中，美联储主要通过提高超额储备的利率来推动联邦基金利率的上涨，使用的货币政策工具是隔夜逆回购工具（overnight reverse repurchase agreement facility）。美联储减持证券的方式将是渐进和可预期的，主要途径是停止到期证券本金的再投资。美联储减持证券资产预期在提高联邦基金利率之后进行。在美联储目前所考虑的退出方式中，出售 MBS 尚未成为一个选项。从长期角度看，美联储持有的证券资产规模取决于货币政策的需求，且其持有的证券资产基本为美国国债。在 10 月 29 日发布的新闻公报中，美联储公开市场委员会预计，在资产购买计划于 10 月底终止后，联邦基金利率 [0, 0.25%] 的目标区间仍将很可能维持相当长一段时间，特别是在预测的通货膨胀率低于 2% 的情况下。一些市场人士预测，美联储很可能在 2015 年中提高联邦基金利率。

Y.14
主要发达经济体缓慢复苏下的
货币政策效能及挑战

李远芳*

摘　要：　国际金融危机爆发六年以来，主要发达经济体复苏进程缓慢、不断低于预期同时日渐分化。危机后主要发达经济体实施的超宽松非传统货币政策，对防止金融市场崩溃和加速恶化的通货紧缩起到关键作用，但在资产负债表修复期由于私人部门需完成去杠杆化进程，货币传导机制不畅，独力难当大任。在非传统货币政策这个全新的领域，不能排除它在长期带来难以预计的后果。随着金融周期和高悬的公共债务风险日益进入政策视野，中央银行退出非传统货币政策的时机和策略考量已不能再由危机前普遍信奉的通胀目标制主导进行。但货币政策应当如何对金融稳定等目标做出反应，却仍

---

* 李远芳，经济学博士，中国社会科学院世界经济与政治研究所国际金融室助理研究员。

是待探索的命题。防止新泡沫的出现是未来货币政策的一项基本挑战，这需要货币政策对金融风险采取更为对称的反应策略。

关键词： 非传统货币政策　资产负债表修复　金融稳定

一　缓慢而分化的复苏进程

2008 年国际金融危机后，得益于主要经济体所采取的积极政策应对，全球经济经历了快速反弹，2010 年经济增速一度达到 5.4%。然而 2011～2013 年，全球总体增速一路走低，2013 年仅为 3.3%，显著低于危机前五年繁荣时期的平均水平（见图 1）。伴随经济增速的走低，另一个突出的事实是，主流机构经济预测持续高估了危机后的复苏进程。虽然在这一时期，欧债危机等事件对全球经济增长构成了新的负面冲击，然而当这些负面冲击被考虑进入经济学家的预测模型后，现实复苏的疲弱仍超出预期。

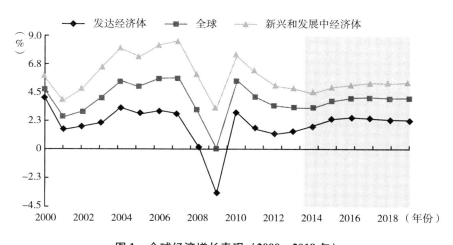

图 1　全球经济增长表现（2000～2019 年）

注：阴影部分为预测值。

资料来源：国际货币基金组织，2014 年 10 月《世界经济展望》数据库。

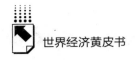

从 2011 年以来国际货币基金组织每年两次的《世界经济展望》报告和两次展望更新中可以清晰地看到,国际货币基金组织对未来经济增长的预测总是倾向于认为:当前已是最坏状况,未来增速一定会逐步提高直到收敛至长期潜在经济增速。但现实中复苏的疲弱一次次令人始料不及。图 2 比较了每年 4 月和 10 月发布的《世界经济展望》对全球经济增长的预测结果,各条预测曲线不断下移的基本形态说明,现实经济数据不尽如人意,从而迫使国际货币基金组织的预测不断下调。譬如去年 10 月对 2013 年全年经济增长的预测相比 2009 年 4 月,共计下调了 2 个百分点。平均来看,近三年多来,提前一年的预测相比当年实际值往往要高 0.6 个百分点。这一误差可以说在对 GDP 增速的预测中是相当大了。

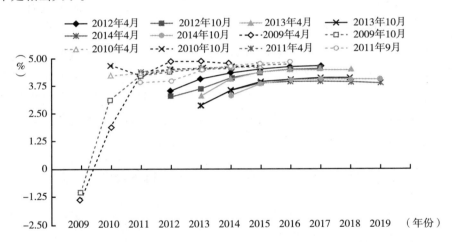

图 2   危机后 IMF 历次世界经济展望预测结果比较

资料来源:国际货币基金组织历年《世界经济展望》。

根据基金组织对 2011～2014 年间预测误差的分析,对全球经济增速的高估主要来自对新兴和发展中经济体的预测误差,在总误差中占比约 2/3,其中又当属对金砖国家的预测误差贡献最大。然而,如果考虑到发达经济体和新兴经济体不同的增速基线,平均来看 2011～2014 年仍是对发达经济体预测的相对误差更大(见图 3)。

从主要发达经济体的复苏表现上看,有两个特点较为突出。首先,各经济体增长趋势均显著低于危机前的趋势值,不论是绝对总量上的还是潜在增

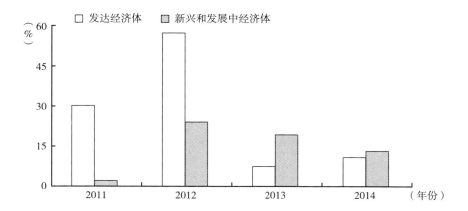

图3 发达经济体相对新兴和发展中经济体的预测误差规模

资料来源：国际货币基金组织历年《世界经济展望》。预测误差规模即对经济增速的提前一年预测的误差占实际增速的比重，由笔者计算。

速意义上的（见图4）。譬如，美国、英国、欧元区和日本当前产出相比危机前各自趋势外推值要分别少约10%、18%、10%和6%。目前危机爆发已六年，这一绝对产出损失基本上属于永久性的，鲜有人认为这仍可弥补。同时，即使是从金融稳定的角度看，越来越多的学者也开始意识到危机前的高速增长是难以持续的，所以危机后中长期潜在增长率下调才能够保证增长的可持续性。

其次，主要发达经济体复苏进程分化明显。从最近一段时期来看，2013年下半年以来全球经济增速有所稳固，但主要是由发达经济体形势好转所推动，新兴经济体自2010年以来的增速下滑很可能仍将持续。而在主要发达经济体之间，分化也一目了然。其中美国、英国和加拿大等国经济相对较为稳健，出现不少积极信号。以美国为例，2014年第一季度由于短期因素导致经济负增长后，美国经济在第二季度较快反弹，达到了4.2%的年化增长率。无论是住房市场还是住房以外的其他投资均出现改善，净出口也有所增长，失业率持续走低至6%以下，同时物价保持平稳，通胀低于2%。

欧元区经济有所起色，但仍面临诸多制约。当前由收益率反映的欧元区金融市场风险已大为压缩，但金融分割问题使得南欧经济体的实体经济增长面临

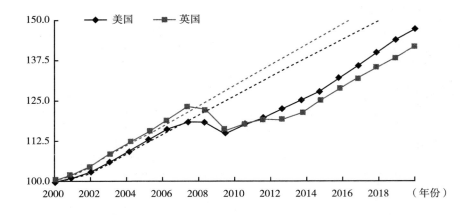

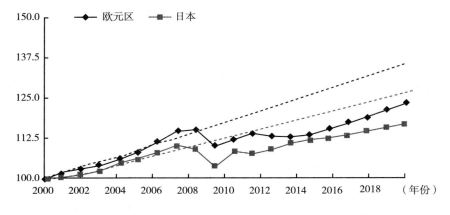

图4　主要发达经济体危机前后增长趋势（2000～2019年）

注：以2000年GDP为100，同灰度虚线代表对应经济体危机前线性增长趋势线。
资料来源：国际货币基金组织历年《世界经济展望》。

信贷约束问题。欧债危机遗留下的高债务率、失业率和需求不足等问题，给欧元区经济的持续增长带来了棘手的难题。欧元区的体制也使得内部各国之间的相对价格和外部失衡的调整缓慢。

日本经济增长也不尽如人意。虽然日本经济在2013年安倍三枝箭刺激政策的作用下有所加强，增速达到1.5%，但有关政策效果持续性不佳，2014年第二季度受到消费税上升的短期冲击，日本经济再次出现负增长，但基金组织对2014年和2015年日本经济的增长预期要明显慢于2013年。

二　实体经济复苏与资产负债表修复

总体上看，幅度较大同时持续单边的预测误差反映了两方面情况：一是全球经济在危机后变得更加脆弱同时也变得更加不稳定，因此对于未预期冲击的反应程度有所加剧；二是经济学家对于全球金融危机后实体经济的调整过程缺乏经验上的理解，因此倾向于用传统宏观经济周期的框架来把握现实经济过程，从而造成持续高估。这两方面的因素很难量化，但二者并非完全独立，实体经济调整过程本就是一个非稳定状态，而宏观经济政策本身也可能成为扰动源。因此核心问题仍在于理解危机后实体经济的调整机制和约束，然后根据这一新的经济现实确定有关宏观经济政策。

2008 年国际金融危机是由资产价格泡沫引发的金融危机，它伴随着包括金融部门在内等多部门资产负债表剧烈恶化。这种经济衰退现在被广泛称为资产负债表衰退[①]，以区别于传统宏观经济周期中的衰退。第二次世界大战后发达经济体经历的多次衰退往往由货币政策为遏制通胀而紧缩所导致的，因而不同于这次的衰退。资产负债表衰退往往伴随永久性的产出损失和长时间的低迷。

究其根源，在危机前的金融繁荣时期，往往存在资源跨期错配和跨部门错配。在这些条件下的产出增速事实上是不可持续的。在繁荣时期家庭、企业和政府对未来收入、资产价格以及信贷可获得性的期望较为乐观，因此敢于承担较多债务。银行则过高估计了资产的质量、借款人的财务状况和以借新还旧的方式应对自身短期债务的能力。当乐观预期不再能得以维持，资产价格大幅下跌，金融机构受到不良资产的影响导致其金融中介职能运行不良后，经济主体需要较长（或很长）时间通过增加净储蓄和出售资产的方式来降低债务，这导致经济总支出和收入增速低于危机前水平。

现有经验研究显示，相比危机前的增长路径，发达经济体永久性的产出损失大概在 7.5% 到 10%（Cerra and Saxena, 2008）。在正常宏观经济周期的衰

---

① 这一术语最初由 Richard Koo 在分析 20 世纪 90 年代日本经济在泡沫破灭后的增长停滞时提出，见 Richard Koo, Balance Sheet Recession, John Wiley & Sons, 2003。

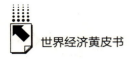

退阶段，产出大概只需要一年半左右就能恢复到危机前的峰值，而金融危机则平均需约四年半左右才能恢复至原有人均产出水平（Reinhart and Rogoff，2009；Papell and Prodan，2011）。

与传统宏观经济周期中衰退后的复苏模式不同，资产负债表衰退发生后必须要面对资产负债表的修复问题，解决债务高悬和产能过剩、提升资产质量，同时消除危机前积累的结构性扭曲。但这一过程往往面临着多方面挑战，从而会比较漫长。

第一，在原有过度需求的部门中，大量闲置的资本和劳动需要时间通过新的融资活动、新企业的设立或者有关的培训得以重新利用。这一调整过程要进行到债务率降至可持续水平、过剩产能也得以消化吸收之时。

第二，危机前的经济繁荣掩盖了金融业和政府财政中资产负债表的风险，因此通常金融业和政府很少能在繁荣时期为危机后的去杠杆过程准备充足的缓冲资本。这使得危机爆发后，私人部门和公共部门高额债务与银行业资产负债表恶化也容易形成负面的恶性循环。

第三，对于危机后金融行业和政府决策而言，还有一层问题使得资产负债表调整变得更为艰难。譬如，银行体系很有可能继续为处于困难中的低效企业提供信贷，或者提供债务展期或者允许借新还旧。由于陷入困境的低效企业仍在不断吸收信贷资金，可分配给市场中更有效率的企业的资金相对就少了，从而导致经济中较有活力的部门不能得到快速扩张所需的资源。从政策制定者的角度看，为避免最坏情形下的救助以及失业人口的快速增加，往往会为了延缓问题部门风险暴露而采取一些容忍性措施。但从整个宏观经济的角度看，这却延缓了资本和劳动的重新配置以及经济恢复平衡和效率的进程。

第四，资产负债表修复过程最核心的一环是金融部门的去杠杆化，但金融部门去杠杆化必然使其向非金融部门提供信贷的能力下降，这会使得在资产负债表修复期同时伴生内需不足和通胀低迷甚至通货紧缩的情形。并非通货紧缩本身有多大的问题，真正的问题在于可能形成通缩预期加速，使得实体经济处于不稳定的区间。费雪早在大萧条期间就详细分析过债务 – 通货紧缩（Debt-Deflation）的机制（Fisher，1933），在这一过程中，由于物价的普遍下跌，债务实际价值上升会导致更大的清偿债务的需求，负债主体被迫出售资产或存货、减少消费和投资，又进一步导致通货紧缩。

三 资产负债表修复期非传统货币政策的作用和局限

危机期间，以美国为代表的主要发达经济体采取了果断的超宽松货币政策，对于防止迫在眉睫的金融市场崩溃和加速恶化的通货紧缩起到了关键作用，避免了重蹈 20 世纪 30 年代西方世界大萧条的覆辙。在危机最紧急的时刻过去之后，超宽松货币政策继续维持，到目前为止已实施超过六年。然而正是在这一段时间，伴随全球经济复苏频频低于预期的状况，越来越多的人开始质疑旷日持久的非传统货币政策在后金融危机时代的有效性甚至争论其负面效应①。

危机后主要发达经济体所实施的超宽松的非传统货币政策，其主要目标是在零利率下限的约束下，修复货币政策传导机制并对经济提供进一步刺激。它的主要作用是影响长期利率或者公众对利率走势的预期，主要方式则包括前瞻性指引、特定资产购买、条件更为宽松的再融资操作等。前瞻性指引直接针对利率预期，相当于传统货币政策在零利率下限时的延伸，对宏观经济的影响方式与传统利率工具基本一致。中央银行的资产购买政策或者条件更为宽松的再融资操作则可带有更为明显的指向性，通过选择所购买资产的具体种类以及设定再融资操作所接受的抵押品范围，对特定市场或特定部门提供流动性支持。

在金融危机期间，由于市场信心濒于崩溃，金融市场中交易特定资产的局部市场极易出现流动性急剧缩减以至于价格崩盘的局面。如果这一局部市场对于总体金融和宏观稳定具有重要价值，货币当局针对这一部门提供针对性的流动性支持，防止负面预期自我实现的恶性循环，是挽救局面的关键举措，也是中央银行作为最后贷款人的职责所在。美联储于 2008 年底实施第一轮量宽期间，通过购买特定机构债券和抵押贷款支持证券，一方面稳定了市场信心，另一方面为持有此类债券的金融机构提供了流动性，从而避免金融市场抛售债券导致市场崩盘。

与此类似，当欧债危机导致部分重债国主权债价格急跌，重挫欧元区金融

---

① 如 Koo（2013）和 White（2012）。

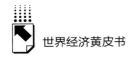

体系的资产负债表时，欧央行于2011年末启动了为期三年的主要再融资操作（LTRO），以1%的低利率为金融体系敞开供应流动性，总额高达4890亿欧元，其中有3250亿欧元的资金为希腊、爱尔兰、意大利、西班牙四国的银行获得。这使得持有大量危机国家主权债的银行能够支付即将到期的短期债务，缓解了它们抛售主权债的压力。而当2012年中市场担心重债国退出欧元区，这些国家主权债风险再度急剧上升之时，欧央行迅速宣布了直接货币交易（OMT）计划，在危机国承诺结构改革条件下购买其主权债，且没有限额和时限。这一计划对危机国主权债市场事实上提供最后一道防线的支持，虽然没有实际支出一分钱，但却有力地稳定了市场信心。

然而，在应急性止血式治疗之后，为了促进经济复苏至可持续的正常增长阶段，就必须完成经济中各部门的资产负债表修复，解决债务高悬和产能过剩问题、提升资产质量，同时消除危机前积累的结构性扭曲。那么在修复资产负债表的过程中，是否需要对货币政策做出调整，以与应对一般周期性衰退不同的方式来修复资产负债表呢？如果是由于各经济部门所提供和它们所获得的金融资源总量及结构存在严重风险和问题导致了金融危机，那么在金融危机后，金融结构应该调整为更为稳健的形态，以增强经济活力并降低金融风险。在这方面，非传统货币政策的作用在理论和实证研究中都存在很大的争议，与经济学家对资产负债表衰退时货币政策在短期危机处置中作用的看法高度一致形成鲜明对照。如Bech等（2012）所言，目前宏观经济学缺乏可以同时解释危机发生并提出货币政策建议的模型。将金融风险内生于动态随机一般均衡模型的研究工作刚起步不久，其稳健性和恰当性还有待检验，莽撞的基于错误模型提出政策建议的风险太高（Issing，2014）。

关于货币政策在资产负债表修复时期对经济复苏的作用，最大的争议正如一句俗语所言，货币政策不能"推动一根绳子"（Pushing on a String）。当金融部门缺乏信贷意愿时，再宽松的货币政策也无法推动实体经济扩张信贷和投资。Schularick和Taylor（2012）通过14个国家1870～2008年的长期历史数据发现，虽然战后货币政策对于金融危机的反应力度大大增强，但危机造成的产出损失仍然很大。国际清算银行的两位经济学家Takáts和Upper（2013）对20世纪70年代以来39次主要金融危机的实证研究也发现，比较历史上的衰退及其之后的复苏，如果衰退与金融危机有关，那么货币政策对于产出的影响就要更小一些。对正常的衰退，货币政策在经济下行期间越宽松，那么之后的恢复也就越强劲。不过，他们也发现，如果过度杠杆化的金融部门能够在复苏阶段快速缩减膨胀的信贷，后危机时代的经济增速甚至不会显著弱于正常时期。

在资产负债表修复过程中，货币政策难以像正常周期性衰退时发挥关键作用的一个基本原因在于金融部门的去杠杆化，而金融部门去杠杆化必然使得其向非金融部门提供信贷的能力下降。如果决策者一方面希望经济各部门完成资产负债表修复，另一方面又希望低利率能够刺激金融部门提供更多信贷，二者之间本就存在矛盾。正如哈耶克所形象描述的，"为了与大萧条作斗争而实行的强迫信贷扩张，只能是一种试图把魔鬼招来制服魔鬼的手段"（Hayek，1933）。其次，在资产负债表衰退后，私人部门不得不增加储蓄清偿债务，以避免落入负资产并失去信贷机会。Koo（2013）提出此时企业部门行为模式从利润最大化转变为债务最小化，对低利率刺激的反应程度相应降低，超宽松货币政策难以提供经济持续复苏的动力。

因此，与危机爆发期发挥的关键作用不同，在资产负债表修复期，货币政策难以扮演救世主的角色，其最重要的挑战是防止经济陷入加速通货紧缩的螺旋式下行中，防止一个重大的存量问题转变成长期持续的流量问题。事实上，即便是完成这一项任务，货币政策仍面临很大不确定性，需要工具的创新及其他政策的配合。要使金融危机后资产负债表的调整增强而不是弱化经济系统稳健性，其关键在于金融部门的重组（Coeuré，2014），但这又是在货币政策的内容之外。譬如近两年以来，欧元区采取的建立银行业联盟的举措对于纠正其银行业资产负债表问题有着重要价值。近期由欧央行完成的欧元区银行业资产质量评估正是其中的一项重要的工作。增强银行资产负债表的透明度有利于它们募集权益类资本，从而降低通过收缩资产来修复资产负债表的必要性。另外，在传统银行部门重组的过程中，应当鼓励发展银行业外其他形式的金融业务及创新，以减弱去杠杆化对实体经济的影响。

在目前主要发达经济体公共债务高悬、财政政策空间不足，同时结构改革缺乏动力的情况下，货币政策往往被政治家、市场及公众当成仅有政策选项①，

---

① 国外评论中常用"the only game in town"的说法。

并被寄予厚望。考虑到中央银行在金融危机期间挽救经济的表现，这一状况可以理解，但仍需格外警惕。现任印度央行行长 Raghuram Rajan 就曾提醒到，如果中央银行家也认为货币政策是仅有选项时，实际上减轻了政治家的负担，同时也会导致中央银行最后成为所有问题的替罪羊。

四　全新货币政策的风险

在主要发达经济体中，美、英、日和欧元区的中央银行都实施了非传统货币政策。不过，由于各自经济形势和制度环境的差异，目前各经济体所实施的非传统货币政策规模和内容各有特点。由于美国从 2013 年下半年以来总体经济数据持续向好，美联储于今年 10 月末已停止了资产购买，但联邦基金利率的目标区间仍维持在 0 ~ 0.25%。美联储同时预测这一目标区间还将保持相当长时间，但如果预测的通胀率继续低于 2% 的长期目标，同时长期通胀预期仍保持稳定的话，零利率政策还可继续延长。另一方面美联储也还会维持当前的资产持有量，将所获收益及到期本金再次投入这些资产。英国经济数据表现较好，没有采取进一步行动但也没有开始实质性退出，目前继续维持 0.5% 的基准利率以及持有之前所购买的 3750 亿英镑的资产。

欧元区和日本央行则在 2014 年进一步加强了非传统货币政策的力度。欧央行两度降息，将主要再融资利率、隔夜贷款利率和隔夜存款利率分别下调至 0.05%、0.30% 和 – 0.20%，并宣布了新一轮的定向长期再融资操作（TLTRO），旨在鼓励银行体系对实体经济的信贷支持。此外，欧央行步美英日后尘，于 2014 年第四季度开始实施直接的资产购买计划，对象是资产抵押证券（ABS）和欧元区非金融企业发行的以欧元计价的资产担保债券①，期限至少为两年。如果按照欧元体系的抵押品标准，希腊和塞浦路斯的资产抵押证券和资产担保债券已经没有资格入选，但是借助有关风险控制手段，欧央行仍将其纳入购买范围。

日本央行则在 10 月底进一步扩大去年启动的质化与量化宽松货币政策

---

① Euro-denominated covered bonds.

（QQE），将资产购买规模从此前的 60 万亿 ~ 70 万亿日元提高至 80 万亿日元，日本央行还大举投资了包括股票和房地产在内的私有资产。前者以 ETF 的形式，后者则通过日本房地产投资信托 J – REIT 来购买。虽然这类型投资在央行的总资产中比重不大，但相对于这些市场的规模来说，日本央行的影响则已不可忽视，日本央行已经成为日本股市第三大投资者。

截至 2014 年 8 月，主要通过直接购买资产这一类非传统货币政策，美、英、日央行总资产相比六年前的 2008 年 8 月分别增加了 383%、332% 和 150%，而在危机前六年，三者资产增幅仅分别为 33%、55%、– 15%。与这些央行不同，欧央行所实施的非传统货币政策到目前为止还并没有开始大规模的购买资产，其主要货币投放工具——主要再融资操作的实际规模基本上由银行体系对资金的需求决定，因此欧央行资产规模变化，不足以反映其非传统货币政策的力度。不过在危机后，欧央行资产规模最高时相比 2008 年 8 月也增长了 114%。

主要发达经济体强有力的货币刺激并没有带来实体经济的合意复苏①。即便如此，由于发达经济体通胀率持续保持在低位，欧元区甚至仍不能排除短期通缩风险，继续加大宽松力度或者保持当前政策的宽松水平看上去仿佛是无风险的选择。很多人倾向于认为，即便超宽松的非传统货币政策不能提供经济复苏的足够动力，但只要长期通胀预期保持稳定，继续维持或推进这一政策也就不会带来显著的负面风险。然而，这只是短期视角下的分析结果。无论是事前未预料到危机的爆发，还是事后政策收效低于预期，都说明目前学界和决策者所运用的经济模型有很大缺陷，逻辑上也就不能排除目前的非传统货币政策可能在长期带来一些意想不到的后果。

首先，经济主体能否充分利用非传统货币政策所创造的条件实施必要的资产负债表调整并不确定。一方面非传统货币政策对短期经济增长创造了宽松的环境，降低了通缩的风险，这有利于经济主体提高收入、增加储蓄、偿还债务，但同时也可能使得在原有条件下不可持续的债务存量得以维持。在宽松流动性条件下，盈利型企业削减负债的动力下降，对不盈利的企业，银行会担心

---

① 当然也会总有反事实的分析提出，如果没有大规模实施非传统货币政策，情况可能比现状要差更多。

它们破产后就成为账面上实实在在的损失，对银行本身造成冲击，所以会有动机让这些企业苟延残喘。非传统货币政策创造的超低利率环境还能为金融部门提供隐蔽注资（Stealth Recapitalization）。如 English 等（2012）所发现的，在低利率环境下银行的利差收益通常会更高。这是因为在银行业竞争不充分时，资金供应成本的下降不一定会传导为对非金融部门贷款利率的下降。在理想状态下，金融部门能够通过募集新资本，目标明确同时行动迅速地处理不良资产完成去杠杆化进程。但如果没有其他政策和制度的配合，在超低利率环境以及中央银行宽松的流动性供应下，调整动力甚至可能减弱。在极端情形下，一些"僵尸银行"继续存活。这些银行有很强的倾向对过去曾获得信贷的"僵尸企业"继续输血，这就阻止了市场经济的自我纠正机制。

其次，为期过长的超宽松货币政策是否会导致重蹈过去失误的覆辙。从奥地利学派的观点看，经济体中使得储蓄和投资均衡的自然利率与银行部门的金融利率是两个概念。如果自然利率与金融利率之间出现偏差，价格将会对此做出反应并朝二者保持均等的状态调整。但如果价格水平调整滞后，那么自然利率和金融利率的持续偏差会表现为失衡的积累，并最终导致危机的爆发。以全球经济增速作为实际自然利率的事后代理变量，以全球加权平均的政策利率作为金融利率的代理变量，图 5 报告了危机前后二者的相对走势。本次危机前二者的缺口越来越大，这反映出危机爆发之前失衡已经积累多年。令人不安的是，危机过后这一缺口再次扩张，规模相比危机前甚至没有显著收缩。

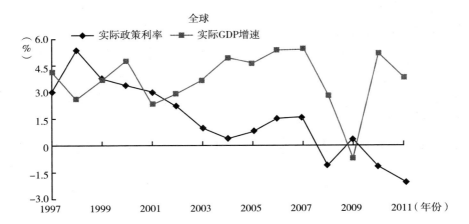

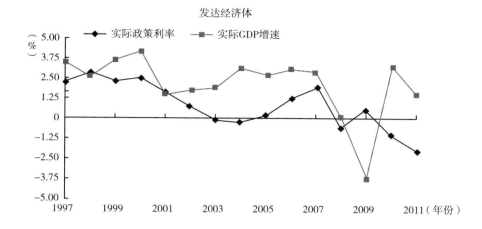

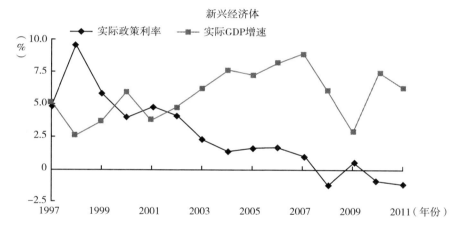

图5 危机前后实际政策利率和实际GDP走势

资料来源：Hannoun（2012）表1。

目前，主要发达经济体私人部门的去杠杆化进程仍未完成。以美英等经济体私人非金融部门债务占GDP比重对比危机前峰值已回落约20个百分点，但都还低于危机前的增幅。Tang和Upper（2010）的对20次金融危机后私人部门债务率变动的研究发现，危机后债务率平均下跌38%，与危机前平均上升幅度44%基本相当。在这一背景下，如果超宽松货币政策再次刺激金融周期上行，很可能导致失衡和金融风险再一次的堆叠。White（2013）提出了有关"序列泡沫"（Serial Bubbles）的问题，2000年美国股市泡沫破灭提供了一个

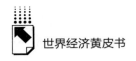

最近可参考的案例。当时股灾后美联储在较长时间实施了较泰勒规则更为宽松的货币政策，结果催生了更长时间的金融失衡和房地产泡沫，最终导致本次危机。

最后，超宽松货币政策的过度运用可能导致经济进入不稳定区间①。由于目前历史上仍缺乏直接可参考的经验，持续时间过长的超宽松货币政策很可能对市场预期、经济主体行为、现有金融市场结构造成深刻而难以预计的影响。譬如，美日量宽政策采取直接购买政府长期债券的方式，使得货币政策和财政政策以危险的方式联结，低利率环境也使得公共债务成为赤字支出的有效融资方式。在这种情形下，财政整顿缺乏必要的动力。而最后当公共债务风险主导经济政策时，中央银行更是难以从这一困境中脱身，妨碍其履行物价稳定的基本职能。从金融部门看，在目前超低利率环境下，银行资产中固定收益证券的规模不断上升，使得其资产负债表对于利率上升更为脆弱。超低利率还使得保险行业难以获得足够回报，考虑到其负债形成于过去同时期限很长，这对保险业在长期可能造成严重问题。

五　中央银行家所面临的更深远的挑战

随着经济和金融形势的变化，逐步完成非传统货币政策的退出是摆在中央银行家面前史无前例的挑战。这一挑战鲜明地反映在对中央银行退出时机看法的差异上。目前主流的观点认为，中央银行应当对退出非传统货币政策采取极其谨慎的态度，以防止伤及经济脆弱的复苏。换言之，如果中央银行没有确切的关于经济稳健复苏的信号，就应该避免过早开启退出或者走出过快的步伐。这一观点基于货币政策的效果在通货紧缩和通货膨胀期间具有不对称性，货币政策往回收容易，但想将经济推出泥坑则很难。根据这一观点，事先公布退出计划并清晰传递其渐进的特性，对于控制市场剧烈波动有着积极作用。如2004年美联储开始紧缩货币政策时采取了渐进的策略，同时给予市场正确的预期，相比1994年美联储升息导致全球金融市场紧张的局面，整个过程就进

---

① Leijonhufvud（2009）从理论分析的角度提出了"不稳定区间"（Corridor of Instability）的概念。

行得较为平稳。

然而，这一观点对当前经济中显然存在金融稳定和财政稳定问题没有给予充分重视。在过于缓慢的退出过程中积累的金融失衡很可能引发下一次危机。当前金融失衡在全球经济中不仅没有完全化解，反而又出现了不少加剧的苗头，譬如全球金融市场的风险偏好上升，私人部门债务水平调整步伐有限等（BIS，2014）。中央银行与市场就逐步退出计划进行清晰沟通，也有很大可能性被市场理解为过多的保证，从而鼓励其冒险行为。另外，在低利率创造的虚假安全感下，主要发达经济体财政整顿不断被拖延。在金融周期和高悬的公共债务风险日益进入政策视野之时，中央银行退出非传统货币政策的考虑已早不能再以危机前普遍信奉的通胀目标制主导进行。但货币政策应当如何对金融稳定等目标做出反应仍是待探索的命题。

在危机应对期间，传统货币政策框架中很多旧有的共识都在现实政策行动中被打破了。而在危机逐步消解时期以及最终非传统货币政策退出时期，却还需要在实践中建立关于货币政策的新的共识。譬如，欧央行执委 Praet（2014）提出，如果资产负债表修复对于经济重入可持续增长轨道具有重要作用，通过总需求政策刺激增长甚至可能适得其反，那么货币政策在传统的通胀及宏观稳定目标之外，是否应该将修复信贷和资本错配、形成新金融架构作为一项目标纳入政策制定过程？更为一般的，在没有危机之时，货币政策是否也应该关注金融稳定目标？但这又立即面临三个层面的问题。

技术操作层面上，金融稳定是独立的与通胀目标并列的一项目标，还是作为泰勒规则中决定短期利率的又一控制变量，抑或是由某种情况触发的约束条件。政策合法性层面上，关注金融稳定的政策在实际操作中必然涉及有关谁更应或更不应获得信贷的判断，主要发达经济体的中央银行难以有这样的权限。方法论层面上，过多考虑结构性因素是否会导致货币政策偏离其通胀目标过长时间。譬如 20 世纪 70 年代，货币政策制定者普遍认为高通胀是由结构性因素导致的，对此采取了包容性的政策态度，结果导致通胀预期不断上升，最后只能通过一场痛苦的严酷紧缩来打破这一僵局。

这些问题都还没有最终答案。但目前逐步形成的一种认识是，防止新泡沫的出现是未来货币政策的一项基本挑战，这需要央行的货币政策对金融风险采取更为对称的反应策略，而不是危机前曾广泛流行的"清理策略"（Mopping-

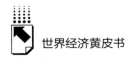

up Strategy）（Issing，2012）。中央银行在泡沫形成期完全被动而泡沫破灭后扮演救世主的角色，将导致严重的道德风险。

参考文献

Bank for International Settlements, 84th Annual Report, Basel, 29 June 2014.

Bech, Morton L., Leonardo Gambacorta, and Enisse Kharroubi, 2012. "Monetary policy in a downturn: Are financial crises special?" BIS Working Paper No. 38.

Brunnermeier, Markus K. and Yuliy Sannikov, "Redistributive monetary policy", paper prepared for the 2012 Jackson Hole Symposium hosted by the Federal Reserve Bank of Kansas City, August 31 to September 1, 2012.

Cerra, Valerie and Sweta Chaman Saxena, "Growth dynamics: the myth of economic recovery", *American Economic Review*, Vol. 98 (1): 439 – 57, 2008.

Christiano, Lawrence, Roberto Motto and Massimo Rostagno, "Risk shocks." *American Economic Review* Vol. 104 (1): 27 – 65, 2014.

Coeuré, Benoît. "Monetary Policy Transmission and Bank Deleveraging", speech at "The Future of Banking Summit" organised by *The Economist*, Paris, 13 March 2014. http://www. ecb. europa. eu/press/key/date/2014/html/sp140313. en. html.

English, William B., Skander J. Van den Heuvel, and Egon Zakrajsek, "Interest rate risk and bank equity valuations," Finance and Economics Discussion Series, Divisions of Research & Statistics and Monetary Affairs, Board of Governors of the Federal Reserve System, May 1, 2012.

Hervé Hannoun, "Monetary policy in the crisis: testing the limits of monetary policy", speech at 47th SEACEN Governors' Conference Seoul, Korea, 13 – 14 February 2012.

Fischer, Irving. "The debt-deflation theory of great depressions", *Econometrica*, Vol. 1 (4): 337 – 357, 1933.

Hayek, Friedrich A. *Monetary Theory and the Trade Cycle. Translated by Nicholas Kaldor*, New York: Sentry Press, 1933. https://mises. org/books/monetarytheory. pdf.

Issing, Otmar. "Central banks-paradise lost", Mayekawa Lecture, Institute for Monetary and Economic Studies, Bank of Japan, Tokyo, May 30, 2012.

Issing, Otmar. "Monetary policy and balance sheet adjustment", Leibniz Information Centre for Economics White Paper Series, No. 15, 2014.

Koo, Richard C. "Balance sheet recession as the 'other half' of macroeconomics", *European Journal of Economics and Economic Policies: Intervention*, Vol. 10 (2): 136 –

157, 2013.

Leijonhufvud, Axel. "Out of the Corridor: Keynes and the crisis", *Cambridge Journal of Economics*, Vol. 33 (4): 741 – 757, 2009.

Papell, David H. and Ruxandra Prodan, "The statistical behavior of GDP after financial crises and severe recessions", paper prepared for the Federal Reserve Bank of Boston conference on Long-term effects of the Great Recession, October 2011.

Praet, Peter. "Monetary policy and balance sheet adjustment", Speech at ECB Forum on Central Banking, Sintra, 27 May 2014. http://www.ecb.europa.eu/press/key/date/2014/html/sp140527.en.html.

Rajan, Raghuram. "Is monetary policy the only game in town?", Oct 19 2012, http://forumblog.org/2012/10/is – monetary – policy – the – only – game – in – town/.

Reinhardt, Carmen and Kenneth Rogoff, *This time is different: Eight Centuries of Financial Folly*, Princeton University Press, 2009.

Schularick, Moritz and Alan M. Taylor, "Credit booms gone bust: monetary policy, leverage cycles, and financial crises, 1870 – 2008." *American Economic Review*, Vol. 102 (2): 1029 – 61, 2012.

Takáts, Elöd and Christian Upper, "Credit and growth after financial crises", BIS Working Papers No. 416, July 2013.

Tang, Garry and Christian Upper, "Debt reduction after crisis", *BIS Quarterly Review*, Sep 2010, pp. 25 – 38.

White, William R. "Ultra easy monetary policy and the law of unintended consequences", Federal Reserve Bank of Dallas Globalization and Monetary Policy Institute Working Paper No. 126, 2012.

.15

新兴经济体11国体检：蝙蝠三国堪忧

徐奇渊*

摘　要：从中期来看，新兴经济体面临的外部冲击主要来自三个方面：美联储非传统宽松货币政策的退出及其引致的国际资本流动、发达经济体的需求回暖以及大宗商品价格的进一步走弱。我们分析了 G20 当中 11 个主要新兴经济体的对外经济结构、经济的内在稳定性，并根据外部冲击可能造成的正面、中性和负面结果，对各国受冲击的情况进行了分类。然后，结合了失业率、通货膨胀率和债务负担率等指标，分析了各国的财政和货币政策空间。最后，考虑外部冲击对各国的不对称影响，以及各国的国内政策空间。基于此，我们提出了蝙蝠三国的概念（BAT，巴西、阿根廷、土耳其），上述三国在未来中期可能面临较大风险，并缺乏政策应对的空间。

关键词：新兴经济体　外部冲击　内部政策空间　蝙蝠三国

一　引言

进入新千年以来，新兴经济体在世界经济增长中起到了越来越重要的作用。新兴经济体和发展中国家，尤其是前者，已经成为推动世界经济增长最为重要的动力。按照购买力平价计算，2004 年新兴经济体和发展中国家占世界经济的比重为 42.8%，而在 2014 年，这一比例将达到 57.0%。

事实上，新兴经济体和发展中国家对世界经济增长的拉动作用，在 2001

＊　徐奇渊，中国社会科学院世界经济与政治研究所副研究员，研究领域为国际金融、新兴市场。

年就超过了发达经济体，并且这种状态一直保持到了现在（见图1）。在2008年金融危机期间，新兴经济体和发展中国家对全球经济增长的贡献达到了顶峰，当年拉动世界经济增长了1.5个百分点，而同期发达经济体则拉动世界经济下滑了1.8个百分点，两者差距达到了创纪录的3.3个百分点。在之后的多年中，这一差距在2个百分点附近波动。新兴经济体和发展中国家的经济增长，已经稳定地成为世界经济增长的最主要拉动力量。

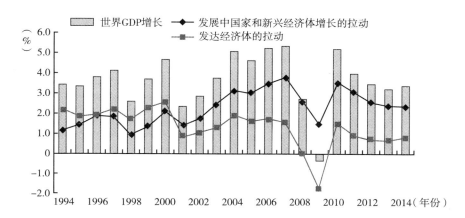

图1 世界经济增速及其构成变化：1994～2014年

资料来源：国际货币基金组织（2014）。

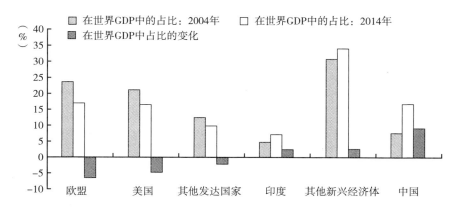

图2 世界GDP构成的变化（PPP口径）：2014年与2004年相比

资料来源：根据国际货币基金组织（2014）数据计算。

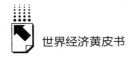

如果对 2004 ~ 2014 年的世界 GDP 构成进行分析，可以发现：欧盟、美国、其他发达国家的比重分别下降了 6.6 个、4.9 个、2.7 个百分点；而与之相对应的此消彼长发生在中国、印度和其他新兴经济体，三者占世界 GDP 的比重在同期分别上升了 9.1 个、2.7 个、2.4 个百分点。可见，世界经济总量格式的变化，于发达经济体而言，主要是由于欧盟、美国的占比萎缩；而从新兴经济体和发展中国家的角度来看：中国经济占比提高是最为重要的改变因素，除了中国之外的所有新兴经济体和发展中国家占比提高幅度仅为 5.1 个百分点。与此同时，发达经济体在世界经济中的占比，已经从 2004 年的 57.2%下降至 2014 年的 43%；而新兴经济体和发展中国家的占比，则相应的从42.8%上升到了 57.0%。与 2004 年相比，两类经济体在 2014 年世界经济中的占比，其位置关系发生了对调。可以说，如果不考虑结构因素的话，2004 年发达经济体在世界经济总量中的位置有多么重要，那么 2014 年新兴经济体和发展中国家在世界经济总量中就有相同的重要地位。

不过，在 2009 年世界经济增速反弹之后，两类经济体的增速差异逐渐缩小（见图 1）。尤其是 2013 年以来，一些新兴经济体的结构性问题日益突出，同时外部环境风向转变，新兴经济体的增长表现开始出现分化，其经济增长动力也陆续遭到了质疑。"金砖国家褪色""脆弱五国"等概念开始受到关注。在 2014 年，预估两大类经济体的增速差距将进一步缩小，这不但要归因于新兴经济体和发展中国家增速的持续下滑，而且还归因于发达经济体总体增速的回升。

不过，自 2014 年以来，尽管新兴经济体的增长稳中走弱，但是年初的悲观市场预期并没有成为现实。一方面，这是由于一系列潜在的风险点，例如美联储的 QE 缩减，实际上以不同于预期的方式或力度在演进；另一方面，这是由于新兴经济体自身采取了一些应对举措。

但是我们也要注意到，由于新兴经济体的结构具有很强异质性，因此同一个外部冲击，可能会在各个新兴经济体之间带来不对称的冲击。例如，大宗商品价格下降，将会使俄罗斯和沙特阿拉伯等出口资源的经济体贸易条件恶化、外汇收入减少、财政压力上升，并对其整体经济造成负面冲击；而与此同时，中国和韩国等依赖进口资源的经济体，则可以获得低价的进口，企业盈利状况将获得改善，而且由于大宗商品价格的下降，这些经济体的货币当局也将获得更大的政策空间。

本文将使用以下框架，对新兴经济体在中期面临的风险进行分析。

首先，我们需要定义新兴经济体的范围，或其国家名单。在此我们使用张宇燕和田丰（2010）的界定，将新兴经济体 11 国作为观察对象，这个国家名单包括：阿根廷、巴西、中国、印度、印度尼西亚、韩国、墨西哥、俄罗斯、沙特阿拉伯、南非和土耳其。其次，我们将给出未来中期新兴经济体作为整体所面对的三大外部冲击：美联储的 QE 缩减和退出、发达经济体的需求回暖、大宗商品价格整体走弱。这将在本文第二部分进行分析。然后，针对每一个冲击，分析新兴经济体 11 国可能受到的具体影响，这将在本文第三部分进行分析。本文的第四部分将分析在上述冲击和影响的背景下，各个新兴经济体国家的承受能力以及其内部政策空间。最后是结论性评述。

二　新兴经济体在中期将面临的三大外部冲击

从中期来看，新兴经济体将面临以下三个方面的外部冲击：美联储的 QE 缩减和退出、发达经济体的需求回暖、国际大宗商品价格的整体走弱。

（一）美国经济复苏势头仍然强劲，美联储的 QE 缩减和退出的步伐可期，国际资本流动将面临变数

美国的制造业 PMI 指数持续处于高度景气水平。从最近 20 年的数据来看，2014 年秋季的制造业 PMI 指数，仅次于 2004 年中期和 2011 年初，甚至还高于 1999 年后期的水平。此外，美国非制造业 PMI 指数也在持续复苏中，目前已经恢复到了危机以来的最高水平，大致相当于 2007 年后期的水平。将美国制造业、非制造业 PMI 进行加权，得到综合的 PMI 指数，则可以发现，2014 年秋季的综合 PMI 指数，是近 10 年当中的次高点水平，仅次于 2004 年中期的表现。从就业指标来看，美国失业率已经从 2009 年末接近 10% 的水平，成功的下降到了 2014 年二季度接近 6% 的水平；与此同时，非农就业岗位空缺数量上升至近 10 年来的最高点（470 万个）。

从上述各项指标来看，美国经济复苏势头强劲。虽然其在 2014 年第一季度经济受到了冷冬的影响，但是二季度增速强劲反弹至 4.6%，进入三季度以

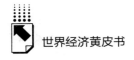

来各项指标延续稳健增长势头。预计 2014 年下半年 GDP 增速较二季度略有回落，但仍将保持 3% 左右的增速。而且，根据 IMF 的预测，在 2015～2017 年的三年间，美国经济增速还将继续维持在 3% 左右的水平。而根据 Feldstein（2010）、《美国总统经济报告》（2012）从供给面的测算，两者给出的结果分别认为：2010～2019 年美国潜在增速为 2.6%，2011～2022 年为潜在增速 2.5%（曹永福，2012）。

在这种背景下，美联储稳定增长和就业的压力下降，稳定通胀任务的重要性上升。因此，QE 的缩减和退出时机越来越近。2014 年 8 月 20 日，美联储公布的 7 月联储市场公开委员会（FOMC）会议纪要、8 月 22 日联储主席耶伦在杰克逊霍尔的演讲内容，以及 9 月 16～17 日的 FOMC 结果，均透露美国将稳步退出非常规的量化宽松政策，实现货币政策的正常化，而且进入加息周期后的紧缩步伐可能快于预期。在近期市场上，美国三个月期的远期利率也显示：2015～2017 年这三个年度中，三个月期利率的上升幅度将分别接近 1 个百分点。也就是说，市场预期美国的三个月期利率，将从目前的接近零利率状态，提高到 2017 年 3% 左右的水平。这也正是市场对 QE 退出做出预期的一种体现。如果在 3 年内，美国 3 个月期利率真的上升接近 3 个百分点，那么无疑，这将对国际资本流动格局造成重大的影响，一些新兴经济体将不可避免地被卷入其中。

（二）发达国家的总需求将出现不同程度的复苏或企稳，新兴经济体的外部需求环境将进一步有所改善

如前所述，作为全球贸易中的最大进口国，美国经济的复苏强劲将对其他国家的经济起到一定的拉动作用。

而在欧洲方面，在经济复苏乏力的同时，还面临着乌克兰政局动荡，以及欧－俄相互制裁活动升级等问题，甚至其还面临一定的通货紧缩风险；尽管如此，欧洲经济仍然有望在短期和中期内的增长逐渐企稳。这是因为，一方面，欧洲央行正在从质量型的非传统货币政策转向数量型的非传统货币政策，从而提升长期投资者的信心；另一方面，欧元已经出现和预期将要发生的贬值也将刺激其出口的增长。因此，欧元区经济有望在 2～3 年内实现 1% 左右的年度经济增长。而这个增速，虽然无法掩盖其局部地区将出现的问题（比如法国

和意大利），但是却足以使其在整体上保持金融市场较为稳定的运转。可见，欧元区经济作为新兴经济体的重要出口市场，在中期内也将是一个中性偏正面的需求因素。

2014 年的日本经济以 4 月 1 日的消费税上调为分界点，呈现出了前高后低的变化。不过，在三季度私人消费的恢复性增长、政府消费的稳定都对稳定经济增长发挥了作用，生产方面的景气指标触及了半年来的高位，表明第一轮消费税上调（从 5% 到 8%）的冲击已经在很大程度上被消化了。按照预定计划，日本将在 2015 年第二次上调消费税（上调至 10%），其必然也会再次对经济产生冲击。但是，安倍内阁对第二次上调消费税的时机选择仍然非常谨慎，甚至已经在 2014 年 11 月将下一轮消费税的上调时间推迟到 2017 年，并且同时也会采取其他措施来稳定这一冲击。预计在未来三年内，日本经济增速将维持在 0.5% 至 1% 的水平。

总体上，发达国家的整体经济复苏可期，对应地，其进口需求也将对各个新兴经济体的增长起到不同程度的拉动作用。

（三）由于供给面的显著改善、需求面的增长放缓以及货币因素，国际大宗商品价格在近几年内将处于弱势

2013 年末以来，农产品、原油和金属三类大宗商品的价格先后呈现了颓势。以原油价格为例，这是由于三个方面的原因共同导致的价格下跌，而且将会在中期内持续这种态势。

首先，供给面有了显著的改善。由于美国的页岩气、页岩油开采技术取得了突破性进展，近年来其油、气开采量迅猛增长，按目前的趋势，预估 2014 年美国的油气开采量大约比 2007 年上升 56%。相应地，美国能源的对外依赖度也从 2007 年的 32% 下降到了 2014 年低于 13% 的水平。甚至在不远的将来，美国还有望实现"能源独立"。其次，从需求面来看，中国国内房地产投资的放缓、过剩产能的淘汰，以及增长模式的转变，都使得中国对能源等大宗商品的消费增速出现了放缓。因此，世界上两个最大经济体，在原油的供给、需求层面都有重大的调整，这种供、求力量的变化，导致了原油以及其他相关大宗商品价格出现弱势。而且，由于上述两个方面因素的持续存在，这种价格走弱还将在中期内持续。除此之外，前面提到的美联储 QE

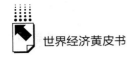

的退出，以及由此带来美元在中期内的走强，也会使得大宗商品的美元价格出现下调。

三　三大冲击对新兴经济体可能造成的影响

美联储 QE 退出、发达经济体需求总体回暖和国际大宗商品价格进一步走弱，这三大冲击将通过不同机制、对各个新兴经济体产生不对称的冲击效果。

首先，美联储的 QE 缩减及退出，将通过国际资本流动在方向、数量上的变化，对新兴经济体产生冲击，但新兴经济体各国面临的资本外流潜在压力并不相同（见图3）。根据 IMF（2014）的数据，我们计算各国国际投资净头寸占 GDP 的比例，以此作为观察指标，可以将 E11 新兴经济体分为三类：第一类，沙特阿拉伯和中国，两者的国际投资头寸具有净债权，而且净债权占GDP 比例较高，分别为96%、21%。因此，这两个国家所面临资本外流冲击带来的负面冲击相对较小。尤其是中国，其资本项目仍处于有限管理的状态下。

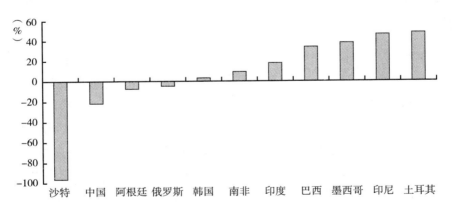

图3　新兴经济体的潜在资本外流压力：国际投资头寸净负债占 GDP 比例

注：沙特阿拉伯、土耳其为 2012 年 12 月数据，印度、印度尼西亚为 2014 年 3 月数据，其他国家均为 2013 年 12 月数据。

资料来源：根据国际货币基金组织（2014）数据计算。

第二类国家是阿根廷、俄罗斯、韩国和南非。这类国家，其国际投资头寸净债权或净负债的相对规模较小（GDP 占比均在正负 10% 的区间内），因此，这些国家受到国际资本流动的直接影响也将是较为有限的。

而第三类国家，包括印度、巴西、墨西哥、印度尼西亚和土耳其，其净债务占 GDP 比例分别为：18%、34%、38%、45%、47%。因此，美联储 QE 退出、缩减所引发的国际资本流动方向改变可能对这类国家产生比较明显的冲击。

其次，发达国家经济的需求整体回暖，将在更大程度上有利于出口导向型的新兴经济体，而对于那些出口并不重要的新兴经济体，其正面影响则较小。

计算 E11 国家的出口依存度可以发现（见图4）：沙特阿拉伯、韩国、墨西哥、俄罗斯、南非、中国、印度尼西亚等国的出口依存度都在 20% 以上，则发达经济体的需求将对这些国家的出口、从而其经济具有较大的正向带动作用。而其他一些国家，如土耳其、印度、阿根廷、巴西，其出口依存度则相对较低，都在 20% 以下，其中巴西仅略高于 10%。不过，沙特阿拉伯、俄罗斯、南非等对大宗商品出口具有较高依赖度的国家，还要结合大宗商品的价格因素进行分析，其形势并不像这里单一角度所分析的那么乐观。

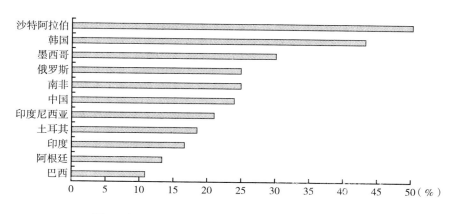

图4　新兴经济体的出口依存度：出口占 GDP 比例

资料来源：根据各国 2014 年可得数据计算。

再次，大宗商品价格的进一步走弱，作为进口国的新兴经济体将受益，而对大宗商品出口依赖程度较高的经济体则将受到负面冲击。我们根据大宗商品净出口的 GDP 占比，对 11 个主要的新兴经济体也进行了观察（图5）。

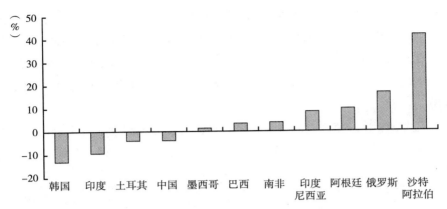

图5　新兴经济体的大宗商品出口依赖程度：大宗商品净出口占 GDP 比例

资料来源：根据各国2013年全年数据计算。

　　其中，韩国、印度、土耳其、中国将在不同程度上受益于大宗商品价格走弱。墨西哥的大宗商品净出口 GDP 占比极低（1.6%），因此这一冲击对其影响较为中性。而对于巴西、南非、印度尼西亚、阿根廷、俄罗斯、沙特阿拉伯来说，这一冲击的影响将依次放大。其中，俄罗斯、沙特阿拉伯的大宗商品净出口依存度达 16.6% 和 41.8%。因此，对于这些较为依赖大宗商品出口的国家而言，大宗商品价格下跌，将部分抵消发达国家需求整体回暖带来的正面影响。结合前面的分析，由于这些国家大宗商品的出口甚至可能出现量价齐跌的严峻局面。

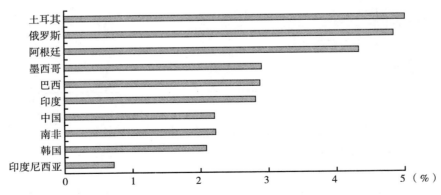

图6　新兴经济体各国增长波动性：GDP 增速的标准差

注：沙特的时间序列过短，与其他国家不存在可比性，因此在图中没有给出。

资料来源：根据各国统计部门 2004 年 9 月至 2014 年 9 月的季度数据计算。

最后，除了上述三大冲击之外，还需要观察新兴经济体国家自身经济增长的波动性。相对于发达经济体，新兴经济体的增长通常具有更大的波动性。从过去10年的历史来看，经济增长相对较为稳定的国家依次是：印度尼西亚、韩国、南非、中国，其中印度尼西亚的增速标准差为0.71，其他3国略高于2；而印度、巴西、墨西哥的波动性则较大，三国经济增速的标准差均接近3的水平；最后，沙特阿拉伯、阿根廷、俄罗斯、土耳其的经济增速波动性最大，标准差在4.3～5.1之间①。这表明，从历史经验上来看，第一类国家经济的自我稳定性相对较好，而第三类国家的经济则比较缺乏稳定性。面临同样的外部冲击，则可以预期，第三类经济体的增速将面临更大的波动。

上述四个角度的分析，可以总结在表1当中。

表1　新兴经济体面临三大冲击的潜在影响及其经济的自我稳定性

	相对正面	相对中性	相对负面
美联储 QE 退出冲击	沙特阿拉伯、中国	阿根廷、俄罗斯、韩国、南非	印度、巴西、墨西哥、印度尼西亚、土耳其
发达经济体需求回暖	沙特阿拉伯、韩国、墨西哥、俄罗斯、南非、中国、印度尼西亚	——	土耳其、印度、阿根廷、巴西
大宗商品价格走弱	韩国、印度、土耳其、中国	墨西哥	巴西、南非、印度尼西亚、阿根廷、俄罗斯、沙特阿拉伯
经济增长的波动性	印度尼西亚、韩国、南非、中国	印度、巴西、墨西哥	沙特阿拉伯、阿根廷、俄罗斯、土耳其

对于三大冲击和新兴经济体的自我稳定性，我们可以根据表1的分类进行综合评分。其中，由于发达经济体需求虽然回暖，但总体程度较弱，因此相对正面、中性、负面分别计分为0.5、0、−0.5分。而其他两个冲击以及经济的自我稳定性中，相对正面、中性、负面分别计分为1、0、−1分。对11国的4项评分进行加总，结果显示如图7。

---

① 沙特阿拉伯没有最近10年的数据，只有最近4年的数据。因此为了对沙特进行分析，对这11国近4年的季度增长情况进行分析，沙特的经济波动性处于第3位。所以将沙特也列入增长波动最大的一组中。

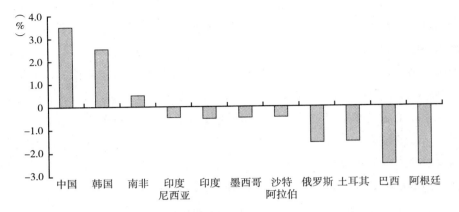

图7　各国在中期内面临外部冲击的相对风险评分

中国、韩国的分值为3.5分、2.5分，这两国面对上述三大冲击时，形势相对较为乐观。具体来说，中国面临的潜在资本外流压力小、属于典型的大宗商品进口国，而且发达国家的需求回暖还将带动中国的出口，历史上中国的经济增长也相对较为稳定。韩国的情况类似，不过韩国面临的潜在资本外流压力稍大，因此评分略逊于中国。

对南非、印度尼西亚、印度、墨西哥、沙特阿拉伯而言，上述外部冲击的影响有正也有负，总体来说其受到的冲击是相对较为中性的。比如南非的增长自我稳定性较强、出口作用较大，同时又比较依赖大宗商品出口；印度尼西亚面临较大的潜在资本外流压力，而且可能会受损于大宗商品价格的下跌，但是另一方面，印度尼西亚的经济自我稳定性较强，而且也将较多受益于发达国家的需求回暖等等。

但是对于俄罗斯、土耳其、巴西、阿根廷，尤其是后两者而言，上述外部冲击可能造成的负面影响将是比较严峻的。

例如，虽然从净债务/GDP比例来看，俄罗斯面临的资本外流压力较小，而且俄罗斯也将受益于发达经济体的需求复苏；但是，由于主要受到美国能源独立的负面影响、大宗商品价格的进一步走弱以及俄罗斯自身经济缺乏稳定性，其将遭受较大的负面冲击。尤其是考虑到乌克兰危机中，俄罗斯在资本外流、国际贸易方面可能面临额外的一些负面冲击，则俄罗斯面临冲击受到的负面影响更不容乐观。

土耳其的面临的挑战也不少：潜在的资本外流压力大、发达国家需求回暖对其带动作用有限、经济自身的波动性大；作为一个大宗商品的净进口国，大宗商品的价格下跌将是其面临唯一的正面冲击。因此，土耳其所面临的外部风险也值得密切关注。

在上述外部冲击中，巴西和阿根廷面临的风险最大，两者面临的风险也大体相似。大宗商品价格下跌均会对其产生负面冲击，而发达国家的需求回暖对两个经济体的正向作用均非常有限；此外，巴西还面临较大的资本外流压力，而阿根廷经济的自我稳定性较差。

四　新兴经济体各国应对冲击的政策空间

除了外部因素之外，宏观经济政策所关注的国内目标主要是通货膨胀、失业率与经济增长率。一般情况下后两者具有一致性，因此，我们将目标简化为两个：通货膨胀和失业率。图 8 描绘了 11 个主要新兴经济体的情况，代表通胀率和失业率平均水平的水平线、垂直线将 11 个新兴经济体分成了 4 类。

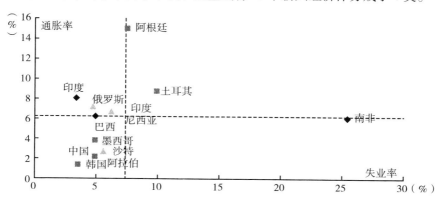

图 8　新兴经济体各国面临的国内经济形势

数据来源：IMF（2014）最新可得数据。数据说明：黑色菱形，代表债务/GDP 比例相对偏高的国家（大于 40%），如巴西、南非、印度。灰色正方形，代表这一比例处于相对较低区间的国家（30% 至 40%）。灰色三角形，代表债务/GDP 比例非常安全的国家（30% 以下），例如沙特阿拉伯、俄罗斯、印度尼西亚。水平、垂直的虚线分别代表通胀率、失业率的平均水平。

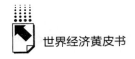

第一类国家是巴西、墨西哥、沙特阿拉伯、中国、韩国，它们的通胀率、失业率都处于平均水平以下，表明这类国家的国内风险相对最小。而且，在这些国家当中，沙特的财政情况非常安全，韩国、中国、墨西哥的债务 GDP 占比也相对较低；但是巴西的债务负担率为 57%，所以，尽管巴西目前的国内经济形势勉强稳定，但财政政策的空间不大，而且巴西的通胀率也是第一组国家中最高的（6.2%），另外考虑到巴西面临较大的资金外流压力，所以其宽松的货币政策将面临较大压力。可见，第一类国家的国内风险相对较小，除了巴西之外的国家，都有较大的财政、货币政策空间。

第二类国家是南非，通胀率为 6.2%，接近平均水平，但失业率为25.5%，大大高于一般水平。同样，由于通胀率水平也接近平均值，南非的货币政策空间不大；而且债务负担率水平为 46%，财政政策的使用能否解决目前的高失业率问题，也存在很大疑问。可见，南非国内所面临的经济问题，可能是单纯的总需求管理政策所无法解决的，需要对经济结构进行较大的调整。在面临外部冲击时，这样的财政、货币政策局面，其应对空间也是非常有限的。

第三类国家是印度尼西亚、俄罗斯、印度，这类国家的失业率相对较为可控，都在平均水平以下；但其通胀率较高，在 6.6% 到 8.2% 之间。这类国家在实施宽松货币政策时，会面临较大压力。而在财政政策方面，印度的债务负担率较高，因此，印度财政政策空间也较为有限；俄罗斯、印尼的财政政策空间则较大。

第四类国家是阿根廷、土耳其，这两个国家的失业率、通胀率同时都高于平均水平。两者失业率分别为 7.5%、9.9%，通胀率分别为 15.1%、8.9%。因此，两者货币政策扩张的空间都不大，不过，两个国家的财政健康状况尚可，财政政策具有一定的政策腾挪空间。

综上可以发现：相对而言，货币政策、财政政策空间同时较大的经济体有：墨西哥、沙特阿拉伯、中国、韩国；两种政策中具有一定政策空间的是俄罗斯、印度尼西亚、南非；在两种政策上都缺乏政策空间的国家有巴西、印度、阿根廷、土耳其（见表 2）。从而面对同样的负面外部冲击，三类国家的应对冲击能力是依次下降的，第一类国家最有可能对外部负面冲击做出有效的反应（见表 2、表 3）。

表2　新兴经济体各国的财政、货币政策空间

		扩张货币政策的空间	
		较大	较小
扩张财政政策的空间	较大	墨西哥、沙特阿拉伯、中国、韩国	俄罗斯、印度尼西亚
	较小	南非	巴西、印度、阿根廷、土耳其

表3　新兴经济体各国的外部冲击风险、内部政策空间组合情况

		内部政策空间		
		较大空间	有一定空间	缺乏空间
外部冲击的风险	相对正面	中国、韩国	—	—
	相对中性	墨西哥、沙特阿拉伯	南非、印度尼西亚	印度
	相对负面	—	俄罗斯	巴西、阿根廷、土耳其

五　结论

综合前文的分析，我们可以发现：主要的新兴经济体11国，其面临外部冲击的风险、与内部政策空间具有以下几种组合的情形。

第一类，中国和韩国。外部冲击总体对其是相对有利的，例如发达经济体外部需求的回暖、潜在资金流出的压力较小、大宗商品价格的下跌；而且与此同时，两个经济本身的稳定性较强，其财政、货币政策都存在较大的空间来应对可能发生的冲击。

第二类，墨西哥、沙特阿拉伯，南非、印度尼西亚、印度。这些国家同时受到来自外部的正面、负面冲击，预计综合结果接近中性。不过相比较而言，墨西哥、沙特阿拉伯的财政、货币政策空间较大，其应对意外事件的能力较强；而南非、印度尼西亚则只在两个政策中的一个方面具有一定政策空间，因此，其应对意外事件的能力较为有限；最后，对于印度来说，如果发生意外事件的冲击，其比较缺乏应对的政策工具。

第三类，俄罗斯、巴西、阿根廷、土耳其。这些国家面临的外部冲击相对较为负面，这些国家不同程度地面临资本外流、大宗商品价格下跌等问题，而且发达经济体的复苏对其中一些经济体的拉动作用还较小，再考虑到这些经济

体的波动性较大，以及其内在政策空间的承受力较小——其中俄罗斯在财政政策上有一定空间，但货币政策缺乏空间；其他三个国家在财政、货币政策两个方面都缺乏扩张的余地。这三个国家，巴西、阿根廷、土耳其，我们将其称为蝙蝠三国（BAT），不但最有可能面临最严重的外部冲击，而且还缺乏应对的政策空间，需要我们今后进一步的跟踪和关注。

参考文献

Feldstein, Martin, "U. S. Growth in the Decade Ahead", NBER Working Paper, No. 15685, 2010.

张宇燕、田丰：《新兴经济体的界定及其在世界经济格局中的地位》，《国际经济评论》2010 年第 4 期。

曹永福：《美国经济：复苏渐趋巩固，失衡有所回归》，《全球宏观季度报告：2012 年第一季度》，中国社会科学院世界经济与政治研究所外部经济环境监测报告，2012 年 4 月。

IMF，"International Financial Statistics", data base online, 2014.

多边、诸边和区域贸易协定谈判：
新进展与新规则

李春顶*

摘　要：　全球金融危机掀起了新一轮的国际贸易协定谈判浪潮。在多边贸易协定谈判方面，巴厘一揽子协定达成了多哈回合的第一个成果；在诸边贸易协定谈判方面，服务贸易协定、信息技术协定和政府采购协定在不同领域并驾齐驱，推动了相关领域的开放；在区域贸易协定谈判方面，跨太平洋伙伴关系协定、跨大西洋贸易和投资伙伴协定、区域全面经济伙伴关系协定呈现了取代多边贸易体系的趋势。更重要的是，伴随着多层次国际贸易协定谈判的推进，新的国际贸易规则正在孕育和发展。

关键词：　贸易谈判　世界贸易组织　区域一体化　新规则

全球金融危机之后，国际贸易协定谈判呈现了新一轮快速发展的态势，多边、诸边和区域贸易协定谈判全面推进。多边贸易协定谈判领域，多哈回合取得了十几年来的首次突破并达成了部分协议，但进一步落实却面临困境。世界贸易组织（WTO）框架下的诸边贸易协定谈判领域，全球服务贸易协定、信息技术协定和政府采购协定不断发展。区域贸易协定谈判领域，一系列区域一体化谈判陆续启动，影响较大的有跨太平洋伙伴关系协定、跨大西洋贸易和投

---

* 李春顶，中国社会科学院世界经济与政治研究所副研究员，主要研究方向为国际贸易和区域一体化。

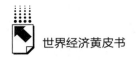
资伙伴协定以及区域全面经济伙伴关系协定。不同类型贸易谈判的目标不仅仅局限于推动多边、诸边和区域的贸易一体化，更重要的是希望建立新的国际贸易规则。以下从多边、诸边和区域贸易谈判三个层面分析贸易谈判的最新进展以及包含的新规则。

一　多边贸易协定谈判的新进展与新规则

多边贸易体制是指世界贸易组织所管理的体制。"多边"是相对于区域或者其他数量较少的国家集团所进行的活动，世界上大多数的国家都是世界贸易组织的成员，但仍然有少数国家不在其列。故而，世界贸易组织的体制称为多边贸易体制，而不是全球贸易体制或者世界贸易体制。

多哈回合是世界贸易组织的第一轮多边贸易谈判，于 2001 年 11 月在卡塔尔首都多哈举行的部长级会议上正式启动，又称"多哈发展议程"。多哈回合的宗旨是促进世贸组织成员削减贸易壁垒，通过更公平的贸易环境来促进全球特别是较贫穷国家的经济发展。谈判包括农业、非农产品市场准入、服务贸易、规则谈判、争端解决、知识产权、贸易与发展以及贸易与环境共 8 个主要议题。多哈回合虽然是多边谈判，但谈判主角是美国、欧盟和由巴西、印度、中国等发展中国家组成的"20 国协调组"。

多哈回合目前经过了九轮谈判。最初计划在 2004 年底达成协议，并且确定了 8 个谈判领域。2003 年 9 月，第二轮谈判在墨西哥坎昆举行，由于各成员国无法达成共识，多哈回合谈判陷入僵局，不能按最初计划在 2005 年 1 月 1 日前结束。其中，农业问题成为分歧的核心。2004 年 8 月，第三轮谈判开启，世界贸易组织总理事会议上达成《多哈回合框架协议》，同意将结束时间推迟到 2006 年底。协议明确规定美国及欧盟逐步取消农产品出口补贴及降低进口关税，为全面达成协议跨出了重要一步。2005 年 12 月，多哈回合第四轮谈判遭遇各方利益的冲突和矛盾，2006 年 7 月 27 日，谈判全面中止。2007 年 1 月，谈判恢复并启动了第五轮，但再次无果而终。2008 年 7 月，第六轮谈判在日内瓦举行，试图在农业和非农产品市场准入问题上取得突破，但最终还是以失败告终。第七轮谈判于 2009 年 11 月在日内瓦拉开序幕，历时 8 年的多哈回合谈判依然没有打破僵局，但继续承诺 2010 年结束多哈回合谈判。第八轮谈判于 2011 年 12 月在日内瓦举行，正式批准俄罗斯加入世界贸易组织，由于各成员在一些谈判领域分歧较大，谈判陷入困境。

多哈回合多边贸易谈判的新进展发生在 2013 年 12 月的第九轮谈判上，也是世界贸易组织的第九届部长级会议。谈判达成了历经 10 多年的多哈回合第一份成果，"巴厘一揽子协定"以 159 个成员全数通过，打破了多哈回合谈判零的突破，具有重要意义。表 1 归纳了多哈回合各轮谈判情况。

表 1　世界贸易组织多哈回合谈判情况

谈判轮次	时间	地点	主要内容
第一轮谈判	2001 年 11 月	瑞士日内瓦	确定了 8 个谈判领域，计划在 2004 年底达成协议
第二轮谈判	2003 年 9 月	墨西哥坎昆	由于发达国家在削减农业补贴和农产品关税问题上不肯做出实质性让步，会议无果而终
第三轮谈判	2004 年 8 月	瑞士日内瓦	达成《多哈回合框架协议》，同意将结束时间推迟到 2006 年底。协议明确规定美国及欧盟逐步取消农产品出口补贴及降低进口关税
第四轮谈判	2005 年 12 月	中国香港	在取消棉花出口补贴和农产品出口补贴及向最不发达国家开放市场问题上取得进展，但多哈回合谈判仍未全面完成
第五轮谈判	2007 年 1 月	瑞士日内瓦	谈判重新启动，但无果而终
第六轮谈判	2008 年 7 月	瑞士日内瓦	试图在农业和非农产品市场准入问题上取得突破，但以失败告终
第七轮谈判	2009 年 11 月	瑞士日内瓦	会议未能在推动多哈回合谈判方面取得明显进展，但继续承诺 2010 年结束多哈回合谈判
第八轮谈判	2011 年 12 月	瑞士日内瓦	会议批准俄罗斯加入世贸组织，由于各成员在一些谈判领域存在较大分歧，多哈回合谈判陷入困境
第九轮谈判	2013 年 12 月	瑞士日内瓦	达成了多哈回合的第一份协议《巴厘一揽子协定》

资料来源：根据 WTO 网站资料信息整理。

"巴厘一揽子协定"也被称为多哈回合谈判的"早期收获"，包括贸易便利化、农业、棉花、发展和最不发达国家四项议题共 10 份文件，内容涵盖简化海关及口岸通关程序、允许发展中国家在粮食安全问题上具有更多选择权、协助最不发达国家发展贸易等内容。在贸易便利化方面，协定决定尽快成立筹备委员会，就协定文本进行法律审查，确保相关条款在 2015 年 7 月 31 日前正式生效。各方在声明中同意尽力建立"单一窗口"以简化清关手续。在农业方面，协定同意由发达经济体为发展中国家提供一系列与农业相关的服务，并在一定条件下同意发展中国家为保障粮食安全进行公共储粮。在棉花贸易方面，协定同意世界贸易组织所有成员为最不发达国家进一步开放市场，并为这些国家提高棉花产量提供协助。在发展议题方面，协定同意为最不发达国家出口到富裕国家的商品实现免税免配额制；进一步简化最不发达国家出口产品的认定程序；允许最不发达国家的服务优先进入富裕国家市场；同意建立监督机制，对最不发达国家享受的优先待遇进行监督①。

然而，2014年"巴厘一揽子协定"的落实和实施并不顺畅。作为协定的重要组成部分之一，《贸易便利化协议》旨在优化货物通关措施，加速全球贸易。按照协议条款已经达成的规定，世界贸易组织总理事会会议需要在第一个截止日期2014年7月31日前，在成员（国）一致同意的基础上，将此协议正式纳入世贸规则体系中，从而使其具有法定效力。但在截止日期之前，协议遭到了印度、古巴、玻利维亚、阿根廷和南非的反对，未能生效。随后，《贸易便利化协议》在2014年10月21日的世界贸易组织总理事会上仍然没有进展。下一步，协议需要在第二个截止日期，即2015年7月31日之前，有2/3的成员核准接受协议则可以生效，但根据目前的发展形势也不容易。未来《贸易便利化协议》如果持续达不成一致，可能会发展成部分国家签署的诸边协议。

"巴厘一揽子协定"对国际贸易规则的意义主要在于：第一，增强了未来在多边框架下谈判贸易规则和贸易自由化的信心，具有重要的象征意义；第二，贸易便利化是贸易自由化的一方面，在贸易便利化上形成的规则和措施，同样也是国际贸易规则的一部分；第三，"巴厘协定"为后巴厘时代的贸易规则谈判树立了榜样和效仿对象，有利于未来的谈判。

二 诸边贸易协定谈判的新进展与新规则

世界贸易组织框架下的诸边谈判（Plurilateral Negotiation）是在世贸组织框架下，部分成员采取自愿方式参与的具体领域协定谈判。诸边协定是世界贸

① 参见新华网《世贸组织首个全球贸易协定在巴厘岛达成》，2013年12月7日。

易组织体系中早就存在的协议形式，1995 年世界贸易组织建立之初，就签订有部分成员参加的四个诸边协议。分别是：民用航空器贸易协议、政府采购协议、国际奶制品协议、国际牛肉协议。目前，有影响力的诸边贸易谈判主要有：全球服务贸易协定（Trade in Service Agreement，TISA）、信息技术协定（Information and Technology Agreement，ITA）和政府采购协定（Government Procurement Agreement，GPA），分别体现了服务贸易、信息技术贸易和政府采购上国际贸易新规则的谈判。

（一）全球服务贸易协定（TISA）

《全球服务贸易协定》（TISA）谈判发起于 2013 年，是世界贸易组织框架下的诸边谈判，美国和欧盟等国家认为 20 年前达成的《服务贸易总协定》（GATS）已经落后于时代，主张使用"负面清单"谈判模式推动达成更高标准的服务贸易协定。TISA 阵营目前已有 48 个国家，覆盖了全球 70% 的服务贸易。

TISA 起源于个别世界贸易组织会员在服务业相互签订各式自由贸易协议。目前，世界各国服务业市场缺乏系统、规范的国际规则，各国服务业开放的程度和诉求存在显著的差异，世界贸易组织多边体系下的谈判举步维艰。同时，服务业的形态日新月异、不断发展，也呼唤制订新的游戏规则。在此背景下，美国提议并组织 21 个世界贸易组织会员国组成"真正好友"（Really Good Friends，RGF），共同推动服务业协议的谈判，加速全球服务市场的自由化。

2013 年 1 月 15 日，美国贸易代表办公室（USTR）通知美国国会，将联合美国、欧盟、澳大利亚、加拿大、哥伦比亚、哥斯达黎加、中国香港、以色列、日本、墨西哥、新西兰、智利、挪威、秘鲁、韩国、瑞士、中国台湾、土耳其、巴基斯坦、巴拿马、冰岛等 21 个世界贸易组织会员（见图 1），启动 TISA 诸边谈判。从参与的成员看，基本都是高收入经济体和地区，是服务业和服务贸易相对发达的国家或地区，21 个成员涵盖了全球约 2/3 的服务贸易量。

美国一直主张在世界贸易组织框架之外建立单独的"国际服务协定"，而欧盟则希望将协定与世界贸易组织的服务贸易协定进行对接，成为世界贸易组织框架内的"诸边服务协定"。最终，谈判共识确定为协定结构以世界贸易组织服务贸易协定为基础，未来可成为世界贸易组织诸边协定之一并可以使用世界贸易组织的争端解决机制。

国家或国家联盟（19个）	地区（2个）
美国、欧盟、日本、加拿大、澳大利亚、哥伦比亚、韩国、哥斯达黎加、冰岛、以色列、巴基斯坦、新西兰、巴拿马、智利、挪威、秘鲁、墨西哥、瑞士、土耳其	中国台湾 中国香港

图1　TISA 谈判参与成员

TISA 谈判的时间安排上，谈判各方于 2012 年举行了数次公开技术层面的磋商，2013 年正式启动谈判，提出各自市场准入的条件，并计划在 2013 年底结束谈判并达成协议。但到目前为止，尚没有谈判接近达成的迹象。中国在 2013 年 9 月正式宣布希望参加 TISA 的谈判，但目前还没有获得成员国的批准；如果中国加入，将会进一步提高 TISA 的覆盖范围和影响力。

TISA 的最新谈判仍然在进行中，就服务贸易涉及的各领域展开讨价还价。自从 2013 年 4 月开启第一轮谈判以来，TISA 目前共进行了 8 轮谈判，其中 2013 年进行了 4 轮谈判，2014 年截至 9 月底已经进行了 4 轮谈判（见表 2）。各方在电子商务、金融服务、电信服务、专业服务、国内监管和透明度、航空和海洋运输等领域的谈判取得了一定的进展。但何时能够达成协定，还没有时间表，预计还需要经历一段时间①。

表2　TISA 在瑞士日内瓦各轮谈判简表

	时间	谈判	主持国		时间	谈判	地点
2013	4 月 27 日至 5 月 3 日	第 1 轮	美国	2014	2 月 17～24 日	第 5 轮	欧盟
	6 月 24～28 日	第 2 轮	欧盟		4 月 28～5 月 2 日	第 6 轮	澳大利亚
	9 月 16～20 日	第 3 轮	澳大利亚		6 月 23～27 日	第 7 轮	美国
	11 月 4～8 日	第 4 轮	美国		9 月 21～25 日	第 8 轮	欧盟

---

① 参见：澳大利亚外交和贸易部 "TISA 网页"，https：//www.dfat.gov.au/trade/negotiations/services/trade – in – services – agreement.html。

TISA 谈判的目标是在符合《服务贸易总协定》（GATS）的基础上达成更高水平的协议，覆盖服务贸易的所有领域和模式，并在成员之间形成新的更好的服务贸易规则。谈判正式启动后，欧盟以及部分参与方进一步明确提出，TISA 不仅仅是参与成员之间的自由贸易协定，应以纳入世界贸易组织体系为最终目标。因此，TISA 应该以世界贸易组织的服务贸易总协定（General Agreement on Trade in Services，GATS）为基础，纳入一些 GATS 的核心条款，并强化现有规则，增加部分新规则，实现更高的自由化水平。在此基础上，应该吸引更多的 WTO 成员参与，以便在未来实现多边化。但美国对多边化的态度不够积极，而更关注协定的达成，形成高标准的服务贸易协定。

从目前的进展看，TISA 协定主体将基于 GATS，增加新规则和新的市场准入承诺，覆盖面广；协定将包括文本、各方减让表和保留例外、新规则三个大的部分；国民待遇将采用"负面清单"方式，市场准入采用"正面清单"方式；设置承诺解读章节，包括锁定开放现状等；在新规则制定方面，由参与方提出议案，讨论达成一致后纳入最后协定；新规则可能涉及的领域包括：国内规制和透明度、信息通信技术服务、金融服务、专业服务、运输与物流服务、海运服务、环境服务、能源服务、自然人移动、国有企业纪律、政府采购透明度等。

（二）信息技术协定（ITA）

信息技术协定（ITA）是世界贸易组织框架内协调信息技术领域贸易和投资行为的诸边协定规则。ITA 的扩容谈判是对现有规则的完善和修订，如果达成一致，能够形成协调信息技术领域的贸易新规则。

《信息技术协定》（ITA）是世界贸易组织项下 1997 年生效的诸边协定，最初签署方为 29 个，当前的成员规模已经增加到 76 个，成员涵盖全球 97% 的 IT 产品出口，旨在分阶段将信息技术产品的关税削减至零。中国在加入世界贸易组织谈判中承诺加入协定，并成为成员。协议生效 16 年来，产品目录一直没有变化。

2012 年 5 月，美国、日本和韩国在 ITA 委员会上提交了协商扩大协议品目录的建议，修改协议的商讨正式开始；7 月，谈判成员提出了包含 357 个品目的扩大协议品目录清单。目前共有 51 个国家和地区参加了 ITA 扩围谈判，

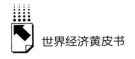

这些国家的信息技术产品贸易额占世界贸易总额的 90% 以上。2013 年以来，谈判国家每月召开一次会议，对清单中的品目修订以及需要进一步增加的品目进行磋商。谈判国普遍认为敏感品和家电等很难定义为高新技术的 IT 产品应从清单中删除，而应该将新型半导体、数字机器、医疗机器、半导体制造装置等加到清单中。ITA 修订不仅可以把技术进步反映到协议中，而且有利于世界贸易组织争端的解决。

然而，ITA 的扩围谈判并不顺利，2013 年 11 月 21 日，美国突然宣布中止谈判，主要信息技术大国，如美国和中国等国的诉求和要价存在较大的分歧，何时能够以及是否能够达成协定很难预料。从最新进展看，中国和美国正在接触，逐渐建立互信，希望在 2014 年尽快启动中止的谈判，但目前还没有新的进展。

（三）政府采购协议（GPA）

《政府采购协议》（GPA）是在世界贸易组织框架下的一项诸边协议，是在世界贸易组织框架下协调政府采购领域的诸边一体化安排，目标是促进成员方开放政府采购市场，扩大国际贸易。GPA 2012 确立了未来政府采购领域的新规则。GPA 由世界贸易组织成员自愿签署，目前有 15 个参加方，包含 43 个国家和地区，以美国、欧盟、加拿大、日本等世界贸易组织发达成员为主。

GPA 最初的版本是在关税与贸易总协定（General Agreement on Tariffs and Trade，GATT）的框架下于 1979 年达成，称为 GPA 1979。GPA 1979 虽然只针对参加成员，且覆盖范围仅限于各国中央实体采购公共产品合同，但标志着政府采购领域的国际规则诞生了。GPA 1979 之后经历了多次修订，在 GATT 乌拉圭回合谈判期间，参与国非正式工作组展开新的谈判，进一步调整和扩大 GPA 的使用范围和涵盖内容，在 1993 年 12 月达成了《1994 年政府采购协定》，称为 GPA 1994。GPA 1994 成为乌拉圭回合最后文件的组成部分，是世界贸易组织法律体系中的四个诸边协定之一。1997 年，政府采购协定的参与国启动了新一轮的谈判，并于 2006 年 12 月 8 日就 GPA 1994 的修改本达成一致，形成了临时议定文本。在此之后，参与国就政府采购涵盖范围出价谈判，于 2011 年 12 月的世界贸易组织第 8 届部长会议上达成一致，并于 2012 年 3 月通过谈判结果，这就是《2012 政府采购协定》，称为 GPA 2012。

GPA 的基本目标是通过建立一个有效的关于政府采购法律、规则、程序和措施方面的权利与义务多边框架，实现更大程度的贸易自由化，改善现行国际贸易环境。GPA 主要强调三个原则：一是非歧视性原则，即各缔约方不得通过拟定、采取或者实施政府采购的法律、规则、程序和做法来保护国内产品或者供应商，从而歧视国外产品或者供应商；二是公开性原则，即各缔约方有关政府采购的法律、规则、程序和做法都应公开；三是对发展中国家的优惠待遇原则，有关缔约方应向发展中国家，尤其是最不发达国家提供特殊待遇，如提供技术援助。

GPA 2012 是金融危机以来全球贸易自由化方面的重要突破。从法律性质上看，新文本是 GPA 1994 的修订本，不是一个全新的协议，但文本内容更加充实。这些新的扩展包括有：其一，拓展了实施 GPA 的目标诉求。GPA 1979 和 GPA 1994 的主要目标是通过取消政府采购领域的歧视做法，实现政府采购领域的贸易自由化，而 GPA 2012 的目标不仅限于实现非歧视，更把提高公共资源管理效率、反腐败等内容包含进来。其二，进一步扩大了涵盖的范围。GPA 2012 涵盖范围进一步扩大，参加方承诺水平进一步提高，并改进了承诺形式。在新协定中，全部参加方共增加了约 500 个政府采购实体。在中央政府实体层面，欧盟各成员国共增加了 150 多个中央政府实体，在次中央政府实体层面，加拿大将省级地方政府列入了涵盖范围，日本、韩国、以色列等国家增加了地方实体开放范围。其三，明确了特殊和差别待遇原则。GPA 2012 为发展中国家规定了"过渡性措施"，包括价格优惠、补偿以及门槛金额逐步降低等。其四，规划未来政府采购规则的发展。GPA 2012 对未来政府采购的发展和议题提出了发展重点，包括公司合作伙伴关系以及与涵盖的采购项目之间的关系，中小企业，统计数据收集与汇报，可持续采购，国际采购安全标准等。

GPA 绝大多数成员都是发达国家或者富裕的发展中国家，但这种情形正在发生变化。2004 年新加入欧盟的捷克、爱沙尼亚、塞浦路斯、拉脱维亚、立陶宛、匈牙利、马耳他、波兰、斯洛文尼亚、斯洛伐克等 10 个国家正式参加《政府采购协议》。2009 年中国台湾、2011 年亚美尼亚、2013 年克罗地亚相继加入。当前，GPA 的观察员包括印度、沙特阿拉伯、乌克兰、马来西亚、巴林等在内的共 27 个，中国、新西兰、乌克兰、阿尔巴尼亚等 10 个 WTO 成员方正在进行加入谈判，另外有 6 个国家承诺尽快启动加入谈判。

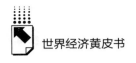

三 区域贸易协定谈判的新进展与新规则

近年以来，新一轮区域经济一体化快速发展和推进，并且重点关注非关税壁垒的削减以及国际贸易新规则的构建。区域贸易谈判中，影响较大的主要有：跨太平洋伙伴关系协定（Trans-Pacific Partnership，TPP），跨大西洋贸易和投资伙伴关系协定（Trans-Atlantic Trade and Investment Partnership，TTIP），以及区域全面经济伙伴关系协定（Regional Comprehensive Economic Partnership，RCEP）。

（一）跨太平洋伙伴关系协定（TPP）

跨太平洋伙伴关系协定（TPP）通常又称为跨（泛）太平洋战略经济伙伴关系协定（协议），是一个由美国主导的旨在进一步推动亚太地区经济自由化的区域自由贸易协定（Free Trade Agreement）。

TPP 的发展历史可以追溯到 2002 年墨西哥 APEC 领导人峰会，时任智利、新加坡和新西兰领导人发起了太平洋三国更紧密经济伙伴（Closer Economic Partnership）关系的一体化谈判，被称为 P3 - CEP。接着，在 2005 年 4 月的 P3 - CEP 谈判中，文莱加入，形成了 Pacific - 4（P4）。2008 年 9 月，Pacific - 4 受到美国的关注，布什总统决定加入谈判，并提出 TPP 的设想与倡议；2008 年底，澳大利亚、秘鲁和越南决定加入。但 TPP 的发展被随后的美国大选搁置和中断。奥巴马总统执政后，明确提出美国要参与谈判并主导亚太地区自由贸易协议的制定，并于 2010 年 3 月在澳大利亚墨尔本启动了第一轮谈判。至此，美国主导的"跨太平洋伙伴关系协议"正式应运而生。随后，在 2010 年 10 月的第三轮谈判中，马来西亚加入 TPP。2012 年 6 月，加拿大和墨西哥宣布加入 TPP 谈判并于同年 12 月正式加入。日本于 2010 年 11 月成为 TPP 观察国，于 2013 年 3 月正式宣布希望加入 TPP，6 月被邀请加入，而在 2013 年 8 月的第 19 轮谈判中正式成为 TPP 成员。

TPP 的当前成员共有 12 个，分别是：美国、澳大利亚、文莱、智利、马来西亚、新西兰、秘鲁、新加坡、越南、加拿大、墨西哥、日本。2013 年 9 月韩国宣布加入 TPP 谈判，在不久的未来，韩国也可能会成为 TPP 的成员。

根据 TPP 发展的规划，将在 2015 年之前实现 13 个成员的目标，即韩国加入 TPP。

TPP 的时间进程安排上，已经启动了 20 多轮谈判；其中，2010 年历经 4 轮谈判，2011 年历经 6 轮谈判，2012 年历经 5 轮谈判，2013 年历经 6 轮谈判，2014 年截至 9 月已启动 2 轮部长级谈判和 2 轮首席谈判代表会议（见表 3）。按照 TPP 的原定计划，各成员要在 2013 年底签署协定，但至今尚未实现。

表 3　TPP 各轮谈判简表

时间		谈判	地点
2010 年	3 月 15～18 日	第 1 轮	澳大利亚墨尔本
	6 月 14～18 日	第 2 轮	美国旧金山
	10 月 4～9 日	第 3 轮	文莱
	12 月 6～10 日	第 4 轮	新西兰奥克兰
2011 年	2 月 14～18 日	第 5 轮	智利圣地亚哥
	3 月 24 日至 4 月 1 日	第 6 轮	新加坡
	6 月 20～24 日	第 7 轮	越南胡志明市
	9 月 6～15 日	第 8 轮	美国芝加哥
	10 月 19～28 日	第 9 轮	秘鲁利马
	12 月 5～9 日	第 10 轮	马来西亚吉隆坡
2012 年	3 月 1～9 日	第 11 轮	澳大利亚墨尔本
	5 月 8～18 日	第 12 轮	美国达拉斯
	7 月 2～10 日	第 13 轮	美国圣地亚哥
	9 月 6～15 日	第 14 轮	美国利斯堡
	12 月 3～12 日	第 15 轮	新西兰奥克兰
2013 年	3 月 4～13 日	第 16 轮	新加坡
	5 月 15～24 日	第 17 轮	秘鲁利马
	7 月 15～24 日	第 18 轮	马来西亚哥打基纳巴卢
	9 月 18～21 日	第 19 轮	美国华盛顿
	11 月 19～24 日	第 20 轮	美国盐湖城
	12 月 7～10 日	部长会议	新加坡
2014 年	2 月 21～25 日	2 轮部长会议	新加坡
	5 月 18～20 日	2 轮部长会议	新加坡
	7 月 5～13 日	首席谈判代表会议	加拿大渥太华
	9 月 1～10 日	首席谈判代表会议	越南河内

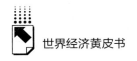
2014 年的 TPP 谈判进展缓慢，两轮部长会议都无果而终。目前，主要的分歧在美国和日本之间。美日双方在农产品和汽车的市场准入上各有保留和诉求，难以达成一致。在农产品市场准入上，日本希望保留大米、小麦、牛猪肉、乳制品和甘蔗等 5 类农产品的关税，用 10 年或者更长时间逐步取消，但与美国要求取消所有关税的原则存在分歧。在汽车市场准入上，日本要求美国废除汽车关税、制定取消汽车零部件税的时间表，但美国以国内汽车生产商的利益受损为由拒绝日本的要求。与此同时，在国有企业竞争和知识产权领域，美国与越南以及马来西亚也存在不同的意见。美国主张国有企业在与民营企业竞争上应该无差别地对待国内外企业，要求取消对国有企业的税制优待。拥有较多国有企业的越南担心快速市场开放会对国有企业造成影响，进而反对针对国有企业竞争的规则。在专利权等知识产权领域，美国与越南、马来西亚的意见也存在差别。

2014 年 7 月 5 ~ 13 日，TPP 首席谈判代表会议召开，就劳动和制度性事项举行磋商，化解这两个领域的争论。2014 年 9 月 1 ~ 10 日，首席谈判代表会议在越南河内再次召开，就知识产权保护、国有企业改革等分歧较大的领域展开了讨论。美国和日本希望在 2014 年 11 月前后达成基本妥协，为下一轮部长会议铺路①。从目前的进展看，年内基本不可能达成协定，能够促进协定发展的唯一可行办法是日本真正削减农业关税，但日本没有任何让步的迹象。

TPP 的具体谈判议题和内容没有明确的信息。原因是 TPP 谈判过程对外严格保密，谈判结束前不对外公布技术文本，只能从公开的各国官方、美国贸易代表办公室公布的简报资料、谈判小组组成的情况以及部分谈判国在每轮谈判前提交的建议来分析协议的可能内容。TPP 的定位是一个开放性的高水平和高标准的区域一体化安排，不仅要实现区域内的全面零关税，使区域内成员成为统一大市场，还会涉及各成员的国内政策，如监管、竞争政策、经济立法、基础建设、市场透明、反贪和金融业改革等。从现有的资料看，TPP 涉及的议题将包括知识产权保护、劳工标准、环境标准、促进中小企业发展、金融监管、竞争政策、国有企业条款、经济立法、市场透明和反贪等多个领域。

---

① 参见中国新闻网《TPP 首席谈判代表会举行》，2014 - 09 - 04。

TPP 的发展目标在很大程度上是要构建并形成新的国际贸易规则，涉及的议题都与新的规则和标准息息相关，并且要在货物和服务贸易领域建设高度开放的一体化安排。在货物贸易上，要求各方关税减让应覆盖多达 11000 个税号的所有产品。在服务贸易和投资上，要求覆盖所有服务部门，包括金融和电信行业，并采取"负面清单"方式进行谈判；对于明确需要保护的服务部门，"负面清单"谈判方式允许各方保留现有国内保护措施，但不允许设置新的障碍，并承诺在协定生效后逐步取消管制，最终实现自由化。TPP 一旦建成，对于国际贸易规则和标准的影响将是深远的。

（二）跨大西洋贸易和投资伙伴协定（TTIP）

跨大西洋贸易和投资伙伴协定（TTIP）是美国和欧盟正在推动构建的自由贸易区或区域一体化安排。TTIP 达成后，将成为世界上最大的自由贸易区，囊括世界最大的两个发达经济体。

美欧建立自贸区的设想可以追溯到 20 世纪中叶。1949 年加拿大曾提出"让北约成为军事和经济联盟"的建议，但遭到欧洲的拒绝。此后，美欧自贸区的提案不断涉及，但一直没有进入实际行动和建设阶段。

2013 年 2 月 13 日，在八国集团（G8）峰会上，美国总统奥巴马、欧洲理事会主席范龙佩和欧盟委员会主席巴罗佐发表联合声明，决定在 2013 年 6 月底启动跨大西洋贸易与投资伙伴协议（TTIP）谈判，并计划在 2014 年完成谈判。至此，TTIP 的设想正式公布于众。

2013 年 3 月 12 日，欧盟委员会通过了与美国进行自由贸易协定谈判的授权书，2013 年 6 月 14 日欧盟各成员国通过了欧盟委员会开启 TTIP 谈判的决议。2013 年 7 月 8～12 日，美国和欧盟在华盛顿启动了 TTIP 的第一轮谈判，初步确定了谈判框架，将包括农业和工业产品市场准入、政府采购、投资、服务、能源和原材料、监管议题、知识产权、中小企业和国有企业等 20 项议题。TTIP 第二轮谈判于 2013 年 11 月 11～15 日在比利时布鲁塞尔举行，第三轮谈判于 2013 年 12 月 16～20 日在美国华盛顿举行，第四轮谈判于 2014 年 3 月 10～14 日在比利时布鲁塞尔举行，第五轮谈判于 2014 年 5 月 19～23 日在美国弗吉尼亚阿灵顿举行，第六轮谈判于 2014 年 9 月 29 日至 10 月 3 日在美国马里兰举行（见表 4）。

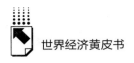

表 4　TTIP 各轮谈判简况

时间		轮次	地点	时间		轮次	地点
2013	7 月 8 ~ 12 日	第 1 轮	美国华盛顿	2014	3 月 10 ~ 14 日	第 4 轮	比利时布鲁塞尔
	11 月 11 ~ 15 日	第 2 轮	比利时布鲁塞尔		5 月 19 ~ 23 日	第 5 轮	美国阿灵顿
	12 月 16 ~ 20 日	第 3 轮	美国华盛顿		9 月 29 日至 10 月 3 日	第 6 轮	美国马里兰

2014 年已经启动的谈判并不顺利，5 月 19 ~ 23 日的第 5 轮谈判在持续上升的政治阻力和公众抵制中拉开序幕，双方在部分议题上存在分歧，主要包括：协议是否涵盖金融服务行业，农产品和食物贸易监管，地方保护主义的政府采购规则以及投资者争端解决机制等①。从当前的进展看，TTIP 基本不可能按照预定计划在 2014 年达成协议。

从 TTIP 目前的谈判进展看，似乎达成一致并不容易。但从美国和欧盟政府层面的表态看，双方谈判积极性很高，达成协议的意愿很强。双方可查的约定包括：第一，尽可能取消跨大西洋贸易领域工业品和农产品的全部关税；第二，进一步开放服务市场，加强在公共支出、政策制定领域的合作；第三，在竞争、贸易便利化、劳工和环境领域制定最新规则；第四，加强知识产权保护力度，确定共同的目标和策略，推动在第三国市场和国际组织的实施。显然，美欧谈判和合作的领域主要在非关税壁垒和制度规则方面。

美欧联合声明指出，一个高标准的跨大西洋贸易与投资伙伴关系将促进贸易与投资自由化，也将解决监管问题和其他非关税贸易壁垒。通过谈判，美国与欧盟将不仅有机会促进大西洋两岸的贸易与投资，也可能会成为全球贸易规则的制定者和主导者，进而改变现有的多边贸易体系。可见，美欧自贸区建设所追求的主要目标是：促进相互的贸易与投资，而更重要的是构建新的国际贸易和投资规则。

尽管美欧国内的经济形势以及美欧的主观意图都有利于 TTIP 的发展，但作为全球最主要的发达经济体，产业的趋同和相互的竞争不可避免，相互的利益关切也存在差别与矛盾，要达成最终的自贸区安排并不容易。TTIP 建设和发展的主要障碍包括以下四条。其一，美欧内部的协调和审批不简单。欧盟内

---

① 参见中华人民共和国驻欧盟使团经济商务参赞处网站《TTIP 第五轮谈判在阻力中启动》。

部成员较多，且利益存在一定的分歧，要通过内部复杂的审批程序，并不容易。美国方面，需要得到国会批准，背后利益集团的博弈不可避免。其二，"美国标准"和"欧洲标准"的差异较大，协调一致不容易。美国标准和欧洲标准在很多方面都存在差异，典型的如食品安全、农业补贴、知识产权、气候变化等领域。在食品安全方面，欧洲在销售转基因食品上有严格的限制，而转基因技术在美国却被大量使用。在农业补贴方面，欧盟对农业的补贴水平远高于美国。在知识产权领域，美欧之间也存在差异，例如美国公司可以使用消费者的个人信息数据，而欧洲却有最低标准的保护。其三，美欧产业存在明显的同质性和竞争性。美国和欧盟同属发达经济体，产业同质性较强，制造业主要集中于产业链高端的产品生产、研发和设计，服务业同在国民经济中占据重要地位。典型的事例如飞机制造领域的波音和空中客车的竞争。其四，在农产品补贴问题上，欧盟的补贴标准和程度都与美国存在差异，分歧较大。

（三）区域全面经济伙伴关系协定（RCEP）

区域全面经济伙伴关系协定（Regional Comprehensive Economic Partnership，RCEP）是由东盟国家提出，并以东盟为主导的区域经济一体化安排，是东盟成员间相互开放市场、实施区域经济一体化的组织形式。RCEP的主要成员计划包括东盟10国和6个已经与东盟签署自由贸易协定的国家，即中国、日本、韩国、澳大利亚、新西兰和印度。按照东盟的计划，当RCEP建成到一定程度后，再商谈美国和俄罗斯的加入。RCEP的目标是消除内部贸易壁垒、创造和完善自由的投资环境、扩大服务贸易，还将涉及知识产权保护、竞争政策等多领域，自由化程度高于东盟与现有6个国家已经分别达成的自贸协定。

2011年2月26日，在缅甸内比都举行的第十八次东盟经济部长会议上，讨论了如何与其经济伙伴国共同达成一个综合性的自由贸易协议。会议结果是产生了组建区域全面经济伙伴关系（RCEP）的草案。在2011年东盟峰会上东盟十国领导人正式批准了RCEP。2012年8月底召开的东盟十国、中国、日本、韩国、印度、澳大利亚和新西兰的经济部长会议原则上同意组建RCEP。尽管由于领土问题和在贸易自由化原则上的分歧，RCEP各方步调未必能完全协调一致，但尽早达成自由贸易协定、增加经济活力已成为各方共识。目前RCEP货物贸易工作组、服务工作组和投资工作组都已经启动。RCEP建设的

初步计划时间安排是：2013 年初启动谈判，2015 年底完成谈判，之后进入实施阶段。同时，东盟经济共同体将于 2015 年建成。

RCEP 目前已经进行了 5 轮谈判。2013 年 5 月 9～13 日，RCEP 第一轮谈判在文莱举行，16 个成员国一致同意努力推进谈判，正式成立了货物贸易、服务贸易和投资三个工作组，并就货物、服务和投资等议题展开磋商。各方就三个工作组的工作规划、职责范围、未来可能面临的挑战等议题深入交换了意见，还就其他领域谈判问题进行了初步探讨①。2013 年 9 月 23～27 日，第二轮谈判在澳大利亚布里斯班举行，贸易谈判委员会和货物贸易、服务贸易、投资等三个工作组召开了会议。货物贸易方面，各方重点讨论了关税减让和协定的章节结构及要素问题，并就关税和贸易数据交换、原产地规则、海关程序等问题进行了交流，决定成立原产地规则分组和海关程序与贸易便利化分组。在服务贸易方面，各方对协定章节结构和要素等问题展开讨论，并就部分国家感兴趣的服务部门开放问题初步交换意见。投资组就协定的章节和要素进行了讨论②。

2014 年 1 月 20～24 日，第三轮谈判在马来西亚吉隆坡举行。谈判的重点内容包括市场准入模式和协定章节框架等。除以往关于关税问题的 3 个领域外，与会国同意新设"知识产权""市场竞争""经济技术合作""纠纷解决"等 4 个领域的工作组会议并启动正式谈判③。2014 年 3 月 31 日至 4 月 4 日，第四轮谈判在中国南宁举行，针对一系列议题进行了密集磋商，在货物、服务、投资及协议框架等广泛的议题上取得了积极进展④。2014 年 6 月 21－27 日，第五轮谈判在新加坡举行，谈判的重点议题包括：货物贸易、服务贸易、投资、经济技术合作、知识产权、竞争和法律规则及机制。会议分别就上述议题召开小组会议进行深入讨论⑤。第六轮谈判将于 2014 年 12 月在印度新德里举行（见表5）。

---

① 参见中国自由贸易区服务网《RCEP 第一轮谈判新闻稿》，2013－05－15。
② 参见国家质量监督检验检疫总局网站《RCEP 第二轮谈判在澳大利亚举行》，2013－11－06。
③ 参见中国贸易救济信息网《RCEP 第三轮谈判闭幕，新设知识产权等议题》，2014－01－26。
④ 参见中国贸易救济信息网《RCEP 第四轮谈判结束，首谈知识产权》，2014－04－08。
⑤ 参见人民网《区域全面经济伙伴关系第五轮谈判结束》，2014－06－28。

表 5　RCEP 各轮谈判简况

	时间	轮次	地点		时间	轮次	地点
2013	5 月 9 ~ 13 日	第 1 轮	文莱	2014	1 月 20 ~ 24 日	第 3 轮	马来西亚吉隆坡
	9 月 23 ~ 27 日	第 2 轮	澳大利亚		3 月 31 ~ 4 月 4 日	第 4 轮	中国南宁
					6 月 21 ~ 27 日	第 5 轮	新加坡

RCEP 的目标是搭建一个高标准和综合性的经贸平台，不仅涉及消除贸易壁垒、完善投资环境、扩大服务贸易，还涉及知识产权、竞争政策等多个领域，自由化的程度将高于目前东盟与 6 个自贸区伙伴国现有的水平。RCEP 建成之后，将在区域内形成新的国际贸易规则。

四　总结

多边、诸边和区域贸易协定谈判在近年呈现了如火如荼的推进发展趋势。多边贸易谈判方面，世界贸易组织"多哈回合"取得了"巴厘一揽子协定"的第一个成果。诸边贸易谈判方面，服务贸易协定、信息技术协定和政府采购协定发起并推动了具体领域的贸易自由化。区域贸易谈判方面，跨太平洋战略伙伴关系协定、跨大西洋贸易和投资伙伴关系协定以及区域全面经济伙伴关系协定等"巨型自贸区"（Mega FTA）并行发展。多个层次和多种类型的贸易协定谈判将是未来一段时间内贸易一体化推进的方向。

同时，贸易协定的达成并非易事。"巴厘一揽子协定"的落实在第一项的《贸易便利化协定》上就遭遇了困境且前途未卜，要推进多边贸易体系的实质进展将矛盾重重。诸边贸易协定谈判相对容易，不愿意参与谈判的国家会自动退出，但要达成广泛认可的高标准贸易协定同样面临困难。区域贸易协定谈判要达成参与国家多且标准高的一体化安排也会异常艰难。国际贸易一体化发展到当前的阶段，容易达成一致且能够开放的领域和层次基本已经实现了自由化，要进一步推动一体化的发展，需要向不同利益的诉求妥协。

多边、诸边和区域贸易协定谈判的发展体现了多数经济体对于国际贸易新规则和进一步开放的要求，各类贸易谈判的议题都重点涉及新的规则和新的制度。新规则的变迁将是未来国际贸易谈判发展的主要方向。

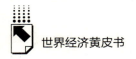

参考文献

陈淑梅、全毅:《TPP、RCEP 谈判与亚太经济一体化进程》,《亚太经济》2013 年第 2 期。

李玉梅、桑百川:《国际投资规则比较、趋势与中国对策》,《经济社会体制比较》2014 年第 1 期。

王金波:《国际贸易投资规则发展趋势与中国的应对》,《国际问题研究》2014 年第 2 期。

于津平:《国际贸易新格局与全球贸易治理》,《南开学报》(哲学社会科学版) 2012 年第 1 期。

Li, C. and J. Whalley. "China and the TPP: A Numerical Simulation Assessment of the Effects Involved". *The World Economy*, 2014, 37 (2).

Sauve, P. "A Plurilateral Agenda for Services? Assessing the Case For a Trade in Services Agreement (TISA)". Swiss National Centre of Competence in Research Working Paper No. 20130529, 2013.

Seshadri, V. S. "Transatlantic Trade and Investment Partnership". RIS Discussion Papers, No. 185, November, 2013.

Williams, B. R. "Trans-Pacific Partnership Countries: Comparative Trade and Economic Analysis". CRS Report for Congress, R42344, January 2013.

中美及中欧 BIT 谈判：
进展、挑战与应对

韩 冰*

摘　要： 2008 年正式启动的中美双边投资协定（BIT）谈判与 2013 年正式启动的中欧 BIT 谈判是我国参与国际投资规则重塑的主要场域。这两项投资协定谈判不仅对中美及中欧经贸关系具有重要影响，而且也与中国国内投资环境的改善与优化息息相关。通过对中美 BIT 及中欧 BIT 谈判内容比较分析，可以发现这两项投资协定谈判对中国而言是积极影响与挑战并存。中国需要在积极推动中美及中欧 BIT 谈判的同时，积极借鉴国际经验，深化国内外资管理体制改革。中美及中欧应秉持合作互惠共识，寻求达成平衡、共赢与高水平的 BIT。

关键词： 中美 BIT　中欧 BIT　国际投资协定

为因应世界经贸格局的变化，美欧等发达国家正推动新一轮贸易投资规则谈判，例如正在进行中的跨太平洋伙伴关系协定（TPP）、跨大西洋贸易和投资伙伴关系协定（TTIP）、国际服务贸易复边协定（TISA）等。在上述新一代国际经贸规则谈判中，2008 年正式启动的中美双边投资协定（BIT）谈判与 2013 年正式启动的中欧 BIT 谈判是我国参与国际投资规则重塑的主要场域。中美 BIT 谈判在全球两个经济总量排名第一和第二的大国之间展开，中欧 BIT

---

* 韩冰，中国社会科学院世界经济与政治研究所副研究员。

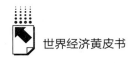

谈判则是在全球最大的两个贸易体之间进行①。这两项投资协定谈判不仅对中美及中欧经贸关系具有重要影响，而且也与中国国内投资环境的改善与优化息息相关。

下文拟首先考察中美之间与中欧之间双向直接投资现状，然后追踪中美及中欧 BIT 谈判进展情况并对其涉及的主要难点议题进行剖析，探讨这两项投资协定谈判对中国的重要影响与挑战，进而提出中国在谈判中宜采取的应对策略。

一　中美及中欧双向直接投资现状

中美及中欧双向直接投资现状是中美及中欧 BIT 谈判的经济基础，也是决定中国在中美及中欧 BIT 谈判中对具体约文应如何选择的重要考量因素。为此，本文将首先分析当前中美及中欧之间双向直接投资情况。

近年来，在全球 FDI 发生较大波动的背景下，中国实际使用外资金额从 2003 年的 535 亿美元增至 2013 年的 1175.86 亿美元，总体呈现 10 年稳定增长的态势（见图 1）。2003~2013 年，中国实际使用外资金额总计 9485.26 亿美元。

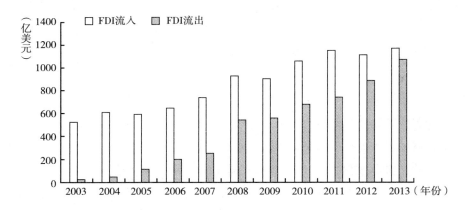

图 1　2003~2013 年中国外商直接投资流量

资料来源：根据中国商务部统计数据整理。

---

①　目前中国是欧盟第二大贸易伙伴，欧盟则是中国的第一大贸易伙伴。

与此同时，中国政府近年来也积极推动对外投资便利化，不断完善"走出去"政策促进体系、服务保障体系和风险控制体系建设，中国对外直接投资不断增长。中国对外直接投资净额从 2003 年的 28.5 亿美元增至 2013 年的 1078.4 亿美元，呈现了较快增长的态势。2013 年中国对外直接投资首破千亿美元，连续两年位列世界第三大对外投资国。截至 2013 年底，中国对外直接投资存量 6604.8 亿美元。

1. 中美直接投资

就中美之间的直接投资情况看，从 2005~2013 年，美国累计对华实际投资总额 336.93 亿美元。其间，美国对华实际投资额占中国外商投资流入总量的份额呈下降态势。实际投资金额从 2005 年的占比 5.1%（30.6 亿美元）下降至 2013 年的占比 2.85%（33.53 亿美元）（见图 2）。

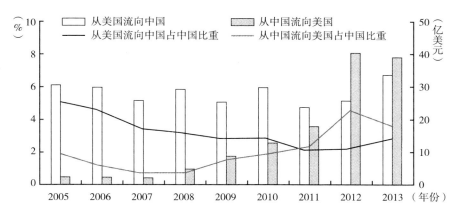

图 2　2005~2013 年中美外商直接投资流量

资料来源：根据中国商务部统计数据整理。

从中国对美国投资看，自 2005~2013 年，除上年小幅下降外，中国对美直接投资呈增长趋势。中国对美投资流量从 2005 年的 2.32 亿美元、占流量总额的 1.9%增至 2013 年的 38.73 亿美元、占流量总额的 3.6%。截至 2013 年末，中国对美国投资存量为 219 亿美元，占中国对外直接投资存量的 3.3%（表 1）。2013 年末，中国境外企业雇用美国当地员工 3 万人。

目前中国企业赴美投资最主要的投资壁垒是美国外国投资审查委员会负责

的海外投资审查。近年来美国以包括保护国家安全在内的各种理由，多次阻挠和干扰中国企业在美国的投资活动。例如，2012 年美国国会众议院情报委员会发表调查报告称，中国华为技术有限公司和中兴通讯股份有限公司对美国国家安全构成威胁，建议阻止这两家企业在美开展投资贸易活动。[①] 根据美国《2007 年外国投资法和国家安全法》以及 2008 年 11 月美国财政部颁布的该法实施细则《关于外国人收购、兼并和接管的条例》，美国外国投资审查委员会（The Committee on Foreign Investment in the United States，CFIUS）审查范围和自由裁量权进一步扩大，赴美投资的企业需要提交审查的材料以及被审查的概率都大大增加，投资者的时间、人力负担以及企业的交易成本都大大提升。并且，这些规定在一些关键词语的解释上十分模糊，并强调"个案处理原则"。规定还具有溯及力，这也使企业的交易面临很大的不确定性和风险。目前中国企业赴美投资仍遭遇严格的国家安全审查，电信行业的国家安全审查有日益严格的趋势。[②]

根据中国美国商会 2014 年《商务环境调查报告》调查显示，美国投资者认为中国国内投资环境的主要挑战是法律法规不明确、获取可信数据困难以及难以取得证照等。另据该商会 2013 年 10 月发布的《中国投资环境的机遇与挑战》的报告，对外商投资的限制性条件和审批程序是外商在华遇到的最常见挑战，报告为此提议，减少禁止外资企业进入中国市场的壁垒和限制条件。

2. 中欧直接投资

欧盟是中国累计第四大实际投资来源地。2013 年，欧盟 28 国对华实际投入外资金额 72.14 亿美元，同比增长 18.07%，占总额的 6.14%。截至 2013 年底，欧盟对华投资累计实际投入 911.4 亿美元。2009～2013 年间，欧盟每年对华实际投资额均值为 64.4 亿美元，占中国外商投资流入总量的份额较为平稳（见图 3）。

从中国对欧盟投资看，2009～2013 年，中国对欧盟直接投资呈先增长后

[①] 商务部：《商务部新闻发言人沈丹阳就美国会发布有关华为和中兴公司的调查报告发表谈话》，http://www.mofcom.gov.cn/aarticle/ae/ag/201210/20121008374930.html，2014 年 9 月 20 日最新访问。

[②] 参见商务部发布的《国别贸易投资环境报告 2014》美国部分。

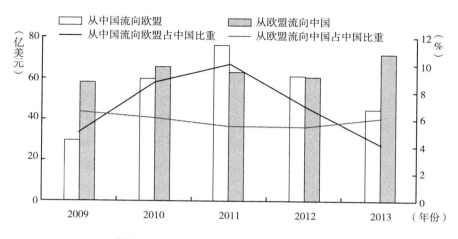

图 3　2009~2013 年中欧外商直接投资流量

资料来源：根据中国商务部统计数据整理。

下降趋势。中国对欧盟投资流量从 2009 年的 29.66 亿美元、占流量总额的 5.2% 增至 2011 年的 75.61 亿美元、占流量总额的 10.1%，到 2013 年则降至 45.24 亿美元，占流量总额的 4.2%。截至 2013 年末，中国对欧盟的投资存量为 400.97 亿美元，占存量总额的 6.1%（见表 1）。2013 年末，中国共在欧盟设立直接投资企业 2000 家，已覆盖欧盟的全部 28 个成员，雇用当地员工 4.7 万人。

表 1　2013 年末中国在美国、欧盟直接投资存量情况

单位：亿美元，%

投资目的地	存量	占中国对外投资存量总额的比重
欧盟	400.97	6.1
美国	219.00	3.3
合计	619.97	9.4

资料来源：根据《2013 年度中国对外直接投资统计公报》整理。

当前欧盟对外来投资有"大门开、小门关"现象，内部存在诸多限制，特别是各个成员国的法律、政策和惯例对中国赴欧投资企业具有较大影响。当前中国赴欧投资壁垒主要表现在三个方面。一是对外商投资限制的领域主要集中在不动产、渔业、运输业、农业和媒体行业，限制的形式主要是股权方面的审查。二是部分成员国对赴欧投资中国企业外派人员实施严格的签证和工作许可制度，制约了中国企业赴欧投资。例如，中国赴法投资企业管理人员到达法国后办理当地的居留证常遇到许多额外要求。法国政府主管部门要求中方人员提供各式各样的证明文件，一些证明文件并不要求其他国家的外派人员提供。立陶宛的居留证审批过程繁杂，外国投资者在该国获得和更新居留许可存在困难。三是欧盟国家对非欧盟国家外商投资有专业人员要求和贸易互惠要求。互惠要求规定，国家间相互合作开放各自市场以换取优惠待遇。例如，比利时对非欧盟成员公司在比利时设立旅行社业务提出了互惠要求。爱尔兰在外国公司收购爱尔兰船只时有互惠要求。意大利有互惠要求的领域是对液态或者气态碳氢化合物的探测和开采。①

欧盟投资者对中国市场的主要抱怨也集中于市场准入方面。根据《中国欧盟商会商业信心调查 2014》显示，若中国市场准入得以改善，尤其服务行业，超过半数的欧企或增加在华投资。其中，近六成的欧企会考虑金融服务、法律服务、专业（非法律）服务等领域的投资。

从上述对中美及中欧双向直接投资现状的分析可以看出，近年来中国对美国和欧盟的直接投资逐步上升，中国已不仅是欧美投资的东道国，也是对欧美投资的资本输出国。

二　中美及中欧 BIT 谈判进展概况

中国分别于 2008 年和 2013 年正式启动了中美及中欧 BIT 谈判。下文将简要梳理这两项谈判进展概况。

1. 中美 BIT 谈判进程

早在 2006 年 12 月，中美双方举行第一次战略经济对话（U. S. – China Strategic Economic Dialogue）时，已将讨论开启双边投资协定谈判的可能性确定为战略经济对话的重要内容。在 2008 年 6 月举行的第四次战略经济对话上，中美双方正式启动双边投资协定谈判。从 2008 年 9 月起至 2009 年 6 月，双方

---

① 参见商务部发布的《国别贸易投资环境报告 2014》欧盟部分。

进行了 6 轮谈判。① 其后由于美国对 2004 年 BIT 范本的修订而导致谈判一度搁置，但 2012 年美国 BIT 新范本（2012 U. S. Model Bilateral Investment Treaty）公布后，双方在同年 5 月的第四轮中美战略与经济对话（U. S. – China Strategic and Economic Dialogue）重启谈判。至 2013 年 7 月第五轮中美战略与经济对话，中美 BIT 谈判进行了 9 轮技术性磋商，但一直进展缓慢。在 2013 年 7 月举行的第五轮中美战略与经济对话中，中美 BIT 谈判取得突破性进展，中美双方同意以准入前国民待遇和负面清单为基础开展中美 BIT 实质性谈判，进而打破僵局。此后，谈判进程迅速加快。在 2014 年 7 月举行的第六轮中美战略与经济对话中，中美 BIT 谈判再次取得"历史性"进展，"双方同意争取 2014 年就双边投资协定文本的核心问题和主要条款达成一致，并承诺在 2015 年早期启动负面清单谈判"，从而为中美 BIT 谈判设立了清晰的时间表。截至 2014 年 10 月，中美双方已进行 15 轮谈判，并且自 2013 年 1 月开始的第 11 轮谈判，双方进入到讨论文本内容的实质性谈判阶段。

在中美 BIT 谈判中，美方谈判团队由美国国务院和贸易代表办公室牵头，包括美国财政部和商务部等部门。中方谈判团队由商务部牵头组织，由外交部和国家发改委等中美 BIT 谈判小组成员单位组成。

2. 中欧 BIT 谈判进展

截至 2014 年，中国已与欧盟 28 个成员国中除爱尔兰外的 27 个签订了 BIT。但是，依照 2009 年 12 月 1 日生效的《里斯本条约》，欧盟取得了"外国直接投资"（FDI）的专属权能，即在该领域仅有欧盟可以立法和制定具有法律约束力的文件。另据 2012 年 12 月 12 日欧盟议会和理事会通过的《关于欧盟成员国与第三国之间双边投资条约过渡性安排条例》的规定，欧盟成员国与第三国签订的 BIT 将逐步为由欧盟与该第三国缔结的 BIT 所取代。正是在这一背景下，中欧 BIT 谈判提上议程。目前中国是欧盟取得 FDI 专属权能后，首个开启双边投资协定谈判的国家。如果谈判进展顺利，中国则有可能成为第一个与欧盟签订 BIT 的国家。

中欧 BIT 谈判的共识最早见于 2012 年 2 月举行的第十四次中欧领导人会晤的联合新闻公报："双方领导人同意，一项内容丰富的中欧投资协定将促进

---

① 在这一阶段谈判中，美国提交中方的文本是 2004 年 BIT 范本。

和便利相互投资。该协定谈判将包括双方关注的所有事项，不预判最终结果。双方同意尽早启动谈判进程。"但其后的一年多时间里，谈判未有进展。

与中国启动 BIT 谈判，欧盟需要完成法律上的一些程序。按照欧盟相关法律规定，欧盟首先需要向成员国申请与中国进行投资协定谈判的授权。2013 年 5 月 23 日欧盟委员会正式决定启动这一程序。2013 年 10 月 18 日欧洲理事会正式授权欧盟委员会代表欧盟国家启动与中国的 BIT 谈判。2013 年 11 月 21 日在北京举行的第十六次中欧领导人会晤期间，双方正式宣布启动双边投资协定谈判。在双方共同制定的《中欧合作 2020 战略规划》中，倡议"商谈并达成一份全面的中欧投资协定，涵盖双方各自关心的问题，包括投资保护和市场准入。中欧投资协定有助于逐步提升投资自由化水平并为双方投资者进入各自市场消除投资限制，通过确保双方长期可预见的市场准入，为双方投资者提供更为简单、安全的法律环境，并为投资者及其投资提供有力保护。这一涵盖所有欧盟成员国的全面投资协定将取代中国与欧盟成员国之间现有的双边投资协定。"① 截至 2014 年 8 月，中欧之间已经进行了 3 轮谈判。在 2014 年 1 月进行的首轮谈判中，双方就谈判的安排、可能涉及议题等展开磋商。在 3 月进行的第二轮中欧 BIT 谈判中，双方就投资协定的概念性问题进一步交换了意见。② 目前谈判仍处于初期。

表 2　中美及中欧 BIT 谈判进程一览

	中美 BIT 谈判	中欧 BIT 谈判
启动时间	2008 年 6 月	2013 年 11 月
谈判模式	双方明确声明以"准入前国民待遇与负面清单"为基础	双方倡议"涵盖双方各自关心的问题，包括投资保护和市场准入"
谈判进度	截至 2014 年 8 月，已完成 14 轮谈判	截至 2014 年 8 月，已完成 3 轮谈判
谈判时间表	争取 2014 年就双边投资协定文本的核心问题和主要条款达成一致，并承诺 2015 年早期启动负面清单谈判	未设立时间表

① 《第十六次中国欧盟领导人会晤发表〈中欧合作 2020 战略规划〉》，《人民日报》2013 年 11 月 24 日 03 版。

② 《中欧 BIT 谈判进入第三轮》，http://international.caixin.com/2014 - 05 - 30/100684722. html，2014 年 8 月 25 日最新访问。

三　中美及中欧 BIT 主要谈判难点分析

在 BIT 谈判方面，美国一般以其制定的 BIT 范本为基础。2012 年 5 月，美国公布了新修订的 BIT 范本（2012 美国 BIT 范本）。目前，中国尚未公布正式的 BIT 范本，但在 2010 年，中国商务部曾草拟《中华人民共和国政府和××政府关于促进和保护投资的协定》范本草案（2010 中国 BIT 范本），该文本内容基本被 2011 年中国与乌兹别克斯坦缔结的 BIT 悉数纳入。据此可知其基本代表近年来中国对外商签 BIT 的主要政策导向。下文关于中美 BIT 谈判难点分析，主要是基于对上述两个范本内容的比较。

在中欧 BIT 谈判方面，由于中国是 2011 年欧盟取得 FDI 专属管辖权后首个展开 BIT 谈判的国家，且欧盟现并未制定 BIT 范本，因此对于欧盟在中欧 BIT 谈判中的主要条文立场仅可以通过 2014 年 9 月欧盟与加拿大签署的自由贸易协定（CETA）投资章节的条款予以比较分析。CETA 谈判于 2009 年启动，2014 年 8 月双方宣布敲定自由贸易协定文本，但这项协定需分别经过欧盟各成员国政府、欧洲议会以及加拿大联邦和各省批准，才能正式生效。这一协定文本草案也被看作是目前欧盟与美国正在谈判的欧美跨大西洋贸易与投资伙伴协定谈判（TTIP）可能的模板。下文关于中欧 BIT 谈判难点分析，将以对上述提到的中国 2010 年 BIT 范本与 CETA 投资章节的内容比较为基础。通过对上述文本内容比较分析，可以发现目前中美 BIT 谈判与中欧 BIT 谈判主要存在以下难点。

1. 中国与欧美在 BIT 中核心实体条款内容方面存有分歧

美国 2012 年 BIT 范本勾画了国际高标准的投资规则框架，主要是在 2004 年 BIT 范本基础上做出了若干重要修改以便进一步提高透明度和公共参与，强化有关国有企业优惠待遇的规制以及加强对劳工和环境的保护，同时审慎寻求为美国的海外投资者提供强力保护与为政府管理公共利益保留必要的政策空间之间的平衡。与 WTO《与贸易有关的投资措施协议》相比较，它的约束范围进一步扩大。

近年来，随着中国"走出去"战略的推进，中国越来越兼具资本输出国与资本输入国的"身份混同"，这需要中国在对外商签的 BIT 中兼顾作为东道国的基本利益与日益增长的海外投资利益。中国的双边投资协定实践也随之越

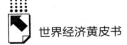
来越向高标准的国际规则靠拢，并在具体条款上借鉴美国等发达国家的经验。中方在 2013 年 7 月举行的第五轮中美战略与经济对话中，同意以准入前国民待遇和负面清单为基础开展中美 BIT 实质性谈判即为例证。但由于中美两国的经济发展水平不同，两国政府的监管方式存在差异，双方在 BIT 中的一些核心条款义务上，如投资与投资者定义、国有企业、外汇资金转移、金融服务、业绩要求、法律法规透明度和争端解决机制等方面仍存有分歧。以业绩要求[①]为例，按照美国 2012 年 BIT 范本第 8 条规定，其禁止政府在投资各个阶段实施特定的业绩要求，如达到一定水平的当地含量的要求，购买或使用当地货物的要求以及技术转让要求等。并且，它也禁止政府以特定的业绩要求作为获得优惠的前提条件。由此可见，其对业绩要求的禁止是全方位的，范围要比《与贸易相关的投资措施协定》更为广泛，不仅在外资的进入即"设立""扩大"等阶段，而且在外资进入后的"管理、经营、运营、出售或其他处置"等方面都被禁止实施业绩要求。并且，不仅强制性要求，与投资激励相联系的要求也在禁止的范围之内。而从中国对外签订的 BIT 来看，并未规定业绩要求禁止内容。再如透明度条款，中国在 2012 年与加拿大签署 BIT 之前，中国 BIT 缔约实践一般未涉及透明度条款。从中加 BIT 透明度条款内容来看，其约文规定的内容比较概括与简约，并且仅是鼓励缔约国提前发布其拟采取的措施并为利害关系人和缔约另一方提供评论这些拟采取的措施的合理机会。美国 2012 年范本则提出了高标准透明度要求，例如其对与 BIT 涵盖事项相关的试行条例或法律制定的程序性规定、技术法规与标准制定的程序性规定等，已经涉及一国国内立法程序问题。

与中美 BIT 谈判相似，中欧在 BIT 核心条款方面也存有差距。从目前 CETA 第 10 章投资章节的规定来看，其与美国 BIT 范本中核心条款规定内容较为相近，也包括范围广泛的投资与投资者定义，准入前国民待遇与负面清单，无限制的外汇资金转移条款，业绩要求以及投资者诉东道国争端解决机制，与美国 BIT 范本主要的不同点是 CETA 中专门增加了市场准入条款。此外，相较于冗长的美国 BIT 范本，其内容较为简化，但这可能与其仅是自贸协定中一部

---

① "业绩要求"（Performance Requirements），也被译为履行要求，系指外国投资获准进入东道国，或在东道国经营，或取得特定优惠的前提条件，也是东道国政府为实现其预期的社会经济发展目标对投资者采取的具体管制措施。

分有关。如果中国与欧盟单独谈判 BIT，其内容未必如此简单。

2. 中国与欧美的负面清单谈判进程注定布满荆棘

在 BIT 谈判中，负面清单模式是指缔约方同意协定所设定的义务适用于所有的外国投资者及其投资，但与此同时缔约双方经谈判在协定的附件中列出不承担协定义务的特定措施、行业或活动。按照美国 2012 年 BIT 范本第 14 条规定，缔约双方经谈判可以将关于 BIT 中国民待遇、最惠国待遇、业绩要求以及高管和董事会四项义务的"不符措施"列明在协定的附件中，即"负面清单"中。[①] 负面清单绝不是"非禁即可"或"非禁即入"那么简单。负面清单既包括对现行不符措施以及现行不符措施的延续、更新或修订措施的保留，也包括对未来可能出台不符措施的活动或领域的保留。一般对现行不符措施进行修订的例外需要受制于"棘轮"机制的规定，即如果一国政府选择放开一项措施，其不得在后来再次收紧；如果开放一行业，其开放程度不允许降低，不允许倒退。负面清单不仅对一国的监管能力具有较高要求，而且对一国监管框架的稳定性和可预见性也提出了高标准要求。一国要制定其负面清单，需要对其现有的中央层面与地方层面与 BIT 中国民待遇、最惠国待遇、业绩要求以及高管和董事会四项条款相关的所有规定予以梳理，并在此基础上进一步决定将哪些行业或准入限制规定作为例外规定列入负面清单。未列入负面清单的行业或准入限制规定需要废除清理，未来外资将在这一领域与国内的投资者享有同等待遇。

负面清单有助于提升一国投资环境的透明度，但从东道国角度而言，则会压缩东道国政府管制经济的政策空间。联合国贸发会曾多次发布报告强调，发展中国家应注意为本国基于公共利益考虑实行管制预留足够的政策空间。

美国自 20 世纪 90 年代缔结《北美自由贸易协定》开始适用负面清单，在这方面已有近 20 年的历史。对于中国而言，负面清单则是一种全新的管理方式。负面清单的谈判不仅涉及一国产业领域开放以及公平、透明的投资环境的构建，更关系到中国现有外资监管体制如何进一步深化改革。欧盟在运用负面清单方面也是新手，在 CETA 中其也规定了负面清单方式。Bernasconi-Osterwalder（2013）对 CETA 中负面清单规定表示担忧，认为这是有风险的，因为很难确知所有的不符措施已列明在负面清单中，其建议对不符措施采用兜

---

① CETA 中规定，负面清单还可以列出对"市场准入"义务的例外安排。

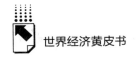

底条款模式，规定所有的不符措施不受新法律制约以确保任何现有不符措施可以保持，除非特别说明。

3. 中国与欧美在 BIT 新增议题方面谈判立场并不完全一致

与欧美等经济强国进行 BIT 谈判，不仅仅涉及投资的促进与保护。当前中美 BIT、中欧 BIT 谈判中，新增的一些谈判议题是我国以往加入 WTO 以及与其他国家商签 BIT 中所未涉及的，例如投资与劳工、国有企业等内容。以美国 BIT 中投资与劳工条款为例，其规定远超出中国目前在这方面承担的国际义务水平。中国在以往对外商签的 BIT 中，一直未在协定的正文中对投资与劳工议题做出规定。2012 年中国新签订的《中日韩三方投资协定》和中国—加拿大 BIT 中也未纳入此议题。目前，在国际劳工组织的 8 项核心公约中，中国尚未签署 1930 年《强迫劳动公约》、1948 年《组织自由和保护组织权公约》、1951 年《组织权利和集体谈判公约》和 1957 年《男女工人同工同酬公约》。因此，目前中国并不承担这方面的国际条约义务。按照美国 2012 年 BIT 范本规定，虽然投资与劳工条款产生的任何争议不适用投资者与东道国投资仲裁机制，也不适用缔约国间的争端解决机制，但将投资与劳工议题纳入中美 BIT 中，仍然意味着中国须就范本中规定的与投资有关的劳工问题承担国际义务，美国可以就 BIT 中投资与劳工条款规定而产生的任何问题要求与中国进行磋商。

在与欧盟的 BIT 谈判中也有可能会增加其他的目标，包括人权、环境保护、企业社会责任和可持续发展等。《里斯本条约》增强了欧洲议会的权力，进一步增强了这一情况的可能性。中国目前的经济、政治发展是否能够承受这些"高标准"的要求存在一定程度的挑战。

四　中美及中欧 BIT 谈判对中国的潜在影响

从战略角度看，目前进行中的中美及中欧 BIT 谈判有助于进一步推动中美之间与中欧之间的投资合作，促进中美战略互信与中欧全面战略伙伴关系的发展。从具体实践考察，则可发现这两项投资协定谈判对中国而言是积极影响与挑战并存。

1. 中美及中欧 BIT 谈判有利于中国参与国际投资体制重塑

根据联合国贸发会 2014 年《世界投资报告》统计，2013 年新增国际投资协定 44 项，截至 2013 年底全球国际投资保护协定数量则达至 3240 项，其中双边投资协定 2902 项，其他国际投资协定 334 项。当前，国际投资协定数量虽然庞大，但呈碎片化发展，国际投资体制仍处于一个非常不成熟的时期，统一、系统的多边投资规则体系尚未建立。

近来各国在投资协定缔结方面更是表现出明显的二分态度，国际投资规则体系的发展正处于岔路口。一方面，一些国家正通过终结双边投资协定、退出解决投资争端国际中心或缔结不含有投资者–东道国争端解决条款的投资条约选择退出国际投资体制；而另一方面，在条约制定方面则有一个"向上扩展"的趋势，表现为一些国家积极商签新的 BIT 并且在协定谈判内容方面更具广度与深度。虽然 BIT 总数仍然呈上升趋势，但由于近年来每年新增 BIT 数量呈下降趋势，过去单一目的的 BIT 已很少，现在多是由多国签订的优惠贸易与投资协定中包含较为复杂的投资规则。这些条约典型特征是包含投资市场准入条款与投资准入后阶段更具平衡性的规则，即寻求对投资者提供强力保护与为政府管理公共利益保留必要的政策空间之间的平衡。但是，在投资协定中包含市场准入承诺被证明是不和谐因素：资本输出国和地区，如美国、加拿大、欧盟和日本是主要的倡议者，而资本输入国通常予以抵制。

中国海外投资流量的大幅增加，使得中国在这一问题上的立场受到各方关注。中美 BIT 与中欧 BIT 谈判的推进，充分表明了中国在日益复杂的投资体系问题上选择了与美欧等发达国家相同的立场，即同意在 BIT 中不仅包含投资保护规则而且包含复杂市场准入规则以扩展条约范围。

目前正在进行的 TPP 和 TTIP 等重要国际协定谈判，中国并未加入。但美国 BIT 范本规定与其缔结的自由贸易协定中投资章节规定基本保持一致，而 TPP 和 TTIP 投资条款的具体内容与 2012 年美国 BIT 的内容也基本一致。因此，通过中美及中欧 BIT 谈判，中国可以参与到国际投资规则重塑中，增加话语权。

2. 中美及中欧 BIT 谈判有利于为中国海外投资提供国际法层面保障

Salacuse（2005）认为双边投资协定具有保护投资、便利外资进入与经营以及促进发展中国家经济整体自由化的三大功能。Vandevelde（2011）的研究显示，在二战前，国际投资的唯一外在保护是习惯国际法，它规定东道国有义务按照一套设定的国际标准对待跨国投资。但这种保护被证明是不充分的，因为这套国际标准具有不确定性，往往会引起争议，并且一些发展中国家在对待

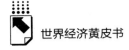

跨国投资时也达不到国际标准的要求。在这一背景下发展起来的 BIT，从形成之初就是资本输出国为保护其跨国投资而设计的精致的法律保护工具，可以为投资者提供一个明确、稳定和透明的投资法律框架。特别是当投资者与东道国发生投资争端时，投资者可以依照 BIT 中的投资者与东道国争端解决机制的规定寻求国际救济。

前文已述截至 2013 年末，中国在美国、欧盟直接投资存量约 620 亿美元，约占中国对外直接投资存量的 66%。但是当前中国与美国尚未签订 BIT。在中国与欧盟方面，虽然中国已与欧盟 28 个成员中的 27 个分别缔结 BIT，可以为中国与这些欧盟成员国的国际投资提供相对全面和实体性的保护，但从欧盟整体角度看，则缺乏完备性与协调性。例如，中国与爱尔兰尚未缔结 BIT。再如，中国与不同欧盟成员缔结的 BIT，虽然具有相似性，但由于缔约主体、签订时间等不同，协定具体内容如待遇标准、货币兑换、争端解决等条款规定也存在着较大的差异。这些差异在实践中必然会给投资者带来很大的困扰。因此，积极与美国、欧盟商签双边投资协定，特别是在市场准入、国民待遇、投资争端解决机制等方面进行充分谈判，有利于为中国投资者海外投资提供国际法层面的保障。

3. 中美及中欧 BIT 对投资的促进作用较难评估

BIT 能否促进 FDI 流入与流向问题一直是学界关注的热点问题，各方观点并不一致。联合国贸易和发展会议（UNCTAD）对 1998～2008 年间发表的有关 BIT 对外国直接投资的间接影响的一系列经济学研究成果进行分析后指出，早期实证的研究结果显示 BIT 对外国直接投资的影响是模棱两可的，有的研究显示影响很弱，有的研究显示有相当大的影响，还有的个别研究显示根本没有影响。但是，基于 2005～2008 年发表的根据更多数据样本、改善的测量模型与多次测试的研究结果显示，BIT 对于由发达国家流入发展中国家的外国直接投资流量具有一定的影响。虽然大多数双边投资保护协定并不能改变外国直接投资的主要经济因素，但能改善一些政策和体制方面的决定因素，从而增加签订了 BIT 的发展中国家获得更多的外国直接投资的可能性。Yackee（2008）则指出，在一些实行海外投资保险制度的发达国家中，资本输出国往往根据东道国签署 BIT 的意愿程度来决定其投资保险制度的可获得性。即这些国家会审查本国与投资目标国家间是否签订双边投资协定。对未与本国签署 BIT 的国家，资本输出国通常不愿向投资者提供风险担保，或以较高保险费率方式提供，从而提高投资者的风险或投资成本。

众所周知，影响投资的因素是多方面的，例如自然资源、劳动力、基础设施、市场规模、邻近性和政治稳定性等。因此，BIT 对吸引外资的重要性与影响是很难评估的。BIT 对促进投资的主要作用是 BIT 形成的稳定的法律框架能够降低投资者的风险，而降低风险是投资决定的一个重要因素，BIT 在这个决定中可以发挥一定的作用。

目前，美国对外与 47 个国家签订了 BIT，其中生效的有 40 个。① 从美国与部分国家缔结 BIT 生效前后的投资流量比较来看②，无论是美国流向这些国家的投资流量还是这些国家流向美国的投资流量，结果显示并不一致，有的国家投资流量增加，有的国家投资流量出现减少，还有的国家变化并不大（见表 3）。这进一步说明 BIT 的投资促进作用较难评估。

表 3　美国与部分国家 BIT 生效前后直接投资流量变动情况

单位：百万美元

年份	阿塞拜疆		克罗地亚		厄瓜多尔		乌克兰		乌干达	
	ODI	FDI	ODI	FDI	ODI	FDI	ODI	FDI	ODI	FDI
1992										
1993										
1994							（D）	2		
1995					889	5	17	2		
1996					922	6	22	2		
1997					838	22	12	2		
1998					904	26	93	2		
1999	823	0	33	1	1116	25				

① 美国与下列国家签订的 BIT 已生效：阿尔巴尼亚、阿根廷、亚美尼亚、阿塞拜疆、巴林岛、孟加拉国、保加利亚、喀麦隆、刚果（金）、刚果（布）、克罗地亚、捷克、厄瓜多尔、埃及、爱沙尼亚、格鲁吉亚、格林纳达、洪都拉斯、牙买加、约旦、哈萨克斯坦、拉脱维亚、立陶宛、摩尔多瓦、蒙古、摩洛哥、莫桑比克、巴拿马、波兰、罗马尼亚、卢旺达、塞内加尔、斯洛伐克、斯里兰卡、特立尼达和多巴哥、突尼斯、土耳其、乌克兰、乌拉圭、乌兹别克斯坦。

② 值得注意的是，由于与美国签 BIT 的国家多是发展中国家，很多国家对美国的投资都很少，还有些国家在 BIT 生效前后两年间没有对美投资。

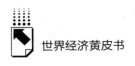
年份	阿塞拜疆		克罗地亚		厄瓜多尔		乌克兰		乌干达	
	ODI	FDI	ODI	FDI	ODI	FDI	ODI	FDI	ODI	FDI
2000	896	-1	34	1						
2001	*1019*	*-1*	*50*	*1*						
2002	1703	-4	78	2						
2003	2006	-6	38	2						
2004									589	147
2005									609	88
2006									*815*	*130*
2007									638	24
2008									1081	238

注：①ODI 表示从美国流向该国的投资流量，FDI 表示从该国流向美国的投资流量。②表中斜体数字为美国与该国 BIT 生效年份的数据。③（D）表示为避免披露个别公司的数据而被禁止披露的数据。

资料来源：U. S. Bureau of Economic Analysis。

　　具体到中美及中欧 BIT，从中美及中欧 BIT 谈判对中国吸引外商投资角度看，以准入前国民待遇与负面清单为基础进行 BIT 谈判，将有助于推进中国国内投资管理体制改革，促进国内市场进一步开放，优化国内投资环境，进而增强中国对外资的吸引力。

　　就中美 BIT 谈判对中国赴美国投资的促进作用，从前文分析可知目前中国对美投资的主要投资壁垒是美国的海外投资审查制度，而根据美国 BIT 范本中第 18 条根本安全条款的规定，缔约国有权采取"其认为"必要的措施来维护本国的安全利益，从而加强对国家主权的维护，即该条款规定系可自行判断的根本安全例外条款。由此也可知，通过 BIT 约束美国的国家安全审查制度并不具可行性。目前，在这一问题上，BIT 的达成所能发挥的作用，仅限于其作为CFIUS 审查中是否存在安全风险的一种考量。CFIUS 审查中，对安全风险的确定取决于多种因素，其中之一是美国与投资者的东道国政府之间的战略关系。但是，这并不是强有力的制度性约束，因此，中美 BIT 谈判对于中国赴美投资的有多大推动作用尚待评估。

　　对于中欧 BIT 对中国赴欧盟投资的促进作用，德国学者 Berger（2013）认为中欧投资条约并不会使得中方在欧投资显著上升，因为中国早已从欧洲的市场准入中受益，欧盟资本自由流动的原则也适用于第三国。因此，仅仅将 27 个不同的双边协议统一于一个规范的投资条约框架下不太可能促进投资的增加。原因在于中国投资者在欧洲面临的挑战并不是法律上的不确定性。相反，他们的挑战是缺乏在一个未知的高度监管的市场中的经营经验。

4. 中美及中欧 BIT 对中国国内外资管理体制改革既是机遇也是挑战

中美 BIT 谈判确立的谈判基础——"准入前国民待遇与负面清单模式"——有利于突破现行中国外商投资管理体制深化改革中的"瓶颈"问题。国际投资领域的国民待遇意味着外国投资者可以在同等的条件下与东道国本国的投资者竞争。准入前国民待遇与负面清单模式要求一国政府给予外国投资者在设立、并购、扩大阶段的待遇，在同等条件下不低于其给予国内投资者的待遇。而中国当前的双轨制外资立法与外资准入的管理规定与其相冲突，客观上要求现行的投资管理体制进行深入改革，减少行政审批，放宽外资准入，赋予各类企业公平参与市场竞争的机会，提高外资管理体制的透明度。

与此同时，准入前国民待遇与负面清单管理模式对中国当前外资监管与风险防控能力提出了严峻的挑战。准入前国民待遇并不表明中国会在投资领域全面实施国民待遇，设置负面清单即为降低准入前国民待遇这一高标准的承诺。问题的关键在于如何设置高水平的"负面清单"以降低高水平投资自由化带来的监管风险。由于中国外资管理体制具有"重事前审批，轻事后监管"的倾向，事后监管的法律法规处于滞后发展状态。因此，如果采用负面清单管理模式，亟待政府在宏观层面给出新的创新制度设计，弥合因为现行政策法律修改与废除造成的监管空白与风险。此外，中美及中欧 BIT 达成后，中国将进一步开放国内市场。按照负面清单规定，未列入负面清单的产业领域，外资将与内资享有同等的进入待遇。这对于一些产业的发展可能造成冲击，进而影响整体经济发展和产业布局。

5. 外国投资者诉中国的国际投资仲裁案件有可能大幅增加

投资者与东道国争端解决机制是美国 BIT 范本中的重要内容，约占美国 BIT 范本的 1/3 篇幅。依照美国范本中的规定，外国企业在投资争端发生后可以在未"用尽当地救济"的情况下，直接将投资争端提交给解决投资争端国际中心（ICSID）解决。这一机制被形象地称为 BIT 的"牙齿"，可以使 BIT 的规定并不仅仅停留在纸面上。这也是 BIT 与 WTO 争端解决机制的主要

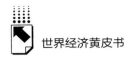

区别之一。

中国是一个处于经济转型过程中的发展中国家，难免会在经济管理中应对突发事件进行政策调整，而一旦这些政策措施调整触及外国投资者利益，中国就有可能被外国企业直接起诉到国际投资仲裁庭。国际投资仲裁脱胎于商事仲裁，仲裁员一般在投资仲裁中具有倾向于保护投资者的问题。

中美 BIT 以准入前国民待遇与负面清单模式为基础进行谈判，进一步加大了外国企业将与中国政府的投资争端起诉到国际投资仲裁庭的潜在风险。目前在 ICSID 受理的案例中，以《北美自由贸易协定》为例，60%~70%基于国民待遇问题。此外，国际投资仲裁还意味着中国政府的相关管理措施将被置于国际社会聚光灯下被放大审视。

五　中国的应对策略

综上分析，笔者认为应对上述中美及中欧 BIT 谈判对中国的挑战，可以从以下方面着手。

第一，积极推动中美及中欧 BIT 谈判，参与国际投资规则重塑，切实维护我国海外投资利益

中国作为投资东道国与成长中的海外投资大国，需要通过中美 BIT 谈判与中欧 BIT 谈判认真深入研究国际投资法实践中的前沿问题：对于国际投资法中尚未形成统一认识的实践性问题，我国应积极参与理论探讨；对于可能形成的国际规则，中国需要表明中国立场。中国应充分利用中美及中欧 BIT 谈判，对涉及我国海外投资利益的国有企业定义、环境与劳工等条款的具体内容进行充分谈判、据理力争，切实维护我国海外投资利益。以"国有企业"为例，目前各国有不同的认定标准，尚未形成一致认可的概念。世界银行将国有企业定义为"政府拥有或控制，以服务或商品的销售为主要收益的事业"。这一定义无疑过于宽泛、模糊。有些国家采取广义说，如澳大利亚，认为所有等级的政府成立的企业，只要其通过销售服务或商品获利，或与民营企业具有竞争关系，则无论其组织形态如何，均属于国有企业的范围。有些国家则采取狭义说，认为仅有以商业组织形态（如公司）设立的实体，方属于国有企业，甚至排除政府持股低于 50% 的公司。国有企业的认定标准决定着"竞争中立"

规则的适用范围。因此，我国在中美 BIT 与中欧 BIT 谈判中应尽量要求缩小国有企业的定义，降低目前受到国际投资协定约束的国有企业的范围，减弱竞争中立等政策对我国国有企业带来的冲击。

第二，结合自身经济发展特点，逐步引入国际投资新规则

对于国际投资新规则与新议题，中国不宜抱持抵触心理，完全否定。事实上，在国际经贸规则谈判中，如果能够在规则接受程度和方式上掌控得当，这些规则将发挥良性的"倒逼"作用。对于一些不会影响中国核心利益与根本原则的措施，我国应该做出相应调整。同时，也应清醒地意识到，接受高标准的国际投资规则，需要结合自身经济发展特点，逐步引入。各国所处的经济发展阶段不同，产业发展水平差别更大，经济发展所处的政治、法律和社会环境也不同，要求在国际范围内制定同等的投资规则标准不具有合理性。例如目前欧美力推的竞争中立政策，一方面可以促使中国持续推进国有企业改革，让国企作为一个平等独立的主体参与市场竞争，提高其可持续发展的能力，而不是凭借优惠政策的保护；而另一方面，也应强调推行竞争中立规则，不能忽视发展中国家和转型经济体的经济发展水平和特点，否则其将演变为贸易投资保护的工具。纵观美国、欧盟、澳大利亚等发达国家政府商业领域的改革历程，它们也是逐步推进，绝非一蹴而就。因此，中国应立足自身作为发展中国家和转型经济体的基本国情，在充分了解本国的产业发展现状的基础上，借鉴发达国家经验，逐步、适当引入高标准的国际准则的经验。

第三，借鉴国际经验，深化外资管理体制改革

中美 BIT 中的负面清单一旦达成，就不能像上海自贸区负面清单一样根据实践情况随时调整，其具有国际法上的效力。如果一国随意进行修订违反其中的规定，而这些变化又影响到了外国投资者在该国的投资利益，外国投资者就可依据 BIT 中的投资者与东道国争端解决机制条款将东道国起诉到国际投资仲裁庭。因此，在中美负面清单谈判启动的时间表敲定后，中国当前亟待加快外资管理体制改革进程。

长期以来，中国形成了以外资准入审批为核心的外资监管模式。当前外资准入管理适用的《外商投资产业目录》与《中西部地区外商投资优势产业目录》主要采取正面列举鼓励、限制和禁止外资进入领域的方式，与"负面清单"模式完全不同。为此，要与中美 BIT 谈判中的负面清单相衔接。当前外资

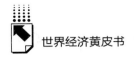

管理体制特别需要完善外资准入国家安全审查制度与反垄断审查工作，弥合因为现行政策法律修改与废除造成的监管空白与风险。由于我国当前这些制度建设都处于初期阶段，难免遇到实施困难，例如近来对外资企业的反垄断审查工作就受到一些质疑，美国评论者 Scissors（2014）甚至据此要求停止正在进行中的中美 BIT 谈判。这些都凸显了加快外资监管制度的完善与改革的迫切性。

第四，秉持合作互惠共识，争取达成平衡、共赢、高水平的中美及中欧 BIT

中美 BIT 与中欧 BIT 谈判为中国与美国和欧盟的良性沟通搭建了良好的平台。在谈判中，双方如果能够务实地践行合作共识，前述谈判难点将会随着谈判的深入而逐渐一一迎刃而解。事实上，如果谈判双方有足够的战略互信，在 BIT 谈判具体文本设定方面，就会表现出极大的灵活性。例如美国在与澳大利亚缔结自贸协定时，双方基于互信就未规定投资者与东道国争端解决机制，表现出了很大的灵活性。因此，中国需要在中美 BIT 与中欧 BIT 谈判中从多方面积极斡旋，强调中国现仍为发展中国家，BIT 的达成应寻求互惠共赢的目标。

结　语

国际法学者桑斯（2011）将保护外国投资的国际规则形象地形容为是国际资本流动的催化剂与推动经济全球化的发动机。以往中国对 BIT 中条款的设定多是从投资东道国角度考虑，将 BIT 视为"盾"，以防为主。随着中国海外投资的日益增加，从中国企业"走出去"视角重新审视 BIT 中的规定，则会发现 BIT 中的一些高标准要求通过适当调整与平衡也可以变成我们手中的"矛"，保护我国的海外投资利益。总之，审慎评估与对待中美及中欧 BIT 谈判，最终会为中国经济的可持续发展保驾护航。

参考文献

〔英〕菲利普·桑斯：《无法无天的世界——当代国际法的产生与破灭》，单文华、赵宏、吴双全译，人民出版社，2011。

李玲：《中国双边投资保护协定缔约实践和面临的挑战》，《国际经济法学刊》第 17 卷第 4 期，北京大学出版社，2010。

汤婧：《"竞争中立"规则：国有企业的新挑战》，《国际经济合作》2014 年第 3 期。

韩冰：《冲突与趋同：中美双边投资协定范本比较、分析与对策》，《东方早报》之上海经济评论，2014 年 6 月 3 日。

Axel Berger, "Investment Treaties and the Search for Market Access in China", *Investment Treaty News*, Issue 4. Volume 3, 2013, pp. 8 – 9.

Axel Berger, "The Real Significance of a China – EU Investment Treaty", http://english. caixin. com/2013 – 10 – 15/100591989. html, 2013 年 10 月 15 日。

Derek M. Scissors, "Stop the US – China bilateral investment treaty talks", http://www. aei. org/article/economics/international – economy/stop – the – us – china – bilateral – investment – treaty – bit – talks/, 2014 年 8 月 19 日。

Jeswald W. Salacuse, Nicholas P. Sullivan, "Do BITs Really Work? An Evaluation of Bilateral Investment Treaties and Their Grand Bargain", 46 Harv. Int'l L. J. 2005, p. 67.

Kenneth J. Vandevelde, "A Brief History of International Investment Agreements", in Karl P. Sauvant and Lisa E. Sachs (eds.) *The Effect of Treaties on Foreign Direct Investment: Bilateral Investment Treaties, Double Taxation Treaties, and Investment Flows*, Oxford University Press, 2009. pp. 3 – 36.

Jason Webb Yackee, "Conceptual Difficulties in the Empirical Study of Bilateral Investment Treaties", 33 Brooklyn J. Int'l L. 2008, pp. 460 – 462.

Nathalie Bernasconi-Osterwalder, "The Draft Investment Chapter of the Canada-EU Comprehensive Economic and Trade Agreement: A Step Backwards for the EU and Canada?" *Investment Treaty News*, Issue 4. Volume 3, 2013, pp. 10 – 13.

UNCTAD, *International Investment Agreements: Key Issues*, Sales No. E. 05. II. D. 6 (United Nations, 2004), p. 5.

UNCTAD, *The Role of International Investment Agreements in Attracting Foreign Direct Investment to Developing Countries*, Sales No. E. 09. II. D. 20 (United Nations, 2009), p. 13.

UNCTAD, *World Investment Report* 2014: *Investing in the SDGs: An Action Plan*, Sales No: E. 14. II. D. 1 (United Nations, 2014), p. 114.

Y.18

多边开发银行及其新进展

黄薇 高蓓*

摘 要: 多边开发银行体系对全球经济发展做出过巨大贡献,但在其长期发展过程中也积累了诸多弊端。21世纪以来新兴经济体的整体崛起及其对基础设施建设资金的巨大需求,进一步凸显了现有多边开发金融机构在基础设施建设资金供给方面的不足。为了解决这一问题,新兴经济体一方面正在通过扩容改造已有多边开发银行,另一方面着手建设新的多边开发银行。正在筹建中的两家新多边开发银行,金砖国家开发银行和亚洲基础设施投资银行,均属于市场化运营、以满足基础设施融资需求为目的的专业性多边开发银行。前者是在国家集团内部的国家间合作,后者则是采用自愿方式的国家间合作。两家银行的建设均体现了专业化、多元化和民主化的特点。通过在货币支付、信用评级、财务审计等诸多领域的创新合作,新多边开发银行也将协助新兴经济体塑造自身的经济软实力。新多边开发银行的建立亦将促进多边开发银行系统的竞争与发展。新兴经济体的努力将会逐步推动全球金融治理的民主化,营造一个更适合现实需求、更加理想的国际开发性金融环境。

关键词: 多边开发银行 开发性金融 基础设施融资 新兴经济体

---

* 黄薇,中国社会科学院世界经济与政治研究所副研究员,主要研究领域为全球经济治理、国际金融;高蓓,中国社会科学院世界经济与政治研究所博士后。

开发性金融通常被定义为某个国家或地区以国家信用为基础建立的促进国民经济长远发展的一种金融形式。按其性质，开发性金融可以分为开发性政策性金融和开发性商业性金融（白钦先、王伟，2002）。早期开发性金融的主要功能在于为地方、国家、区域乃至全球经济发展所需要的基础设施和产业提供融资支持。作为银行系统的一个分支，开发性银行在照顾产业发展需求的同时，也需要关注自身的盈利状况。但是，与一般的商业银行相比，开发性银行会更加关注政策性、战略性产业的中大型资金支持项目。

第二次世界大战以后，部分国家战后重建以及发展中国家希望找到一个有力的金融工具用以推动经济发展。20 世纪 30 年代的经济大萧条则使人们认识到，单纯依靠市场难以实现社会资源的有效配置和经济的协调发展。此后，开发性金融机构的建设开始在世界范围内兴起。这一时期的开发性金融呈现出多样化发展趋势，如中小企业开发性金融、住房开发性金融、社会事业开发性金融、区域平衡开发性金融、接受国外援助或对外援助的开发性金融等等。随着时间的推移，全球开发性金融机构已经发生了深刻变化。有的机构由于行政干预过多、道德风险加大，最终因效益低下而被兼并或关闭。有的机构通过功能发展转变为商业性金融机构或全能型银行，如新加坡发展银行。还有些开发性金融机构在不断的调整变化中，得以继续发挥开发性金融支持作用，如世界银行、亚洲开发银行等。

就地域而言，开发性金融可分为国际性（或称为多边）开发金融机构和国家性开发金融机构。前者包含全球性的和区域性的开发金融机构，后者包含全国性的和地方性的开发金融机构。多边开发银行是跨国合作的开发性金融机构形式。表 1 中描述了 11 家典型多边开发银行的成员构成状况。其中，历史最悠久的是 1944 年建立的全球性多边开发银行——世界银行。表中包括 4 家区域性多边开发银行，如非洲开发银行、亚洲开发银行、欧洲复兴开发银行和泛美开发银行集团，以及以发展经济为目的而建立的若干次地区银行，如欧亚开发银行、北欧投资银行、东南非贸易发展银行、西非开发银行、加勒比开发银行和安第斯开发公司。

本文第一部分回顾和综述了 11 家国际多边开发银行的基本情况，第二部分分析了多边开发银行的主要挑战与变化，第三部分和第四部分分别介绍两个新多边开发银行，金砖国家开发银行和亚洲基础设施投资银行的发展建设情况，最后部分为总结。

表1 11家多边开发银行成员构成状况

	性质	总部设址	成立时间	成员数量	创始成员数量	后加入成员	域内成员	域外成员
世界银行（WB）	全球多边	美国、华盛顿	1945	188	38	其他成员后加入	无	无
亚洲开发银行（ADB）	区域多边	菲律宾、马尼拉	1966	67	33	34	48	19
非洲开发银行（AFDB）	区域多边	突尼斯	1964	77	23	54	53	24
欧洲投资银行（EIB）	区域多边	卢森堡	1958	66	42	24	50	16
泛美开发银行（IADB）	区域多边	美国、华盛顿	1959	48	美国和19个拉美国家	28	26	22
北欧投资银行（NIB）	次区域多边	芬兰、赫尔辛基	1976	8	北欧5国	3	—	—
欧亚开发银行（EDB）	次区域多边	哈萨克斯坦、阿拉木图	2006	6	俄罗斯,哈萨克斯坦	塔吉克斯坦、白俄罗斯、亚美尼亚、吉尔吉斯斯坦	6	无
西非开发银行（BOAD）	次区域多边	多哥、洛美	1973	16	6个西非货币联盟成员	10	8	8
东南非贸易与开发银行（PTA Bank）	次区域多边	布隆迪、布琼布拉	1985	20(1个机构成员)	PTA成员国	中国等域外成员	18	1
加勒比开发银行（CDB）	次区域多边	巴巴多斯、布里奇顿	1969	26	18个加勒比国家和地区	8	21	5
安第斯开发公司（CAF）	次区域多边	委内瑞拉、加拉加斯	1968	18	玻利维亚、哥伦比亚、厄瓜多尔、秘鲁和委内瑞拉	13	16	2

资料来源：根据各机构官方网站整理。

一 主要多边开发银行的基本状况比较分析

1. 目标与宗旨

国际多边开发银行通常体现了主要创建者的政治目的或经济需求，带有成立时期深刻的时代烙印。如1945年成立的世界银行一方面在于协助第二次世界大战中被破坏的欧洲国家和日本开展战后重建，另一方面还要辅助非洲、亚洲和拉丁美洲国家的经济发展。同时，也在一定程度上为了制衡苏联的势力扩张，并推动美国的产品与服务进入欧洲和日本市场。1959年总部位于华盛顿的泛美开发银行成立的目的不仅是为拉丁美洲国家经济、社会发展提供资金和计划援助，也是美国为逐渐缓和与拉美各国矛盾冲突的一种战略安排。1965年成立的总部位于马尼拉的亚洲开发银行，是日本在第二次世界大战后经济迅速恢复后开拓亚洲市场的需要，同时美国为加强对亚洲地区的控制，也大力支持亚洲开发银行的成立。

各多边金融机构的目标和宗旨体现了该区域的政治、经济发展的需求，但也受到该机构建设时期的时代背景和所处环境的影响。根据成立的背景、所处的环境及主要扶持对象的不同，主要的多边开发银行的宗旨大致集中在三个方面：消除贫困、促进成员国的经济发展和社会进步，以及促进区域经济一体化，如表2所示。其中，世界银行和非洲开发银行将减少贫困作为其主要目标；北欧投资银行、欧洲投资银行、欧亚开发银行、非洲开发银行及亚洲开发银行等金融机构将实现其成员国及其服务区域的经济发展和社会进步作为其主要目标；西非开发银行、东南非贸易与发展银行及安第斯开发公司则将促进成员国的协调发展，以推动区域经济一体化为其发展目标。其中部分银行则会同时兼顾两个领域。

2. 建立模式、成员构成及资本类型

多边开发银行的建立模式主要分为三类。第一，由某个实力雄厚的国家组织筹建，如泛美开发银行由美国主导建立，亚洲开发银行由日本和美国共同主导运作；第二，多个国家自发兴建，如北欧投资银行由北欧五国（丹麦、挪威、瑞典、芬兰和冰岛）共同发起，欧亚发展银行由俄罗斯和哈萨克斯坦共同组织成立；第三，国际会议或协议决定组建，如世界银行由来自44个国家的代表在布雷顿森林举行的国家货币金融会议上决定成立，欧洲投资银行根据1957年《建立欧洲经济共同体条约》（也称为《罗马条约》）的规定成立。

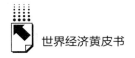

表2　11家多边开发银行目标宗旨对比

名称	宗旨
世界银行(WB)	支持低收入和中等收入国家实施其减贫战略
亚洲开发银行(ADB)	促进亚洲和远东地区经济增长与合作,推进地区发展中国家经济发展
北欧投资银行(NIB)	宗旨是服务于成员国地区,提升北欧及波罗的海国家的环境和竞争力
欧洲投资银行(EIB)	代表欧盟成员国利益,协助执行欧盟政策
欧亚开发银行(EDB)	促进成员国市场经济的发展、扩大经济和经贸关系
非洲开发银行(AFDB)	促进非洲成员国经济和社会发展,减少贫困
西非开发银行(BOAD)	促进成员国间经济的平衡发展,实现西非经济一体化
东南非贸易与发展银行(PTA Bank)	为成员国提供发展资金和服务以促进地区经济增长和经济整合,为该地区的一体化与地区繁荣发展提供经济支持
泛美开发银行(IADB)	消除贫困和不平等,促进经济可持续发展
加勒比开发银行(CDB)	通过经济和社会发展消除贫困
安第斯开发公司(CAF)	促进拉美地区的可持续发展和区域一体化

资料来源：根据各机构官方网站整理。

多边开发银行的核心成员及其权力主要通过成立时的成员和现有股权、投票权分配来体现。在11家多边开发银行中，成员数量最多的是作为全球性金融机构之一的世界银行。在银行的成长过程中，各机构的成员数量也在不断增加，其辐射范围和业务内容也越来越广。除无区域限制的世界银行和处于刚起步阶段的欧亚开发银行外，其他金融机构成员的范围均已突破了区域范围的限制，一般都包括区域内成员和区域外成员两部分。其中，泛美开发银行区域外成员所占比重最多，22个域外成员占其成员总数的45.8%。区域外成员数量最多的是非洲开发银行，共有24个域外成员，占其成员总数的30.7%。区域外成员国的加入为多边开发银行提供了更多的发展资金，有利于推动多边业务和地区经济的进一步发展。不过，成员数量的增加也增加了利益冲突、协调难度、风险控制和防范的难度。

多边开发银行的资本类型主要包括：单一资本和分级资本[①]。采用单一资

---

① 单一资本指所有资本没有区分，分类（分级）资本则分为一般资本和专门资本、普通资本和可调用资本等。

本的机构包括世界银行和欧洲投资银行等。采用分级资本的机构包括：亚洲开
发银行、欧亚开发银行、非洲开发银行、西非开发银行、东南非贸易与开发银
行、泛美开发银行、加勒比开发银行和安第斯开发公司等机构。多边开发银行
的资本来源主要包括：认缴资本、贷款、捐赠和投资收益。其中，认缴资本是
各多边开发银行资本的核心资本之一，是其资本的主要构成。各成员国通过认
缴该机构的资本成为其股东，以获得相应的投票权和成员待遇。向其他机构、
国家借款或接受外部机构的捐赠也是增加区域性金融机构资本量的重要途径。
此外，业务开展中的利润留存也是其获得资本的一种重要形式。随着各机构的
不断成长完善，多边开发银行的资金还可以通过市场方式得到，如向国际金融
市场借款、发行债券和收取贷款利息等。

3. 组织架构及主要职能

一般情况下，多边开发银行的组织构架主要包括：理事会、董事会、管理
机构及其内部控制机构（如审计委员会、独立检查小组、评级委员会）等。
其中理事会为最高权力部门、最高决策机构和最高管理机构；董事会是执行机
构，负责组织日常业务；管理机构是各多边开发银行的常设执行机构，负责主
持银行的日常业务，包括行长办公室、秘书处、下属各部门和常驻代表处等。
此外，很多金融机构还成立有专门的内部控制机构来管理该机构的业务操作和
风险，如欧洲投资银行设审计委员会。决策机制方面，除安第斯开发公司采用
通过股东大会完成决策外，其他 10 家机构均采用投票表决的方式。

世界主要多边开发银行的主要职能可以概括为两方面：一是向满足条件的
成员政府或公共部门提供贷款，二是向成员提供信息、技术、数据、能力建设
等知识工具。其中前者是多边开发银行最主要的职能之一。尽管多边开发银行
涉及的贷款业务领域各有侧重，但基础设施建设、社会发展、教育、能源等方
面为其投资的共同项目。此外，虽然不同多边开发银行的业务模式和业务环节
各有侧重，但大都遵循相似的程序，如项目准备及评估、项目谈判、项目审议
及批准、项目执行与监管、验收及评价等环节。

4. 信用评级

信用评级对多边开发银行具有重要意义。通常衡量一个多边开发银行是否
成功可以从两方面考虑：一方面，贷款项目是否能在微利运行的同时实现多边
开发银行成立的初衷；另一方面，多边开发银行能否在国际资本市场上以较低

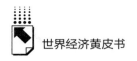

表3　11家多边开发银行重点业务领域汇总

名称	贷款类别		重点业务领域
	硬贷款*	软贷款**	
世界银行(WB)	有	有	支持对教育、卫生、公共管理、基础设施、金融和私营部门发展、农业以及环境和自然资源管理等领域的投资
亚洲开发银行(ADB)	有	有	农业与自然资源、教育、能源、金融、卫生和社保、工业贸易、公共部门管理、交通通信、供水等市政设施服务
北欧投资银行(NIB)	有	无	技术的进步与创新、人力资源的提升、基础设施的改善或是市场效率的提升、环境保护
欧洲投资银行(EIB)	有	无	中小企业、区域发展、环境可持续、创新、跨欧洲网络、能源
欧亚开发银行(EDB)	有	有	基础设施、高附加值制造、提高能效,主要集中在电力、水和能源、运输、高科技及创新科技等领域
非洲开发银行(AFDB)	有	有	2006年以来,基础设施投资、私营部门业务、促进经济和治理改革、促进高等教育和技术和职业培训以及区域一体化
西非开发银行(BOAD)	有	无	基础设施、城乡发展、中小企业发展
东南非贸易与发展银行(PTA Bank)	有	有	项目与基础设施、贸易
泛美开发银行(IADB)	有	有	贫困人口安全、劳动力市场、教育、卫生、性别平等
加勒比开发银行(CDB)	有	无	金融、公共资源、能源及水资源、国际贸易
安第斯开发公司(CAF)			资助重点发展工业,其次为基本设施建设。含基础设施、社会发展、环境、公共政策与研究、工业与金融部门

　　注:*硬贷款是指普通条件的贷款,通常使用借入资金(包括在国外发行的债券和可利用的资金)发放。

　　**软贷款是指条件优惠的贷款,不仅贷款时间长、利率低(可以低至无息),还设有宽限期(期内只需支付利率或服务费),多使用赠款资金。

　　资料来源:根据各机构官方网站整理。

的成本为项目融到足够的资金。资金来源充足且成本较低是多边开发银行成功运行最主要的决定因素。因此,较高信用评级对多边开发银行低成本融资至关重要。银行的信用评级是对一家银行当前偿付其金融债务总体能力的评价。它对于评估该行的风险报酬、优化投资结构、回避投资风险提供了重要依据。一般而言,在宏观经济没有发生重大变化时,银行的信用级别与融资成本负相关，与融资难易正相关。

尽管全球性金融危机之后已经出现了对于评级结果的争议，但是目前国际金融市场上超主权评级服务仍主要由三家国际最大的评级机构所提供：标普、穆迪和惠誉。不同评级机构在进行超主权评级时方法略有不同，但基本都以银行自身运行情况和主要成员国主权评级状况为主要参考指标。表4中列出了国际主要多边开发银行的评级情况，其中世界银行、亚洲开发银行、欧洲投资银行、非洲开发银行、泛美开发银行等西方发达经济体主导的金融机构均获得了AAA级的评级结果。

表4　各多边开发银行信用评级汇总

名称	长期信用评级
世界银行（WB）	AAA
亚洲开发银行（ADB）	AAA
北欧投资银行（NIB）	AAA
欧洲投资银行（EIB）	AAA
欧亚开发银行（EDB）	A3（穆迪）
非洲开发银行（AFDB）	AAA
东南非贸易与发展银行（PTA Bank）	Bal
泛美开发银行（IADB）	AAA
加勒比开发银行（CDB）	AA +
安第斯开发公司（CAF）	AA –

注：表中所列评级皆为这些机构所获得的最高评级。
资料来源：主要根据标准普尔官方网站整理。

二　多边开发银行面临的挑战与变化

1. 内部改革所遭遇的政治阻力与体制局限

多边开发银行通常以成员国的出资多少决定股权和投票权。随着全球经济格局的变化，成员国出资能力也在发生变化。但是，由于既有权力格局已经形成，很难让既得利益者通过稀释自身投票权的方案。政治考量成为限制多边开发银行改革的巨大阻力。例如，为了避免股权稀释，亚洲开发银行的大股东日本在

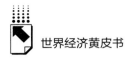

2013 年理事会年会上否决了成员增资方案。在 2014 年 5 月的理事会年会上，亚洲开发银行的两大股东，美国和日本再次搁置了成员增资倡议，仅愿意通过增发债券方式筹资。这种状况与国际货币基金组织所陷入的改革困境如出一辙。

在多国合作的体制下，即使建立有内部的评估审计机构，但多边开发银行仍难以摆脱意识形态和官僚作风等问题的困扰。例如 1818 社会（2012）报告中陈述了世界银行存在的诸多问题：缺乏清晰缜密的发展愿景、人力资源管理水平差、对举办论坛的兴趣高于对全球经济的关注、资金分散在各自孤立的领域以至于沦为"二线参与者"、对发展中国家关注不足等等。此外，那些由于历史原因形成的各种惯例也给银行带来了运营负担。这些惯例涵盖了从行长人选到部门设置等各类运营环节。以世界银行为例，从建设之日起至今一直由美国政府推荐的美国国籍人士担任行长职务，而亚洲开发银行行长的位置则长期由日本人所把持。又如由于受到二战后通信与交通不便的影响，世界银行设立了成本高昂的常驻银行总部的董事会。尽管现在的全球环境和通信技术已经大为改善，离岸工作已经普及，但是作为一种惯例，这种工作设置依然延续到今天。2013 年国际复兴开发银行董事会开支为 3500 万美元，约为当年银行净收益的 16%。

2. 以基础设施为主的开发性资金供给相对不足

由于基础设施投资多为公共产品，其投资回报利润有限，且投资周期较长，因此发展中国家特别是财政收支偏紧的国家，主要通过来自多边开发银行的优惠贷款项目来解决资金筹措问题。根据世界银行的规定，其优惠贷款主要扶持对象为中等及以下收入①的国家。目前，金砖国家中仅印度还处于中低等收入国家。在 2012 年德里峰会上，印度提出金砖银行倡议，其中一个重要原因在于担忧印度从世界银行 IDA 贷款项目（优惠贷款，俗称软贷款）获得支持的窗口期即将结束。

尽管现有的多边开发机构对新兴经济体的基础设施融资能起到一定补充作用，但其提供的资金额度有限。始建于 20 世纪的多边开发银行大多承担着多重功能，支持基础设施投资只是其诸多业务中的一个组成部分。在 20 世纪 90

---

① 根据 2012 年人均 GNI（采用 Atlas 方法估计），人均收入低于 1035 美元为低收入国家；人均收入在 1036～4085 美元之间为中低等收入国家；人均收入在 4086～12615 美元之间为中高等收入国家；人均收入在 12616 美元以上为高收入国家。http://data.worldbank.org/about/country-classifications。

年代以前，世界银行对于基础设施投资的承诺为总投资的 40%，但随后一直呈现下降趋势，到 1999 年即已下降为 21%。2010 年末亚洲开发银行、泛美开发银行和非洲开发银行的贷款余额分别为 460 亿美元、630 亿美元和 128 亿美元。不仅贷款余额有限，而且考虑到那些更加贫穷国家的融资需求，这些金融机构的开发性对于新兴经济体的支持强度也在发生变化。以上数据表明，无论是全球性还是区域性的多边开发银行，它们所提供的用于基础设施建设的资金有限，只能部分解决新兴经济体国家的基础设施资金供给不足的问题。

而区域性或次区域多边开发银行由于受到地域性局限，成员国的经济规模与投资诉求往往存在较大差异。以亚洲为例，在 1966～2007 年期间，亚洲地区主要的多边开发银行亚洲开发银行（Asia Development Bank）累计提供的贷款和担保为 911 亿美元。但是，亚洲开发银行的统计则显示，2010～2020 年期间亚洲各国国内基础设施投资合计约需 8 万亿美元，区域性基础设施建设则需近 3000 亿美元资金投入。2013 年亚洲开发银行批准的贷款仅为 143.8 亿美元。亚洲开发银行所能提供的资金支持也无法满足亚洲国家开展大规模基础设施建设所需要的资金支持。

3. 对多边开发银行的改造与增建

国际社会已经逐渐认识到现有多边开发银行面临的诸多问题和挑战，并在危机后开始加强对既有系统的内部改造和增资扩容。例如，世界银行集团已经着手推行一系列措施以更好地满足借款国特别是中等收入国家不断变化的资金需求。2010 年世界银行 186 个成员批准其增资 860 亿美元。2014 年，世界银行未支付资金为 1836 亿美元。世界银行对全球基础设施建设的融资支持上升至 240 亿美元，占其投资总额的约 40%。部分区域性、次区域多边开发银行也在逐步做出调整，以适应不同时期的需求变化。

对于部分新兴经济体而言，其国民储蓄率相对较高，建设资金并不缺乏，但是缺乏一个能够集合资金、运用资金的投融资平台。诺贝尔经济学奖获得者斯蒂格利茨（Joseph Stiglitz）和伦敦经济学院教授斯特恩勋爵（Nicholas Stern）[1] 指出"全球自身的基础建设需求十分庞大。仅就能源部门来说，未来

---

[1] Joseph Stiglitz and Nicholas Stern, "International Development Bank for Fostering South-South Investment on setting up a South-South Development Bank".

25 年将需要 33 万亿美元的投资，预计其中 64% 的投资需求来自新兴与发展中经济体"。该文建议设立一家南南开发银行以促进南南投资。这篇研究报告的出现触发了金砖国家建设开发银行的热情。同样的情况也适用于亚洲，在这一背景下，金砖国家开发银行和亚洲基础设施投资银行应运而生。

三 新多边开发银行建设：金砖国家开发银行

在 2012 年 3 月印度新德里举行的金砖国家第四次领导人峰会上，由印度提出倡议，五国领导人"探讨了建立一个新的开发银行的可能性，为金砖国家和其他发展中国家基础设施和可持续发展项目筹集资金，并作为对现有多边和区域金融机构促进全球增长和发展的补充"。如果将五个国家轮流完成一次主席国视为一个周期，则 2014 年的金砖峰会可被认为是新一轮金砖合作的开端。在 2014 年 7 月金砖国家第六次领导人峰会上，巴西、中国、印度、俄罗斯和南非正式宣布成立金砖国家开发银行。作为第一个金砖国家合作的实体机构，这也标志着金砖各国合作已经从初期的交流合作磨合时期，开始走向更为实质性的机制建设合作阶段。

1. 银行定位与资金情况

金砖国家开发银行是在金砖国家领导下、市场化运作、以基础设施和可持续发展等开发金融业务为主的政策性多边开发银行。金砖国家开发银行将既满足金砖国家以及广大新兴与发展中国家对于基础设施的投资诉求，同时也考虑投资的多元性和回报率。在投资方式上，会遵循先易后难的原则，先从硬贷款业务开始，羽翼丰满以后再逐步开展软贷款业务。

根据《金砖国家领导人第六次会晤福塔莱萨宣言》，金砖国家开发银行的法定资本金规模为 1000 亿美元，初始认缴资本为 500 亿美元，每个金砖国家分别认购 100 亿美元。该资金规模在现有国际多边开发银行建设初期中处于中等水平。例如世界银行创建初期的初始股本为 100 亿美元，预计 2015 年股本将达到 2783 亿美元；亚洲开发银行初始股本 10 亿美元，预计 2014 年股本达到 1650 亿美元。单个金砖国家的实缴资本为 20 亿美元，即实缴比例为 20%。该比例与世界银行建立时期的初始实缴比例相同。此外，由于该银行规定对联合国成员开放，所以金砖国家所占资金份额将可能下降，但金砖国家的持股比重不会低于 55%。

与多边开发银行的资本筹集方式类似，未来金砖国家开发银行亦会采取成员国注资和市场化筹资两种增资方式。一般情况下，成员国增资往往需要考虑政治与经济因素，并权衡各股东方的利益。市场化筹资则主要通过向国际金融市场借款及发行债券、接受成员国赠款、营业利润等方式获取。借款和发行债券通常需要首先获得银行自身的风险评级，并以此为依据确定其融资成本。

2. 主要特点

（1）金砖国家开发银行是一家专业性开发银行。在《福塔莱萨宣言》第11、12 条中明确指出，金砖国家开发银行的主要业务将限定于支持金砖国家和其他新兴经济体及发展中国家的基础设施建设。与现存的绝大多数传统多边开发银行不同，金砖国家开发银行并不是一家综合性多边开发银行，而是将业务领域主要限定在基础设施领域融资的专业性多边开发银行。

（2）金砖国家开发银行创始者拥有平等的话语权。金砖国家开发银行法定资本为 1000 亿美元。其中初始认缴资本为 500 亿美元，由五个创始成员国平等出资。股权的分配决定了话语权多寡。在通常情况下，多边开发银行的成员国股权份额是不同的，例如世界银行中美国为最大股东，拥有 15.85% 的股权；亚洲开发银行中美国和日本同为最大股东，分别拥有 12.78% 的股权；欧洲复兴银行中美国为最大股东，拥有 10.17% 的股权；非洲开发银行的最大股东为尼日利亚，拥有 9.27% 的股权。比起出资多权力多的方式，同等的话语权不仅体现着更为民主和平等的精神，而且也有利于化解大股东阻碍银行重大决策（如增资等）的可能。当然这种方式也可能出现出资能力最小的成员国会牵制银行整体资本金规模的问题。

（3）金砖国家开发银行在重大问题的决策上体现了实用主义精神。银行首任理事会主席将来自俄罗斯，首任董事会主席将来自巴西，首任行长将来自印度。理事会为最高权力机构，董事会是经营决策的核心组织。而以行长为代表的行政管理机构则是银行日常经营的主体。为保障银行正常健康运转，需要金砖国家开发银行的行长具备专业的国际金融知识和丰富的市场化管理经验。金砖五国中印度金融产业成熟度、开放度和市场化程度最高，作为金砖国家开发银行首任行长的来源国显然有其优势。金砖国家开发银行的总部设于上海。金砖国家开发银行总部所在地，需要一个具备政治与经济环境稳定、基础设施完善、国际化人才充裕、优良的制度环境等基本条件的城市。上海显然是不二之选，因为其不仅拥有背靠中国稳定快速的经济发展大环境，而且是国际金融机构荟萃的现代大都市，拥有大量国际化金融人才以及上海自贸区所拥有的特殊制度环境。考虑到非洲在基础设施建设方面的迫切性，以及非洲众多国家的复杂性和不稳定性，有必要在南非设立一个非洲区域中心。

3. 积极影响

金砖国家开发银行的投资项目将涵盖基础设施、制造产业、环保产业、研发与创新等具体内容，这将有助于金砖国家提升基础设施水平、增强产业竞争力。通过本币注资、鼓励在开发项目中采用本币结算等方式，金砖国家开发银行可以推动金砖国家的货币影响力以及金砖国家内部资本市场的互联互通建设。金砖国家开发银行的顺利运行还需要实现对贷款项目的实时评估、实施跟踪和监管。这些功能性需求将培育出一系列致力于金砖国家间的经济形势监控、产业前景分析、具体项目评估与跟踪等的智力支持服务。

作为金砖国家保障自身中长期经济稳定发展的多边公共产品，金砖国家开发银行具备两大优势：首先，作为顺势而为的产物，在运营宗旨、业务职能和管理模式等多方面，金砖国家开发银行没有历史包袱，有助于克服国际多边开发银行通常存在的无法与时共进的问题。而且，作为一个在 21 世纪开始建设的新金融机构，金砖国家开发银行可以充分利用当代科技，汲取现阶段商业银行的先进经验，以获得更高的工作效率和更低的运行成本。其次，金砖国家开发银行与以往发达经济体主导的多边开发银行存在的根本性区别在于对多样性和多元化意识形态、价值观的包容。在金砖国家中，既有民主国家也有社会主义国家，既有金融市场完全开放的国家也有不完全开放的国家，既有高收入国家也有中低等收入国家。[①]

金砖国家开发银行的成立，不仅有助于金砖国家拓宽市场容量，强化金砖国家间的经济合作往来，而且也将推动国际经济秩序产生新的变化。金砖国家开发银行既是对世界银行的有益补充，也是其他多边开发银行可靠的合作伙

---

① 根据 2012 年人均 GNI（采用 Atlas 方法估计），人均收入低于 1035 美元为低收入国家；人均收入在 1036～4085 美元之间为中低等收入国家；人均收入在 4086～12615 美元之间为中高等收入国家；人均收入在 12616 美元以上为高收入国家。http：//data. worldbank. org/about/country - classifications。

伴。金砖国家开发银行将秉持开放、共赢的基本理念，对现有国际开发性金融体系进行补充和扩展。

4. 主要挑战

作为成长和崛起中的新兴经济体代表，金砖国家合作以及金砖国家开发银行的建设也将面临巨大的挑战。首先，最大的挑战是保障金砖国家维持经济稳定发展的能力。未来十年金砖国家整体经济的稳定运行将为金砖国家开发银行成功运作提供必要的保障。而实际上世界经济环境并不稳定，例如俄罗斯在乌克兰事件的影响下，正在遭受西方的经济制裁，并出现经济下滑态势。但是，制裁的另一个效果是积极推动和金砖国家加强合作、进一步巩固经济合作果实。其次，金砖国家开发银行将面临实际运营的挑战。作为一家市场化运营的政策性多边银行，金砖国家开发银行需要在日常运行机制、财务可持续性、非核心业务等诸多方面仔细谋划。在创建初期应以商业性项目（硬贷款、担保以及投资业务）为主，按照市场化原则运作。在实现财务可持续性并获得赠款资金以后，再考虑软贷款和技术援助等政策性项目。最后，金砖国家开发银行还将面临其他多边开发银行以及西方媒体的挑战。金砖国家开发银行与其他金融机构一样，需要适宜的国际声誉与地位提供支撑。不可否认，金砖国家开发银行的出现将给既有多边开发银行带来压力。同时，作为崛起中的金砖国家合作产物，以及发达经济体势力范围之外的产物，金砖国家开发银行容易被西方话语体系所贬损。在建设初期，金砖国家开发银行依靠自身实力影响舆论的能力仍十分有限。金砖国家需要加强对国际话语权的建设，并给予新银行恰当的政策支持和对负面舆论的积极应对。

四 新多边开发银行建设：亚洲基础设施投资银行

2013 年 4 月 7 日，中国国家主席习近平在博鳌亚洲论坛 2013 年年会上发表主旨演讲，提出："中国将加快同周边国家的互联互通建设，积极探讨搭建地区性融资平台，促进区域内经济融合，提高地区竞争力。"这是中国首次官方提出在周边国家建立地区性多边开发银行的设想。同年 10 月，习近平主席在出访印度尼西亚、马来西亚并出席 APEC 第 21 次领导人非正式会议时，正式提出筹建亚洲基础设施投资银行的倡议。截至 2014 年中期，中国已经与周

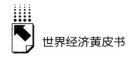

边国家进行了四轮多边磋商。在 2014 年 8 月举行的第四次磋商会谈中，20 个有意愿成为亚投行创始成员的亚洲国家派代表团参会，并就股权分配等亚投行建设中的关键问题交换了意见。2014 年 10 月 24 日 21 个亚投行创始成员在北京签署了《筹建亚投行的政府间框架备忘录》（以下简称《备忘录》），预计于 2015 年底亚投行正式成立并投入运营。

1. 定位与建设情况

亚洲基础设施投资银行将是一个政府间性质的亚洲区域多边开发机构，按照多边开发银行的模式和原则运作，其基本宗旨是通过支持亚洲国家基础设施和其他生产性领域的投资，促进亚洲地区经济发展和区域经济合作。

亚投行业务定位为准商业性基础设施项目贷款。初期亚投行将主要向主权国家的基础设施项目提供主权贷款。之后随着业务运行模式的不断成熟和运行经验的不断积累，亚投行也可考虑设立信托基金，针对不能提供主权信用担保的项目，引入公私合作伙伴关系模式（PPP），通过亚投行和所在国政府出资，与私营部门合理分担风险和回报，动员主权财富基金、养老金以及私营部门等更多社会资本投入亚洲发展中国家的基础设施建设。

亚投行总部设在北京。其筹建阶段的成员构成主要按照"先域内后域外、开发包容、稳步推进"的原则推进。截至目前，有意加入亚投行的域内各国已进行了 5 次多双边磋商。与此同时，也与日本、美国和有关欧洲国家保持沟通，并欢迎他们参与亚投行筹建。根据目前工作计划，今年秋季将首先由亚洲域内国家签署筹建亚投行的政府间框架备忘录，之后逐步向域外国家扩展。目前，有关国家正在积极磋商以确定创始成员国，下一步将建立亚投行基本框架、订立章程等，使亚投行尽快投入运作。

新成立的亚洲基础设施投资银行将与现有的多边开发机构相互补充。亚洲基础设施投资银行将与现有多边开发银行在业务领域各有侧重。世界银行、亚洲开发银行等机构业务主要集中于减贫等开发援助，业务范围较为宽泛，而亚洲基础设施投资银行将主要集中于基础设施建设领域，但基础设施建设也间接有利于减贫。亚洲基础设施投资银行的成立可以在一定程度上弥补世界银行和亚洲开发银行等现有多边开发机构资金不足的困扰。未来亚洲基础设施投资银行可与世行和亚行等现有多边开发银行通过联合融资等方式加强合作，促进区域一体化的发展。

2. 意义与挑战

亚洲基础设施投资银行对促进亚洲国家经济发展与区域经济一体化有着重要意义。创建亚洲基础设施投资银行，通过公共部门与私人部门的合作，有效弥补亚洲地区基础设施建设的资金缺口，推进亚洲区域经济一体化建设。可以预见，亚投行的成立将是一个多赢的局面。首先，有利于扩大全球投资需求，支持世界经济复苏；其次，有利于通过基础设施项目，推动亚洲地区经济增长，促进私营经济发展并改善就业；再次，通过提供平台将本地区高储蓄率国家的存款直接导向基础设施建设，实现本地区内资本的有效配置，并最终促进亚洲地区金融市场的迅速发展；最后，中国可以有效利用大量外汇储备，加强与周边国家互联互通，带动中国国内西北、东北、西南等欠发达地区的经济发展。亚洲基础设施投资银行的设想已经得到了许多国家和机构的赞同与响应，但同时也面临诸多挑战。

其中最主要的挑战来自一些国家对亚洲基础设施投资银行与亚洲开发银行关系的担忧。在筹备阶段，亚洲另外两个大国日本和印度并没有参与谈判磋商。最后，印度成为21个创始成员国之一，而日本没有加入。日本态度消极的原因在于，担心亚洲基础设施投资银行的建立将削弱日本在开发性金融领域中的影响力。但实际上，通过比较业务范围和运行机制，亚投行未来与亚洲开发银行将更多的是合作而非竞争关系。信用级别评定是亚投行筹建过程中面临的另外一个挑战。对多边开发银行评级属于超主权评级范畴，其除了和机构本身的运行有关外，还与成员国主权评级有关。但作为大股东的中国自身评级不高，仅为 AA－和 A＋，未来会对亚投行成立初期的级别评定有一定影响。与多数多边开发银行 AAA 级别相比，亚投行按照三大评级机构标准评定的级别可能无法达到 AAA。虽然，长远来看，银行自身的运作成功与否才是真正决定一个评级机构最终级别的关键因素。但在建立初期，亚投行在国际资本市场上的融资成本可能将高于级别为 AAA 的多边开发银行。

五　结论

通常情况下，多边开发银行的成立需要一定的基础和条件，同时从成立到正式运行需经历 1~2 年的准备期（一般在 1~2 年）。如世界银行从 1945 年

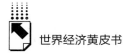

12 月正式宣告成立到 1947 年 5 月批准第一批贷款历时一年半时间。2014 年 7 月，在金砖国家第六次领导人峰会上，巴西、中国、印度、俄罗斯和南非宣布签署成立金砖国家开发银行的协议，同年，亚洲各国也已签署关于亚投行成立的《备忘录》。在正常稳定运行之前，两家多边开发银行的建设小组还有大量工作需要完成。

作为新兴经济体主导的新多边开发银行，金砖国家开发银行和亚洲基础设施投资银行将推动基础设施的投资热潮，带动全球经济长期增长。对于新兴经济体而言，构建多边开发银行不仅仅是为了实现整合资源、构建合作的物质制度框架，而且也需要参与各方在项目合作、制度配套、产权建设、基础设施定价等机制设计方面，秉持锐意进取、不断创新的合作精神，以促进新兴经济体的共同发展。这一过程中，金砖国家开发银行和亚洲基础设施投资银行的影响作用将逐步体现。

首先，在治理理念上，由于这两家新多边开发银行的创建者在经济治理理念上与西方存在差异，以民主政治和完全自由开放市场为基调的"华盛顿共识"将不再作为这些机构的原则性指南。这将在一定程度上推动国际金融治理理念的民主化、多元化。其次，通过建设新开发金融机构，推动新兴经济体的支付、评级、审计体系建设。譬如，可在新多边开发银行中采用本币注资和基于本币的贷款项目。又如可在项目评级需求中，要求同时出具国际知名评级机构的评级报告以及金砖国家（亚洲地区）评级机构的评级报告，以推动金砖国家（亚洲地区）的评级事业发展。这些举措将通过增强货币实力、评级与审计话语权等推动新兴经济体的国际经济软实力建设。最后，新多边开发银行将会采用现代化的网络通信技术以及治理模式（例如取消常驻董事会制度等），这将显著降低新多边开发银行的运营成本、提升运营效益。

新多边开发银行的建设实施与实际运作，包括合作原则、行事风格、经营表现等都将直接对现存国际性金融治理结构和理念带来冲击。新兴经济体不仅积极推动对既有多边开发银行改造扩容旧体系，同时也在供给不足的情况下，开拓进取积极建设新多边开发银行。以上种种变化，亦将对现有的传统开发银行带来竞争压力，有助于提高国际多边开发银行的总体效率、同时也有助于营造一个更适合现实需求、更加理想的开发性金融环境。

参考文献

白钦先、王伟：《开发性政策性金融的理论与实践》，《财贸经济》2002 年第 4 期。

金砖国家领导人第四次会晤公报：《德里宣言（致力于全球稳定、安全和繁荣的金砖国家伙伴关系）》，2012 年 3 月 29 日，印度新德里。

金砖国家领导人第六次会议公报：《福塔莱萨宣言》，2014 年 7 月 15 日，巴西福塔莱萨。

亚洲开发银行研究院：《亚洲基础设施建设》，社会科学文献出版社，2012。

Dobbs, R., et. al, "Infrastructure Productivity: How to Save MYM1 trillion a year", McKinsey Global Institute Report, 2013, Jan. http://www.mckinsey.com/insights/engineering_ construction/infrastructure_ productivity.

Stevens, B., Schieb, P., Andrieu, M., A Cross-sectoral Perspective on the Development of Global Infrastructures to 2030, Infrastucture to 2030: Telecom, Land Transport, Water and Electricity, OECD, 2006.

World Bank. "Infrastructure for Development". In *World Development Report 1994*. Washington, D. C. : World Bank.

"The 1818 Society, The Key Challenges Facing the World Bank President: An Independent Diagnostic", 2012, April 16. http://siteresources.worldbank.org/1818SOCIETY/Resources/World_ Bank_ Diagnostic_ Exercise. pdf.

Y.19
国际经济制裁的现状与进程

徐秀军*

摘　要： 当今世界，经济制裁已成为一些国际组织和国家，尤其是一些大国为实现其特定目标而采取的一种重要手段。为了反映国际经济制裁的发展现状，本报告分析了当前有关伊朗和俄罗斯的经济制裁行动。伊朗核问题触发国际社会对伊朗实行了 8 年多的经济封锁，导致伊朗陷入 20 世纪 80 年代以来最严重的经济危机。乌克兰危机则成为西方国家对俄罗斯发动多轮经济制裁的导火索，并由此导致俄罗斯经济徘徊在衰退的边缘。由于俄罗斯的反制裁措施陆续出台，西方国家与俄罗斯之间的经济对抗不断升级。这在一定程度上反映出国际经济制裁实际上是双方经济实力的较量。从经济制裁的效果来看，尽管受到制裁的一方会遭到一定程度甚至巨大的经济损失，但施加制裁的一方可能也难以全面实现其设定的制裁目标。在可以预见的将来，仅仅依靠经济制裁仍难以实现伊朗核问题的全面解决，而西方国家与俄罗斯之间的制裁与反制裁还将继续。

关键词： 经济制裁　伊核问题　乌克兰危机　反制裁

---

* 徐秀军，中国社会科学院世界经济与政治研究所副研究员，主要研究领域为国际政治经济学、亚太区域合作以及新兴经济体与全球治理。

一　前言

关于经济制裁（Economic sanctions），Wallensteen（1968）等早期研究者主要用来指称国家之间的禁止贸易往来（Trade Bans），而有别于运用经济和军事手段损害他国经济的经济战争（Economic Warfare），包含运用经济援助、武器禁运、对外国企业实行国有化等形式的特定经济行动（Specific Economic Actions）以及关税战（Tariff wars）。而从近年的研究来看，经济制裁的内涵和外延都有了很大的拓展，远远超出了贸易领域。一般认为，经济制裁包括禁止贸易往来、特定物资禁运、禁止人员入境以及金融资产冻结等与经济相关的非武力强制性措施。因此，涉及财政、金融和贸易等领域的制裁均属于经济制裁的范畴。

尽管经济制裁的历史可以追溯到古希腊时期，但作为实现国家目标的非军事手段，它在第一次世界大战后才逐渐受到国家的重视。[①] 据 Hufbauer 等的统计，1914~2000 年间国际社会实施的经济制裁行动为 179 项，其中在第二次世界大战后实施的经济制裁行动占 93% 以上，而在 20 世纪最后 10 年间实施的经济制裁约占 30%，仅 1992 年新增经济制裁就达到 13 项。[②] 当今世界，经济制裁日益成为部分国际组织和一些国家，尤其是大国为实现其特定目标而采取的一种重要手段。究其原因，主要在于以下几个方面。首先，经济制裁拥有国际法基础。《联合国宪章》第四十一条规定："安全理事会得决定所应采武力以外之办法，以实施其决议，并得促请联合国会员国执行此项办法。此项办法得包括经济关系、铁路、海运、航空、邮电、无线电及其他交通工具之局部或全部停止，以及外交关系之断绝。"[③] 这为经济制裁行动提供了法理基础。其次，发动战争的成本增加。这尤其对于大国之间以及有核武器的国家而言，战争往往意味着毁灭性后果，任何一方都难以承担战争带来的打击。在此情况下，经济制裁往往成为表达不满或敌意的替代手段。最后经济制裁具有较大的灵活性。由于发起经济制裁的一方占据主动权，可自行决定或根据形势的发展

---

① 宋钢：《试论国际经济制裁》，《政治学研究》1987 年第 4 期，第 61 页。

② Hufbauer, Gary C., et al., Economic Sanctions Reconsidered（3rd edition），Washington D. C.：Peterson Institute for International Economics，2009，pp. 20 – 33.

③ 《联合国宪章》第七章，联合国网站，http：//www. un. org/zh/documents/charter/chapter7. shtml。

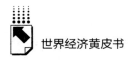

调整制裁的范围、力度和期限等。并且，由于经济制裁对制裁对象的破坏作用
有限，这也为制裁结束后双方关系的调整留有很大的空间。

值得注意的是，尽管每个国家或其他国际行为体都可以对外发起经济制
裁，但从实践来看，经济制裁的实施者往往是大国或大国集团。无论是冷战期
间还是冷战结束后，美国均是经济制裁的主要发起国，远远超过欧盟、苏
（俄）以及二战前国联和此后的联合国。冷战后，美国参与的国际经济制裁占
全球经济制裁总数的比例超过65%。截至2014年8月，美国正在实施的制裁
项目为26项，居全球之首，其中有18项制裁项目在2014年更新了制裁措施
（见表1）。为了反映国际经济制裁的发展现状，本报告在这些美国最近更新制
裁措施的制裁项目中，根据其影响选取针对伊朗和俄罗斯的经济制裁加以分
析。以美国为首的国际社会对伊朗的制裁范围广、历时长，而对俄罗斯的制裁
对地缘政治经济影响深远，并且这些制裁行动目前正处于进程之中，对它们的
分析还可以在很大程度上展望经济制裁的发展趋势。

表1 2014年美国出台制裁措施的制裁项目

序号	制裁项目	制裁时间	最近措施更新
1	巴尔干相关制裁	2001年6月27日	2014年2月7日
2	缅甸	1997年5月20日	2014年4月1日
3	中非共和国制裁	2014年5月13日	2014年7月7日
4	反毒品和麻醉品交易制裁	1995年10月22日	2014年8月27日
5	反恐怖主义制裁	1995年1月24日	2014年8月29日
6	古巴制裁	1993年7月4日	2014年8月20日
7	刚果民主共和国相关制裁	2006年10月30日	2014年7月8日
8	伊朗制裁	1979年11月14日	2014年8月29日
9	伊拉克相关制裁	1990年8月2日	2014年5月27日
10	马格尼茨基（Magnitsky）制裁	2012年12月14日	2014年5月20日
11	反大规模杀伤性武器制裁	1994年11月14日	2014年8月29日
12	朝鲜制裁	2008年6月26日	2014年7月30日
13	苏丹制裁	1997年11月4日	2014年8月11日
14	南苏丹相关制裁	2014年4月3日	2014年6月2日
15	叙利亚制裁	2004年5月12日	2014年7月9日
16	跨国犯罪组织制裁	2011年7月25日	2014年7月2日
17	乌克兰相关制裁	2014年3月6日	2014年7月31日
18	津巴布韦制裁	2003年3月7日	2014年7月10日

注：截至2014年8月。

资料来源：U. S. Department of the Treasury。

二　伊核问题与国际社会对伊朗的经济制裁

早在 1979 年，美国曾因"伊朗人质危机"对伊实施经济制裁。为了敦促伊政府释放被劫持的美国人质，时任美国总统吉米·卡特宣布了一系列制裁伊朗的措施：一是自 1979 年 11 月 14 日起冻结伊朗政府和央行在美资产；二是自 1980 年 4 月 17 日起禁止与伊朗进行除食品和医药等物品以外的销售、供应与运输；三是自 1980 年 4 月 17 日起禁止从伊朗进口除用于新闻出版与传播的材料之外的所有商品和服务，停止除家庭汇款之外的资金与信贷支付等。[①] 1981 年 1 月 20 日，在里根宣誓总统就职当天，伊方释放所有人质并交给美方。作为释放人质的交换条件，美国解冻此前被冻结的美元资产，结束制裁。在"两伊战争"期间，由于伊朗袭击美国船只以及支持恐怖主义，美国宣布自美国东部时间 1987 年 10 月 29 日下午 12 点 1 分起禁止向伊朗进口除用于新闻出版与传播的材料之外的所有商品和服务。此后，包括美国在内的国际社会对伊朗的制裁再未间断。而近年来国际社会对伊朗的经济制裁则主要缘于伊朗核问题。

（一）伊核问题：制裁伊朗缘起

20 世纪 50 年代，在美国及其他西方国家的支持下，伊朗开始进行核能源开发。1979 年，伊朗成立伊斯兰国家，次年美伊断交。自此，美国开始指责伊朗以"和平利用核能"为掩护秘密发展核武器，并对其采取"遏制"政策。但直到 2003 年，伊核问题才为世界所关注。2003 年 2 月，伊朗前总统哈塔米发表电视讲话时宣布，伊朗已在雅兹德地区发现铀矿并已成功提炼出核电站燃料铀。伊朗核能开发计划受到美国的"严重质疑"，并被要求停止与铀浓缩相关的活动。2003 年 10 月，伊朗中止铀浓缩活动。12 月 18 日，伊朗签署《不扩散核武器条约》附加议定书。2004 年 4 月，伊朗宣布暂停浓缩铀离心机的组装，但是又于 6 月底宣布恢复组装。9 月，伊朗宣布已开始将 37 吨铀矿料的一部分用于铀转化试验，不过又于 11 月中止与铀浓缩有关的一切外围活动。

---

① US Executive Order No. 12211, Executive Order No. 12205 and Executive Order No. 12170.

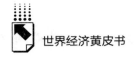

2005 年 8 月，伊朗重新启动作为铀浓缩准备阶段的铀转化活动。2006 年 1 月 10 日，伊朗正式恢复中止两年多的核燃料研究活动。此举引发了国际社会的强烈反应。3 月 28 日，联合国安理会通过要求伊朗在 30 天内中止一切核活动的主席声明。对此，伊朗反应消极，并重申伊朗决不放弃获得核技术的权利。

2006 年 7 月 31 日，联合国安理会以 14 票赞成、1 票反对的表决结果[①]通过了关于伊朗核问题的第 1696 号决议，其中"呼吁各国警惕并防止转让可能有助于伊朗铀浓缩和后处理活动及弹道导弹计划的任何物项、材料、货物和技术；要求伊朗暂停所有铀浓缩和后处理活动，包括研究与开发，并由国际原子能机构予以核查"等，并提出"如果伊朗未能在 8 月 31 日前遵守本决议，安理会将根据《联合国宪章》第 7 章第 41 条采取适当措施，如有必要采取补充措施，须做出进一步的决定"。由于伊朗一再表示无法接受 1696 号决议，该决议为后来国际社会制裁伊朗提供了法律依据。

（二）国际社会制裁伊朗的进展

在 2006～2010 年期间，由于伊核问题，联合国安理会已通过了四个制裁伊朗的决议。除此之外，美国和欧盟还分别出台了更为严厉的制裁法案，并敦促相关国家加入双边制裁行列，加大对伊朗的制裁。

1. 联合国对伊朗的经济制裁

2006 年 12 月 23 日，联合国安理会通过首个制裁伊朗的第 1737 号决议，要求所有国家都应采取必要措施防止向伊朗提供、销售或转让可能有助于伊朗核计划和弹道导弹计划的所有物项、材料、设备、货物和技术及其相关的任何技术援助或训练、财政援助、投资、中介服务或其他服务，并防止转让相关的金融资源或服务；冻结本国境内的参与核计划和弹道导弹计划的 22 个伊朗实体和个人所拥有或控制的资金、其他金融资产和经济资源等，并要求伊朗暂停铀浓缩活动。[②]

2007 年 3 月 24 日，联合国安理会通过制裁伊朗的第 1747 号决议，加大了

---

① 安理会成员中投赞成票的国家包括：阿根廷、中国、刚果、丹麦、法国、加纳、希腊、日本、秘鲁、俄罗斯、斯洛伐克、英国、坦桑尼亚和美国，投反对票的国家为卡塔尔。

② 联合国安理会第 1737（2006）号决议。

对伊朗核计划相关领域的制裁。决议中包含的主要制裁措施包括：呼吁所有国家继续对伊朗核计划以及弹道导弹计划有关人员的出入境保持警惕和克制；继续冻结与伊朗核计划以及弹道导弹计划有关人员或实体的资产，并新增 28 个制裁对象；禁止伊朗对外出口武器或有关材料；呼吁所有国家在向伊朗出口重型武器以及提供相关的技术援助或训练、金融援助、投资、中介服务或其他服务时保持警惕和克制；呼吁所有国家和国际金融机构，除人道主义和发展用途外，不再承诺向伊朗政府提供赠款、金融援助和优惠贷款。[1]

2008 年 3 月 3 日，联合国安理会通过制裁伊朗的第 1803 号决议。新决议进一步加大对伊朗核计划及其相关领域的制裁。这些制裁措施包括增加人员入境限制和冻结资产对象范围、禁运敏感双用途物项、呼吁各国对部分对伊朗金融活动保持警惕、依法有条件地在机场和港口检查伊朗空运公司和伊斯兰航运公司的货物等。同时，决议还提出，如果伊朗采取积极步骤执行决议，安理会将暂停甚至终止所有制裁。[2]

2010 年 6 月 9 日，联合国安理会通过制裁伊朗的第 1929 号决议，新决议在前三份决议基础上增加了对伊制裁措施。这些制裁措施包括禁止伊朗获取他国核材料和核技术领域的股权以及开展与此领域相关的投资；禁止向伊朗转让任何与可运载核武器弹道导弹有关的技术或进行技术援助；加强在港口和公海对伊朗涉嫌运送违禁品货船的检查措施；禁止各国与伊朗进行与扩散敏感核活动或核武器运载系统的研发有关的金融交易；禁止各国在伊朗以及伊朗在国外开设可能会被用于这类活动的金融机构或银行账户；新增冻结参与核计划或弹道导弹计划的 23 家实体、伊斯兰革命卫队拥有或控制或代表其行事的 15 家实体以及伊朗航运公司拥有或控制或代表其行事的 3 家实体的资产；禁止伊朗原子能组织伊斯法罕核技术中心负责人出国旅行。[3]

总体来看，联合国安理会对伊朗的制裁措施主要包括三个方面：一是涉及扩散敏感核计划和弹道导弹计划物项的禁运；二是禁止伊朗出口和购置任何武器和有关材料，禁止向伊朗供应 7 类规定的常规武器；三是针对个人和实体的

---

① 联合国安理会第 1747（2007）号决议。
② 联合国安理会第 1803（2008）号决议。
③ 联合国安理会第 1929（2010）号决议。

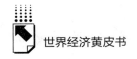

冻结资产和禁止旅行等制裁。为了落实制裁决议，2006 年 12 月 23 日安理会还
设立专门委员会，以执行第 1737 号决议第 18 段规定的任务以及落实后续三项
决议。此外，安理会根据第 1929 号决议还设立了一个专家组，协助委员会执
行任务并开展工作。

2. 美国及相关国家对伊朗的制裁

2006 年 6 月，针对伊朗核试验问题，伊核问题六国（P5 + 1）① 外长曾提
出一项旨在解决伊朗核问题的六国方案。该方案包含要求伊朗暂停铀浓缩活动
的一揽子鼓励性和惩罚性措施。在惩罚性措施方面，方案提出，如果伊朗不停
止 "一切与铀浓缩相关的进程"，将逐步实施以下措施："禁止向伊朗出口核
设施及核技术；冻结与核计划有关的伊朗个人或组织的财产和金融往来，禁止
其入境；中止伊朗与国际原子能机构在核能技术上的合作；禁止伊朗人在国外
学习与核计划和弹道导弹相关的课程；冻结与伊朗的双边政治接触；禁止特定
伊朗官员入境；冻结 '接近这个政权（指伊朗政府）' 的个人和组织的财产；
武器禁运；禁止向伊朗出口精炼油和天然气制品等特定产品；不再支持伊朗加
入世界贸易组织；禁止在一些领域向伊朗投资；全面冻结伊朗金融财政机构的
财产；缩小对伊朗贸易和出口信用保证的政府支持"。② 这一方案不仅成为伊
朗与六国谈判的基础，也成为联合国安理会关于伊朗核问题决议的重要组成部
分。由于 8 月伊朗政府对这一方案没做出积极答复，这些措施陆续得以实施。

与此同时，为了迫使伊朗放弃核计划和弹道导弹计划、改善人权状况，除
了严格执行联合国安理会决议外，美国还出台了一系列制裁伊朗的单边措施。
在 2010 ~ 2013 年间，美国总统签署了 9 项制裁伊朗的行政命令，其中 2010 年
1 项、2011 年 2 项、2012 年 5 项、2013 年 1 项。③ 这些制裁措施涵盖了商品与
服务禁运、武器禁运、冻结个人与实体资产、禁止海外投资与金融交易、禁止
技术转让与援助等，能源和金融成为美国制裁伊朗的两大关键领域。美国还敦

① "P5 + 1" 指的是美国与英国、法国、中国、俄罗斯 5 个联合国安理会常任理事国加上德国。
在欧洲，经常也使用 "E3 + 3"（3 个欧洲国家加上美、法、中 3 国）来表示这 6 个国家。

② 《大棒 + 胡萝卜：伊核问题一揽子方案开出 "奖惩清单"》，新华每日电讯，2006 年 6 月
11 日。

③ US President Executive Orders No. 13645，13628，13622，13608，13606，13599，13590，13574，
and 13553。

促其他国家和国家集团加入制裁伊朗的行列，加剧伊朗经济困境。2010 年 7 月，欧盟理事会通过进一步制裁决议，主要内容包括禁止成员国向伊朗能源行业提供投资、技术支持及转让。由此，西班牙雷普索尔公司、皇家荷兰壳牌公司、法国道达尔石油集团等欧洲石油巨头陆续撤出伊朗，众多欧洲保险公司与银行也纷纷退出伊朗市场。2012 年 1 月，欧盟出台新的制裁条款，禁止成员国再进口伊朗石油及石油产品，冻结欧盟与伊朗央行及其他国有银行的一切业务，禁止与伊朗进行钻石、黄金及其他贵金属交易等；7 月，欧盟全面禁止成员国从伊朗进口和转运石油，禁止为伊朗石油贸易提供融资和保险服务；12 月，欧盟将制裁范围扩大到有关伊朗的金融交易、船运设备和钢铁供应与销售以及天然气进口等领域。此外，美国还对其他相关国家制裁伊朗施加压力。例如，美国力促日本、韩国和印度等国大幅减少进口伊朗石油。

2013 年 11 月 24 日，伊朗与伊核问题六国在瑞士日内瓦达成第一阶段协议，针对伊朗的经济制裁暂时有所缓解。根据协议，伊朗承诺停止所有提取丰度 5% 以上浓缩铀的活动；稀释目前存贮的丰度为 20% 的浓缩铀，或将其转变为无法适用于武器的氧化物；不再增加丰度为 3.5% 的浓缩铀库存，不兴建额外的铀浓缩设施，不新增离心机；不建设被怀疑可能生产武器级别的阿拉克重水反应堆，核设施接受新的国际监督等。作为交换，伊核问题六国和欧盟（E3/EU＋3）承诺停止削减伊朗原油出口、允许国内进口商购买一定量的伊朗原油；解禁部分海外原油营收；暂停对伊朗石油化工产品、黄金和其他贵金属、汽车工业以及相关服务的出口制裁；允许从伊朗进口民航飞机零部件；安理会、欧盟和美国不会再对伊朗发动新的与核问题相关的制裁等。[①] 在 2014 年 1 月 20 日协议正式生效后的 6 个月中，相关国家放松了制裁力度，但仍然保持石油禁运和金融制裁等绝大部分措施。

2014 年 2 月 18 日，伊核问题六国与伊朗正式启动解决伊朗核问题的全面协议谈判，至 2014 年 9 月 18 日，第七轮伊核问题全面协议谈判在纽约举行，但谈判未取得实质性进展。为此，在第一阶段协议有效期过后，有关国家中止了此前的放松制裁措施，并且加大了对伊朗制裁力度。例如，8 月 29 日，美

---

① *Joint Plan of Action between the P5 ＋ 1 and the Islamic Republic of Iran*, Geneva, November 24, 2013.

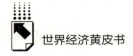

国宣布自即日起对支持伊朗核计划、支持恐怖主义、协助伊朗逃避国际制裁的超过 25 家公司和个人实施制裁，制裁对象涉及金融和能源等行业，并宣称任何为伊朗核计划提供支持、帮助伊朗逃避国际制裁的公司和个人都会面临严重后果。[①]

目前，伊核问题六国继续致力于与伊朗合作，并就全面解决伊核问题进行谈判，以确保伊朗核计划完全用于和平目的。但与此同时，联合国安理会、伊核问题六国、欧盟等国家和国际组织对伊朗加紧了经济制裁，并施加政治压力。

（三）经济制裁对伊朗经济的影响

长期以来，伊朗是世界第四大石油生产国、欧佩克第二大石油输出国。石油是伊朗经济命脉和外汇收入的主要来源之一，伊朗外汇总收入的一半以上来自石油出口收入。在联合国安理会四项制裁决议以及美欧等相关国家实施额外的制裁计划后，伊朗的石油产业遭受巨大打击，经济增速大幅下滑，给国民经济和社会发展带来严重的负面影响。

在伊朗石油出口方面，受经济制裁影响，无论是出口数量还是金额都出现大幅下降。由于担心受美国制裁法案的牵连，自 2012 年以来，一大批石油进口国大幅减少了从伊朗的石油进口。统计显示，2012 年伊朗原油出口量为 2102 千桶/天，增速较上年下降 158 千桶/天，降幅为 7.0%，而较 2004 年则下降 582 千桶/天。分地区来看，2012 年伊朗向亚太地区出口原油 1839 千桶/天，较上年提高 32.1%；同期向欧洲出口原油 162 千桶/天，较上年下降 78.1%。为此，美国向中国、日本和韩国等亚太石油进口大国施压，要求采取严厉的石油禁运，从而导致了 2013 年伊朗原油出口量则锐减至 1215 千桶/天，降幅高达 42.2%（见图 1）。其中，伊朗向亚太地区出口原油 1085 千桶/天，较上年下降 41.0%；向欧洲出口原油 128 千桶/天，较上年进一步下降 21.0%。原油出口量的大幅下降直接导致石油收入的下降。2012 年伊朗石油出口创收 1014.68 亿美元，较上年下降 11.6%；2013 年伊朗石油出口额仅为 619.23 亿美元，较上年下降 39.0%（见图 2）。制裁还给伊朗其他商品的出口带来了不利的影响。

---

① 《美国宣布加大对伊朗制裁》，中新社华盛顿 2014 年 8 月 29 日电。

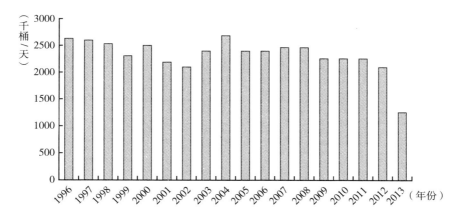

图1　1996~2013年伊朗原油出口数量变化情况

资料来源：Wind，2014年10月。

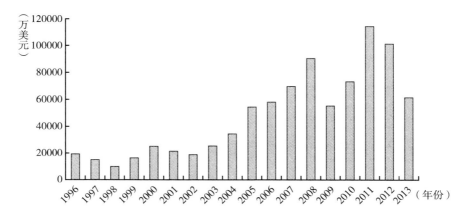

图2　1996~2013年伊朗原油出口额变化情况

资料来源：Wind，2014年10月。

受此影响，伊朗经济陷入了自20世纪80年代以来最严重的危机。2011年伊朗经济增长率为3.0%，较上年下降2.9个百分点。尽管2012年继续维持了这一增速，但由于制裁力度和范围的扩大，2013年伊朗经济增速急剧下降，转为负增长，为-5.8%，增速较上年下降8.8个百分点（见图3）。同期伊朗通货膨胀率达到了近40%，失业率高达12.6%。尽管2014/2015年度伊朗财政预算较上年增加7.6%达到3150亿美元，但考虑通胀因素，财政支出实际上有所缩减。目前，由于石油产业深受打击，难以寻找到支撑经济的新增长点，所以要走出当前的经济困境，只有寄希望于国际社会解除对伊朗的经济制裁，但这又需要以美欧等国实现其制裁目标为前提。伊朗经济未来走势因此具有很大的不确定性。

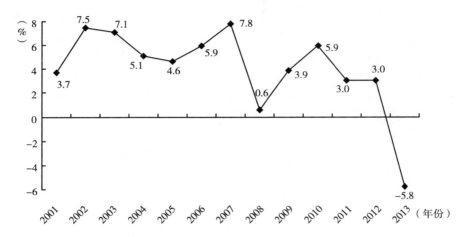

图3 2001～2013 年伊朗 GDP 增长率变化情况

资料来源：Wind，2014 年 10 月。

三 乌克兰危机与西方国家对俄罗斯的经济制裁

2013 年 11 月，乌克兰亲俄派总统亚努科维奇决定暂停与欧盟签署联系国协定。乌克兰亲欧洲派对此表示强烈不满，并在基辅展开反政府示威，提出政府和欧盟签署协议、亚努科维奇下台和提前举行选举等诉求，由此引发了一场至今仍未平息的乌克兰政治危机。乌克兰政治危机彰显了乌国内民众在"向东走"还是"向西走"问题上的深度对立，并最终导致国家分裂。受此影响，俄罗斯也深陷其中，并因此受到西方国家的制裁。

（一）克里米亚脱乌入俄：制裁俄罗斯的导火索

自 2014 年 1 月以来，随着乌克兰的社会动荡与政治危机逐步升级，克里米亚问题在沉寂了 20 多年后再度成为热点。3 月 16 日，乌克兰的克里米亚和塞瓦斯托波尔地区就脱乌入俄问题举行了全民公投。17 日的公投结果显示，在占当地人口 83.1% 的投票选民中，96.77% 的人支持克里米亚加入俄罗斯联邦。克里米亚议会随即正式宣布脱离乌克兰独立，并申请加入俄罗斯联邦。同日，俄罗斯联邦总统普京签署总统令，承认克里米亚共和国为主权独立国家。3 月 18 日，俄罗斯与克里米亚签署共和国和塞瓦斯托波尔市入俄条约。20 日，俄国家杜马和联邦委员会批准了关于克里米亚及塞瓦斯托波尔市作为新主体加入俄联邦的国家间条约；并于次日通过了有关克里米亚与塞瓦斯托波尔加入俄联邦和俄联邦新主体一体化过渡期程序的联邦宪法法律。由此，克里米亚完成加入俄联邦的法律程序，正式成为俄罗斯的一个行政区。

自公投之日起，克里米亚"脱乌入俄"就引起了国际社会的强烈反响，乌克兰和西方国家表现尤为突出。乌克兰将克里米亚加入俄罗斯界定为俄罗斯的侵略行为，并呼吁国际社会采取措施予以反对。美欧日等经济体也纷纷表示不承认克里米亚加入俄罗斯联邦。美国总统奥巴马宣称，克里米亚公投违反了乌克兰宪法并且受到俄罗斯的胁迫，美国和国际社会"永远不会"予以承认，并强调俄罗斯的行为侵犯了乌克兰主权和领土完整。欧盟宣称，乌克兰领土未来地位问题的公投与乌克兰宪法和国际法相违背，因此克里米亚公投"非法"，不予承认其结果。由美国、德国、法国、英国、意大利、日本和加拿大等国家组成的七国集团（G7）也宣称克里米亚公绝没有"法律效力"，不承认公投结果。由此，美欧日等经济体开始对俄罗斯展开多轮经济制裁。

（二）西方国家制裁俄罗斯的进展

2014 年 3 月以来，美欧等西方国家对俄罗斯不断加大经济制裁力度。根据乌克兰危机的发展情况，截至 2014 年 9 月，美欧等西方国家对俄罗斯实施的经济制裁行动大致可以分为五轮。

第一轮制裁缘于 3 月 16 日克里米亚举行公投。当日，美国总统奥巴马签署总统行政命令，决定对包括俄联邦副总理德米特里·罗戈津（Dmitry Rogozin）和俄杜马立法委员叶来娜·米祖丽娜（Yelena Mizulina）在内的 7 名俄罗斯官员实施签证禁令和资产冻结等制裁措施。[①] 17 日，欧盟宣布对"破坏

[①] US President Executive Orders No. 13661 — Blocking Property of Additional Persons Contributing to the Situation in Ukraine.

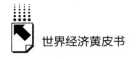

世界经济黄皮书

乌克兰主权"负有责任的 21 名俄罗斯与乌克兰官员实施限制旅游和冻结在欧盟资产等制裁措施。20 日，美国宣布除扩大对俄官员制裁范围，对与"入侵"乌克兰相关的 11 名俄罗斯和乌克兰官员及克里米亚亲俄罗斯领导人阿克肖诺夫冻结财产并禁止入境；同时欧盟也增加 12 名制裁对象，并取消原定于 2014 年 6 月举行的欧盟–俄罗斯峰会。24 日，八国集团（G8）中的七个西方发达成员共同抵制原定于 2014 年 6 月在俄罗斯索契召开的八国集团峰会。

第二轮制裁缘于 4 月 6 日起乌克兰东部三大城市顿涅茨克、哈尔科夫与卢甘斯克宣称要独立并加入俄罗斯。为了惩罚俄罗斯实体和个人对乌克兰东部城市民众抗议的支持，28 日美国宣布对 7 名俄罗斯公民实施资产冻结和签证限制，并冻结 17 家俄罗斯公司资产，对另外 13 家实施管制。29 日，欧盟将包括俄联邦副总理德米特里·科扎克（Dmitry Kozak）、俄武装力量总参谋长瓦雷里·格拉西莫夫（Valery Gerasimov）在内的 15 名俄罗斯官员和商人列入制裁名单，制裁人数由此增加到 48 名。

第三轮制裁缘于接连不断的乌克兰政府军与东部反政府武装冲突。7 月 16 日，美国宣布对俄罗斯天然气工业银行和俄罗斯石油公司等机构以及其他能源和国防企业实施经济制裁，限制俄最大油企和最大独立天然气制造商获得美方长期贷款，限制俄罗斯天然气工业银行和俄罗斯发展银行（Vnesheconombank）进入美国资本市场，增加制裁 3 名俄罗斯高官，以惩罚这些机构和个人破坏或威胁乌克兰主权、领土的完整与独立。与此同时，欧盟也表示有意愿制裁俄罗斯企业，并禁止欧洲投资银行与俄罗斯签署新的融资协议，中止向在俄罗斯运营的欧洲复兴开发银行提供融资等。

第四轮制裁缘于 7 月 17 日马航 MH17 坠毁。7 月下旬，美国和欧盟宣布扩大对俄能源、金融和国防等领域的制裁。美国宣布制裁俄罗斯外贸银行（VTB）、莫斯科银行、俄罗斯农业银行等三家俄罗斯银行，将与俄罗斯军方有合约的联合造船公司列入制裁名单，暂停对俄出口鼓励，禁止向俄能源部门出口特定商品。欧盟也宣布一系列新的制裁措施，包括限制俄罗斯国有金融机构进入欧盟金融市场；限制向俄出口武器和军民两用产品；限制向俄转让敏感技术尤其是石油产业的敏感技术。欧盟还将"有损于乌克兰领土与主权完整"的 4 名个人和 4 家实体列入的制裁名单，实施资产冻结和旅行禁令，以及暂缓欧洲投资银行和欧洲复兴开发银行向俄提供资金等。此外，日本也于 7 月 28

日宣布对俄罗斯追加制裁，其主要措施包括冻结与克里米亚并入俄罗斯以及乌克兰东部动荡局势直接相关的个人或实体在日本的财产，冻结对俄罗斯境内新项目的投资，以及限制克里米亚向日本出口等。

第五轮制裁缘于乌克兰东部地区政府军与反对派违反停火协议。9 月 5 日，乌克兰政府正式与亲俄派签署了停火协议。按照协议，交战双方自当日下午 6 点开始停火。但从 6 日起，部分地方仍有出现摩擦，并且政府军与反对派相互指责对方违反停火协议。12 日，美国财务部宣布扩大对俄罗斯的制裁，以作为对"俄罗斯继续破坏乌克兰东部地区稳定"的回应。同日，欧盟对俄罗斯的新一轮制裁措施正式生效，禁止俄罗斯部分国有防务和能源企业在欧盟范围内提高融资活动，并提出一系列最终取消相关制裁措施的条件。

（三）经济制裁对俄罗斯经济的影响

近年来，由于一些结构性问题的存在，包括基础设施建设滞后和投资不足等原因，俄罗斯放缓了经济增长步伐。即使排除这些长期因素的影响，也能清晰地发现西方的经济制裁对俄罗斯经济造成了一系列负面影响。

在经济增长方面，自乌克兰危机爆发以来，由于俄罗斯的卷入以及西方经济制裁，国际社会对俄罗斯经济的预测日益悲观。以国际货币基金组织（IMF）为例，2013 年 10 月预测 2014 年和 2015 年俄罗斯 GDP 增长率分别为 3.0% 和 3.5%，2014 年 4 月预测值分别为 1.3% 和 2.3%，2014 年 7 月预测值分别为 0.2% 和 1.0%，2014 年 10 月预测值分别为 0.2% 和 0.5%，总体呈下降趋势，在一年内对 2014 年和 2015 年俄罗斯经济增速的预测分别下降 2.8 个和 3.0 个百分点（见图 4）。

2014 年 8 月，俄罗斯经济部称经济制裁措施对经济增速带来了不利影响，预计 2014 年俄罗斯经济增长率为 0.5%，并将 2015 年俄罗斯经济增长预期从 2% 降低到 1%。尽管 2014 年 9 月俄罗斯总理梅德韦杰夫在 2014 索契经济论坛上宣称，在俄罗斯发展停滞对经济总量造成的损失中因经济制裁原因造成的损失仅占 5%，但很多分析者认为经济制裁对俄罗斯经济带来的冲击远不止如此。据统计，2014 年前 8 个月俄罗斯 GDP 增长率为 0.7%，创下 2008 年国际金融危机后新低（见图 5）。2014 年 8 月彭博社一份调查报告显示，26 名参与调查的经济学家回复未来 12 个月内俄罗斯经济陷入衰退的可

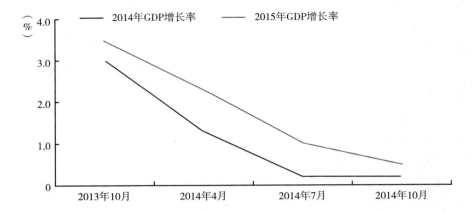

图4　IMF预测2014年和2015年俄罗斯经济增长率

资料来源：IMF，2014年10月。

能性的中位值为65%，高于上一次调查的50%，达到2012年6月实施这一调查以来的最高水平。

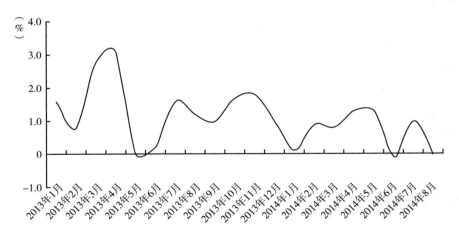

图5　2013年1月至2014年8月俄罗斯GDP同比增长率变化情况

资料来源：Wind，2014年10月。

在对外贸易方面，自西方国家对俄实施经济制裁以来，俄罗斯与欧美国家的贸易联系有所下降。尽管不能将俄罗斯同欧美国家的贸易下滑全部归结为西

方国家对俄罗斯的经济制裁，但从统计数据来看，很难排除经济制裁对贸易的
影响。美国商务部数据显示，2014 年 1～7 月美国进口商品总额为 13499.87 亿
美元，同比增长 3.3%；而 2014 年 1～7 月美国从俄罗斯进口商品额为 148.80
亿美元，同比下降 8.3%（见图 6）。2014 年 4 月以来美国每月从俄罗斯进口
商品额同比均为负增长，其中 5 月同比降幅高达 23.3%。

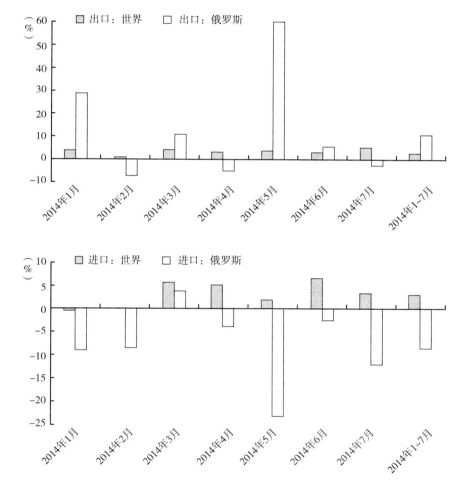

图 6　2014 年 1～7 月美国与俄罗斯货物贸易同比增长率变化情况

资料来源：U. S. Department of Commerce, Bureau of Census, 2014 年 10 月。

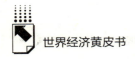

从俄罗斯与欧盟的对外贸易关系来看，尽管与俄美贸易关系变化的具体情况不同，但总体上也出现大幅的负增长。欧盟统计局数据显示，2014 年上半年欧盟向世界出口 11450.87 亿美元，同比增长 −0.4%；而同期欧盟向俄罗斯出口 709.99 亿美元，同比增长 −8.7%。进口方面，2014 年上半年，除了 6 月欧盟从俄罗斯进口同比增长率高于其向全球进口同比增长率，其他月份均低于后者。2014 年上半年欧盟从世界进口 11416.26 亿美元，同比增长 3.5%；同期欧盟从俄罗斯进口 1223.58 亿美元，同比增长 −2.3%。

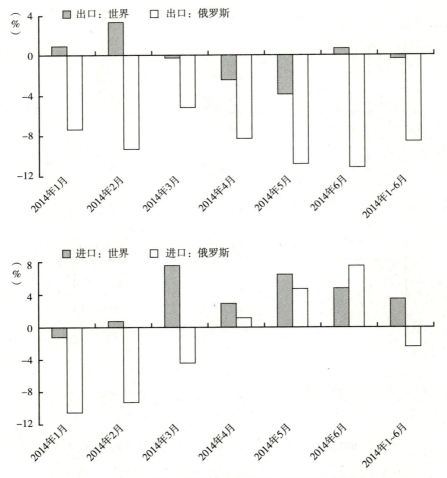

图7　2014 年上半年欧盟 27 国与俄罗斯货物贸易同比增长率变化情况

资料来源：EuroStat，2014 年 10 月。

在金融市场方面，经济制裁对俄罗斯股市、汇市和债市波动的联动效应尤为明显。从俄罗斯的股市波动情况来看，自 2014 年以来，俄罗斯股市经历了四次大跌，与西方国家宣布的五轮对俄经济制裁措施基本契合。2014 年 10 月 2 日俄罗斯 RTS 指数报 1095.1 点，较年初下跌 21.1%；同期 MICEX 指数报 1376.4 点，较年初下跌 6.1%（见图 8）。①

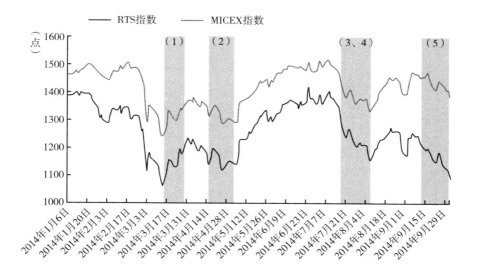

图 8　2014 年 1~9 月俄罗斯股市变化情况

资料来源：CEIC，2014 年 10 月。

从汇率来看，2014 年 1 月以来，俄罗斯卢布对美元汇率大幅跳水，跌至历史低点。2014 年 10 月 2 日，1 卢布约合 0.0252 美元，2014 年累计已贬值 17.7%（见图 9）。同时，随着经济制裁引起的市场担忧情绪的加深，俄罗斯债券市场资金流出有增无减。俄罗斯央行数据显示，2014 年上半年俄罗斯资产流出规模达到 746 亿美元，为上年同期的 2.2 倍，比上年全年总规模高出 136 亿美元。俄罗斯 10 年期国债收益率一度走高，截至 2014 年 10 月 9 日升至 9.7%。2014 年第三季度俄罗斯的卢布债券价格下跌高达 16%。

①　"RTS 指数"即俄罗斯交易系统指数；"MICEX 指数"即莫斯科银行间货币交易所指数。

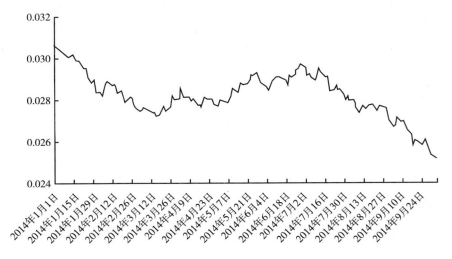

图9　2014年1～9月俄罗斯卢布兑换美元汇率变化情况

资料来源：俄罗斯央行，2014年10月。

（四）俄罗斯的反制裁措施

2014年8月以来，面对西方国家发起的多轮经济制裁措施，俄罗斯采取了一系列应对措施，制裁参与制裁俄罗斯的西方国家，直接反击有关国家。8月1日，俄罗斯因波兰违反俄方卫生规定开始禁止从波兰进口水果和蔬菜。7日，俄罗斯宣布对美国、欧盟、加拿大、澳大利亚和挪威等国实施反制裁措施，具体内容为，除儿童食品外，从当日起禁止进口原产于上述国家的牛肉、猪肉、鱼类、禽类、乳制品、水果、蔬菜和坚果等食品，实施期限为一年。尽管这一措施会对俄罗斯相关产业产生影响，但对出口国的影响可能会更大，相关产品的出口商不可避免地会因此遭受损失。

当日，俄罗斯联邦政府还宣布，禁止乌克兰的航空公司航班飞经俄罗斯领空。目前，从乌克兰飞往格鲁吉亚、阿塞拜疆、亚美尼亚和土耳其等国航班的最短路线需要经过俄罗斯西南部，如果不经过俄罗斯领空将导致更长的飞行时间和更多的耗油量，并因此增加航空公司的运营成本。此外，俄罗斯总理梅德韦杰夫还表示，俄联邦政府正在考虑禁止西方航空公司经过俄罗斯领空飞往亚太地区。这一消息发布后，多家欧洲航空公司股价出现下跌。

俄罗斯还利用油气资源作为应对西方国家制裁的手段。2012 年俄罗斯生产石油 5.26 亿吨，天然气 5923 亿立方米，油气当量产量居世界第一位。长期以来，德国、意大利以及一些中东欧国家高度依赖俄罗斯的能源出口。2012年俄罗斯 79% 的原油和 76% 的天然气出口至欧洲。随着欧洲国家渐渐进入冬季，一旦俄罗斯减少或停止向这些国家供应天然气，将会给相关国家经济与社会稳定带来巨大冲击。事实上，9 月俄罗斯已对部分国家减少了天然气供应。例如，9 月 11 日俄罗斯对波兰和斯洛伐克的天然气供应量分别减少 24% 和10%，次日对罗马尼亚减少了 5%。

除了已经实施的反制裁措施，俄罗斯还宣称推进新的措施以应对欧美等国制裁的再次升级。9 月 12 日，俄罗斯总统普京宣称俄罗斯正在考虑新的报复性措施。如果西方国家对俄继续实施严厉的制裁措施，俄罗斯将可能禁止从欧美国家进口汽车和服装，限制或禁止欧洲航空公司使用飞越西伯利亚地区的航线等。

此外，俄罗斯为应对西方国家的制裁，还将利用国家资金支持受制裁公司，并加强同以金砖国家为代表的新兴市场与发展中国家的经贸合作。9 月 12日，俄罗斯经济发展部长阿列克谢·乌柳卡耶夫（Alexey Ulyukaev）称，俄罗斯联邦政府正在考虑向受制裁影响的公司提供多种形式的支持，包括关税政策支持、直接预算支持以及动用"国家财富基金"或养老基金支持等。为了突破西方国家的出口封锁，俄罗斯还不断加强同中国、印度、巴西等新兴大国之间的经贸联系，以寻求替代市场。

四　总结与展望

从国际经济制裁的历史和现状来看，有效的经济制裁往往建立在强大的综合国力基础之上，并且制裁方和被制裁方存在不对称的实力关系。也就是说，国际经济制裁实际上反映的是双方经济实力的较量。由于实力的悬殊，国际社会在加大对伊朗的经济制裁后，伊朗经济迅速遭受严重影响，经济增长的不良表现甚至远远超过国际金融危机的冲击。而由于俄罗斯相比伊朗拥有较大的经济规模，目前来看，西方国家对俄罗斯的经济制裁对其经济和社会带来的不利影响相对要小，其应对制裁的空间要大得多，还能在某些领域给制裁方带来巨

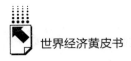

大损伤，从而掣肘其制裁措施的实施。总体来看，尽管经济制裁会给受到制裁的一方带来损失，但对于不同国家而言，带来的损失也不尽相同，并且其效果却可能与制裁方设定的制裁目标相差甚远。

尽管所有的经济制裁都有其设定的目标，但是往往仅仅依靠经济制裁很难实现这些目标。Hoffmann（1967）早就指出，当一国有强烈的动机打击其政治对手时就不会采取经济制裁措施，因为经济制裁是一种见效慢、环节复杂并且不稳定的措施；而当一国考虑实施经济制裁时，就表明该国对于打击受制裁国家的政治动机不强，以致不足以成功应对所陷入的困境。这为经济制裁的长期性提供了解释。在国际社会对伊朗的经济制裁行动中，自2006年国际社会大范围实施制裁措施以来，已经历8年有余，但至今仍未能使伊朗答应制裁方的要求放弃核计划，在短期内仅仅依靠经济制裁仍难以实现伊朗核问题的全面解决。由此也可以预见，西方国家对俄罗斯的经济制裁也必定不会在短期内取消，关于西方国家与俄罗斯之间的制裁与反制裁在可以预见的将来还将继续。

参考文献

Hoffmann, Fredrik（1967），"The Functions of Economic Sanctions: A Comparative Analysis", *Journal of Peace Research*, Vol. 4, No. 2, pp. 140 – 160.

Hufbauer, Gary C., et al.（2009），*Economic Sanctions Reconsidered*（3rd edition），Washington D. C.: Peterson Institute for International Economics.

IMF（2014），World Economic Outlook: Legacies, Clouds, Uncertainties, October.

Katzman, Kenneth（2014），"Iran Sanctions", *CRS Report for Congress*, January 15, 2014.

Wallensteen, Peter（1968），"Characteristics of Economic Sanctions", *Journal of Peace Research*, Vol. 5, No. 3, pp. 248 – 267.

宋钢：《试论国际经济制裁》，《政治学研究》1987年第4期。

孙立昕：《美国制裁伊朗的现状、效果及影响》，《当代世界》2014年第5期。

世界经济统计与预测

Statistics of the World Economy

Ｙ.20

2014～2015年世界经济统计资料

曹永福*

目录

（一）世界经济形势回顾与展望

表1-1　世界产出简况（2010～2019年）

表1-2　GDP不变价增长率回顾与展望：部分国家和地区（2006～2015年）

表1-3　市场汇率计GDP：部分国家和地区（2007～2015年）

表1-4　人均GDP：部分国家和地区（2013～2015年）

（二）世界通货膨胀、就业形势回顾与展望

表2-1　通货膨胀率回顾与展望：部分国家和地区（2007～2015年）

表2-2　失业率：发达经济体（2001～2014年）

---

* 曹永福，中国社会科学院世界经济与政治研究所助理研究员，主要研究领域为宏观经济学。

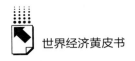

（三）世界财政形势回顾与展望

表 3 - 1　广义政府财政差额占 GDP 比例：发达经济体（2007～2015 年）

表 3 - 2　广义政府财政差额占 GDP 比例：部分新兴市场和发展中国家（2007～2015 年）

（四）世界金融形势回顾与展望

表 4 - 1　广义货币供应量年增长率：新兴市场和发展中国家（2007～2015 年）

表 4 - 2　汇率：部分国家和地区（2005～2013 年、2012 年第二季度至2014 年第二季度）

表 4 - 3　股票价格指数：全球主要证券交易所（2008～2014 年）

（五）国际收支形势回顾与展望

表 5 - 1　国际收支平衡表：部分国家和地区（2007～2013 年）

表 5 - 2　经常项目差额占 GDP 比例：部分国家和地区（2008～2019 年）

（六）国际贸易形势回顾

表 6 - 1　货物贸易进出口：世界部分国家和地区（2010～2013 年）

表 6 - 2　服务贸易进出口：世界部分国家和地区（2010～2013 年）

表 6 - 3　原油进出口量：世界部分国家与地区（2003 年与 2013 年）

（七）国际投资与资本流动回顾

表 7 - 1　国际投资头寸表：部分国家和地区（2007～2013 年）

表 7 - 2 - 1　FDI 流量：部分经济体（2000～2013 年）

表 7 - 2 - 2　FDI 存量：部分经济体（2000～2013 年）

（八）全球竞争力和大公司排名

表 8 - 1　2014 年全球竞争力指数：部分国家和地区

表 8 - 2　2014 年《财富》全球 50 强公司排名

说　明

一　统计体例

1. 本部分所称"国家"为纯地理实体概念，而不是国际法所称的政治实体概念。

2. 统计表数据为年度和季度数据。除非特别说明，2013 年（含 2013 年）以前的年度数据、2014 年第二季度（含 2014 年第二季度）以前的季度数据均为实际统计数据，2014 年以后的年度数据（含 2014 年）为估计值或预测值。未来国际组织和各国统计当局可能会对统计数据做出修正，本部分仅报告编制时能获得的最新数据。

3. 1995～2004 意为 1995～2004 年的平均值，两年度间的平均值表示法以此类推。"—"表示数据在统计时点无法取得或无实际意义，"0"表示数据远小于其所在表的计量单位。

4. 部分表格受篇幅所限无法列出所有国家和地区，编制时根据研究需求有所选择。

二　国际货币基金组织的经济预测

本部分预测数据均来自国际货币基金组织（IMF）2014 年 10 月《世界经济展望》（*World Economic Outlook*），预测的假设以及方法参见报告原文。

三　国家和地区分类

《世界经济展望》将国家和地区分为发达经济体、新兴市场和发展中国家两大类。为了便于分析和提供更合理的集团数据，这种分类随时间变化亦有所改变，分类标准并非一成不变。表 A 列出了发达经济体的分类方法。新兴市场和发展中国家是发达经济体之外的 153 个国家和地区，按地区分为中东欧、独联体、亚洲发展中国家、拉丁美洲和加勒比地区、中东和北非、撒哈拉以南。

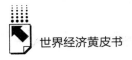

表 A　发达经济体细分类别

主要货币区	欧元区（18 国）	主要发达经济体（G7）	其他发达经济体
美国、欧元区、日本	奥地利、比利时、塞浦路斯、爱沙尼亚、芬兰、法国、德国、希腊、爱尔兰、意大利、拉脱维亚、卢森堡、马耳他、荷兰、葡萄牙、斯洛伐克共和国、斯洛文尼亚、西班牙	加拿大、法国、德国、意大利、日本、英国、美国	澳大利亚、捷克共和国、丹麦、中国香港、冰岛、以色列、韩国、新西兰、挪威、圣马力诺、新加坡、瑞典、瑞士、中国台湾

（一）世界经济形势回顾与展望

表 1－1　世界产出简况（2010～2019 年）

单位：%

类别	2010	2011	2012	2013	2014	2015	2019
世界实际 GDP 增长率	5.4	4.1	3.4	3.3	3.3	3.8	4.0
发达经济体	3.1	1.7	1.2	1.4	1.8	2.3	2.3
美国	2.5	1.6	2.3	2.2	2.2	3.1	2.6
欧元区	1.9	1.6	-0.7	-0.4	0.8	1.3	1.6
日本	4.7	-0.5	1.5	1.5	0.9	0.8	1.0
其他发达经济体[①]	4.6	2.7	1.6	2.1	2.9	2.9	2.9
新兴市场和发展中国家	7.5	6.2	5.1	4.7	4.4	5.0	5.2
独联体[②]	5.0	4.8	3.4	2.2	0.8	1.6	3.0
亚洲新兴市场和发展中国家	9.5	7.7	6.7	6.6	6.5	6.6	6.3
欧洲新兴市场和发展中国家	4.7	5.5	1.4	2.8	2.7	2.9	3.4
拉美与加勒比地区	6.0	4.5	2.9	2.7	1.3	2.2	3.3
中东与北非	5.5	4.5	4.8	2.3	2.6	3.8	4.5
撒哈拉以南	6.9	5.1	4.4	5.1	5.1	5.8	5.5
人均实际 GDP 增长率	—	—	—	—	—	—	—
发达经济体	2.5	1.2	0.7	0.9	1.3	1.9	1.8
新兴市场和发展中国家	6.3	5.1	3.9	3.5	3.4	3.8	4.2
世界 GDP(10 亿美元)							
基于市场汇率	64525	71423	72688	74699	77609	81544	101406
基于购买力平价	87427	92781	97322	101934	106998	113109	143446

注：①这里的"其他发达经济体"指除去美国、欧元区国家和日本以外的发达经济体。②包括格鲁吉亚和蒙古，虽然二者不是独联体成员，但由于同独联体国家在地理和经济结构上类似，故在地区分组上将二者归入独联体。

资料来源：IMF, *World Economic Outlook*, 2014 年 10 月。

表 1 - 2　GDP 不变价增长率回顾与展望：部分国家和地区（2006～2015 年）

单位：%

年份	2006	2007	2008	2009	2010	2011	2012	2013	2014	2015
阿根廷	8.4	8.0	3.1	0.1	9.1	8.6	0.9	2.9	-1.7	-1.5
澳大利亚	2.7	4.5	2.7	1.5	2.2	2.6	3.6	2.3	2.8	2.9
巴西	4.0	6.1	5.2	-0.3	7.5	2.7	1.0	2.5	0.3	1.4
加拿大	2.6	2.0	1.2	-2.7	3.4	2.5	1.7	2.0	2.3	2.4
中国	12.7	14.2	9.6	9.2	10.4	9.3	7.7	7.7	7.4	7.1
埃及	6.8	7.1	7.2	4.7	5.1	1.8	2.2	2.1	2.2	3.5
芬兰	4.1	5.2	0.7	-8.3	3.0	2.6	-1.5	-1.2	-0.2	0.9
法国	2.4	2.4	0.2	-2.9	2.0	2.1	0.3	0.3	0.4	1.0
德国	3.9	3.4	0.8	-5.1	3.9	3.4	0.9	0.5	1.4	1.5
希腊	5.5	3.5	-0.2	-3.1	-4.9	-7.1	-7.0	-3.9	0.6	2.9
中国香港	7.0	6.5	2.1	-2.5	6.8	4.8	1.6	2.9	3.0	3.3
冰岛	4.7	6.0	1.2	-6.6	-4.1	2.7	1.5	3.3	2.9	3.0
印度	9.3	9.8	3.9	8.5	10.3	6.6	4.7	5.0	5.6	6.4
印度尼西亚	5.5	6.3	6.0	4.6	6.2	6.5	6.3	5.8	5.2	5.5
爱尔兰	5.5	4.9	-2.6	-6.4	-0.3	2.8	-0.3	0.2	3.6	3.0
意大利	2.2	1.7	-1.2	-5.5	1.7	0.5	-2.4	-1.9	-0.2	0.9
日本	1.7	2.2	-1.0	-5.5	4.7	-0.5	1.5	1.5	0.9	0.8
韩国	5.2	5.5	2.8	0.7	6.5	3.7	2.3	3.0	3.7	4.0
马来西亚	5.6	6.3	4.8	-1.5	7.4	5.2	5.6	4.7	5.9	5.2
墨西哥	5.0	3.1	1.4	-4.7	5.1	4.0	4.0	1.1	2.4	3.5
新西兰	2.8	3.4	-0.8	-1.4	2.1	1.9	2.5	2.8	3.6	2.8
尼日利亚	8.8	9.6	8.6	9.6	10.6	4.9	4.3	5.4	7.0	7.3
挪威	2.3	2.7	0.1	-1.6	0.5	1.3	2.9	0.6	1.8	1.9
菲律宾	5.2	6.6	4.2	1.1	7.6	3.7	6.8	7.2	6.2	6.3
葡萄牙	1.4	2.4	0.0	-2.9	1.9	-1.3	-3.2	-1.4	1.0	1.5
俄罗斯	8.2	8.5	5.2	-7.8	4.5	4.3	3.4	1.3	0.2	0.5
沙特	5.6	6.0	8.4	1.8	7.4	8.6	5.8	4.0	4.6	4.5
新加坡	8.9	9.1	1.8	-0.6	15.2	6.1	2.5	3.9	3.0	3.0
南非	5.6	5.5	3.6	-1.5	3.1	3.6	2.5	1.9	1.4	2.3
西班牙	4.1	3.5	0.9	-3.8	-0.2	0.1	-1.6	-1.2	1.3	1.7
瑞典	4.3	3.3	-0.6	-5.0	6.6	2.9	0.9	1.6	2.1	2.7
瑞士	3.8	3.8	2.2	-1.9	3.0	1.8	1.0	1.9	1.3	1.6
中国台湾	5.4	6.0	0.7	-1.8	10.8	4.2	1.5	2.1	3.5	3.8
泰国	5.1	5.0	2.5	-2.3	7.8	0.1	6.5	2.9	1.0	4.6
土耳其	6.9	4.7	0.7	-4.8	9.2	8.8	2.1	4.1	3.0	3.0
英国	2.8	3.4	-0.8	-5.2	1.7	1.1	0.3	1.7	3.2	2.7
美国	2.7	1.8	-0.3	-2.8	2.5	1.6	2.3	2.2	2.2	3.1
越南	7.0	7.1	5.7	5.4	6.4	6.2	5.2	5.4	5.5	5.6

资料来源：IMF，*World Economic Outlook Database*，2014 年 10 月。

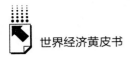

表1-3　市场汇率计GDP：部分国家和地区（2007～2015年）

单位：亿美元

2013年位次	国家和地区	2007年	2008年	2009年	2010年	2011年	2012年	2013年	2014年	2015年
1	美　国	144776	147186	144187	149644	155179	161632	167681	174163	182867
2	中　国	35046	45477	51058	59496	73145	83867	94691	103554	112851
3	日　本	43563	48492	50351	54954	59056	59379	48985	47698	48819
4	德　国	33286	36407	33068	33106	36314	34279	36360	38205	39088
5	法　国	26668	29373	27007	26518	28653	26882	28073	29023	29354
6	英　国	28582	27096	22174	22969	24646	24706	25232	28476	30029
7	巴　西	13669	16535	16223	21429	24746	22477	22460	22441	23568
8	俄罗斯	12997	16608	12226	15249	19048	20175	20968	20573	20988
9	意大利	21302	23182	21166	20592	21984	20144	20720	21293	21530
10	印　度	12385	12232	13653	17085	18801	18587	18768	20478	22476
11	加拿大	14579	15426	13708	16141	17786	18214	18268	17938	18733
12	澳大利亚	9489	10546	9976	12494	14984	15556	15059	14825	15346
13	西班牙	14435	16009	14581	13874	14559	13232	13587	14005	14217
14	韩　国	11227	10022	9019	10945	12025	12228	13045	14495	15606
15	墨西哥	10435	11013	8950	10511	11712	11857	12609	12959	13673
16	印度尼西亚	4323	5105	5386	7093	8456	8778	8703	8561	9150
17	荷　兰	8343	9357	8603	8379	8946	8236	8538	8804	8915
18	土耳其	6464	7306	6144	7315	7747	7886	8200	8133	8611
19	沙　特	4157	5198	4291	5268	6695	7340	7485	7779	8052
20	瑞　士	4505	5243	5095	5491	6589	6312	6504	6790	6801
21	阿根廷	3293	4037	3768	4615	5566	6030	6103	5362	5399
22	瑞　典	4625	4862	4058	4631	5360	5239	5589	5591	5727
23	挪　威	3935	4539	3788	4209	4908	5000	5126	5116	5232
24	波　兰	4255	5294	4313	4696	5155	4907	5177	5522	5938
25	比利时	4603	5098	4745	4721	5138	4832	5083	5278	5361
26	中国台湾	3931	4002	3776	4282	4652	4753	4891	5055	5456
27	尼日利亚	2534	3219	2689	3738	4188	4671	5218	5943	6572
28	伊　朗	3074	3506	3606	4191	5411	3980	3671	4027	4173
29	奥地利	3756	4161	3847	3784	4164	3947	4161	4361	4481
30	南　非	2858	2735	2854	3652	4043	3823	3508	3412	3525
31	阿联酋	2579	3155	2535	2860	3475	3723	4023	4164	4402
32	哥伦比亚	2074	2440	2338	2870	3363	3698	3784	4001	4271

续表

2013 年位次	国家和地区	2007 年	2008 年	2009 年	2010 年	2011 年	2012 年	2013 年	2014 年	2015 年
33	泰　　国	2470	2726	2637	3189	3457	3660	3873	3805	3975
34	丹　　麦	3114	3439	3105	3129	3337	3152	3306	3472	3613
35	马来西亚	1936	2311	2023	2475	2893	3050	3132	3369	3756
36	委内瑞拉	2213	2916	2351	2720	2976	2984	2272	2092	2263
37	新 加 坡	1800	1922	1924	2364	2741	2869	2979	3071	3202
38	智　　利	1731	1796	1721	2173	2508	2663	2770	2641	2797
39	中国香港	2116	2193	2140	2286	2485	2626	2740	2927	3124
40	埃　　及	1303	1624	1886	2188	2356	2623	2714	2849	3243

资料来源：IMF，*World Economic Outlook Database*，2014 年 10 月。

表 1 - 4　人均 GDP：部分国家和地区（2013 ~ 2015 年）

市场汇率计人均 GDP（美元）				购买力平价计人均 GDP（国际元）				
2013 年位次	国家和地区	2013 年	2014 年	2015 年	2013 年位次	国家和地区	2013 年	2014 年	2015 年
1	卢 森 堡	112473	116752	118251	1	卡 塔 尔	145894	144427	146012
2	挪　　威	100579	99295	100439	2	卢 森 堡	90333	92507	94167
3	卡 塔 尔	98986	94744	93535	3	新 加 坡	78762	81346	84821
4	瑞　　士	81276	84344	83974	4	文　　莱	73823	77824	80335
5	澳大利亚	64578	62822	64257	5	科 威 特	70785	70992	71601
6	丹　　麦	59129	61885	64186	6	挪　　威	64363	65896	67619
7	瑞　　典	58014	57557	58472	7	阿 联 酋	63181	65037	67202
8	新 加 坡	55182	56113	58146	8	瑞　　士	53977	55237	56816
9	美　　国	53001	54678	57045	9	美　　国	53001	54678	57045
10	加 拿 大	52037	50577	52287	10	中国香港	52984	55167	57677
11	荷　　兰	50816	52249	52770	11	沙特阿拉伯	51779	53935	56253
12	芬　　兰	49055	50451	51020	12	巴　　林	49633	51394	52830
13	奥 地 利	49039	51183	52368	13	荷　　兰	46440	47365	48798
14	爱 尔 兰	48608	51159	52260	14	澳大利亚	45138	46631	48288
15	比 利 时	45538	47164	47704	15	爱 尔 兰	44663	46770	48787
16	冰　　岛	45416	50006	52967	16	奥 地 利	44402	45411	46906

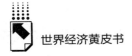

续表

市场汇率计人均 GDP(美元)					购买力平价计人均 GDP(国际元)				
2013 年位次	国家和地区	2013 年	2014 年	2015 年	2013 年位次	国家和地区	2013 年	2014 年	2015 年
17	科 威 特	45189	44850	44032	17	德 国	43475	44741	46166
18	德 国	44999	47201	48226	18	瑞 典	43407	44695	46386
19	阿 联 酋	44552	44771	45944	19	阿 曼	43304	44062	44904
20	法 国	44099	45384	45691	20	加 拿 大	43253	44519	45982
21	新 西 兰	40516	44294	46204	21	丹 麦	43080	44325	45800
22	文 莱	39659	42239	41833	22	中 国 台 湾	41539	43600	45997
23	英 国	39372	44141	46244	23	冰 岛	41001	42630	44575
24	日 本	38468	37540	38522	24	比 利 时	40760	41741	42923
25	中 国 香 港	37955	40304	42770	25	芬 兰	40045	40455	41394
27	意 大 利	34715	35512	35743	26	法 国	39813	40445	41396
28	西 班 牙	29150	30113	30639	27	日 本	36654	37683	38797
30	韩 国	25975	28739	30808	28	英 国	36208	37744	39225
31	沙特阿拉伯	24953	25401	25778	29	意 大 利	34103	34455	35228
36	希 腊	21857	22318	22886	30	韩 国	33791	35485	37413
38	葡 萄 牙	20995	21748	22089	34	西 班 牙	31942	32975	34229
39	中 国 台 湾	20925	21572	23229	44	希 腊	25126	25753	27008
52	俄 罗 斯	14591	14317	14606	46	俄 罗 斯	24298	24764	25351
61	巴 西	11173	11067	11527	54	阿 根 廷	22363	22101	21924
65	墨 西 哥	10650	10837	11321	66	墨 西 哥	17390	17925	18714
83	中 国	6959	7572	8211	76	巴 西	14987	15153	15519
85	南 非	6621	6354	6477	85	南 非	12507	12722	13078
116	印度尼西亚	3510	3404	3587	89	中 国	11868	12893	13993
129	菲 律 宾	2791	2913	3256	119	菲 律 宾	6597	6986	7412
146	印 度	1509	1626	1761	125	印 度	5450	5777	6176

注：共有186个国家和地区的排名数据，本表只列出部分国家。各国购买力平价（PPP）数据参见 IMF *World Economic Outlook Database*，IMF 并不直接计算 PPP 数据，而是根据世界银行、OECD、Penn World Tables 等国际组织的原始资料进行计算。

资料来源：IMF, *World Economic Outlook Database*, 2014 年 10 月。

（二）世界通货膨胀、就业形势回顾与展望

表 2 - 1　通货膨胀率*回顾与展望：部分国家和地区（2007～2015 年）

单位：%

国家和地区	2007 年	2008 年	2009 年	2010 年	2011 年	2012 年	2013 年	2014 年	2015 年
澳 大 利 亚	2.3	4.4	1.8	2.9	3.3	1.8	2.5	2.7	2.6
奥 地 利	2.2	3.2	0.4	1.7	3.6	2.6	2.1	1.7	1.7
加 拿 大	2.1	2.4	0.3	1.8	2.9	1.5	1.0	1.9	2.0
丹 麦	1.7	3.4	1.3	2.3	2.8	2.4	0.8	0.6	1.6
芬 兰	1.6	3.9	1.6	1.7	3.3	3.2	2.2	1.2	1.5
法 国	1.6	3.2	0.1	1.7	2.3	2.2	1.0	0.7	0.9
德 国	2.3	2.7	0.2	1.2	2.5	2.1	1.6	0.9	1.2
希 腊	2.9	4.2	1.2	4.7	3.3	1.5	-0.9	-0.8	0.3
意 大 利	2.0	3.5	0.8	1.6	2.9	3.3	1.3	0.1	0.5
日 本	0.1	1.4	-1.3	-0.7	-0.3	0.0	0.4	2.7	2.0
新 西 兰	2.4	4.0	2.1	2.3	4.0	1.1	1.1	1.6	2.0
瑞 士	0.7	2.4	-0.5	0.7	0.2	-0.7	-0.2	0.1	0.2
英 国	2.3	3.6	2.2	3.3	4.5	2.8	2.6	1.6	1.8
美 国	2.9	3.8	-0.3	1.6	3.1	2.1	1.5	2.0	2.1
中 国 香 港	2.0	4.3	0.6	2.3	5.3	4.1	4.3	3.9	3.8
韩 国	2.5	4.7	2.8	2.9	4.0	2.2	1.3	1.6	2.4
新 加 坡	2.1	6.6	0.6	2.8	5.2	4.6	2.4	1.4	2.5
中 国 台 湾	1.8	3.5	-0.9	1.0	1.4	1.9	0.8	1.4	2.0
阿 根 廷	8.8	8.6	6.3	10.5	9.8	10.0	10.6	—	—
巴 西	3.6	5.7	4.9	5.0	6.6	5.4	6.2	6.3	5.9
智 利	4.4	8.7	1.5	1.4	3.3	3.0	1.8	4.4	3.2
中 国	4.8	5.9	-0.7	3.3	5.4	2.6	2.6	2.3	2.5
哥 伦 比 亚	5.5	7.0	4.2	2.3	3.4	3.2	2.0	2.8	2.6
埃 及	11.0	11.7	16.2	11.7	11.1	8.7	6.9	10.1	13.5
印 度	5.9	9.2	10.6	9.5	9.5	10.2	9.5	7.8	7.5
印 度 尼 西 亚	6.7	9.8	5.0	5.1	5.3	4.0	6.4	6.0	6.7
马 来 西 亚	2.0	5.4	0.6	1.7	3.2	1.7	2.1	2.9	4.1
墨 西 哥	4.0	5.1	5.3	4.2	3.4	4.1	3.8	3.9	3.6
尼 日 利 亚	5.4	11.6	12.5	13.7	10.8	12.2	8.5	8.3	8.7
菲 律 宾	2.9	8.2	4.2	3.8	4.7	3.2	2.9	4.5	3.9
俄 罗 斯	9.0	14.1	11.7	6.9	8.4	5.1	6.8	7.4	7.3
沙 特	5.0	6.1	4.1	3.8	3.7	2.9	3.5	2.9	3.2
南 非	7.1	11.5	7.1	4.3	5.0	5.7	5.8	6.3	5.8
土 耳 其	8.8	10.4	6.3	8.6	6.5	8.9	7.5	9.0	7.0
越 南	8.3	23.1	6.7	9.2	18.7	9.1	6.6	5.2	5.2

注：*以消费者物价指数衡量的通货膨胀率。

资料来源：IMF，*World Economic Outlook Database*，2014 年 10 月。

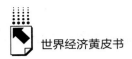

表 2 – 2 失业率：发达经济体（2001 ~ 2014 年）

单位：%

国家和地区	2001 ~ 2007 年	2008 年	2009 年	2010 年	2011 年	2012 年	2013 年	2014 年
澳 大 利 亚	5.5	4.2	5.6	5.2	5.1	5.2	5.7	6.2
奥 地 利	4.5	3.8	4.8	4.4	4.2	4.4	4.9	5.0
比 利 时	7.8	7.1	7.9	8.3	7.3	7.7	8.4	8.5
加 拿 大	7.0	6.2	8.3	8.0	7.4	7.3	7.1	7.0
塞 浦 路 斯	4.3	3.6	5.4	6.3	7.9	11.9	15.9	16.6
捷 克	7.4	4.4	6.7	7.3	6.7	7.0	7.0	6.4
丹 麦	4.7	3.5	6.0	7.5	7.6	7.5	7.0	6.9
爱 沙 尼 亚	9.0	5.5	13.5	16.7	12.3	10.0	8.6	7.0
芬 兰	8.4	6.4	8.2	8.4	7.8	7.7	8.2	8.5
法 国	8.7	7.5	9.1	9.3	9.2	9.8	10.3	10.0
德 国	9.6	7.5	7.8	7.1	6.0	5.5	5.3	5.3
希 腊	9.8	7.7	9.5	12.5	17.7	24.2	27.3	25.8
中 国 香 港	5.9	3.5	5.2	4.3	3.4	3.3	3.1	3.1
冰 岛	2.1	1.6	8.0	8.1	7.4	5.8	4.4	4.0
爱 尔 兰	4.4	6.4	12.0	13.9	14.6	14.7	13.0	11.2
以 色 列	11.7	7.7	9.4	8.3	7.1	6.9	6.3	6.0
意 大 利	7.8	6.8	7.8	8.4	8.4	10.7	12.2	12.6
日 本	4.7	4.0	5.1	5.0	4.6	4.3	4.0	3.7
韩 国	3.6	3.2	3.7	3.7	3.4	3.2	3.1	3.1
拉 脱 维 亚	9.7	7.5	16.9	18.7	16.2	15.0	11.9	10.3
卢 森 堡	3.5	4.2	5.5	5.8	5.7	6.1	6.9	7.1
马 耳 他	7.2	6.0	6.9	6.9	6.4	6.3	6.4	6.0
荷 兰	4.0	3.1	3.7	4.5	4.4	5.3	6.7	7.3
新 西 兰	4.4	4.1	6.1	6.5	6.5	6.9	6.2	5.7
挪 威	3.9	2.6	3.2	3.6	3.3	3.2	3.5	3.7
葡 萄 牙	6.4	7.6	9.4	10.8	12.7	15.5	16.2	14.2
新 加 坡	3.1	2.2	3.0	2.2	2.0	2.0	1.9	2.0
斯 洛 伐 克	16.5	9.6	12.1	14.5	13.7	14.0	14.2	13.9
斯 洛 文 尼 亚	6.1	4.4	5.9	7.3	8.2	8.9	10.1	9.9
西 班 牙	10.0	11.3	17.9	19.9	21.4	24.8	26.1	24.6
瑞 典	6.6	6.2	8.3	8.6	7.8	8.0	8.0	8.0
瑞 士	3.1	2.6	3.7	3.5	2.8	2.9	3.2	3.4
中 国 台 湾	4.4	4.1	5.9	5.2	4.4	4.2	4.2	4.0
英 国	5.1	5.7	7.7	7.9	8.1	8.0	7.6	6.3
美 国	5.2	5.8	9.3	9.6	8.9	8.1	7.4	6.3

资料来源：IMF，*World Economic Outlook Database*，2014 年 10 月。

（三）世界财政形势回顾与展望

表 3 - 1　广义政府财政差额占 GDP 比例：发达经济体（2007～2015 年）

单位：%

国家和地区	2007 年	2008 年	2009 年	2010 年	2011 年	2012 年	2013 年	2014 年	2015 年
澳 大 利 亚	1.4	- 1.1	- 4.6	- 5.1	- 4.5	- 3.5	- 3.5	- 3.3	- 1.8
奥 地 利	- 1.0	- 1.0	- 4.1	- 4.5	- 2.4	- 2.6	- 1.5	- 3.0	- 1.5
比 利 时	- 0.1	- 1.1	- 5.6	- 4.0	- 4.0	- 4.1	- 2.7	- 2.6	- 2.2
加 拿 大	1.5	- 0.3	- 4.5	- 4.9	- 3.7	- 3.4	- 3.0	- 2.6	- 2.1
塞 浦 路 斯	3.5	0.9	- 6.1	- 5.3	- 6.3	- 6.4	- 4.9	- 4.4	- 3.9
捷 克	- 0.7	- 2.2	- 5.8	- 4.8	- 3.3	- 4.2	- 1.5	- 1.2	- 1.4
丹 麦	4.8	3.3	- 2.8	- 2.7	- 2.0	- 3.9	- 0.9	- 1.4	- 3.0
爱 沙 尼 亚	2.4	- 2.9	- 1.9	0.2	1.2	- 0.2	- 0.2	- 0.3	- 0.3
芬 兰	5.1	4.2	- 2.6	- 2.7	- 1.0	- 2.2	- 2.3	- 2.4	- 1.4
法 国	- 2.5	- 3.2	- 7.2	- 6.8	- 5.1	- 4.9	- 4.2	- 4.4	- 4.3
德 国	0.2	- 0.1	- 3.1	- 4.2	- 0.8	0.1	0.2	0.3	0.2
希 腊	- 6.8	- 9.9	- 15.6	- 11.0	- 9.6	- 6.4	- 3.2	- 2.7	- 1.9
中 国 香 港	7.7	0.1	1.5	4.2	3.9	3.2	0.8	2.6	0.5
冰 岛	5.4	- 13.5	- 10.0	- 10.1	- 5.6	- 3.8	- 2.1	1.9	- 0.5
爱 尔 兰	0.2	- 7.1	- 13.2	- 29.3	- 12.5	- 7.8	- 6.7	- 4.2	- 2.8
以 色 列	- 1.2	- 3.3	- 6.2	- 4.6	- 3.9	- 5.1	- 3.2	- 2.9	- 2.9
意 大 利	- 1.6	- 2.7	- 5.4	- 4.4	- 3.6	- 2.9	- 3.0	- 3.0	- 2.3
日 本	- 2.1	- 4.1	- 10.4	- 9.3	- 9.8	- 8.7	- 8.2	- 7.1	- 5.8
韩 国	2.2	1.5	0.0	1.5	1.7	1.6	0.7	0.3	0.8
拉 脱 维 亚	0.6	- 7.5	- 7.8	- 7.3	- 3.2	0.1	- 1.1	- 0.8	- 0.7
卢 森 堡	3.7	3.2	- 0.7	- 0.8	0.2	0.0	0.1	0.4	- 1.5
马 耳 他	- 2.3	- 4.6	- 3.7	- 3.5	- 2.7	- 3.3	- 2.8	- 2.7	- 2.4
荷 兰	0.2	0.5	- 5.2	- 4.7	- 4.0	- 3.7	- 2.3	- 2.5	- 2.1
新 西 兰	3.4	1.5	- 1.5	- 5.1	- 4.9	- 1.6	- 0.7	- 0.7	- 0.4
挪 威	17.3	18.8	10.5	11.1	13.4	13.8	11.0	10.8	9.9
葡 萄 牙	- 3.2	- 3.7	- 10.2	- 9.9	- 4.3	- 6.5	- 5.0	- 4.0	- 2.5
新 加 坡	11.8	6.4	- 0.6	6.6	8.5	7.9	5.7	4.3	4.2
斯 洛 伐 克	- 1.8	- 2.1	- 8.0	- 7.5	- 4.8	- 4.5	- 2.8	- 2.9	- 2.3
斯 洛 文 尼 亚	0.3	- 0.3	- 5.4	- 5.2	- 5.5	- 3.1	- 13.8	- 5.0	- 3.9
西 班 牙	2.0	- 4.5	- 11.1	- 9.6	- 9.6	- 10.6	- 7.1	- 5.7	- 4.7
瑞 典	3.6	2.2	- 1.0	0.0	0.0	- 0.7	- 1.3	- 2.0	- 0.8
瑞 士	1.3	1.8	0.5	0.2	0.3	0.3	0.2	0.5	0.7
中 国 台 湾	- 2.1	- 2.6	- 6.2	- 5.0	- 4.0	- 4.2	- 3.1	- 2.3	- 2.1
英 国	- 2.9	- 5.0	- 11.3	- 10.0	- 7.8	- 8.0	- 5.8	- 5.3	- 4.1
美 国	- 3.2	- 7.0	- 13.5	- 11.3	- 9.9	- 8.6	- 5.8	- 5.5	- 4.3

注：广义政府财政差额对应的英文统计口径为：General Government Net Lending/Borrowing。

资料来源：IMF，*World Economic Outlook Database*，2014 年 10 月。

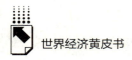
表 3 – 2　广义政府财政差额占 GDP 比例：部分新兴市场和
发展中国家（2007 ~ 2015 年）

单位：%

国家和地区	2007 年	2008 年	2009 年	2010 年	2011 年	2012 年	2013 年	2014 年	2015 年
阿根廷	- 1.7	- 0.7	- 2.9	- 1.1	- 2.8	- 3.2	- 2.8	- 4.5	- 5.5
玻利维亚	1.7	3.6	0.0	1.7	0.8	1.8	0.7	- 0.4	0.1
巴西	- 2.8	- 1.6	- 3.3	- 2.8	- 2.6	- 2.8	- 3.3	- 3.9	- 3.1
智利	7.9	4.1	- 4.1	- 0.4	1.4	0.7	- 0.7	- 1.8	- 1.2
中国	0.1	0.0	- 1.8	- 1.2	0.6	0.2	- 0.9	- 1.0	- 0.8
哥伦比亚	- 0.8	- 0.3	- 2.8	- 3.3	- 2.0	0.1	- 0.9	- 1.5	- 1.3
埃及	- 7.5	- 8.0	- 6.9	- 8.3	- 9.8	- 10.5	- 14.1	- 12.2	- 11.5
印度	- 4.4	- 10.0	- 9.8	- 8.4	- 8.0	- 7.4	- 7.2	- 7.2	- 6.7
印度尼西亚	- 1.0	0.1	- 1.8	- 1.3	- 0.6	- 1.7	- 2.1	- 2.5	- 2.3
马来西亚	- 2.7	- 3.6	- 6.7	- 4.7	- 3.7	- 3.6	- 4.6	- 3.6	- 2.7
墨西哥	- 1.2	- 1.0	- 5.1	- 4.3	- 3.3	- 3.7	- 3.8	- 4.2	- 4.0
蒙古	2.6	- 4.5	- 5.2	0.5	- 4.8	- 11.9	- 9.7	- 11.1	- 7.4
摩洛哥	- 0.1	0.7	- 1.8	- 4.4	- 6.7	- 7.4	- 5.5	- 5.0	- 4.3
莫桑比克	- 2.9	- 2.5	- 5.5	- 4.3	- 5.1	- 4.0	- 2.7	- 9.2	- 7.4
尼日利亚	1.1	4.1	- 6.0	- 4.2	0.5	0.4	- 2.3	- 1.7	- 2.2
巴基斯坦	- 5.1	- 7.1	- 5.0	- 5.9	- 6.9	- 8.4	- 8.1	- 4.7	- 4.4
秘鲁	3.3	2.7	- 1.6	- 0.1	2.0	2.2	0.7	- 0.1	- 0.1
菲律宾	- 0.3	0.0	- 2.7	- 2.4	- 0.4	- 0.6	- 0.1	- 0.3	- 1.0
波兰	- 1.9	- 3.7	- 7.5	- 7.9	- 5.0	- 3.9	- 4.3	- 3.2	- 2.5
卡塔尔	9.9	10.2	12.3	2.5	6.5	9.6	15.4	11.4	9.0
罗马尼亚	- 3.1	- 4.8	- 7.3	- 6.4	- 4.3	- 2.5	- 2.5	- 2.2	- 1.8
俄罗斯	6.8	4.9	- 6.3	- 3.4	1.5	0.4	- 1.3	- 0.9	- 1.1
沙特阿拉伯	15.0	31.6	- 4.1	5.2	12.0	14.7	8.7	5.2	1.6
南非	1.3	- 0.5	- 4.9	- 4.9	- 4.0	- 4.3	- 4.4	- 4.9	- 5.1
泰国	0.2	0.1	- 3.2	- 0.8	- 0.6	- 1.8	- 0.2	- 2.5	- 2.6
土耳其	- 2.0	- 2.7	- 6.1	- 3.4	- 0.6	- 1.4	- 1.5	- 2.0	- 1.9
乌克兰	- 2.0	- 3.2	- 6.3	- 5.8	- 2.8	- 4.3	- 4.8	- 5.8	- 3.9
乌拉圭	0.0	- 1.6	- 1.7	- 1.5	- 0.9	- 2.8	- 2.4	- 3.5	- 3.4
乌兹别克斯坦	5.2	10.2	2.8	4.9	8.8	8.5	2.9	0.6	0.5
委内瑞拉	- 2.8	- 3.5	- 8.7	- 10.4	- 11.6	- 16.5	- 14.9	- 14.2	- 14.9
越南	- 2.0	- 0.5	- 6.0	- 2.8	- 1.1	- 6.8	- 5.6	- 6.6	- 6.1

注：广义政府财政差额对应的英文统计口径为：General Government Net Lending/Borrowing。

资料来源：IMF, *World Economic Outlook Database*，2014 年 10 月。

（四）世界金融形势回顾与展望

表 4-1 广义货币供应量年增长率：新兴市场和发展中国家（2007～2015 年）

单位：%

国家和地区	2007 年	2008 年	2009 年	2010 年	2011 年	2012 年	2013 年	2014 年	2015 年
新兴市场和发展中国家	20.9	18.3	15.7	16.5	16.5	14.5	13.5	12.6	12.9
独联体①	42.1	17.5	15.5	24.4	22.6	13.5	14.9	16.5	14.7
俄罗斯	41.2	13.5	17.3	24.6	20.9	12.1	14.3	16.1	13.7
除俄罗斯	45.1	31.1	10.0	24.0	28.2	17.9	16.6	17.4	17.9
亚洲新兴市场和发展中国家	17.3	17.0	22.7	17.6	16.1	14.2	13.2	12.7	12.9
中国	16.7	17.8	28.4	18.9	17.3	14.4	13.6	13.0	13.0
印度	21.4	19.3	16.9	16.1	13.2	13.9	13.2	14.7	15.6
除中国和印度	15.1	12.9	12.8	14.8	14.9	13.2	11.8	10.2	10.3
欧洲新兴市场和发展中国家	17.3	18.1	6.6	11.9	11.5	6.3	12.9	9.3	7.9
拉丁美洲与加勒比地区	16.8	17.8	11.3	16.4	19.4	18.1	14.2	12.1	14.1
巴西	18.7	17.8	16.3	15.8	18.5	15.9	8.9	8.0	10.0
墨西哥	11.2	16.8	6.1	12.0	15.7	14.5	8.8	9.5	9.9
中东与北非	25.2	18.5	13.2	12.0	13.5	14.0	15.7	13.0	12.1
撒哈拉以南	27.5	30.7	13.4	12.8	12.4	15.4	7.2	10.4	13.3

注：①包括格鲁吉亚和蒙古。虽然二者不是独联体成员，但由于同独联体国家在地理和经济结构上类似，故在地区分组上将二者归入独联体。

资料来源：IMF，*World Economic Outlook*，2014 年 10 月。

表 4-2 汇率＊：部分国家和地区（2005～2013 年、2012 年第二季度至
2014 年第二季度）

单位：本币/美元

币 种	2005 年	2006 年	2007 年	2008 年	2009 年	2010 年	2011 年	2012 年	2013 年
欧 元	0.80	0.80	0.73	0.68	0.72	0.76	0.72	0.78	0.75
日 元	110.22	116.30	117.75	103.36	93.57	87.78	79.81	79.79	97.60
英 镑	0.55	0.54	0.50	0.54	0.64	0.65	0.62	0.63	0.64
瑞 士 法 郎	1.25	1.25	1.20	1.08	1.09	1.04	0.89	0.94	0.93
人 民 币	8.19	7.97	7.61	6.95	6.83	6.77	6.46	6.31	6.20
俄罗斯卢布	28.28	27.19	25.58	24.85	31.74	30.37	29.38	30.84	31.84
巴 西 里 尔	2.43	2.18	1.95	1.83	2.00	1.76	1.67	1.95	2.16
印 度 卢 比	44.10	45.31	41.35	43.51	48.41	45.73	46.67	53.44	58.60
南 非 兰 特	6.36	6.77	7.05	8.26	8.47	7.32	7.26	8.21	9.66

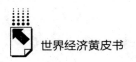

续表

币　　种	2012Q2	2012Q3	2012Q4	2013Q1	2013Q2	2013Q3	2013Q4	2014Q1	2014Q2
欧　　元	0.78	0.80	0.77	0.76	0.77	0.76	0.73	0.73	0.73
日　　元	80.18	78.61	81.11	92.37	98.70	98.97	100.34	102.79	102.14
英　　镑	0.63	0.63	0.63	0.65	0.65	0.64	0.62	0.61	0.59
瑞士法郎	0.94	0.96	0.93	0.93	0.94	0.93	0.90	0.89	0.89
人 民 币	6.31	6.33	6.30	6.28	6.21	6.17	6.13	6.12	6.16
俄罗斯卢布	30.00	32.02	31.08	30.41	31.62	32.79	32.53	34.96	35.00
巴西里尔	1.96	2.03	2.06	2.00	2.07	2.29	2.28	2.36	2.23
印度卢比	54.10	55.22	54.15	54.17	55.93	62.25	62.05	61.78	59.80
南非兰特	8.13	8.27	8.69	8.96	9.50	9.99	10.17	10.87	10.54

　　注：＊汇率为期内均值，Q 代表季度。

　　资料来源：CEIC 数据库，2014 年 10 月。

表 4 - 3　股票价格指数：全球主要证券交易所（2008～2014 年）

国家	指数名称	2008 年	2009 年	2010 年	2011 年	2012 年	2013 年	2014 年
阿 根 廷	MERVAL 指数	1080	2321	3524	2463	2854	5391	12549
澳 大 利 亚	S&P/ASX 200 指数	3722	4871	4745	4057	4649	5352	5293
巴　　西	BOVESPA 指数	37550	68588	69305	56754	60952	51507	54116
加 拿 大	S&P/TSX 综合指数	8988	11746	13443	11955	12434	13622	14961
中　　国	上证综合指数	1821	3277	2808	2199	2269	2116	2364
法　　国	CAC40 指数	3218	3936	3805	3160	3641	4296	4416
德　　国	DAX 指数	4810	5957	6914	5898	7612	9552	9474
印　　度	Sensitive30 指数	9647	17465	20509	15455	19427	21171	26631
印度尼西亚	雅加达综合指数	1355	2534	3704	3822	4317	4274	5138
意 大 利	MIB 指数	19460	23248	20173	15090	16273	18968	20892
日　　本	日经 225 指数	8860	10546	10229	8455	10395	16291	16174
韩　　国	KOSPI 指数	1124	1683	2051	1826	1997	2011	2020
墨 西 哥	BMV IPC 指数	22380	32120	38551	37078	43706	42727	44986
俄 罗 斯	MICEX 指数	620	1370	1688	1402	1475	1504	1411
沙特阿拉伯	TASI 指数	4803	6122	6621	6418	6801	8536	10855
南　　非	全部股票价格指数	21509	27666	32119	31986	39250	46256	49336
土 耳 其	BIST National 100 指数	26864	52825	66004	51267	78208	67802	74938
英　　国	FTSE100 指数	4434	5413	5900	5572	5898	6749	6623
美　　国	标准普尔 500 指数	903	1115	1258	1258	1426	1848	1972

　　注：2008～2013 年均为年底值，2014 年为 9 月底值。

　　资料来源：CEIC 数据库，2014 年 10 月。

（五）国际收支形势回顾与展望

表 5-1　国际收支平衡表：部分国家和地区（2007~2013 年）

单位：亿美元

年份	2007	2008	2009	2010	2011	2012	2013
美　国							
经常项目差额	-7133.5	-6813.4	-3816.4	-4494.8	-4577.3	-4404.2	-3792.8
货物贸易差额	-8212.0	-8324.9	-5097.5	-6497.4	-7435.6	-7408.0	-7032.6
服务贸易差额	1222.2	1301.9	1261.3	1504.0	1867.6	2061.9	2284.3
主要收入差额①	1006.0	1461.4	1235.8	1776.6	2326.4	2239.2	2287.7
次要收入差额②	-1149.8	-1251.9	-1215.9	-1277.9	-1335.8	-1297.4	-1332.2
资本项目差额	3.8	60.1	-1.4	-1.6	-12.1	69.6	-4.1
金融项目差额	6173.8	7354.1	2831.8	4398.7	5675.9	4438.1	3481.3
直接投资差额	-1928.8	-189.9	-1599.4	-952.3	-1787.8	-2218.8	-1662.8
证券投资差额	7769.3	8094.0	-177.6	6204.1	2458.7	5867.9	462.5
金融衍生品差额	62.2	-329.5	448.2	140.8	350.1	-70.6	-18.5
其他投资差额	271.0	-220.5	4160.7	-993.9	4654.9	859.6	4700.1
净误差与遗漏	957.1	-552.5	1507.8	115.9	-926.6	-58.8	284.7
储备资产变动	-1.3	-48.4	-521.8	-18.2	-159.8	-44.6	30.9
日　本							
经常项目差额	2116.9	1593.6	1470.2	2039.2	1190.6	608.6	340.7
货物贸易差额	1206.0	552.8	580.9	1085.2	-44.7	-534.8	-896.5
服务贸易差额	-371.0	-379.4	-348.4	-336.7	-384.3	-505.0	-354.8
主要收入差额①	1397.0	1550.7	1361.6	1414.5	1757.9	1791.9	1693.2
次要收入差额②	-115.1	-130.4	-124.0	-124.0	-138.2	-143.4	-101.2
资本项目差额	-40.3	-54.7	-49.9	-49.6	5.0	-10.2	-76.8
金融项目差额	-1872.4	-1726.2	-1479.4	-1956.0	188.1	-1021.9	553.2
直接投资差额	-513.1	-1062.7	-627.9	-585.8	-1105.1	-1206.2	-1327.3
证券投资差额	731.3	-2884.2	-2165.0	-1510.0	1610.5	-419.4	2637.4
金融衍生品差额	28.0	247.9	105.5	119.4	170.8	-71.4	-582.2
其他投资差额	-2118.6	1972.7	1208.0	20.3	-488.1	675.0	-174.6
净误差与遗漏	161.1	496.1	328.3	405.0	382.6	40.9	-429.3
储备资产变动	-365.2	-308.8	-269.2	-438.5	-1766.2	382.6	-387.8

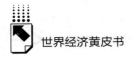
续表

年份	2007	2008	2009	2010	2011	2012	2013
德国							
经常项目差额	2487.8	2262.7	1983.5	2121.6	2472.2	2553.8	2739.7
货物贸易差额	2728.2	2677.8	1822.2	2093.5	2229.6	2339.7	2577.8
服务贸易差额	-386.4	-389.8	-210.3	-195.0	-262.5	-281.6	-305.0
主要收入差额[①]	590.6	462.7	830.9	734.1	974.4	982.2	1024.2
次要收入差额[②]	-444.6	-487.9	-459.4	-511.0	-469.4	-486.4	-557.4
资本项目差额	0.7	-1.8	0.1	-7.4	8.5	0.2	24.2
金融项目差额	-2895.0	-2530.9	-2095.6	-1641.7	-2389.5	-2847.1	-3320.7
直接投资差额	-911.4	-683.6	-441.3	-615.3	-214.0	-664.8	-300.7
证券投资差额	2153.6	445.4	-1192.4	-1541.1	425.7	-834.2	-2186.2
金融衍生品差额	-1198.6	-480.5	138.0	-229.4	-385.6	-208.6	-214.0
其他投资差额	-2938.7	-1812.2	-599.9	744.1	-2215.7	-1139.5	-619.8
净误差与遗漏	418.8	297.4	235.6	-451.1	-52.0	310.1	568.4
储备资产变动	-12.3	-27.4	-123.6	-21.3	-39.1	-17.0	-11.6
中 国							
经常项目差额	3531.8	4205.7	2432.6	2378.1	1361.0	2153.9	1828.1
货物贸易差额	2908.1	3418.6	2351.8	2455.4	2360.5	2977.5	3517.7
服务贸易差额	172.2	69.7	-150.5	-225.2	-541.5	-659.0	-1163.9
主要收入差额[①]	80.4	285.8	-85.3	-259.0	-703.2	-198.9	-438.4
次要收入差额[②]	371.0	431.6	316.6	406.9	245.1	34.3	-87.3
资本项目差额	31.0	30.5	39.4	46.3	54.5	42.7	30.5
金融项目差额	911.3	370.7	1944.9	2822.3	2600.2	-360.4	3231.5
直接投资差额	1390.9	1147.9	871.7	1857.5	2316.5	1762.5	1849.7
证券投资差额	164.4	348.5	270.9	240.4	196.4	477.8	605.5
其他投资差额	-644.1	-1125.7	802.4	724.5	87.3	-2600.7	776.3
净误差与遗漏	132.4	188.6	-411.8	-530.2	-137.7	-870.7	-776.3
储备资产变动	-4606.5	-4795.5	-4005.1	-4716.6	-3878.0	-965.5	-4313.8

注：①主要收入差额对应收益差额；②次要收入差额对应经常转移差额。

资料来源：CEIC 数据库，2014 年 10 月。

表5-2　经常项目差额占GDP比例：部分国家和地区（2008～2019年）

单位：%

国家和地区	2008年	2009年	2010年	2011年	2012年	2013年	2014年	2015年	2019年
阿根廷	1.5	2.0	-0.3	-0.7	-0.2	-0.8	-0.8	-1.1	0.6
澳大利亚	-4.9	-4.6	-3.6	-3.0	-4.4	-3.3	-3.7	-3.8	-3.7
巴西	-1.7	-1.5	-2.2	-2.1	-2.4	-3.6	-3.5	-3.6	-3.5
加拿大	0.1	-2.9	-3.5	-2.8	-3.4	-3.2	-2.7	-2.5	-2.0
中国	9.2	4.8	4.0	1.9	2.6	1.9	1.8	2.0	3.0
法国	-1.7	-1.3	-1.3	-1.7	-2.1	-1.3	-1.4	-1.0	0.0
德国	6.0	6.0	5.9	6.3	7.4	7.0	6.2	5.8	5.0
印度	-2.3	-2.8	-2.7	-4.2	-4.7	-1.7	-2.1	-2.2	-2.6
印度尼西亚	0.0	2.0	0.7	0.2	-2.8	-3.3	-3.2	-2.9	-2.5
意大利	-2.8	-1.9	-3.4	-3.0	-0.3	1.0	1.2	1.2	-0.2
日本	2.9	2.9	4.0	2.1	1.0	0.7	1.0	1.1	1.4
韩国	0.3	3.7	2.6	1.6	4.2	6.1	5.8	5.8	4.3
墨西哥	-1.8	-0.9	-0.4	-1.1	-1.3	-2.1	-1.9	-2.0	-2.2
俄罗斯	6.3	4.1	4.4	5.1	3.5	1.6	2.7	3.1	2.2
沙特阿拉伯	25.5	4.9	12.7	23.7	22.4	17.7	15.1	12.4	7.8
南非	-7.2	-4.0	-2.0	-2.3	-5.2	-5.8	-5.7	-5.6	-4.6
土耳其	-5.5	-2.0	-6.2	-9.7	-6.2	-7.9	-5.8	-6.0	-5.8
英国	-0.9	-1.4	-2.7	-1.5	-3.8	-4.5	-4.2	-3.8	-1.4
美国	-4.7	-2.6	-3.0	-3.0	-2.9	-2.4	-2.5	-2.6	-2.8

资料来源：IMF，*World Economic Outlook Database*，2014年10月。

（六）国际贸易形势回顾

表6-1　货物贸易进出口：世界部分国家和地区（2010～2013年）

单位：亿美元

2013年位次	国家和地区	货物出口				2013年位次	国家和地区	货物进口			
		2010年	2011年	2012年	2013年			2010年	2011年	2012年	2013年
	世界	153000	183280	184040	188160		世界	155100	185040	186110	188900
1	中国	15778	18984	20487	22090	1	美国	19692	22659	23355	23291
2	美国	12785	14825	15457	15796	2	中国	13962	17435	18184	19500
3	德国	12589	14740	14051	14527	3	德国	10548	12549	11632	11889

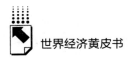
续表

2013 年位次	国家和地区	货物出口				2013 年位次	国家和地区	货物进口			
		2010 年	2011 年	2012 年	2013 年			2010 年	2011 年	2012 年	2013 年
4	日　本	7698	8232	7986	7151	4	日　本	6941	8554	8858	8332
5	荷　兰	5743	6671	6539	6719	5	法　国	6111	7200	6744	6810
6	法　国	5238	5965	5687	5797	6	英　国	5911	6771	6906	6553
7	韩　国	4664	5552	5479	5596	7	中国香港	4414	5109	5535	6223
8	英　国	4160	5066	4728	5416	8	荷　兰	5164	5990	5904	5898
9	中国香港	4007	4556	4929	5355	9	韩　国	4252	5244	5196	5156
10	俄罗斯	4006	5220	5293	5233	10	意大利	4870	5588	4886	4774
11	意大利	4473	5233	5013	5177	11	加拿大	4027	4636	4749	4743
12	比利时	4077	4757	4459	4694	12	印　度	3502	4645	4886	4660
13	加拿大	3875	4513	4552	4584	13	比利时	3912	4669	4391	4507
14	新加坡	3519	4095	4084	4102	14	墨西哥	3102	3611	3805	3910
15	墨西哥	2983	3496	3706	3802	15	新加坡	3108	3658	3797	3730
16	阿联酋	2140	3020	3490	3790	16	俄罗斯	2486	3238	3354	3430
17	沙　特	2511	3647	3884	3759	17	西班牙	3270	3766	3373	3389
18	西班牙	2544	3066	2953	3165	18	中国台湾	2512	2814	2705	2699
19	印　度	2264	3029	2968	3132	19	土耳其	1855	2408	2365	2516
20	中国台湾	2746	3083	3012	3054	20	阿联酋	1650	2030	2260	2510
21	澳大利亚	2126	2704	2564	2527	21	泰　国	1829	2288	2500	2507
22	巴　西	2019	2560	2426	2422	22	巴　西	1915	2369	2334	2504
23	瑞　士	1956	2348	2259	2292	23	澳大利亚	2016	2437	2609	2421
24	泰　国	1933	2226	2292	2285	24	马来西亚	1646	1875	1964	2060
25	马来西亚	1986	2281	2275	2283	25	波　兰	1780	2106	1991	2051
26	波　兰	1597	1887	1854	2020	26	瑞　士	1763	2082	1978	2009
27	印　尼	1581	2008	1885	1833	27	印　尼	1353	1762	1904	1873
28	奥地利	1526	1774	1666	1747	28	奥地利	1590	1914	1785	1822

资料来源：*WTO Statistics Database Online*，2014 年 10 月。

表 6 – 2　服务贸易进出口：世界部分国家和地区（2010～2013 年）

单位：亿美元

2012 年位次*	国家和地区	服务出口				2012 年位次*	国家和地区	服务进口			
		2010 年	2011 年	2012 年	2013 年			2010 年	2011 年	2012 年	2013 年
	世　界	38277	42954	43970	46444		世　界	36134	40559	41739	43814
1	美　国	5406	5979	6303	6620	1	美　国	3749	4006	4168	4315
2	英　国	2638	2928	2884	2927	2	德　国	2676	2968	2947	3168
3	德　国	2426	2686	2654	2862	3	中　国	1922	2370	2802	3294
4	法　国	1953	2344	2154	2363	4	英　国	1645	1747	1752	1740
5	中　国	1612	1757	1904	2047	5	日　本	1556	1657	1749	1623
6	印　度	1165	1382	1456	1509	6	法　国	1672	1909	1739	1885
7	日　本	1387	1426	1425	1454	7	印　度	1138	1239	1281	1246
8	西班牙	1238	1423	1369	1453	8	新加坡	1004	1131	1236	1284
9	荷　兰	1156	1356	1311	1467	9	荷　兰	1055	1209	1195	1274
10	中国香港	1050	1183	1252	1333	10	爱尔兰	1072	1156	1118	1176
11	新加坡	942	1090	1170	1221	11	加拿大	959	1050	1054	1049
12	爱尔兰	979	1128	1156	1253	12	韩　国	950	1000	1049	1059
13	韩　国	863	941	1103	1118	13	俄罗斯	714	873	1041	1230
14	意大利	968	1063	1039	1102	14	意大利	1080	1134	1040	1073
15	比利时	910	961	995	1062	15	比利时	817	886	913	975
16	瑞　士	812	929	889	934	16	西班牙	872	947	899	922
17	加拿大	719	791	782	782	17	巴　西	595	730	778	833
18	卢森堡	630	713	717	773	18	澳大利亚	505	605	632	622
19	瑞　典	606	705	706	750	19	阿联酋	413	557	622	700
20	丹　麦	609	661	657	698	20	丹　麦	522	585	581	596
21	奥地利	539	605	599	646	21	中国香港	507	558	580	595
22	俄罗斯	446	545	582	648	22	瑞　典	467	541	542	574
23	澳大利亚	458	508	523	522	23	泰　国	448	520	529	550
24	泰　国	341	413	493	586	24	沙　特	510	550	499	517
25	中国台湾	401	456	488	514	25	挪　威	424	470	484	494
26	中国澳门	287	398	453	535	26	瑞　士	363	451	467	528
27	土耳其	361	406	430	463	27	马来西亚	321	377	427	450
28	挪　威	395	422	428	405	28	奥地利	369	421	423	446
29	巴　西	301	364	381	375	29	卢森堡	373	423	421	458
30	波　兰	327	375	379	401	30	中国台湾	371	413	421	417

注：＊部分国家和地区 2013 年服务贸易数据暂时无法得到，本表按 2012 年数据排序。

资料来源：*WTO Statistics Database Online*，2014 年 10 月。

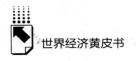

表6－3 原油进出口量：世界部分国家和地区（2003年与2013年）*

单位：千桶／天，%

国家和地区	2003年		2013年		国家和地区	2003年		2013年	
	进口量	占世界比重	进口量	占世界比重		出口量	占世界比重	出口量	占世界比重
北美	10545	25.5	8366	19.6	北美	1252	3.3	2137	5.4
加拿大	880	2.1	653	1.5	加拿大	1232	3.2	2018	5.1
美国	9665	23.4	7713	18.0	美国	20	0.1	119	0.3
拉丁美洲	1962	4.7	2607	6.1	拉丁美洲	4680	12.2	4412	11.1
巴西	420	1.0	364	0.9	厄瓜多尔	209	0.5	388	1.0
智利	209	0.5	195	0.5	墨西哥	2114	5.5	1271	3.2
古巴	15	0.0	138	0.3	委内瑞拉	1535	4.0	1937	4.9
东欧	1246	3.0	1365	3.2	东欧	5479	14.3	6585	16.5
保加利亚	116	0.3	113	0.3	俄罗斯	4432	11.6	4710	11.8
罗马尼亚	117	0.3	109	0.3	西欧	4502	11.8	1958	4.9
西欧	11777	28.5	9886	23.1	挪威	2778	7.3	1198	3.0
法国	1736	4.2	1110	2.6	英国	1385	3.6	595	1.5
德国	2182	5.3	1825	4.3	中东	14591	38.1	17652	44.3
希腊	399	1.0	392	0.9	伊朗	2396	6.3	1215	3.1
意大利	1691	4.1	1179	2.8	伊拉克	389	1.0	2390	6.0
荷兰	976	2.4	952	2.2	科威特	1243	3.2	2058	5.2
土耳其	485	1.2	375	0.9	阿曼	808	2.1	838	2.1
英国	996	2.4	1011	2.4	卡特尔	541	1.4	599	1.5
中东	501	1.2	352	0.8	沙特	6523	17.1	7571	19.0
巴林	225	0.5	219	0.5	阿联酋	2048	5.4	2701	6.8
非洲	727	1.8	846	2.0	非洲	5860	15.3	5851	14.7
科特迪瓦	54	0.1	73	0.2	阿尔及利亚	741	1.9	744	1.9
摩洛哥	90	0.2	105	0.2	安哥拉	823	2.2	1669	4.2
亚太地区	14613	35.3	19337	45.2	利比亚	1127	2.9	589	1.5
澳大利亚	379	0.9	451	1.1	尼日利亚	2164	5.7	2193	5.5
中国	1838	4.4	5658	13.2	苏丹	197	0.5	70	0.2
印度	1826	4.4	3782	8.8	亚太地区	1887	4.9	1235	3.1
印尼	306	0.7	291	0.7	澳大利亚	230	0.6	205	0.5
日本	4190	10.1	3408	8.0	文莱	198	0.5	115	0.3
菲律宾	251	0.6	152	0.4	中国	168	0.4	32	0.1
新加坡	518	1.3	784	1.8	印尼	433	1.1	316	0.8
韩国	2180	5.3	2450	5.7	马来西亚	392	1.0	263	0.7
泰国	774	1.9	868	2.0	越南	335	0.9	102	0.3
世界	41371	100.0	42759	100.0	世界	38251	100.0	39830	100.0
OECD	30089	72.7	26043	60.9	OPEC	19737	51.6	24054	60.4

注：＊数据包括转口数据，每个地区只列出主要的而非全部国家和地区。

资料来源：*OPEC Annual Statistical Bulletin* 2014，CD ROM and web version，www. opec. org。

（七）国际投资与资本流动回顾

表7-1　国际投资头寸表：部分国家和地区（2007～2013年）

单位：亿美元

年份	2007	2008	2009	2010	2011	2012	2013
美 国							
金融账户总资产	207045	194234	194265	217678	222089	225203	237098
对外直接投资	58579	37072	49453	54864	52148	59383	70801
证券投资	72620	43208	60586	71604	68717	79670	91831
股本证券	52480	27484	39953	49003	45014	53115	64442
债务证券	20141	15724	20633	22601	23703	26555	27388
金融衍生品	25593	61275	34898	36523	47166	36198	28198
其他投资	47480	49742	45290	49801	48687	44229	41786
储备资产	2772	2937	4038	4887	5370	5724	4483
金融账户总负债	219840	234187	220541	242796	266639	270986	290928
外来直接投资	41342	30912	36186	40991	41992	46709	57906
证券投资	103270	94759	104632	118693	126472	139789	155032
股本证券	32317	21324	29177	35458	38419	45454	58215
债务证券	70953	73434	75456	83235	88053	94335	96817
金融衍生品	24879	59678	33634	35419	46305	35620	27463
其他投资	50349	48838	46088	47693	51869	48868	50528
国际投资净头寸	-12795	-39953	-26276	-25118	-44550	-45782	-53830
日 本							
金融账户总资产	53601	57315	60390	68931	74986	76641	75845
对外直接投资	5475	6908	7532	8462	9723	10541	11330
证券投资	25236	23767	28459	33052	33752	35253	34114
股本证券	5735	3947	5940	6785	6658	6872	7100
债务证券	19501	19820	22518	26267	27094	28381	27014
金融衍生品	390	774	462	526	539	534	779
其他投资	12827	15620	13426	15924	18038	17665	16942
储备资产	9674	10246	10512	10967	12934	12648	12680
金融账户总负债	31666	32435	31252	37513	40834	42405	44980
外来直接投资	1377	2139	2124	2300	2422	2222	1857
证券投资	19429	15417	15370	18668	20263	20856	23919
股本证券	12459	7562	8296	9888	8472	9654	14335
债务证券	6970	7855	7074	8780	11791	11201	9584
金融衍生品	435	855	566	647	726	615	822
其他投资	10424	14024	13192	15898	17424	18712	18383
国际投资净头寸	21936	24880	29138	31419	34152	34236	30864

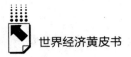

续表

年份	2007	2008	2009	2010	2011	2012	2013
德国							
金融账户总资产	76214	70458	75162	87052	88025	95730	94943
对外直接投资	15453	14596	16053	16349	16810	18301	19712
证券投资	26248	21492	25079	25557	23804	27601	30836
股本证券	9540	5895	7071	7397	6472	7474	9196
债务证券	16708	15596	18008	18160	17332	20127	21640
金融衍生品	—	—	—	10478	11853	11176	7464
其他投资	33151	32990	32222	32503	33170	36164	34949
储备资产	1362	1380	1808	2165	2389	2489	1982
金融账户总负债	66760	61693	63735	75432	76836	81307	76851
外来直接投资	12469	11372	12169	12147	12135	12943	13837
证券投资	32944	29496	31744	31341	31771	34846	35307
股本证券	9089	4723	6465	6573	5573	6904	8512
债务证券	23854	24773	25279	24768	26197	27942	26795
金融衍生品	—	—	—	10508	12022	11103	7324
其他投资	21347	20824	19822	21436	20909	22415	20383
国际投资净头寸	9454	8765	11427	11620	11189	14423	18092
中国							
金融账户总资产	24162	29567	34369	41189	47345	52132	59368
对外直接投资	1160	1857	2458	3172	4248	5319	6091
证券投资	2846	2525	2428	2571	2044	2406	2585
股本证券	196	214	546	630	864	1298	1530
债务证券	2650	2311	1882	1941	1180	1108	1055
其他投资	4683	5523	4952	6304	8495	10528	11888
储备资产	15473	19662	24532	29142	32558	33879	38804
金融账户总负债	12285	14632	19464	24308	30461	33467	39652
外来直接投资	7037	9155	13148	15696	19069	20680	23475
证券投资	1466	1678	1900	2239	2485	3361	3868
股本证券	1290	1505	1748	2061	2114	2619	2980
债务证券	176	172	152	178	371	742	889
其他投资	3781	3800	4416	6373	8907	9426	12309
国际投资净头寸	11877	14935	14905	16880	16884	18665	19716

资料来源：CEIC 数据库，2014 年 10 月。

表 7 – 2 – 1 FDI 流量：部分经济体（2000～2013 年）

单位：亿美元

国家（地区）	流入量			流出量		
	2000 年	2005 年	2013 年	2000 年	2005 年	2013 年
阿根廷	104.2	52.7	90.8	9.0	13.1	12.3
澳大利亚	153.6	－248.6	498.3	40.3	－323.5	63.6
巴西	327.8	150.7	640.5	22.8	25.2	－35.0
英属维尔京群岛	98.8	－90.9	923.0	344.6	177.5	686.3
加拿大	668.0	256.9	623.2	446.8	275.4	426.4
中国	407.1	724.1	1239.1	9.2	122.6	1010.0
中国香港	705.1	409.6	766.3	700.0	339.1	915.3
中国台湾	49.3	16.3	36.9	67.0	60.3	143.4
丹麦	338.2	128.7	20.8	265.5	161.7	91.7
埃及	12.4	53.8	55.5	0.5	0.9	3.0
法国	432.5	849.5	48.8	1774.5	1149.8	－25.5
德国	1982.8	474.4	267.2	565.6	758.9	575.5
希腊	11.1	6.2	25.7	21.4	14.7	－6.3
冰岛	1.7	30.8	3.5	3.9	70.6	5.1
印度	35.9	76.2	282.0	5.1	29.9	16.8
印度尼西亚	—	83.4	184.4	—	30.7	36.8
意大利	133.7	232.9	165.1	66.9	393.6	316.6
日本	83.2	27.8	23.0	315.6	457.8	1357.5
朝鲜	0.0	0.5	2.3	0.1	0.0	0.0
韩国	115.1	136.4	122.2	48.4	83.3	291.7
墨西哥	183.0	246.8	382.9	3.6	64.7	129.4
菲律宾	22.4	16.6	38.6	1.3	7.9	36.4
俄罗斯	27.1	155.1	792.6	31.8	178.8	949.1
沙特	1.8	121.0	93.0	15.5	－3.5	49.4
新加坡	155.2	180.9	637.7	66.5	115.8	269.7
南非	8.9	66.5	81.9	2.7	9.3	56.2
瑞典	234.3	116.3	81.5	409.1	277.1	332.8
瑞士	192.6	－9.5	－52.5	446.7	511.2	599.6
土耳其	9.8	100.3	128.7	8.7	10.6	31.1
英国	1219.0	1779.0	371.0	2354.0	800.1	194.4
美国	3140.1	1047.7	1875.3	1426.3	153.7	3383.0

注：本表按照国家（地区）的英文名称排序。

资料来源：联合国贸发会（UNCTAD）数据库。

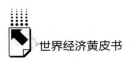

世界经济黄皮书

表 7 - 2 - 2　FDI 存量：部分经济体（2000 ~ 2013 年）

单位：亿美元

国家（地区）	流入存量			流出存量		
	2000 年	2005 年	2013 年	2000 年	2005 年	2013 年
阿根廷	676	551	1123	211	233	341
澳大利亚	1189	2715	5916	960	2292	4718
巴西	1223	1813	7246	519	793	2933
英属维尔京群岛	321	487	4593	671	1301	5233
加拿大	2127	3416	6450	2376	3883	7324
中国	1933	2721	9568	278	572	6136
中国香港	4919	5687	14439	4358	5510	13524
中国台湾	195	432	634	667	1033	2459
丹麦	736	1164	1590	731	1293	2561
埃及	200	289	850	7	10	66
法国	3910	8889	10815	9259	12322	16371
德国	2716	4760	8515	5419	9275	17103
希腊	141	292	277	61	136	464
冰岛	5	47	107	7	101	126
印度	163	432	2267	17	97	1198
印度尼西亚	—	412	2303	—	—	161
意大利	1225	2375	4037	1700	2446	5984
日本	503	1009	1709	2784	3866	9929
朝鲜	10	14	19	—	—	—
韩国	437	1049	1674	215	387	2191
墨西哥	1020	2348	3891	83	518	1439
菲律宾	138	150	325	10	20	132
俄罗斯	322	1802	5757	201	1467	5012
沙特	176	335	2083	53	76	393
新加坡	1106	2370	8377	568	1598	4979
南非	435	967	1400	273	310	958
瑞典	938	1719	3781	1236	2078	4360
瑞士	868	1702	7474	2322	4320	12594
土耳其	188	713	1455	37	83	328
英国	4631	8510	16055	9234	12155	18848
美国	27832	28180	49352	26940	36380	63495

注：本表按照国家（地区）的英文名称排序。

资料来源：联合国贸发会（UNCTAD）数据库。

（八）全球竞争力和大公司排名

表 8-1   2014 年全球竞争力指数：部分国家和地区

国家/地区	2014 年竞争力指数		2013 年位次	国家/地区	2014 年竞争力指数		2013 年位次
	位次	分数			位次	分数	
瑞　　士	1	5.70	1	泰　　国	31	4.66	31
新 加 坡	2	5.65	2	智　　利	33	4.60	33
美　　国	3	5.54	3	印　　尼	34	4.57	34
芬　　兰	4	5.50	4	西 班 牙	35	4.55	35
德　　国	5	5.49	5	葡 萄 牙	36	4.54	36
日　　本	6	5.47	6	捷　　克	37	4.53	37
中国香港	7	5.46	7	波　　兰	43	4.48	43
荷　　兰	8	5.45	8	土 耳 其	45	4.46	45
英　　国	9	5.41	9	意 大 利	49	4.42	49
瑞　　典	10	5.41	10	菲 律 宾	52	4.40	52
挪　　威	11	5.35	11	俄 罗 斯	53	4.37	53
阿 联 酋	12	5.33	12	南　　非	56	4.35	56
丹　　麦	13	5.29	13	巴　　西	57	4.34	57
中国台湾	14	5.25	14	罗马尼亚	59	4.30	59
加 拿 大	15	5.24	15	墨 西 哥	61	4.27	61
卡 塔 尔	16	5.24	16	越　　南	68	4.23	68
新 西 兰	17	5.20	17	印　　度	71	4.21	71
比 利 时	18	5.18	18	乌 克 兰	76	4.14	76
卢 森 堡	19	5.17	19	乌 拉 圭	80	4.04	80
马来西亚	20	5.16	20	希　　腊	81	4.04	81
奥 地 利	21	5.16	21	伊　　朗	83	4.03	83
澳大利亚	22	5.08	22	柬 埔 寨	95	3.89	94
法　　国	23	5.08	23	阿 根 廷	104	3.79	103
沙　　特	24	5.06	24	黎 巴 嫩	113	3.68	112
爱 尔 兰	25	4.98	25	埃　　及	119	3.60	118
韩　　国	26	4.96	26	利 比 亚	126	3.48	125
以 色 列	27	4.95	27	巴基斯坦	129	3.42	128
中　　国	28	4.89	28	安 哥 拉	140	3.04	139
爱沙尼亚	29	4.71	29	也　　门	142	2.96	141
冰　　岛	30	4.71	30	乍　　得	143	2.85	142

注：共有 144 个国家和地区参加排名，因篇幅所限本表未全部列出。

资料来源：世界经济论坛（World Economic Forum），www.weforum.org/gcr。

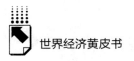

表 8 - 2 2014 年《财富》全球 50 强公司排名

2014 年排名	2013 年排名	公司名称	总部所在地	营业收入（亿美元）	利润（亿美元）
1	2	沃尔玛	美 国	4762.9	160.2
2	1	荷兰皇家壳牌石油公司	荷 兰	4596.0	163.7
3	4	中国石油化工集团公司	中 国	4572.0	89.3
4	5	中国石油天然气集团公司	中 国	4320.1	185.0
5	3	埃克森美孚	美 国	4076.7	325.8
6	6	英国石油公司	英 国	3962.2	234.5
7	7	国家电网公司	中 国	3333.9	79.8
8	9	大众公司	德 国	2615.4	120.7
9	8	丰田汽车公司	日 本	2564.5	182.0
10	12	嘉能	瑞 士	2326.9	-74.0
11	10	道达尔公司	法 国	2278.8	112.0
12	11	雪佛龙	美 国	2203.6	214.2
13	14	三星电子	韩 国	2089.4	272.5
14	18	伯克希尔 – 哈撒韦公司	美 国	1821.5	194.8
15	19	苹果公司	美 国	1709.1	370.4
16	20	安盛	法 国	1658.9	59.5
17	21	俄罗斯天然气工业股份公司	俄 罗 斯	1650.2	357.7
18	15	意昂集团	德 国	1625.6	28.4
19	16	菲利普斯 66	美 国	1611.8	37.3
20	23	戴姆勒股份公司	德 国	1566.3	90.8
21	22	通用汽车公司	美 国	1554.3	53.5
22	17	埃尼石油公司	意 大 利	1541.1	68.5
23	13	日本邮政控股公司	日 本	1521.3	47.8
24	26	EXOR 集团	意 大 利	1510.0	27.7
25	29	中国工商银行	中 国	1488.0	427.2
26	28	福特汽车公司	美 国	1469.2	71.6
27	24	通用电气公司	美 国	1462.3	130.6
28	25	巴西国家石油公司	巴 西	1414.6	110.9
29	42	麦克森公司	美 国	1380.3	12.6
30	27	瓦莱罗能源公司	美 国	1377.6	27.2
31	31	安联保险集团	德 国	1346.4	79.6
32	30	鸿海精密工业股份有限公司	中 国	1331.6	35.9
33	61	法国兴业银行	法 国	1327.1	28.9

续表

2014 年排名	2013 年排名	公司名称	总部所在地	营业收入（亿美元）	利润（亿美元）
34	34	美国电话电报公司	美　国	1287.5	182.5
35	40	CVS 公司	美　国	1267.6	45.9
36	36	墨西哥石油公司	墨西哥	1259.4	−133.0
37	35	房利美	美　国	1257.0	839.6
38	50	中国建设银行	中　国	1254.0	349.1
39	51	联合健康集团	美　国	1224.9	56.3
40	41	法国巴黎银行	法　国	1219.4	64.1
41	38	委内瑞拉国家石油公司	委内瑞拉	1209.8	129.3
42	48	威瑞森电信	美　国	1205.5	115.0
43	46	卢克石油公司	俄罗斯	1191.2	78.3
44	37	苏伊士集团	法　国	1185.5	−123.3
45	45	本田汽车	日　本	1182.1	57.3
46	99	俄罗斯石油公司	俄罗斯	1170.8	171.1
47	64	中国农业银行	中　国	1153.9	270.5
48	49	意大利忠利保险公司	意大利	1152.2	25.4
49	33	荷兰国际集团	荷　兰	1143.0	60.8
50	43	惠普	美　国	1123.0	51.1

注：根据截止到 2014 年 3 月 31 日的财年数据排名。

资料来源：*Fortune* 杂志。

Abstract

The world economy maintains a slow recovery in 2014, and the economic growth rates among countries differentiate significantly. The US economic recovery consolidates while the euro zone economy operates at a low level and Japan's growth is still far away from its target. Thus, the monetary policies of the major developed economies differentiate. Brazil and Russia fall sharply while China remains a high level growth even with a slowed growth rate and India's economic growth is improved. The global labor market improves comparatively. The consumer price flats with a slight decline and some economies begin to face the risk of deflation. There is a sharp decline in global commodity prices. The international trade enters a low growth track while the foreign direct investment lacks motivations. The global debt level is still high.

In 2015, the world economy will be influenced by many factors such as the monetary policies of US, Europe, Japan and other advanced economies and their spillover effect, the possibility of European economy out of its slump, the final effectiveness of "Abenomics", the reform results of major emerging economies, the potential risk of global financial system, geopolitical economic trends, paroxysmal diseases and natural disasters, and so on. The world economic growth in 2015 is expected to be 3.3% in terms of purchasing power parities and 2.8% in terms of market exchange.

Contents

Ⅰ Overview

Y. 1 Analysis and Forecast of the World Economy in 2014 −2015

Zhang Yuyan , Xu Xiujun / 001

1. *Introduction* / 002

2. *Overall Situation of the World Economy in 2014* / 003

3. *Characteristics or Changes of the World Economy in 2014* / 010

4. *Forecast of the World Economy in 2015* / 017

Abstract: The world economy maintains a slow recovery in 2014, and the economic growth rates among countries differentiate significantly. The developed and developing economies experiences a double speed growth, but its difference narrows. The US economic recovery consolidates while the euro zone economy operates at a low level and Japan's growth is still far away from its target because the effectiveness of " Abenomics " decreases. Thus, the monetary policies of the developed economies differentiate. Brazil and Russia fall sharply with an almost zero growth while China remains a high level growth even with a slowed growth rate and India's economic growth is improved. The overall global labor market improves comparatively. The consumer price flats with a slight decline but all economies perform in variety. Some economies begin to face the risk of deflation. The linkage of the political and economic factors causes a sharp decline in global commodity prices. The global trade enters a low growth track while the foreign direct investment lacks motivations. The global debt level is still high. Despite of various difficulties, the global economic governance and regional cooperation still made some new progresses. In 2015, the world economy will be influenced by many factors such as the monetary

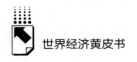
policies of advanced economies and their spillover effects, the reform results of major emerging economies, the potential risks of global financial system, geopolitical economic trends, paroxysmal diseases and natural disasters, and so on. The global economic growth is expected to rise slightly.

Keywords: World Economy; Monetary Policy Adjustment; Risk of Deflation; Oil Price Fluctuation; Geopolitical Economy

Ⅱ Country/Region Study

Y.2 The U. S. Economy: Toward a Stable Growth *Sun Jie* / 021

Abstract: Although the growth rate drops in early 2014, economic fundamental improved. Confidence of firm and consumer resumed, employment increased, real estate rebounded, personal disposal income and household wealth strengthened, drag from federal fiscal restraint alleviated and endogenous growth became obvious. Looking forward to 2015, the prospect of the US economy is optimistic. Inflation expectation change little, wage growth remain tepid, gains in wealth and income are supporting consumer spending and economic growth, investment move on recovery, net export and government expenditure may neutral. Uncertainties to stable growth include the growth slowdown worldwide, primary product inflation and the possibility of debt crisis.

Keywords: Exit Policy; Forward Guidance; Debt Burden; Aging

Y.3 European Economy: Modest Recovery *Dong Yan* / 048

Abstract: Since the second half of 2013, economic conditions gradually improved in Europe. While the high unemployment rate, shrink of loans to private sector, and high public debt burden are still threatening EU's recovery. Europe, especially the euro zone's economic recovery is week. The growth rate of Euro area will turn positive. In 2015, The EU will continue to keep modest recovery

Keywords: European Economy; Sovereign Debt Crisis; Economic Outlook

Y. 4   Japanese Economy: Growth Slowdown and Risks Remain

Feng Weijiang / 071

Abstract: The Japanese economy fluctuated in 2014. In the first half of the year, Japan's economic growth experienced a sudden rise and a sudden drop. In the second half of the year, Japan's economic recovery was slow and the rebound was weak. From a domestic perspective, this was mainly due to the impact caused by rising consumption tax rate and Japanese government's stimulating countermeasures. From the external environment, the effect of the depreciation of the yen turned negative. Slowing exports to major trading partners made Japan's economic recovery more sluggish than expected. Although the Japanese government revised the "Japan Revitalization Strategy," there was a long way to go to let the strategy into reality. Inadequate structural reforms would weaken the effect of the stimulus. Shinzo Abe had announced to postpone the planned consumption tax increase. The public confidence to "Abenomics" and the structural reform measureswas weaker. Japan's real GDP is expected to grow about 0. 3% in 2014 is expected to grow about 0. 8percent in 2015.

Keywords: Abenomics; Japan Revitalization Strategy; Consumption Tax

Y. 5   Asia-Pacific Economy: Growing towards New Normal

Yang Panpan / 092

Abstract: In 2014, the economic performance of Asia-Pacific region declined slightly. The growth rate was expected to be around 5. 4% , and was 0. 1 percent lower than 2013. The growth rates slowed down for both developing and developed economies within this region. In 2014, the inflation pressure relieved a little; currency trend remained stable generally, and there was no large wave of depreciation; current account did not change much, and there was no significant imbalance within this region. Although the recovery of Asia-Pacific region was still ahead of the world, it was losing its momentum for a stronger

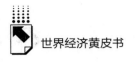

recovery. This was forming a New Normal in this region. Furthermore, Asia-Pacific emerging markets, which were the most active economies in the world, was in hard time to pursue higher growth. Innovative policies were called for future adjustment.

Keywords: Asia-Pacific Region; Economic Growth; New Normal

Y.6   Russia: Solve the Handicap of Stagflation and

Economic Sanctions   *Zhang Lin, Gao Lingyun* / 107

Abstract: Russia's economic growth is under huge pressure between 2013 and 2014. The growth rate declines significantly because of continued weak manufacturing, increasing capital outflows, declining external demand and the dropping energy price. Tensions between Russia and Ukraine and the consequent economic sanctions have the neglectable impact on the cost of oil financing and gas productions as well as Russian international trade. We predict sanctions from US and Europe to Russia may not last for a long time. The key to resolve the current dilemma of Russia relies on economic restructure.

Keywords: Declining Growth Rate; High Inflation; Economic Sanctions

Y.7   Latin American Economy: Economy Weakly

Rebound, the Risk Remains   *Xiong Aizong* / 124

Abstract: The economic growth rate of Latin America and the Caribbean regionis is expected to be 2.2% in 2014, continued to slow compared to 2013, and is expected to rise to 2.6% in 2015. While economic weakness continues, most Latin American countries have still maintained a tight monetary policy since persistent inflationary pressures. Although Latin America's economy is expected to rebound in 2015, there are still many uncertainties. The withdrawal of the U.S. quantitative easing would trigger a new round of international capital outflows from the Latin American countries, and thus has a negative impact on the real economy and the financial markets. Along with the close economic relations between China and the Latin American countries, China's economic slowdown will also have an impact on the Latin American countries through trade and investment channels.

Keywords: Latin America; Economic Situation; Future Prospect

Y. 8　Western Asian and African Economy: As a Whole is Getting Better　*Tian Feng* / 141

Abstract: In 2014, the economy of West Asia and North Africa rebounds, though escalate tension in the region casts a shadow over its future development. West Asia and North Africa also faced a number of problems, such as fiscal surplus is reduced substantially, the investment climate needs to be strengthened, the private sector is not active, and the rate of unemployment is rather high. The economy of Sub-Saharan Africa is relatively strong, while faces several challenges, such as fiscal deficit is high, the growth of government debt is gaining speed, the rate of unemployment is rather high, exports slowdown, imports are strong, and current-account deficit is yawning. In the future, the economy of West Asia and North Africa will recover further while still fragilely. The economy of Sub-Saharan Africa will remain strong.

Keywords: Regional Turmoil; Commodity Price; West Asia and North Africa; Sub-Saharan Africa

Y. 9　China's Economic Transition Syndrome　*Zhang Bin* / 158

Abstract: After thirty years high economic growth, Chinese economy is stepping into a classical transition from industrial economy into post-industrial economy. In this transition period, mismatch between demand side and supply side is enlarged due to over regulations in service sectors, and economic growth engine is weakened. Stimulus policies aim to keep economic growth momentum at expense of sharp increase of financial fragility and resource misallocation, which is unsustainable

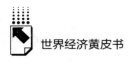
and harmful to sustainable economic growth. China's economic transition syndrome refers to such a vicious cycle among slowing down of GDP growth, increasing demand for stimulus policies, and increasing financial fragility.

Keywords: Economic Transition; Stimulus Policies; Financial Fragility

Ⅶ Ⅲ   Special Reports

Y. 10   International Trade: Developments and Prospects

Ma Tao / 174

Abstract: The trade of developed economies like U. S. staged a modest growth, but there is still a long way to go for the global economy to get recovered. The global trade in the first half of 2014 did not look promising. The increase of global merchandise trade in the first half is moderate at 2.9%, lower than 4.7% predicted by WTO. The improvement of economic conditions and increase of trade since the mid of 2014 suggest that the global trade in the second half year of 2014 could be better than the first half. Due to the change of global trade growth pattern, we forecast that the growth of global merchandise trade could be around 3.5%. In the medium term, the increase of global trade could be lower or equal to the economic growth. We suggest that the growth of global trade in 2015 could be around 3.5 − 4%. In addition, multilateral trade agreements also made new progress, and trade facilitation became a new rule of multilateral trade. However, the intransigent attitude of India and other countries towards food security hampered the passage of the agreement on trade facilitation, and forced it to develop in the form of plurilateral agreement. In terms of regional trade development, trade in value-added is significant for the trade and investment in APEC, and global value chains also promote the economic integration in Asia − Pacific region and its trade development.

Keywords: International Trade; Growth Forecast; Trade Facilitation Agreement; Regional Trade

Y. 11   International Financial Market in 2014：

Developments and Prospects

Gao Haihong，*Liu Dongmin* / 191

Abstract：The monetary policies in developed countries tended to follow divergent paths due to different pace of recovery. However，the overall global financial condition remained accommodative for investors' risk appetite. As a result，financial risks continued to accumulate because of excessive liquidity and highly leveraged financing. The yield curves of long-term government bonds reflected market expectation about the Fed's QE tapering. Developed countries' corporate bonds' issuances remained dominant globally，backed by investors' "search for yield" motivation. Global equity markets boomed. The US dollar appreciated against most major currencies . However，exchange rates of emerging economies followed divergent trends，reflecting different policies and economic situations. In the coming 2015，whether the accumulated financial risks turn into another crisis will be determined by how the leveraged financing activates are curbed，and whether the excessive liquidity is transformed into corporate investment and earnings.

Keywords：International Financial Risk; Too Big to Fail; Bond Market; Equity Market; Foreign Exchange Market

Y. 12   International Direct Investment：Developments and Prospects

Wang Bijun / 216

Abstract：With the world economy experiencing a moderate recovery，especially the developed countries' situation turning for the better，global foreign direct investment (FDI) returned to growth in 2013 after a sharp fell of 19. 4% in 2012. This situation was expected to continue in the next three years，which could strengthen the capability and willingness of multinational enterprises to increase their cross-border investments and prompt them to transform their record levels of cash holdings into new investments. Nevertheless，there were still difficulties and risks that should not be ignored. The road to a stronger growth level of global FDI was tortuous.

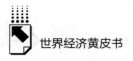
Keywords: Foreign Direct Investment; Cross-border Merger and Acquisition; Investment Protectionism

Y. 13   Global Commodity Market: Developments and Prospects

Wang Yongzhong / 236

Abstract: The decline in the global economic growth rate and the expectation on Fed's exit of quantitative easing (QE) monetary policy, has caused the growth rate of commodity demand moderate and commodity price index decrease, particularly prices of iron ore, agricultural raw materials, precious metals and crude petroleum fell significantly in 2014. Although the rebound in global economy in 2015 will stimulate commodity demand increase, it can't lead to rise in commodity price index. It is expected that Fed's end QE at the end of October 2014, and possibly raise the target range for the federal funds rate and stop reinvesting of principal payments from maturing securities in the middle of 2015, will not only constrain global liquidity supply, but also induce the yield of the US dollar assets rise and the US dollar appreciate, and hence commodity price index will decline. In the perspective of long-run, the declining pressure in the price of crude petroleum is relatively large, and that of gold and non-oil commodity is relatively moderate and small respectively. The crude petroleum market will keep weak in 2015, and whose average daily price will fall to below MYM100/barrel, possibly fluctuating at around MYM95 a barrel.

Keywords: Commodity Market; Demand; Supply; Price

Ⅳ   Hot Topics

Y. 14   The Efficacy and Challenges of Monetary Policy during Prolonged Recovery of Major Advanced Economies

Li Yuanfang / 256

Abstract: Six years after the Great Financial Crisis, major advanced economies

(AEs) have been on a prolonged path to recovery, undershooting the forecasts and showing divided trends. The untra-easing unconventional monetary policy implemented by major AEs after the crisis has played a key role in stemming the financial market meltdown and downward spiral of deflation. However, due to the indispensible private sector deleveraging during balance sheet repairs, monetary policy transmission has been impaired and the monetary policy cannot fulfill the savior's role in economic recovery, while in the unchartered area of unconventional monetary policy, unintended consequences cannot be ruled out. With financial cycles and overhanging public debt looming in the policy horizon, the timing and strategy of exit of unconventional monetary policy should not be dominated by the doctrine of inflation-targeting prevailing before the crisis. Nevertheless, it remains to be explored as to how the monetary policy should react to the goal of financial stability. Preventing new bubbles in the future is a fundamental challenge faced by the monetary policy. It demands a more symmetric strategy of monetary policy in dealing with financial risks.

Keywords: Unconventional Monetary Policy; Balance Sheet Repair; Financial Stability

B. 15　A Physical Examination for Emerging Economies:
　　　Alarms to BAT Countries　　　　　　　　*Xu Qiyuan* / 274

Abstract: From the perspective of middle term, three shocks challenge the internal policies of Emerging Economies. Firstly, the Fed is expected to exert QE tapering or even exit; secondly, the advanced economies as a whole is undergoing a moderate recovery; and thirdly, the commodities price is and will continue to keep weak. Based on Emerging Elevens' features upon external and internal economic structure, we analyze how these economies will suffer or enjoy the above three shocks. With a survey of the major index like unemployment ratio, inflation and debt–GDP ratio, we analyze the room of the economies' policies respectively. At last, we raise a new concept of BAT countries (Brazil, Argentina, Turkey), and emphasize the risks for BAT in middle term.

Keywords: Emerging Economies; External Shocks; the Room of Internal Policies; BAT Countries

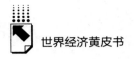

Y. 16   Multilateral, Plurilateral and Regional Trade Negotiations:

New Developments and New Rules   *Li Chunding* / 289

Abstract: Global financial crisis induced a new round development of international trade agreement negotiation. On the multilateral trade negotiations, Bali agreement is the first for Doha round. On the plurilateral trade negotiations, the Trade in Service Agreement, the Information and Technology Agreement, and the Government Procurement Agreement develop simultaneously. On the regional trade negotiations, the Trans-Pacific Partnership, the Trans-Atlantic Trade and Investment Partnership, and the Regional Comprehensive Economic Partnership show a trend of replacing the present multilateral trade system. Along with the advance of international trade agreement negotiation, some new trade rules are producing and developing.

Keywords: Trade Negotiation; World Trade Organization; Regional Integration; New Rule

Y. 17   China-U. S. BIT and China-EU BIT:

Progress, Challenges, and Solutions   *Han Bing* / 307

Abstract: Negotiations of China −U. S. BIT and China −EU BIT which have been officially launched in 2008 and 2013 respectively are major fields for China's participation in the remodeling of international investment rules. The two investment agreement negotiations not only have a significant impact on Sino − US and Sino − EU economic and trade relations, but also closely relate to the improvement of China's domestic investment environment. Through comparative analysis of the contents of negotiations on China −U. S. BIT and China −EU BIT, it can be found that the two negotiations have both positive impact and challenges for China. China needs to actively promote Sino −US and Sino −EU BIT negotiations and deepen the reform of domestic foreign investment management system at the same time. Sino − US and Sino −EU shall uphold mutual agreement on cooperation and seek to achieve a balance, win −win and high level of BITs.

Keywords: China − U. S. BIT; China − EU BIT; International Investment Agreement

Y. 18　Multilateral Development Banks and the New Progress

Huang Wei, Gao Bei / 328

Abstract: Multilateral development banks (MDBs) have made a great contribution to global economic development in past seventy years. At the same time they have accumulated many disadvantages. From the beginning of this century, the rising emerging economies as a whole and their growing demand for the infrastructure construction capital highlight the inadequacy of the infrastructure funding supply in existing MDBs system. In order to solve this issue, the emerging economies endeavor for expansion and modification the existing MDBs, as well as building the new MDBs. Two new MDBs are under construction: the BRICS Development Bank and the Asian Infrastructure Investment Bank, which are both market-operated professional MDBs for infrastructure financing. The former MDB belongs to multi-countries cooperation in the BRICS group, while the latter one is based on the voluntary cooperation among Asia countries. The construction of these two banks reflects the characteristics of specialization, diversification and democratization. Through the innovation cooperation in currency payment, credit ratings, financial audit and many other fields, the new MDBs will benefit for the economic soft power of emerging economies. The buildup of new MDBs will also promote the competition and the development among the MDBs system. The effort of emerging economies would gradually push forward democratization of global financial governance, and create a more suitable and ideal international development finance environment.

Keywords: Multilateral Development Banks; Development Finance; Infrastructure Financing; Emerging Economies

Y. 19　International Economic Sanctions:

　　　Current Situation and Prospects

Xu Xiujun / 346

Abstract: Economic sanctions are increasingly becoming an important means for some international organizations and countries, especially major powers, to

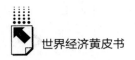
achieve specific goals in the world today. In order to reflect the status of the development of international economic sanctions, the report analyzes the economic sanctions used by the international community against Iran and Russia. The Iranian nuclear issue triggered more than eight years of economic blockade imposed on Iraq, which resulting in the most serious crisis of the Iranian economy since the 1980s. The Ukraine crisis caused several rounds of economic sanctions imposed by the Western countries on Russia, so that the Russian economy is hovering at the brink of recession. Because of a series of Russian anti-sanctions, the economic confrontation between the West and Russia escalated. To a certain extent, it reflects that international economic sanctions are in fact a contest of the economic strength of the sender and the receiver. In terms of the effect of economic sanctions, the receiver suffers a lot from sanctions, but the sender is still difficult to achieve its targets. As for the prospects of the two cases, it is of great difficulty to achieve a comprehensive settlement of the Iranian nuclear issue only by economic sanctions on the short-term, while sanctions and anti-sanctions between the Western countries and Russia will continue in the foreseeable future.

Keywords: Economic Sanctions; Iranian Nuclear Issue; Ukraine Crisis; Anti-sanctions

ⅰⅴ V Statistics of the World Economy

Y. 20 Statistics of the World Economy in 2014 −2015

Cao Yongfu / 367

❖ 皮书起源 ❖

"皮书"起源于十七、十八世纪的英国，主要指官方或社会组织正式发表的重要文件或报告，多以"白皮书"命名。在中国，"皮书"这一概念被社会广泛接受，并被成功运作、发展成为一种全新的出版型态，则源于中国社会科学院社会科学文献出版社。

❖ 皮书定义 ❖

皮书是对中国与世界发展状况和热点问题进行年度监测，以专业的角度、专家的视野和实证研究方法，针对某一领域或区域现状与发展态势展开分析和预测，具备权威性、前沿性、原创性、实证性、时效性等特点的连续性公开出版物，由一系列权威研究报告组成。皮书系列是社会科学文献出版社编辑出版的蓝皮书、绿皮书、黄皮书等的统称。

❖ 皮书作者 ❖

皮书系列的作者以中国社会科学院、著名高校、地方社会科学院的研究人员为主，多为国内一流研究机构的权威专家学者，他们的看法和观点代表了学界对中国与世界的现实和未来最高水平的解读与分析。

❖ 皮书荣誉 ❖

皮书系列已成为社会科学文献出版社的著名图书品牌和中国社会科学院的知名学术品牌。2011年，皮书系列正式列入"十二五"国家重点图书出版规划项目；2012~2014年，重点皮书列入中国社会科学院承担的国家哲学社会科学创新工程项目；2015年，41种院外皮书使用"中国社会科学院创新工程学术出版项目"标识。

中国皮书网

www.pishu.cn

发布皮书研创资讯，传播皮书精彩内容
引领皮书出版潮流，打造皮书服务平台

栏目设置：

□ 资讯：皮书动态、皮书观点、皮书数据、
　　　　皮书报道、皮书发布、电子期刊
□ 标准：皮书评价、皮书研究、皮书规范
□ 服务：最新皮书、皮书书目、重点推荐、在线购书
□ 链接：皮书数据库、皮书博客、皮书微博、在线书城
□ 搜索：资讯、图书、研究动态、皮书专家、研创团队

中国皮书网依托皮书系列"权威、前沿、原创"的优质内容资源，通过文字、图片、音频、视频等多种元素，在皮书研创者、使用者之间搭建了一个成果展示、资源共享的互动平台。

自 2005 年 12 月正式上线以来，中国皮书网的 IP 访问量、PV 浏览量与日俱增，受到海内外研究者、公务人员、商务人士以及专业读者的广泛关注。

2008 年、2011 年中国皮书网均在全国新闻出版业网站荣誉评选中获得"最具商业价值网站"称号；2012 年，获得"出版业网站百强"称号。

2014 年，中国皮书网与皮书数据库实现资源共享，端口合一，将提供更丰富的内容，更全面的服务。

法 律 声 明

　　“皮书系列”（含蓝皮书、绿皮书、黄皮书）之品牌由社会科学文献出版社最早使用并持续至今，现已被中国图书市场所熟知。“皮书系列”的LOGO（🔖）与“经济蓝皮书”“社会蓝皮书”均已在中华人民共和国国家工商行政管理总局商标局登记注册。“皮书系列”图书的注册商标专用权及封面设计、版式设计的著作权均为社会科学文献出版社所有。未经社会科学文献出版社书面授权许可，任何使用与“皮书系列”图书注册商标、封面设计、版式设计相同或者近似的文字、图形或其组合的行为均系侵权行为。

　　经作者授权，本书的专有出版权及信息网络传播权为社会科学文献出版社享有。未经社会科学文献出版社书面授权许可，任何就本书内容的复制、发行或以数字形式进行网络传播的行为均系侵权行为。

　　社会科学文献出版社将通过法律途径追究上述侵权行为的法律责任，维护自身合法权益。

　　欢迎社会各界人士对侵犯社会科学文献出版社上述权利的侵权行为进行举报。电话：010－59367121，电子邮箱：fawubu@ ssap. cn。

社会科学文献出版社